经济与管理专业研究生及高年级本科生通选教材

JINGJI YU GUANLI ZHUANYE
YANJIUSHENG JI GAONIANJI BENKESHENG
TONGXUAN JIAOCAI

公司并购理论与实务

GONGSI BINGGOU LILUN YU SHIWU

（第四版）

胡海峰 / 编著

首都经济贸易大学出版社
Capital University of Economics and Business Press
·北京·

图书在版编目(CIP)数据

公司并购理论与实务/胡海峰编著. 4版. 北京:首都经济贸易大学出版社,2019.9

(经济与管理专业研究生及高年级本科生通选教材)

ISBN 9787563829538

Ⅰ.①公… Ⅱ.①胡… Ⅲ.①企业兼并—研究—中国 Ⅳ.①F279.21

中国版本图书馆 CIP 数据核字(2019)第 143899 号

公司并购理论与实务(第四版)

胡海峰　编著

责任编辑	兰士斌	
封面设计	小　尘	
出版发行	首都经济贸易大学出版社	
地　　址	北京市朝阳区红庙(邮编 100026)	
电　　话	(010)65976483　65065761　65071505(传真)	
网　　址	http://www.sjmcb.com	
Email	publish@cueb.edu.cn	
经　　销	全国新华书店	
照　　排	北京砚祥志远激光照排技术有限公司	
印　　刷	北京市泰锐印刷有限公司	
开　　本	710 毫米×1000 毫米　1/16	
字　　数	409 千字	
印　　张	22.25	
版　　次	2007 年 9 月第 1 版　2010 年 3 月第 2 版 2017 年 2 月第 3 版　**2019 年 9 月第 4 版** 2019 年 9 月总第 5 次印刷	
书　　号	ISBN 9787563829538/F·1613	
定　　价	39.00 元	

图书印装若有质量问题,本社负责调换

版权所有　侵权必究

第四版前言

本书自2007初版、2010年再版、2017年三版以来,受到了社会各界的欢迎和厚爱,已经有十几所高等院校的财经类专业持续使用它作为授课教材,一些任课教师也向出版社和编者反映了教材的使用情况,尤其对其总体结构和章节安排给予了充分的肯定。他们认为,本书的总体结构和章节安排有自己的特色和风格,所做的努力和尝试亦有新的突破;这样的教材,教师用起来可以提纲挈领,学生读起来易于理解和掌握。这些反馈和建议,对我们来说不仅是巨大的鞭策和鼓励,而且也为我们了解课程的知识深度、难点和侧重点的取舍,为本书的第四次修订提供了较好的意见和参照。借本书第四版面世的机会,我们向这些热心的教师和读者再次表示诚挚的谢意。

本书第四版的修订在第三版的基础上进行,主要对教材的结构和体例进行了部分更改,修正、删节了书中某些陈旧的内容,使得书稿内容更加精炼。我们期望在保持前三版特色的同时,能够更好地体现本教材结构的严谨和内容的完整。

在修订过程中,编者参阅了国内外大量的文献资料,在此表示感谢!限于编者水平和能力,错误和不当之处在所难免,真诚欢迎读者批评指正,使本书以后能进一步修改和完善。

第一版前言

公司兼并与收购是市场经济的产物,也是市场发展的必然要求。企业按照自愿、有偿的原则,兼并收购其他企业,是企业组织调整的重要方式,也是企业运用经营自主权作出的商业行为。并购不仅是实现企业改造、产权重组、产业结构和产品结构调整的重要方式,更是实现企业资源在全社会范围内重新有效配置的重要手段。

进入20世纪90年代以来,经济全球化的趋势明显加快,各国之间的经济贸易往来日益频繁,全球化的并购浪潮风起云涌,并购的全球性经济行为特征也日益明显。美国福特汽车公司收购瑞典的沃尔沃汽车公司,中国联想集团公司收购美国IBM全球PC业务部,英国石油公司收购美国阿莫科石油公司,美国强生公司收购医疗设备制造商Guidant,美国KMART公司收购SEARS,等等,都不同程度地体现出了这一特征。在这些并购活动中,跨国公司起着重要的推动作用。这些跨国公司的并购活动充分显现出其全面塑造和提升企业核心竞争力的迫切愿望,而且,从其本质和特点看,这些并购活动多为同业之间的强强联合,以着眼战略部署,占有更大市场份额和技术、客户资源以及提高运营效率为目的。

不难发现,全球化的并购浪潮对世界经济产生了深刻的影响:

一方面,跨国界、跨区域的并购不仅避开了贸易壁垒,而且使国家之间、区域集团间的经营投资活动更加密切,有力地推动了经济全球化的进程。跨国公司的并购浪潮,使其拥有的生产要素尤其是资本加速在全球范围内跨国流动,推动了资源的优化配置;世界各国及地区贸易、投资和金融服务往来日趋密切,相互依存度不断提高,这使得世界经济的全球化进程不断加快。

另一方面,国际竞争更加激烈,不断出现规模扩张和市场份额争夺的轮番升级。巨型企业的合并并不会导致竞争削弱,竞争会在规模迅速膨胀的基础上继续下去;超大规模企业间的竞争将更加惨烈,尤其是在许多行业生产过剩的情况下,竞争失败者势必难逃出局的命运。正缘于此,当埃克森、美孚以及阿莫科、英国石油分别合并后,其他石油公司亦随即纷纷仿效,展开合并战略。因此,全球化的不断深化,使得石油业、金融业等诸多行业的并购活动已经产生了显著的连锁效应。

在国内,20世纪80年代以后,公司并购活动日益兴起,并在90年代中期尤其是进入21世纪后不断发展和深化。并购种类变得更多,动因更趋于多元化,程序也更为复杂,而市场也日益扩大。据测算,1999~2003年5年的时间里,中国的并购额以每年70%的速度增长。中国已经成为亚洲乃至世界引人注目的并购市场,其影响力与日俱增。据经济合作与发展组织的统计资料,2003年,中国市场共发生并购案1504例,并购总金额284亿美元,而该年度全球并购总金额为13000亿美元,中国并购金额占全球总金额的比例呈不断上升态势。这份资料在一定程度上折射出了国际投资者对于中国并购市场的日益关注。此外,中国企业也走出国门,积极参与跨国并购。联想集团对IBM全球PC业务部的收购就是其具体体现。跨国并购表明了中国企业走向国际舞台,利用国内、国外两种资源,占领国内、国外两个市场的坚定决心。

　　本书的编写,正是基于以上的国际、国内背景。全书分3篇,共16章。

　　第一章到第三章为基础篇,主要是从并购的概念、类型、特征,西方国家并购的历程,全球公司并购的特点和发展趋势,以及中国公司并购的现状与问题开始,给读者一个概述性的介绍,继而阐述并购的基础理论和并购的动机、效应及风险。

　　第四章到第十二章为应用篇,先从并购的程序和中介机构开始,详细分析西方国家和我国公司并购发生的过程以及中介机构在公司并购中的作用,然后从并购战略、目标公司选择与尽职调查、价值评估、融资与支付、会计与税收、整合、防御策略以及监管等几个方面进行具体的阐述,使读者能够完全清楚地掌握整个并购发生的过程和应该注意的相关问题。

　　第十三章到第十六章为专题篇,分别对上市公司并购、管理层收购(MBO)、杠杆收购(LBO)和跨国并购进行专题分析,详细介绍这四个方面的并购情况,不仅力求使读者能够掌握深刻的理论知识和操作性强的实务知识,同时还从具体行业和领域的并购实例出发,详细介绍并购的全部过程,使读者能够更全面地理解公司并购的实质以及其发生的内在原因。

　　本书的提纲和结构确定后,罗惠良(第6,12章)、彭春燕(第3,4章)、张宗林(第8,13章)、李忠(第9,10章)、彭陶(第16章)、孙丹(第5,11章)、马勇(第2章)、宋李(第1,7章)、张训然(第14,15章)参加了初稿的编写,之后,我对全书进行了审阅和修改,终稿由我完成。

　　本书在编写过程中参考了大量国内外的文献资料,在此一并表示感谢!在编写过程中,编者致力于理论性与实用性的统一,追求学术观点的正确,强调对读者的启发,但限于编者的水平和能力,错误和不足之处在所难免。希望各位读者不吝赐教,使本书以后能进一步修改和完善。

第一章　公司并购概述 …………… 1
学习目标 ……………………………………… 1
第一节　公司并购的概念 ……………………… 1
第二节　公司并购的类型和特征 ……………… 2
第三节　西方国家公司并购的历程 …………… 5
第四节　全球公司并购的特点和发展趋势 …… 11
第五节　中国公司并购的现状 ………………… 13
本章小结 ……………………………………… 17
复习思考题 …………………………………… 17
案例 …………………………………………… 17

第二章　公司并购的动机和效应 …… 20
学习目标 ……………………………………… 20
第一节　公司并购的动机 ……………………… 20
第二节　公司并购的效应 ……………………… 26
第三节　公司并购的风险 ……………………… 32
本章小结 ……………………………………… 37
复习思考题 …………………………………… 38
案例 …………………………………………… 38

第三章　公司并购的程序和中介机构 …… 41
学习目标 ……………………………………… 41
第一节　公司并购的程序 ……………………… 41
第二节　中介机构在公司并购中的作用 ……… 47
本章小结 ……………………………………… 53
复习思考题 …………………………………… 53
案例 …………………………………………… 54

第四章　公司并购战略 ……………… 56
学习目标 ……………………………………… 56
第一节　企业发展战略 ………………………… 56
第二节　公司并购战略及其模型选择 ………… 60
本章小结 ……………………………………… 70
复习思考题 …………………………………… 70
案例 …………………………………………… 71

第五章　目标公司的选择与尽职调查 …… 73
学习目标 …… 73
第一节　目标公司的选择 …… 73
第二节　目标公司尽职调查的内容 …… 76
第三节　目标公司尽职调查的方法 …… 85
本章小结 …… 89
复习思考题 …… 90
案例 …… 90

第六章　公司并购的融资及支付方式 …… 91
学习目标 …… 91
第一节　公司并购融资工具及选择 …… 91
第二节　公司并购的支付方式及选择 …… 107
本章小结 …… 117
复习思考题 …… 117
案例 …… 118

第七章　公司并购后的整合管理 …… 122
学习目标 …… 122
第一节　概述 …… 122
第二节　战略整合 …… 123
第三节　管理整合 …… 129
第四节　人力资源整合 …… 133
第五节　文化整合 …… 137
本章小结 …… 145
复习思考题 …… 145
案例 …… 146

第八章　公司并购的防御策略 …… 151
学习目标 …… 151
第一节　公司并购中的博弈分析 …… 151
第二节　要约收购 …… 155
第三节　收购要约前的反收购对策 …… 157
第四节　收购要约后的反收购对策 …… 164
本章小结 …… 167
复习思考题 …… 168
案例 …… 168

第九章　公司并购的监管 …… 172

学习目标 …… 172
第一节　美国公司并购的监管 …… 172
第二节　英国公司并购的监管 …… 184
第三节　其他国家和地区公司并购的监管 …… 194
第四节　中国公司并购的监管 …… 205
本章小结 …… 212
复习思考题 …… 212
案例 …… 213

第十章　上市公司并购 …… 218

学习目标 …… 218
第一节　上市公司并购概述 …… 218
第二节　协议收购 …… 226
第三节　要约收购 …… 235
第四节　委托书收购 …… 247
本章小结 …… 258
复习思考题 …… 259
案例 …… 259

第十一章　管理层收购 …… 264

学习目标 …… 264
第一节　管理层收购概述 …… 264
第二节　管理层收购的基本条件 …… 268
第三节　管理层收购的程序 …… 270
第四节　管理层收购的关键问题 …… 273
第五节　中国企业的管理层收购 …… 279
本章小结 …… 284
复习思考题 …… 284
案例 …… 284

第十二章　杠杆收购 …………………… 289
学习目标 …………………………………… 289
第一节　杠杆收购的起源与发展 ………… 289
第二节　杠杆收购的操作程序 …………… 295
第三节　垃圾债券与杠杆 ………………… 299
第四节　杠杆收购效应的经济分析 ……… 303
本章小结 …………………………………… 305
复习思考题 ………………………………… 305
案例 ………………………………………… 305

第十三章　跨国并购 …………………… 310
学习目标 …………………………………… 310
第一节　跨国并购概述 …………………… 310
第二节　跨国并购的法律环境 …………… 318
第三节　跨国并购的风险及其控制 ……… 324
第四节　国外企业之间的跨国并购 ……… 328
第五节　外资企业在我国的并购 ………… 332
第六节　中国企业的跨国并购 …………… 337
本章小结 …………………………………… 342
复习思考题 ………………………………… 343
案例 ………………………………………… 343

参考文献 …………………………………… 346

第一章 公司并购概述

学习目标

- 熟悉公司并购的定义和内涵
- 掌握公司并购的分类标准,并理解各类并购的特点
- 了解西方国家五次公司并购浪潮的时间、成因和特点
- 了解我国公司并购的历程

第一节 公司并购的概念

并购(Mergers & Acquisitions)是兼并(Merger)与收购(Acquisition)的合称,简写为 M&A。

一、兼并

兼并(Merger)又称吸收合并或存续合并。《大不列颠百科全书》对兼并的解释是:"两家或更多的独立企业、公司合并组成一家企业,通常由一家占优势的公司吸收一家或更多的公司。"

兼并含有吞并、吸收、合并之意,是指两家或更多的独立企业通过产权合并组成一家企业,一般是处于劣势地位的企业被处于优势地位的企业所吸收。在这种合并中,被吸收企业解散并丧失法人地位,存续企业保留法人地位,而且,被吸收企业的债权、债务由存续企业承担。狭义的兼并等同于我国《公司法》中的吸收合并,指的是在市场机制的作用下,企业通过产权交易获得其他企业产权,使这些企业法人资格丧失,并获得它们的控制权的经济行为;广义的兼并是指在市场机制的作用下,企业通过产权交易获得其他企业产权,并企图获得其控制权的经济行为。

二、收购

收购(Acquisition)是指一家企业在资本市场上用现金、债券或者股票购买另一家企业的股票或者资产,以获得对该企业的全部资产或某项资产的所有权,或者获得对该企业的控制权。

收购包括股份收购和资产收购。股份收购是指一家企业通过收购另一家企业的部分股份,从而取得另一家企业控制权的行为。股份收购主要包括要约收购(Tender Offer)和接管(Take Over)。要约收购又称公开收购,一般是指一家企业为了获得另一家企业的控制权,向另一家企业的股东提出购买他们股份的要约;接管是指某企业原来居于控制地位的股东因出售或转让股权,或者因股权持有数量被其他人超过而被取代,导致控股权的转移。资产收购是指一家企业通过收买另一家企业的部分资产,从而取得另一家企业部分业务或某一方面业务的收购行为。

温斯顿等(1997)[①]在对并购的综述中,把兼并与收购的关系解释为:兼并与收购的共同点是最终它们都形成一个经济单位,但兼并是由两个或两个以上的单位形成一个新的实体,而收购则是将被收购方纳入收购公司体系之中。但由于原有公司在收购方进入后很少不发生重大结构变化,人们往往把收购看成是一种兼并,或者简称为并购(M&A)。

第二节 公司并购的类型和特征

并购的种类很多,按不同的标准,可以把并购划分为不同的类型。

一、按并购的行业关联性分类

(一)横向并购

横向并购,也称水平并购,是指生产同类产品或生产工艺相近的企业之间的并购,它实质上是竞争对手之间的合并。当并购双方企业所经营的业务、所属行业完全相同时,它们之间发生的并购行为称为纯横向并购;当并购双方的主营业务属于同一行业,但其他经营活动涉及一个或者多个不同行业时,它们之间发生的并购行为称为非纯横向并购。横向并购实质上是资本在同一产业和部门内集中,迅速扩大生产规模,提高市场份额,增强企业的竞争能力和赢利能力。横向并购有两个明显的效果:实现规模经济,提高行业集中程度。

(二)纵向并购

纵向并购也称垂直并购,是指生产工艺或经营方式有前后关联的企业,即生产经营上互为上下游关系的企业间的并购,如加工制造企业并购提供原材料、运输、贸易等服务的企业。纵向并购的主要目的是加强

---

① 温斯顿等:《兼并、重组与公司控制》,中国人民大学出版社,1997年版。

供应链的管理,实现产销一体化,提高经济协作效益,促进生产经营过程各个环节的密切配合,节约共同费用和资源。

(三)混合并购

所谓混合并购,是指处于不同产业领域,产品隶属于不同市场,且产业领域之间不存在特别的生产技术联系的企业之间的并购,如房地产企业收购零售企业。并购的目的是通过分散投资、多元化经营,降低企业整体经营风险,实现技术和资源互补、优化组合,扩大市场活动范围,增强企业应变能力等目标。混合并购中又分为以下三种形态:

第一,产品扩张性并购,即生产经营相关产品的企业间的并购;

第二,市场扩张性并购,即一个企业为了扩大活动地盘而对原来没涉及的地区的企业进行的并购;

第三,纯粹的并购,即生产和经营互不相关产品或服务的企业之间的并购。

二、按支付方式分类

(一)现金收购

现金收购是指收购公司以现金付款的方式实现收购活动。现金包括现钞、银行存款等实际可以变现的票据,这是最容易被人接受的一种方式。国外一般将所有不涉及发行新股的收购都称为现金收购。

现金收购包括三种形式:一是收购企业以现金收购目标企业全部或者部分资产;二是收购企业以现金收购目标企业全部或部分股份,或者收购目标企业的全部或部分股票;三是收购企业通过发行某种形式的票据完成收购,目标企业取得的某种形式的票据不含有任何股东权益,只表明是对某种固定的现金支付所做的特殊安排,是某种形式的推迟的现金支付,也可看作目标企业向收购企业提供的一种融资方式。

现金收购的特点在于:

1. 支付方式简洁、快速。对被收购方来说,现金支付手续简单。同时,潜在的竞争收购对手由于没有时间筹措巨额资金,也难以与收购方形成抗衡局面。因此,现金收购的成功率高。

2. 支付时间可以推迟。从收购方看,一次性支付大笔现金可能造成今后资金短缺,对企业持续经营产生不良影响。因此,通常采用分期支付方式进行。

(二)换股收购

换股收购是指收购方通过增发新股,以发行的股票交换目标公司的股票,或者发行新股取代收购方和被收购方股票,从而取得目标公司控股权的收购方式。收购完成后,被收购公司股东的所有权并没有丧失,只是发生了转换,即由被收购公司转移到收购公司,被收购公司的股东也同时成为规模扩大了的收购公司的新股东。

换股收购的特点在于:

1. 不需要为收购支付大量现金,不必考虑资金筹措和资金成本问题,不影响企业现金流量,不会造成不必要的资金短缺。

2. 目标公司股东不失去股权,仍然可以保留他们的所有者权益,这容易使他们从心理上接受收购。

3. 收购公司股权结构改变,大股东股权被稀释。无论是单纯换股,还是增发新股,被收购方的股东被吸纳成为新股东,收购方的股权比例也会发生变化,股权会更加分散,即大股东股权被稀释,股东权益淡化。

(三)综合证券收购

综合证券收购是指收购者以现金、股票、认股权证、可转换公司债券等多种支付方式组合购买目标公司股票,完成收购的方式。综合证券收购形式多样,集中体现了现金、股票、债券等各形式的优点,其特点在于:

1. 可以避免支出更多现金。

2. 可以防止控股权转移。

3. 可以通过认股权证、可转换债券等支付方式吸引更多资金,有利于收购的顺利完成。

三、按并购的态度分类

(一)善意并购

善意并购又称友好并购,是指并购公司与被并购公司双方通过友好协商确定并购诸项事宜的并购。其特点如下:

1. 主动性。由于善意收购常常既是收购方的意图,也为目标公司所认同,所以主动性来自收购的双方。双方有主动追求利益一致的共识,并通过彼此提供资料的行动表现出来,而且,收购双方尤其是目标公司管理层会以促进收购的进行为共同目标,说服目标公司股东,从而促使收购顺利完成。

2. 协商性。收购虽然是在收购双方共同意愿的基础上产生的,但双方都会有自己的利益所在,因此,就收购的价格、条件等问题进行的磋商不仅在收购前期会产生,而且会贯穿于整个收购过程的始终。只有坚持"求大同,存小异"的原则,收购才会最终实现。

3. 互利性。一旦收购完成,收购公司将最大限度得到预期利益,从而实现收购前所定的目标。目标公司也能得到一定的利益和效益,如新技术,使其产品能够更快地更新换代,从而在市场上具有竞争力,还能得到更广阔的市场空间和更充足的资金。

(二)敌意并购

敌意并购是指当目标企业的管理者对收购企业提出的收购条件不满意,收购者的并购行为成为一种敌意的行为的情况。这时收购者会绕过目标企业的管理者,直接向目标企业的股东发出收购要约,而目标企业的管理者也会采取针锋相对的手段,抵制收购者的并购行为。

敌意收购的特点是:

1. 收购活动具有隐蔽性。敌意收购在公开收购前,要制定严密的收购实施计划,并要保密,以防股价上涨,增加收购成本。尤其是在预料目标公司可能会采取敌对态度并设置障碍时,更需要事先秘密准备。

2. 行为具有突然性。收购方隐蔽地进行收购前的各种准备工作,同时,收购方通常事先不和被收购者协商,而是自行选择收购目标,制定收购计划,并利用适当的时机宣布收购,使目标公司措手不及。

3. 对原有资源组合与经营活动的破坏性。敌意收购是在违背收购企业意愿的情况下发生的,结果往往会使被收购企业资产被拆散重组,打乱原有的经营计划与目标,而且可能会打破目标企业所在行业的均衡。

四、按并购区域分类

并购公司和目标公司都属于同一国家,称为国内并购,反之,则为跨国并购。跨国并购(Cross-border M&A)是跨国收购和跨国兼并的总称,指的是一国企业(并购方)为了某种目的,通过一定的渠道和支付手段,购入另一国的企业(目标公司)的所有资产或足以行使经营控制权的股份。跨国收购是指在已经存在的当地和外国附属企业获得占有控制权的份额;跨国兼并是指当地或国外企业的资产或运营活动被融入一个新的实体,或并入已经存在的企业。跨国兼并的结果是两个或两个以上的法人合并为一个法人;而跨国收购的结果不是改变法人数量,而是改变被收购企业的产权归属或经营管理权归属。

第三节 西方国家公司并购的历程

公司并购发源于西方资本主义国家,在从资本主义的原始积累阶段到自由竞争阶段以及进而形成的垄断阶段这一过程中,企业间并购随着资本主义的发展不断向前推进。自 19 世纪末至今,西方国家共经历了五次比较大的并购浪潮。

一、第一次并购浪潮

第一次并购浪潮发生在 19 世纪末和 20 世纪的头 20 年,也就是 1893 年美国第一次经济危机之后,高峰时期为 1898～1903 年。这一次并购浪潮使得西方国家逐渐形成了自己的现代化工业结构,同时产生了极少数公司规模急速扩张并对其所在行业进行控制的"垄断"现象,对世界经济的发展进程起了极大的推动作用。

从美国南北战争结束到 20 世纪初,美国自由资本主义在各地得到了充分的发展,并开始向垄断资本主义过渡。也就在这个时期,美国历史上第一次并购浪潮出现。并购浪潮最早发生在石油工业中。早在 1970 年,石油工业就很好地掌握了进行资本密集型大规模生产的新技术,并陆续开始了并购活动。当时石油工业并购的主要特征是横向并购,目的是扩大企业规模,提高市场占有率,实现规模效益,抵御经济危机的风险。这期间,通过并购导致的企业形式首先是托拉斯,其最直接的结果是企业数量的急剧减少和单个企业规模的迅速膨胀,同时产生了一大批垄断性的企业集团。1882 年美国第一个托拉斯组织——美孚石油公司建立,1884 年成立了棉籽油托拉斯,1885 年成立了亚麻籽油托拉斯,1887 年成立了糖业托拉斯,1889 年成立了火柴托拉斯。19 世纪 80 年代的并购还主要是发生在国民经济的轻工业部门中,到了世纪之交的并购高峰时期,资本集中席卷了国民经济的各个主要部门。以矿业和制造业为例,在 1898～1903 年的 6 年间,共发生了 2 795 起并购,其中 1899 年就发生了 1 208 起。有两个主导因素导致了这次并购浪潮的结束:一是美国经济从 1903 年起再次出现衰退,股票价格大跌,资金来源枯竭;二是美国国内兴起了反托拉斯运动,垄断价格的形成危害了大众福利,激起了社会不满,促使政府采取了一些反垄断措施。

同一时期,英国的并购活动也大幅度增长。1880～1918 年间,共有 655 家中小型公司通过并购组成 74 家大型公司,垄断了各主要工业部门。尽管这一阶段英国重工业间也进行了为数众多的并购,企业规模有了一定程度的扩大,但是英国的并购活动还是以轻工业企业为主。在这一时期并购后的大企业,以纺织、酿造行业为主,钢铁、化工和电机等新兴行业的企业仍然处于较小的规模。在企业组织上,以家庭型、合作型企业组织形式为主,采用现代公司制的企业占少数。

第一次并购浪潮的特点是:

第一,"小并小"。并购浪潮形成之前,一直没有大规模的垄断行为出现。所以,在并购之前,企业规模小、数量多、资本实力有限;并购时的阻力小,竞争性不强。

第二,以横向并购为主。以形成各个部门的垄断公司为并购的主要目的,并购形式以同一产业部门的企业横向并购为主,大量同一产业部门或行业的企业相互并购,形成了在某一产业部门占垄断地位的大企业。通过同行业优势企业对劣势企业的并购,组成横向托拉斯,集中同行业的资本,使企业在市场上获得一定的垄断优势。

第三,大企业实力日益强大,推动了生产专业化、系列化和规模生产的发展,完成了企业组织由传统结构向现代结构的转变,促进了企业最终所有权与法人所有权的分离。现代公司进入了一个管理层委托代理的阶段,职业经营者逐渐占据了公司的重要地位。

二、第二次并购浪潮

第二次并购浪潮发生在 20 世纪 20 年代。当时,第一次世界大战刚结束,很多国家处于战争创伤的恢复阶段,经济开始复苏,急需各种生产资料和消费资料,这些都给美国企业提供了相当广阔的市场。美国在经济增长的同时,又掀起了第二次规模巨大的公司并购浪潮。

这次并购浪潮无论在数量上还是规模上都大大超过了第一次并购浪潮。在1919～1930年间,美国有将近 12 000 家公司被并购,其中工业企业 5 282 家,公用事业企业 2 750 家,银行 1 060 家,零售业企业 1 051 家。与第一次浪潮相比,横向并购虽然仍占较大比重,但同时出现了相当规模的纵向并购,寡头及规模经济仍是此次并购的重要动机。一个相关的副产品是,并购后的公司虽然在形式上仍是公司控股为主,但并购所导致的产权结构却发生了微妙的变化,即并购并未导致企业产权的绝对集中,而是单个股东的持股率越来越低。因此,这次并购浪潮,对美国企业制度的直接影响是导致了企业所有权与经营权的最后分离。1929年经济危机开始,这次并购浪潮随之停止。

20 世纪 20 年代的英国还处于萧条时期,但并未妨碍英国企业间并购活动的展开。由于科技的发展,许多新技术都能很好地应用到实际工业领域中,大规模的生产给企业带来了规模经济效益,并购浪潮也在这个时候席卷英国本土。例如,在化工方面,出现了由战前四大垄断组织(布华纳景德公司、不列颠染料公司、诺贝尔公司和联合碱制品公司)联合组成的化学工业康采恩"帝国化学公司"(ICI),该公司基本上控制了英国化学生产的95%,合成氮的全部生产和燃料生产的40%。

德国作为第一次世界大战的战败国,向其他国家支付的战争赔款使得德国的工业产值大幅度下降,垄断寡头趁机从各个方面降低成本,抬高物价,吞并中小企业。从 1924 年起,德国经济开始恢复,卡特尔数量从 1 000 增至 2 100。与其他西方国家不同的是,德国的资本集中不是通过市场自然形成,它更大程度上是在政府调控和干预下进行的。20 世纪 20 年代后期,德国国家出资控股的国有垄断资本已占全国资本的 13.2%;到 20 世纪 30 年代末,各垄断组织已经控制了全国资本总额的 85%。

第二次并购浪潮的特点是:

第一,并购方式转变。由第一次并购浪潮的横向并购转变为纵向并购。在 20 世纪 20 年代的并购高潮中,有 85% 的企业并购属于企业由生产到流通、分销等各个环节的结合。美国最大的 278 家公司中,有 236 家公司都是把原料、生产、运输和销售等环节组成统一的整体来运转。

第二,参与并购的企业主要是已经形成的垄断公司,它们通过并购大量企业,以达到加强自身经济实力、扩展势力范围的目的。所以,参与并购的企业的实力基础比上一次并购浪潮中的企业实力要雄厚得多,并购规模也比上一次大。

第三,出现了工业资本与银行资本的相互结合和渗透,产生了一种新型资本——金融资本。产业资本与银行资本的相互融合,产生了金融寡头,其金融资本实力雄厚,更有力量并购或控制其他企业。

第四,产生了国家干预下的企业并购。某些国家为了一定的目的,由政府出面并购一些关系国计民生和经济命脉的企业,或者投资控制企业,形成国家资本,提高了国家对经济的直接干预和调控能力。

三、第三次并购浪潮

第三次并购浪潮发生在 20 世纪 50 至 60 年代。第二次并购浪潮结束后,由于世界经济的衰退以及第二次世界大战的影响,并购活动一直处于低谷。直到 20 世纪 50 年代,资本主义国家经济开始复苏,相继兴起了一系列新兴工业部门,如电子、激光、宇航、核能和合成材料等。新兴部门的兴起,要求拥有大额资金的垄断企业产生,并购活动再次活跃起来。

美国企业的并购数量仅在 20 世纪 60 年代就有 12 500 起,在 1967～1969 年的 3 年高峰中,并购事件就达 10 858 起。到 60 年代末,美国并购企业的总数比 50 年代初增长了 80% 以上;并且,并购企业的规模之大,也是史无前例,仅占并购数 3.3% 的被并购企业,其资本存量的总和却占到了所有被并购企业资本存量总和的 42.6%。被并购企业资产的总额也从 1960 年的 15.3 亿美元增至 1968 年的 125.5 亿美元,增长了 7 倍多。

在这一阶段,欧洲也兴起了并购浪潮。1972 年,英国发生的并购数达到1 210起,并购资产总额达25.3亿英镑,并且,很多并购事件都发生在大企业之间。制造业的并购活动加剧,1957~1969年,制造业中最大的100家公司中,有22家公司被并购。

由于历史原因,长期以来,法国企业的规模都比较小,所以,在前两次并购浪潮中并没有太大行动。到了1963年,政府进行了国家干预,修正了垄断法以放宽并购限制;1965年,又用降低税收的办法鼓励并购。所以,在1960~1970年间,法国的并购企业数也高达1 850家,年平均并购数比第二次世界大战前高出10倍。

这次并购浪潮因石油危机而平息下来。

第三次并购浪潮的特点是:

第一,并购形式以混合并购为主。1948~1964年间,美国共发生647起公司并购,其中,混合并购406起,占63%。生产经营的多样化,能有效地降低企业的经营风险。

第二,并购主要发生在大型企业之间,"大鱼吃大鱼"。1951~1968年间,美国最大的1 000家公司中,有近1/3被并购,其中,一半以上是被最大的200家公司并购。到了1968年,1950年时最大的200家公司中,有27家被并购。这样,国家的生产和资本迅速集中,垄断程度也随之提高。企业利用这种垄断地位,可以攫取巨额垄断利润。

四、第四次并购浪潮

第四次浪潮发生在20世纪80年代,1985年为并购高峰期。1989年,全世界共发生企业并购7 700起,并购价值达3 550亿美元。这次浪潮一直持续到20世纪90年代初,不仅持续的时间长,而且比以往任何一次并购浪潮的规模都大,方式也更为灵活多样。并购活动遍及所有西方发达国家。

从并购数量上看,1975年美国的并购总数为2 297起,1985年达到3 000起;1984~1990年7年间,年平均并购数量为3 686起。不仅并购数量大,交易金额也相当巨大,1983~1985年的3年间,10亿美元以上的大型并购共发生了61起,这在以往几次并购浪潮中都是罕见的。

英国在1970~1975年的6年时间内,工商企业的并购有4 911起,总价值为71.318亿英镑,平均每起价值145.2万英镑;而在1985~1990年的6年时间里,共发生了并购6 309起,并购数量只增加了28.5%,但同期并购价值却达到948.17亿英镑,增加了12倍,平均每起价值1 502.8万英镑,增加了9倍。到1990年,随着经济的再次衰退,证券市场价格大幅下挫,这次并购浪潮才逐渐平息下来。

第四次并购浪潮的特点是:

第一,并购方式多种多样,范围广泛,杠杆收购盛行。纵向并购较多,横向和混合并购方式也同时存在。"以债权换权益"的并购方式取代了"以股票换股票"的正常收购方式,杠杆收购非常盛行。同时,行业范围广泛,从食品到烟草生产、超市、汽车、化学、医药、石油、钢铁、航空、资讯、通信等,并购对象也不局限于单一的国内上市公司,跨国公司对外直接投资也明显向跨国企业并购形态转变。

第二,"小鱼吃小鱼"。由于投资银行等金融企业在并购中发生越来越重要的作用,借债并购蓬勃兴起,出现了"小鱼吃小鱼"的并购方式,同时出现了一种资信低、风险大、利率高的债券——"垃圾债券"。

五、第五次并购浪潮

第五次并购浪潮在20世纪90年代初紧随着第四次并购浪潮迅速掀起。

1995年,美国和全世界的公司并购活动均达到了有史以来的最高峰,美国工商企业在这一年的并购总额高达4 580亿美元,比历史记录最高的1993年还增长了32%,整个世界在这一年的公司并购总额为8 660亿美元,比上一年增长了51%。这一阶段美国企业的并购集中在商业银行、媒体、娱乐业、电信、医疗保健以及国防和自然资源等领域。

同样,在其他国家,并购事件也极为盛行,特别是国与国之间的企业并购。仅1996年发生的跨国并购数就达5 540件,交易额达2 700亿美元,分别占该年度全球全部并购数和交易额的24.37%和23.68%。但从2000年下半年开始,因为股市动荡,IT行业缩水,尤其是2001年的"9·11"事件,严重影响了美国经济的进程,第五次浪潮开始趋于消退,但这也必定酝酿着第六次并购浪潮的开始。

第五次并购浪潮的特点是:

第一,参与并购的企业规模较大。很多企业本身也是优秀的大公司,有优良的业绩,他们之间"强强联合",使企业的竞争力迅速提高。

第二,跨国并购进一步发展。1994年发达国家并购额为1 630.1亿美元,比1993年的1 348.95增长了21%。1995年、1996年更呈上升势头。1999年,全球企业跨国并购交易量比上一年增长了35%,涉及金额达7 200亿美元。

第三,横向并购与剥离并存。大量企业把无关联的业务剥离出去,并相应地并购同类型业务企业,使生产范围更加集中。同时,全球同行业横向并购几乎涉及所有行业,包括石油、化工、金融、电信等重要支柱产业和服务业。

第四节　全球公司并购的特点和发展趋势

一、全球公司并购的特点

第一，从时代背景看，企业并购浪潮往往掀起于经济快速成长时期，结束于经济衰退时期，与经济周期的波动呈现出一种吻合的趋势。

第二，从内在动力角度看，技术革命是企业并购的催化剂。譬如，第一次并购浪潮无疑与第二次工业革命联系在一次，并购集中在重型制造业；第二次并购浪潮与陆上的运输革命，尤其是汽车工业的突飞猛进密不可分，并购开始向机器制造业、食品加工业等更广泛的领域转移；第三次并购浪潮则与航空航天、核技术等领域的新技术革命非常密切，航空业在并购中占有显著的份额；第四次和第五次并购浪潮与新技术革命——计算机技术及远程通信技术的发展相吻合，并购由第二产业大量转向第三产业，并产生了大量的跨国并购。因此，从总体上看，呈现出一种技术革命带动经济发展，经济发展促进企业并购，企业并购反作用于经济发展的趋势。

第三，从并购的空间范围来看，市场的扩张与企业的扩张同步进行。这表现为近年来跨国并购愈演愈烈的趋势。并购从美国兴起，并以美国为中心，波及了西欧、东亚、拉美等地。尽管各地兴起并购热的原因不尽相同，但随着经济全球化和区域经济一体化趋势的进一步加强，企业跨国并购也呈现出一种地区内不同国家企业合并和跨国大企业跨区域并购共同发展的局面。

第四，从政策约束的角度来看，随着国际竞争的日益加剧，美国国内反垄断法案的执行开始呈现放松的迹象。管制的目的不仅仅在于保护竞争，更重要的是追求帕累托最优和国家优势。从美国国会立法反对中海油收购优尼科石油公司的案例可以看出，在国际并购愈演愈烈的形势下，政府对大型企业间并购的态度将在很大程度上影响并购的最终结果，对类似并购采取保护主义开始成为一种倾向。

第五，从进化的角度看，随着市场经济和企业制度的发展，并购也从最初的扩大自身规模、实现垄断、以排挤对手为目的的恶意收购为主，转化为20世纪90年代以强强联合的善意收购为主。并购似乎经历着某种从"野蛮"到"文明"的演进。

二、全球公司并购的发展趋势

趋势之一：企业长期发展的战略性并购将成为未来企业并购的主要动机。

西方国家在经历了几次并购浪潮后，企业从以往单纯的追求规模扩大和财务上的短期赢利发展为企业长期发展的一种战略性并购，目的在于追求竞争上的长期战略优势，追求并购后企业资源真正的最有效配置。并购过程重在外部资源的内部化，强化企业内部的全球性计划资源配置，使并购双方获得共同的发展前景与市场利益下的技术、资源与人才共享，形成更强大、鲜明的核心竞争力。

在实践中，主要表现为横向并购较多，混合并购日益减少。现代西方企业家逐渐认识到，多元化经营并不是完全对企业发展有益，相反，在某种程度上，多元化经营分散了企业资源，使企业不能更好地保持和提高自身的核心竞争力。目前企业进行横向并购的目的在于市场占有以及产品与服务的全面化，从而提高企业的竞争能力。1998年以来，全球同行业横向并购几乎涉及所有行业，尤其是石油、化工、钢铁、汽车、金融、电信等重要支柱产业和服务业。在这些行业中，出现了规模越来越庞大、市场占有率越来越高、竞争能力越来越强的巨型垄断企业。

与此同时，很多大型企业把资产中远离核心产业的部分以及不利于企业长期战略的部分出售，不断调整自己的战略布局；采用"垃圾债券"进行杠杆收购以及类似于英国沃达丰电信公司收购德国曼内斯曼电信公司的敌意收购已经不受欢迎，并遭到企业的广泛抵制，取而代之的是企业间倾向于战略联盟的善意收购；并购完成后的整合也越来越受到企业的重视，西方企业普遍认识到，并购并不产生价值，只有在整合的过程中，并购的价值才能实现，因此，西方企业越来越重视企业并购后在企业战略指导下的整合。

趋势之二：企业并购规模庞大，企业趋向于巨型化、全能化。

20世纪90年代以前的企业并购，很少有超过10亿美元的案例。之后，尤其是进入21世纪以后，企业并购的价值甚至超过了千亿美元。巨型并购交易案增多，是20世纪90年代全球企业并购的一大特色，说明在激烈的国际竞争中，跨国公司非常重视规模效益，企图通过强强联手，占领尽可能大的市场份额，以实现优势互补，增强研究与开发能力，协同研制开发新一代高新技术产品，共享市场，维持相对的垄断地位。这一趋势在进入21世纪后表现得更加突出，在钢铁、能源、化工、航空、飞机制造、计算机、网络等行业发生的众多并购案，都使得这些行业的资源更加集中，企业实力更加强大。

趋势之三:跨国企业逐步在全球范围内整合资源,把并购作为全球资源配置的一种手段,这是未来企业并购逐渐显示出来的又一个明显趋势。

第五次并购浪潮是以跨国并购为主要特征的,在第五次并购浪潮中,跨国并购得到了迅猛发展,目前并购投资已经取代新设投资,成为国际直接投资的主流方式。联合国贸易发展委员会 2001 年 6 月 27 日公布的统计数字显示,2000 年全球企业跨国并购金额总计达 11 438 亿美元,比 1999 年的 7 660 亿美元增长了近 50%。而发达国家跨国公司间的并购也大大增加,1993 年并购投资占全球总投资的 36%,而 2001 年这一比例已经高达 81%。

跨国并购一个突出的特点就是重在全球行业的整合。2001 年英国保诚保险集团合并合众美国通用保险、安联保险公司收购德累斯顿银行、花旗银行收购墨西哥国民银行、第一联合银行收购瓦霍维亚信托银行等四起并购案,显示了西方国家银行业从定位于发达经济的全球并购市场正在向发展中经济区域扩张。此外,欧洲三大钢铁公司大合并也表达了传统行业进一步以扩大规模压低制造成本、提升工艺和科技含量的意愿。

第五节 中国公司并购的现状

我国真正意义上的公司并购应该是从 1978 年改革开放开始的。随着企业经营自主权的逐步扩大以及企业所有权和经营权的逐渐分离,通过并购来促进国有企业经营机制转化,合理配置资源,盘活资产乃至调整和优化产业结构的作用得到了越来越广泛的重视。我国公司并购的历程大体上可以分为四个阶段。

一、试点起步阶段(1984~1987 年)

我国最早出现的企业并购发生于 1984 年的河北省保定市。当时保定有 80% 以上的预算内企业处于亏损状态,而同时,一些亟待发展的优势企业又苦于资金、场地的匮乏。保定市政府为了摆脱这一困境,大胆探索,采取了大企业带动小企业、优势企业兼并劣势企业的做法。1984 年 7 月 5 日,以河北保定纺织机械厂承担被收购方全部债权债务的方式并购保定针织器材厂为开端,9 家优势企业先后并购了 10 家劣势企业。之后,企业并购在武汉、北京、沈阳等 9 个城市中相继出现。

这一时期的特点是:

第一,并购基本在同一地域同一行业内进行。只有这样,才能在企业并购的初期避开条块分割所设置的障碍,在一定程度上降低企业并购的难度。

第二,数量少,规模小。企业并购行为仅仅限于全国少数城市的少数企业。

第三,政府以所有者身份积极介入,大多是为了消灭亏损企业,卸掉财政包袱。各地情况表明,企业间实行并购的最初动因和直接目的也大都为了消除亏损,卸掉财政包袱,因此,决定了被并购企业均为亏损企业。由于政府的参与,并购也带有强制性。

第四,并购方式多为承担债务和出资购买方式。

二、规范市场阶段(1987~1992年)

1987年以来,政府出台了一系列鼓励企业并购的政策法规,十三大报告明确提出小型国有企业产权可以有偿转让给集体或个人。1988年3月,第七届全国人民代表大会第一次会议明确把"鼓励企业承包企业,企业租赁企业"和"实行企业产权的有偿转让"作为深化改革的两项重要措施。1989年2月,我国第一部有关公司并购的行政法规《关于企业兼并的暂行办法》颁布。

这一时期的特点是:

第一,企业并购和产权转让活动由少数城市向全国扩展,不仅大中型城市的企业并购发展迅速,一些县办企业、乡镇企业也出现了并购行为。

第二,并购形式由一对一的单个并购向一对多的复合并购方向发展,使优势企业逐渐发展成为企业集团。

第三,企业并购的范围由本地区、本行业内的企业间并购,向跨地区、跨行业的兼并方向发展。

第四,并购的目标由单纯的消灭亏损企业向自觉优化经济结构的方向发展,被并购企业已经不全是亏损企业。同时,许多省市都围绕调整地区产业结构、发展优势产品的目标推进企业并购。

第五,并购方式除债务承担方式、出资购买方式和无偿划拨方式外,还出现了控股方式和参股方式。

第六,局部产权交易市场开始兴起,产权转让活动逐步走向规范化。

三、快速发展阶段(1992~2001年)

1992年中国确立了建立市场经济体制的改革方向,企业并购成为国有企业改革的重要组成部分。由于产权改革成为企业改革的重要组成部分,产权交易市场的培育和发展越来越受到政府的重视,企业并购无论从规模上还是形式上都有了新的突破。

这一阶段的企业并购伴随着产权市场和股票市场的发育,其主要特点是:

第一,企业并购规模扩大,大型合并、收购增加,强强合并越来越多。

第二,产权交易市场普遍兴起,在企业并购活动中起着重要作用。这一方面使企业并购和产权转让活动的有偿性原则得以加强,另一方面也有助于产权转让行为规范化。

第三,上市公司股权收购成为重要形式,特别是从1990年上海证券交易所和1991年深圳证券交易所成立以来,我国股份制企业数量迅速增加,证券市场也迅速发展,利用证券市场进行企业并购的事件有所增加。

第四,中国并购市场开始与国际接轨,外国资本和中国港澳台地区资本开始进入内地的产权市场;同时,一批经济效益好、经济实力强的国有企业开始到国外收购兼并企业,并取得了较好的收益。

四、调整待发阶段(2002~2005年)

2002年后,中国证监会发布了《上市公司股东持股变动信息披露管理办法》《信息披露方法》《关于向外商转让上市公司国有股和法人股有关问题通知》《利用外资改组国有企业暂行规定》《上市公司收购管理办法》,2003年几部委(局)又发布了《外国投资者并购境内企业暂行规定》,对上市公司并购重组涉及的法律问题进行了细致的规范,基本确立了上市公司并购重组的法律体系。这些法规鼓励实质性资产并购重组,希望证券市场发挥资源优化配置与价格发现的功能,也使外国投资者并购中国公司具有了法律依据。随着市场的逐步规范,上市公司并购活动日趋活跃。

2002年,我国上市公司收购数量的增长率高达41.18%。到了2003年,上市公司收购增长却停滞了,与上年相比,仅增长了2.38%,上市公司并购增长进入了一个平台期。2004年,上市公司并购的数量首次出现负增长。2005年,并购数量重新开始上升,当年并购案超过500起。

五、快速发展阶段(2005年以后)

2005年中国证监会启动了上市公司股权分置改革,这项改革解决了中国证券市场原有的二元结构问题,实现了同股同权,国有股和法人股从此在二级市场上可以自由流通,这就为并购重组市场化创造了决定性的基础条件。此后,上市公司并购重组迎来了春天,并购活动数量急剧增长。

2005年新《证券法》公布施行,中国证监会颁布了《外国投资者对上市公司战略投资管理办法》《关于上市公司股权分置改革试点有关问题的通知》,又联合国资委、财政部、中国人民银行、商务部联合发布了《关于上市公司股权分置改革的指导意见》《关于外国投资者并购境内企业的规定》《上市公司收购管理办法》,进一步完善了并购重组相关法律法规体系。在证监会的引导和鼓励下,上市公司并购手段不断创新,证券市场效率不断提升,市场化并购重组逐渐代替了政府主导的并购重组,成为市场主流。2005~2008年间,共发生565起上市公司并购事件,涉及并购金额达1 171.80亿元,平均每起并购案的并购金额为2.22亿元人民币。2008~2009年,尽管受到海外金融风暴的影响,但在国家相关政策及并购贷款的扶持下,并购案数量创下新高,达到了2005年的5倍;而并购金额则在2008年创下峰值,达648.98亿元。

2010年上半年中国企业国内并购达194起,并购案数量达到2008年以来的最高值,同比增长64.4%;并购金额为48.10亿美元,尽管平均并购规模偏小。从行业分布来看,国内并购以房地产行业最为活跃,共发生30起并购交易,占比15.5%;涉及金额12.65亿美元,占比26.3%。从趋势看(见表1-1),此后几年,非国有企业发起的并购活动快速增多。

表1-1 不同性质企业发起的并购占年度并购数量比例(2006~2013年)

年份	国有企业	非国有企业
2006	61.26%	38.74%
2007	64.06%	35.94%
2008	61.28%	38.72%
2009	56.67%	43.33%
2010	60.91%	39.09%
2011	59.07%	40.93%
2012	58.33%	41.67%
2013	57.91%	42.09%

并购形式越来越丰富,二级市场竞购、定向增发、换股合并等新的并购形式登上舞台;并购动机越来越市场化,并购的目的主要是为了提升公司效率和市场实力。并购支付方式依然没有任何本质性的变化,除了少量的股票支付、资产支付、承债支付、混合支付外,超过九成的并购活动都采用现金支付方式;现金支付提高了主并公司发起并购的门槛和成本,限制了上市公司并购活动的进一步增长。

本章小结

并购是兼并与收购的合称。兼并是指两家或更多的独立企业、公司合并组成一家企业,通常由一家占优势的公司吸收一家或更多公司。收购是指一家企业在证券市场上用现金、债券或者股票购买另一家企业的股票或者资产,以获得对该企业的全部资产或某项资产的所有权,或者获得对该企业的控制权。

并购的类型,按并购的行业关联性,分为横向并购、纵向并购和混合并购;按支付的方式,分为现金收购、换股收购和综合证券收购;按并购的态度,分为善意并购和恶意并购;按并购的区域,分为国内并购和跨国并购。

西方国家共经历了五次比较大的并购浪潮。我国自1984年出现最早的企业并购开始,至今也有30多年的历史。

复习思考题

1. 简述收购与兼并的异同。
2. 按照不同标准,简述公司并购的分类。
3. 阐述西方国家五次并购浪潮的成因与特点。
4. 简述我国公司并购的四个阶段以及各阶段公司并购的特点。

中国互联网最大并购案——百度收购91无线

在谅解忘录签署一个月后,91无线稳稳落入了百度盘中。2012年8月14日,百度公告宣布已签署最终协议,收购网龙公司旗下91无线100%股权。按照协议,百度将以现金形式向持股91无线57.4%的网龙公司和其他股东收购91无线全部股权,并购总金额大约是19亿美元。由于91无线要为特别股的股东派发有条件股的股息,本次实际并购的总金额达到18.5亿美元,虽然并购的金额庞大,但其为百度带来的未来的发展更加诱人,使得百度不惜重金出资将其纳入囊中。

公告显示,该交易预计在2013年第四季度完成,91无线将成为百度的全资附属公司,并继续在其当前的管理团队领导下作为一个独立公司运营。当交易最终完成时,百度收购91无线的标的额将超过2005年雅虎10亿美元并购阿里巴巴,成为中国互联网有史以来最大的并购案。

91为什么要卖给百度

2007年,91手机助手的创始人熊俊将91手机助手的雏形iPhone PCSuite卖给了网龙。收购91手机助手后,网龙就开始了在移动游戏方面的布局,但是其在手游方面一直没有实质性的作为。目前,其手游《疯狂部落》才刚刚结束内测,跨平台游戏《猎龙战记》也仍在内测中,策略手游《妖界》在发布半年后最终被搜狐畅游拿下独家代理权。91无线收入可观,但是事实上,网龙自身手游业务发展迟滞,91助手并没有起到支撑作用。

同时,91上市的一再搁浅,也在反复考验着网龙高层的耐心。"你应该没有见过任何一家做盗版的公司上市的,所以我们当时说这是不可能的事情。"2012年熊俊在接受采访时说的话一语成谶。从2012年上半年至今,91无线上市的传闻已经传了整整一年,从最初的暂缓上市,到不融资的介绍上市,再到暂缓介绍上市,91的上市之路一波三折,而从现在的消息看,91的上市之旅或以百度收购告终。

而盗版也终究是91绕不过的坎。熊俊表示,他离开网龙的原因之一,就是网龙对盗版的态度。"我们在刚刚开始做自己的产品的时候,首先对盗版是回避的态度,我们做的东西是没有盗版的。"熊俊在谈及同步助手时说。与国内所有的盗版商一样,91无线巧妙地利用避风港原则,即当开发者投诉其盗版时,即在最短时间内核实然后进行下架处理。

背负着盗版原罪,上市无门又遭遇发展瓶颈的91无线,遇上了搭车移动互联网良机。2007年,熊俊将91手机助手的雏形iPhonePCSuite卖给了网龙,价格为10万元人民币。与当年10万元的价格比,此次19亿美元约合人民币116亿,足足涨了11万倍。网龙财报显示,2013年Q191无线收入1.44亿元,网龙Q1净利润1.164亿元,如果忽略增长,91的卖价相当于其110多个季度的收入,网龙100个季度的净利润,而10万元的成本在其中已经可以忽略不计。19亿美元的作价,对91和网龙而言,可以说是皆大欢喜。

百度收购91意欲何为

百度以19亿美元收购91无线全部股权的消息,让整个移动互联网行业一片惊叹。百度豪掷19亿美元收购91无线意欲何为?诚如众多专家学者所言,百度的目标在于争夺移动互联网入口。

据了解,91无线是国内运作较为成功的应用商店之一。91无线平台是集成了91手机助手、安卓市场91移动开放平台、91熊猫看书、91熊猫桌面、安卓桌面、91手机娱乐门户和安卓网等强势产品为内容端口的完整移动互联应用产品群,也是目前国内最大、最具影响力的智能手机服务平台。早在2012年10月,91无线旗下的91助手及安卓市场两大移动应用分发平台累计下载总量就超过100亿次,而同期苹果App Store的应用下载量为350亿次,谷歌GooglePlay的全球累计下载量为250亿次。

百度本次收购91有助于弥补自己的"弱点"。在移动互联网发展中,百度实行的是"云+端"的发展战略,采用无线搜索和应用商店的"双入口"策略。在无线搜索领域,百度近年来已有一定积累:2011年3月,百度与诺基亚宣布联手开发中文移动搜索业务,同年6月推出Android版手机浏览器,10月推出移动搜索客户端"百度搜索"Iphone版。而在应用商店领域,百度虽然有自己的"易商店",截至2012年年底,"易商店"的应用达4万款,但仍无法与处于第一梯队的应用商店抗衡。也就是说,在"云+端"的"端"和"双入口"中的应用商店这两个关键环节,百度均较弱,不能很好地支撑公司未来移动互联网的发展,而并购91无线正是有效的强化方法。

虽然百度地图用户使用率第一,百度手机助手也跻身前列,但是这两款应用都尚未发展成用户的"必需品"。与此同时,腾讯已经凭微信拿下4亿户移动用户,阿里巴巴的移动生态圈也加入了媒体属性很强的新浪微博,360的安全卫士等手机助手的地位也无人可及。反观91无线,其手机助手、熊猫桌面、手机娱乐门户等应用已经积累了大量用户,可与百度现有资源形成互补,甚至未来有可能与360手机助手相抗衡。

未来的业务互补

事实上,"入口"不是百度收购91的唯一目的,其志在构建移动互联网生态系统。近几年来,百度一直重视移动互联网布局。2010年,百度的应用商店"易平台"上线;2011年,百度连续推出Android、Iphone版的移动搜索客户端,并与诺基亚、英特尔等在中文移动搜索的研发和推广上展开合作。在互联网领域,百度通过创建贴吧、百科、文库等内容模块参与到内容建设中来,从而由单纯的流量分发平台变身为包括搜索、内容供应及网站联盟在内的"超级"互联网信息平台。当然,这当中的经验和内容均可以复制。收购91之后,百度就可以考虑做两件事情,一是如何将互联网的内容复制到移动互联网中,二是如何构建一个以APP为主要消费标的、集"产供销"于一体的移动互联网生态系统。对于内容复制,百度需要做的是将互联网中的内容资源植入其中,使之成为移动互联网生态系统的重要组成部分,而应用商店正是这些App的集成者。要构建"产供销"于一体的移动互联网生态系统,需要大量开发者、庞大的用户群和运作成功的应用商店。

应用商店在移动互联网"入口"中占据极其重要的地位,从应用商店并购趋势看,这种高价并购只是一个开始。阿里巴巴、腾讯、360等互联网企业也一直在寻找好项目,在本次并购中也都有一定程度的参与。但准备在移动端大举发力的百度,相比起阿里和腾讯,与91结合有更强的互补性。本次并购是否能改变行业格局还不好说,不过可喜的是,近年来中国互联网金额最大的收购案花落一家移动互联网企业,让受到退出渠道困扰的移动互联网创业者和投资人们多少看到了一些希望。

(资料来源:张卓娅:《百度收购91无线,中国互联网最大并购案》,《现代工业与信息化》2013年第17期,第43~44页。)

第二章 公司并购的动机和效应

学习目标

- 了解公司并购的一般动机以及我国企业并购的特殊动机
- 掌握公司并购产生的多重效应,思考如何发挥公司并购的最大效用
- 熟悉公司并购的风险,思考如何化解这些潜在的风险

第一节 公司并购的动机

并购是经济生活中的一种重要现象和企业发展过程中采用的一种重要手段。每一次经济繁荣,都伴随着大量并购活动的发生;每一次企业扩张,都经常是以并购为标志。企业通过并购能取得多大的效果,并购的动机至关重要。并购动机决定了并购后企业整合的方式,并影响着企业并购的效果。

一、公司并购的一般动机

企业并购的动机多种多样,总的来说,可以把它们划分为六种类型:效率性动机、战略性动机、功利性动机、避税动机、机会性动机和抵御外部冲击动机。

(一)效率性动机

通过并购,将本来分散在不同企业的生产要素集中到一个企业中,由高效的企业管理代替低效的市场管理,从而提高经济效益。企业追求的效率来源有三种:

1. 规模经济效益,包括:

(1)企业生产的规模效益。通过并购,对工厂的资产进行补充和调整,达到最佳经济规模,以降低企业的生产成本;并购使企业在保持整体产品结构的情况下,在各个工厂中实现产品的单一化生产,避免浪费;并购可以解决专业化生产所造成的一些问题,使各生产过程有机配合,减少生产过程中的环节问题。

(2) 企业经营的规模效益。通过精简机构和扩大产量,节省单位产品的管理费用;用同一个销售网为顾客提供更全面的专业化生产和服务,满足消费者不同的需求,降低单位产品的销售费用;集中足够的财力用于研究、设计、开发和工艺改进,迅速推出新产品,采用新技术;凭借良好的信誉,进入资本市场,以较低利息得到贷款;化解风险,即时应对各生产要素和产品市场的价格波动。

2. 降低交易费用。市场运作的复杂性,会导致交易的完成需要付出高昂的交易成本,为节省这些交易成本,通过并购使这些交易内部化为企业内部的管理,从而节约成本,提高效率。

(1) 保证关键要素的获得。在先进技术地位越来越突出的今天,这已成为企业并购的主要动机之一。企业为了获得自己所缺的关键要素,如知识产权、关键设备和技术、管理经验以及管理人员等,如果通过谈判来实现,在信息不对称和外部性的情况下,往往要支付高昂的谈判和监督成本,而且,还可能由于他人的竞争或垄断而最终得不到。而通过并购手段,不但可以确保该技术的获得,还可以使这些问题成为内部问题,达到节约交易费用的目的。此外,企业生产中常常要有其他企业的配合,如果这些企业的配合对本企业非常重要,需要得到切实的保障,就要通过订立合同来避免不确定性和质量问题,但这些合同本身也是对企业自身适应能力的束缚,这时,通过并购就可以解决矛盾。

(2) 保证企业的商誉不受损失。当企业的商标为外人所用时,该使用者如降低质量,可得到成本降低的好处,而商誉的损失则由商标所有者承担。为了解决这个问题,可以增加监督,但须增加监督成本。通过并购,则可以将商标使用者变成内部成员,从而避免质量降低造成的损失。

3. 目标公司被低估的价值。当目标公司的价值被低估时,就可能会有公司提出收购。造成目标公司被低估的主要原因有:①经营管理出现问题;②收购公司拥有外部市场所没有的目标公司的内部信息;③由于通货膨胀等原因,造成资产的市场价值与重置成本的差异,等等。

(二) 战略性动机

1. 争夺市场权力。这方面的动机主要反映在横向并购上。企业通过并购活动,减少了竞争对手,提高了市场占有率,这一方面加强了对采购市场和销售市场的控制力,使企业拥有较强的市场能力,不易受市场环境变化的影响,从而降低风险;另一方面,增加了对市场的控制能力和垄断能力,从而获得超额利润。相对于低价竞争而言,并购是提高市场占有率更有效、更安全的手段。在下面两种情况下,这种动机的并购显得尤为突出：

(1)在本行业需求萎缩、生产能力过剩和低价竞争时,为了应对利润和成长机会的减少,几家企业联合起来；

(2)在国际市场竞争激烈时,为了应对国外企业的竞争压力而联合本国企业。目前,由于市场的国际化,不同国家的企业之间的竞争日趋激烈,西方国家为了保护本国企业的利益,在对垄断的控制上有所放松,使这类动机的并购比较普遍。美国飞机制造业波音公司与麦道公司的合并,就是一个显著的例子。

此外,企业通过纵向并购,将生产的不同阶段集中在一家大企业内,不但可以降低运输费用,节省原材料,从而降低成本,而且由于确保了原材料的供应,从而减少或清除了由于原材料价格波动所造成的风险,这两方面都有助于促进企业的稳步发展,在竞争中占据优势,并逐渐形成垄断地位。

2.多元化经营。现代投资理论认为,投资于不相关或负相关的项目,可以避开内部扩张风险,减少对单一产品市场的依赖,降低季节波动和经济循环的不利影响,从而降低风险。所谓多元化经营,就是通过投资于不相关的业务而达到降低风险的目的。第三次并购浪潮中兴起的混合型并购,很多都是由于这种原因。一个较为典型的例子就是生产"万宝路"的菲力普·莫里斯对食品企业的并购。由于多元化经营的企业被认为具有较低的风险,因此较易得到贷款,这也是混合并购的好处之一。

3.降低进入新行业的壁垒。企业在进入一个新的生产领域时,如果以在新行业中投资新建的方式进入,必须充分考虑行业进入壁垒。行业进入壁垒主要有：用户从一种产品转向购买新商品时,企业必须支付高昂的转置成本；企业必须打破该行业内原有企业对销售渠道的垄断,才能获得有效的销售渠道；新企业所欠缺的其他条件,如该行业的专门技术、经验、政府的优惠政策、地理位置等。除此之外,还必须考虑到由于新增生产能力而在行业内部造成生产能力过剩,从而引发价格战的可能。而采用并购方式进入,不但进入壁垒大大降低,而且由于没有新增生产能力,引起价格战或报复的可能性就要小得多。因此,并购是进入新行业的最佳选择。

(三)功利性动机

在现代企业中,所有权与经营权分离,企业的管理者与股东间的关系变成了委托代理关系。同时,大部分企业股权分散,小股东无法有效控制经营者,于是控制权旁落到管理者手中。作为一个管理者,他个人的利益并不只是与公司的赢利有关,还与公司的规模有很大关系。Muller(1969)[①]年提出假设,认为代理人的报酬由公司规模决定,公司越大,代理人的报酬就越高。因此,经理完全有可能为了他个人的利益而推动并购。此外,通过并购,经营者管理的公司不断扩大,这不仅使他获得一种成就感,而且能给人一种奋发进取和精明能干的印象,从而有利于该经营者获得更大的职业声望,以便日后升迁。因此,代理人为了个人利益推动并购,便成为并购的一个重要动机。

(四)避税动机

一些企业积累了巨额利润,但因缺乏合适的投资机会而需要负担高额税负。如果采用支付额外股息或投资于有价证券的方法,并不能回避高额税负;而如果用来购回本公司证券,不但要缴税,还会推动股价上涨,造成损失。按照一些西方国家的税法,当一个企业遭受无法避免的营业损失时,可以依据"移前挪后法",将亏损在几年内平均分摊到税前列支。因此,赢利企业通过并购亏损企业,可以将亏损分年度摊销到赢利上,从而减少税收支出。另外,有些政府主动以减免税收的方式来鼓励并购,这时企业获得的好处就更大。因此,通过赢利企业和亏损企业的并购,可以充分利用在纳税方面的优势。

(五)机会性动机

在股票市场上,由于各投资人掌握的信息不完全或对信息的看法不一致,投资人对同一股票的价值有不同的判断,这会引起公司股价的波动并偏离企业实际价值,这就给投机者以可乘之机。这种投机性并购收益的来源主要表现为:

1. 从市盈率变动中获利。一般来说,大企业由于资产雄厚,可靠性强,其市盈率较高;而小企业及亏损企业则常常市盈率较低。这时,前者如收购后者,股市就会以并购公司的市盈率作为目标公司的市盈率,从而引起目标公司的股价上涨,一些人就可以从中获得投机利益。此外,并购者以低价购得企业后,通过加强运营管理,就可增加生产经营性赢利,同时通过改变投资,重塑形象,还可在无形资产增值中获取赢利。实际上,很多并购的动机就在于从市盈率变动中得到好处,以及从新股发行中得到溢价利益。

2. 目标公司具有较多的流动资金或利润。并购这种企业时,并购者可通过目标公司的资金来抵补并购所付出的代价,即用目标公司的资金

---

① D. C. Muller, A Theory of Conglomerate Mergers, *Quarterly Journal of Economics*, 8, 1969, pp. 643 – 659.

来收购目标公司,从中获利。这种类型的收购也是一种投机行为。

(六)抵御外部冲击动机

经济全球化、信息技术革命、管制的放松及产业结构的变迁,要求企业做出迅速调整。20世纪90年代以来的第五次全球并购浪潮在2000~2001年高技术领域的并购浪潮中达到了高潮。跨国公司在这一次并购浪潮中成为领导力量。

经济全球化和信息技术革命导致了全球竞争的加剧,竞争的加剧又迫使世界各国普遍放松监管政策,这就给并购创造了较有利的企业内部压力和外部环境。跨国公司之所以能够在东道国获得经营收益,是因为它们拥有多种所有权优势,其中最重要的是跨国企业所拥有的无形资产优势,如管理、技术知识、品牌或商标优势等。跨国企业研究专家Cave对跨国并购进行了总结:纵向的跨国并购将中间产品的市场内部化,而横向跨国并购将无形资产的市场内部化。Cave提出了并购的外部冲击理论,阐述了并购的发生是由于外部因素,如技术革命、全球化、政府监管的放松等变动而引起的。威斯通也提出了当今跨国并购产生的七大推动因素:技术进步,全球化和自由贸易,监管松弛、规模经济、范围经济、经济互补推动的技术赶超,产业组织的变迁,企业家个人的才能,股价的上升、利率的降低和经济的持续增长。

二、我国企业并购动机的分析

我国的企业并购,除了扩大生产经营规模,降低成本费用;提高市场份额,提升行业战略地位;取得充足、廉价的生产原料和劳动力,降低成本,增强企业的竞争力;实施品牌经营战略,提高企业的知名度,获取超额利润;获取生产技术、管理经验、经营网络、专业人才等各类资源,实现公司发展战略;跨入新的行业,实施多元化发展战略,分散投资风险等企业并购的基本动因,还有其他一些特殊动机。

(一)消灭亏损企业动机

这是我国政府主导型企业并购的初始和主要动机。企业的政府主管部门出于减少亏损的目的促成企业并购,是我国企业并购初始阶段最常见的动因,而且,这一动因在今后相当长的时间内仍将占重要地位。

改革开放以来,我国经济一方面在高速增长,另一方面却受着长期的涉及面广、规模庞大且不断膨胀的企业亏损问题的困扰。在"搞活国有大中型企业"的呼声中,1991年国有企业的亏损面达36%,1993年预算内企业亏损继续扩大。随着国有企业改革的深入,问题日益明显,为数不少的企业长期亏损却占用大量资金,而经营效益好的企业却因资金、设备、场地等限制得不到发展。改革开放以来几次放权让利,使政府财政收入的占国民收入的比重不断下降,财政补贴难以为继,让企业破产又无法妥善安排职工,促使政府下决心推行并购。并购对改善这一现象可以起到"立竿见影"的效果,成为政府消灭亏损企业的一个有效方法。我国第一次企业并购浪潮的"始作俑者"——河北省保定市的企业并购,其初始目的就是为了解决企业大面积、大幅度亏损的问题,并购的方式主要是由政府出面牵线搭桥。事实表明,并购能实现优势企业低成本扩张,增强社会稳定,这是企业并购在我国改革开放进程中产生明显的经济效益和社会效益,充分显示出其生命力和强大示范效应的重要原因。

(二)实现产业结构调整动机

传统的计划经济体制采用行政方式配置资源,造成我国的产业结构过于趋同,引发了过度竞争,大量的生产能力不能充分利用,也阻碍了生产的分工和企业规模的发展,使得行业内资源配置极度分散,难以向优势企业集中,浪费严重。尽管国家已进行了多次调整,但问题并未得到很好的解决,现阶段传统体制下存在的大而全、小而全的封闭经济结构和低水平盲目重复建设现象不仅未消除,反而由一般的初级加工业扩展到机械、电子、汽车等支柱产业,造成新一轮的重复建设。这与调整方式的偏差大有关系。历次产业结构调整走的都是以增量调整为主的路子,惯用的铺新摊子的手法既受资金不足的制约,也养成了地方和企业"等""靠""要"的消极机制,制约着产业结构调整的效果,使我国的产业结构很难得到实质性的调整和优化。很显然,要从根本上改变产业结构不合理的状况,就必须对传统的调整方式进行变革,对存量调整引起足够的重视。

政府希望通过企业并购,对现有的资产存量和分布进行调整,使闲置、无效的资本流向急需发展的产业部门,达到优化资源配置、调整产业结构的目的。企业并购正是基于产业结构调整方式转变的这种内在要求,在不增加资金总量的情况下,改善企业资金存量结构,促进产业结构优化调整的重要方式。

(三)"借壳上市"或"买壳上市"动机

上市公司的"壳"是一种稀缺资源,公司上市意味着公司获得了一种较为稳定的融资渠道。然而,由于公司上市有一定的程序和条件,一家企业从发行股票到上市,往往要通过一系列严格的审批程序,并要付出相当大的成本。这使得一些优秀的公司不能上市,难以享受到上市公司具有的高溢价发行股票、高价配股的特权和无形的广告效果,限制了这些公司的发展。而非上市公司收购上市公司股权,获得"壳"资源,无疑是其取得上市资格、实现低成本的"买壳上市"的一条捷径,为企业价值的猛增和融资、再融资,以求进一步发展提供了很好的机会。成为"壳"目标的公司一般是拥有和保持上市资格,无业绩,总股本或流通股本规模小,股价较低的上市公司。符合企业开展资产重组宗旨的"买壳上市",不仅有利于企业发展,给公司增添新的利润增长点,也有利于证券市场的稳定发展。但由于并购可使股票市场对企业股票的评价发生变化,提高并购方的价格收益比率,因而增加了股票投机的因素,容易诱发企业只为上市圈钱而虚假并购,导致低质资产或效益不好的企业进入证券市场,破坏市场稳定,影响股东利益。

另外,我国《证券法》规定,上市公司连续三年亏损的将被特别处理,有被摘牌的危险;前3年平均净资产收益率低于10%的上市公司不准配股。上市公司大股东为了不使"壳"资源浪费,多通过行政手段采取资产置换的方式,通过特定的关联交易,影响上市公司财务数据,"提高"企业的业绩,从而避免上市公司摘牌或使上市公司净资产收益率不低于10%的配股下限要求。这种并购多带有做业绩的色彩,治标不治本。

(四)利用优惠政策动机

近年来,为鼓励企业并购,我国政府和银行对优势企业给予了政策倾斜,制定了许多财税、信贷方面的优惠政策。银行提取相当数量的呆账、坏账准备金,用以推动企业并购。地方政府也制定了一系列地方性的优惠措施,鼓励并购。不少企业在政府鼓励下积极参与并购。由此产生的并购中,有适应生产力发展需要的政府行为,也存在借并购之名行自身利益之实的行为。在优惠政策鼓励下,有些企业并购的目的并不是为获得被并购企业财产,而是想获得银行贷款和减税、免税或财政补贴等优惠政策,以此为前提,选取享受财政补贴的亏损企业和享受减税、免税待遇的其他企业为目标,而在并购签约后,被并购企业可能人事不变、产品不变、机制不转换,仅仅是换了一块牌子,甩掉了银行债务,导致银行坏账、呆账超常增长,引发金融风险。另一方面,由于政府在政策上对民营企业、国有企业区别对待,许多效益好的民营企业希望得到某些特殊资源却又受到政策限制,为了获得原本只有国企才能享受的特殊资源,便对这些国有企业进行并购。

第二节 公司并购的效应

在现实经济生活中,企业并购的动机在并购以后通过各种不同的具体形式表现出来,客观上形成了诸多效应。

一、效率提高效应

并购能带来管理效率的提高,即存在 1+1>2 的效应。

(一)管理协同效应

所谓管理协同,通俗地说,就是如果 A 企业的经营管理比 B 企业更有效率,在 A 企业并购了 B 企业之后,B 企业的经营管理水平便被提高到 A 企业的水平。这不仅会给目标企业带来经济效益,也会给社会带来经济效益。因为整个社会经济的管理效率将由于此类企业并购而提高。

管理协同理论表明,现实中总存在着管理效率低或者没有充分发挥其经营潜力的企业。如果一家企业有一支高效率的管理队伍,其经营管理能力超过了企业本身日常管理的需要,该企业便可以通过并购一家管理效率低下的企业,来使其额外的管理资源得以充分利用。

(二)经营协同效应

经营协同是指企业并购后,经济效益随着资产经营规模的扩大而得到提高。资产的经营规模可以通过横向、纵向或混合并购而获得,因此,横向、纵向或混合并购都能获得经营协同效应:

1. 获得规模经济及范围经济。经营协同的理论基础,一是行业中存在规模经济,并且在并购之前,行业的生产经营水平达不到规模经济的要求;二是并购双方存在范围经济,资源互补。

规模经济是古典企业理论阐述的问题。生产规模的扩大,有利于企业采用更先进的机器设备,提高产品质量和生产效率,从而降低单位产品变动成本如原材料、燃料动力及生产工人的工资费用等,同时大大降低固定成本如固定资产折旧、无形资产摊销、管理费用及营业费用等在单位产品中的分摊额,单位产品成本随生产规模扩大而下降,提高了企业的赢利能力。因此,在制造业中,对厂房及设备的大量投资,产生了典型的规模经济,如化学和医药企业的研究与发展部门通常必须有大量的科研人员,才能研制出众多的新产品,但需要生产规模的支撑,否则,单位产品成本就会过高;在市场营销方面,有一个遍及全国的营销机构可能会获得规模经济,因为销售规模越大,其营销效率就越高。

一家具有某一部门或某一资源优势的企业并购一家在这方面有潜在问题或劣势的企业,将有助于提高并购后企业的经济效益,同时也可以把参与并购企业中的业务部门或资产相互结合与协调起来,剥离那些不需要的部分以提高并购效益。因此,人们常看到并购公告中这样写道:A 企业在研究与开发方面有很强的实力,但是在市场营销方面较为薄弱；而 B 企业在市场营销方面实力很强，但在研究与开发方面能力不足，因而两家企业应进行并购，以利于资源相互补充，提高双方企业的价值，等等。

2. 降低交易费用。纵向并购将同行业中处于不同发展阶段的企业联合在一起，可能会获得更有效的经营协同效应。其理由是，通过纵向并购，可以减少各种形式的交易费用。

通过并购降低交易费用，主要体现在：

(1) 强化生产和服务各方面的配合，以利于企业内的协作；

(2) 缩短供应和生产经营周期，节省资源流动费用；

(3) 降低交易费用，节约成本。

3. 分散经营风险。分散经营之所以有价值，是基于许多原因，其中主要是股东、员工分散风险的需要以及财务和税收方面的考虑等。

(1) 股东虽然可以在资本市场上对许多不同的企业进行分散投资，但有许多股东尤其是本身又是企业经营者的股东都不想失去对企业的控制权，因而，分散经营风险是企业能够长期经营下去的保障。

(2) 企业员工分散其劳动收入来源的机会非常有限。一般来说，企业经营者及员工需要进行企业专用知识方面的投入。他们的大部分知识都是在为企业工作的过程中获得的，而这些知识只对本企业有价值，对其他企业而言并无多大的价值。企业员工由于具有专用知识，一般在其现有的工作中都要比在其他企业中有更高的劳动生产率。因此，他们看重自身工作的稳定性以及更多的获取专属知识和高薪的机会。获得高薪的机会通常与在企业中的提升联系在一起。分散经营风险可以给员工以工作安全感并增加提升机会，并且，在其他条件不变的情况下，还会导致劳动力成本的降低。

(3) 在现代企业理论中，企业随着时间的推移而逐渐积累员工的知识技能，这些知识技能在某种程度上是企业专属的，用来将员工与工作岗位进行有效的匹配，或者在特定的工作中对员工进行有效搭配。当企业破产被清偿时，这些专属于企业的知识技能的价值也随之消失。如果企业进行分散经营，这些知识技能便可以转移到正在发展的业务部门中去，从而保证企业团队和组织增长的连续性。

(4) 企业还拥有无形资产如商标、专用技术、商誉等。无形资产是企业长期通过对广告、研究与开发、人员培训等方面的大量投资而获得的，能给企业带来长期经济利益。分散经营有助于保护企业的无形资产，因为当企业破产被清偿时，无形资产便不复存在了。

(5) 在财务和税收方面，分散经营可以提高企业的负债能力，降低企业经营不确定性引起的现金流量的波动。分散经营可以通过内部发展和并购方式来完成,然而,在特定的情况下,采用并购方式要优于内部发展的方式,因为通过并购可以迅速地实现分散化经营。

4.提高市场垄断力。当行业生产能力过剩,市场竞争十分激烈时,通过并购可以消灭竞争对手,削减过剩的生产能力,提高市场垄断力,从而提高企业效益。

(三)财务协同效应

财务协同效应的来源之一在于较低成本的内部融资和外部融资,即企业投资机会与内部现金流的互补性。有大量投资机会和内部资金生产能力较低的企业需要额外融资,而有大量资金和较少投资机会的企业拥有超额现金流,通过并购,将会产生内部资金成本较低的优势。财务协同效应的另一种观点认为,并购后企业的举债能力大于并购前两个企业的举债能力之和,从而产生了投资收益的税收节约。再者,并购后,企业可通过利用税法中亏损递延条款、采取换股和发行可转换债券的方式达到避税的目的。另外,还可能存在证券发行费用和交易成本方面的规模经济。

(四)技术协同效应

并购的技术协同效应可从几个途径获得:①技术的规模经济,尤其是在纵向并购中。比如,可以减少生产工艺的步骤,避免不必要的资源浪费和损失。②促进技术创新。在并购中,企业对相互的技术更加熟悉,而且消除了重复性工作,消除了由于不同部门生产中互相不信任造成的机会成本和合同交易带来的不确定性以及技术相互依赖而导致的较高交易费用,同时,将许多部门的创新收益内部化,因而有利于企业的技术创新。

二、企业发展效应

并购作为一种企业发展途径,与企业内部积累相对应,具有三个显著的发展效应。

(一)较大限度地消除进入新行业的障碍

当企业决定进入一个新行业时,通常会面临许多障碍,如成本劣势、现有企业的激烈反应、资本密集型行业所要求的巨额投资、现有企业对销售渠道的控制以及所拥有的专门生产技术、有利的地理位置和政府的优惠政策等,而且还要考虑新增生产能力对行业供求平衡的影响,以免由于生产能力过剩导致价格大战。采取并购的方式,新行业的进入壁垒将大大降低。

（二）减少企业投资风险和成本，缩短投入产出时间

并购后，并购企业可以直接利用被并购企业的厂房、设备和劳动力，还可利用原有企业的原料来源、销售渠道和已占领市场，而且，资金市场对原有企业也有一定了解，因而可以大幅度减少发展过程中的不确定性，减低风险和成本。

（三）充分利用经验曲线效应

经验曲线又称学习曲线，经验曲线效应指的是企业的单位生产成本随着生产经验的增多而不断下降的趋势，这是由在企业的长期生产经营过程中的学习、专业分工、技术和工艺的改进等因素造成的。不同行业、同一行业的不同公司都会有不同斜率的经验曲线，这种经验无法通过复制、聘请其他企业雇员或购置新技术和新设备等手段取得，因而具有经验的企业拥有成本上的竞争优势。所以，企业在考虑发展战略时，会注重并购战略的选择，这样不仅获得了原有企业的生产能力，还将获得原有企业的经验。

三、市场份额效应

有经济学家认为，并购可以提高市场占有率即企业产品在市场上所占的份额，增强企业对市场的控制能力。该理论源于经济学的不完全竞争和垄断理论，企业市场竞争力的加强或市场份额的不断扩大，可以提高其产品对市场的垄断程度，既能带来垄断利润，又能保持一定的竞争优势，从而为企业的进一步扩张提供动力。根据经营战略对利润影响（PIMS）的研究，市场份额在10%以下的企业，平均投资报酬率在9%左右，而市场份额超过40%的企业将得到30%的平均投资报酬率。PIMS的研究还显示，平均起来，市场份额有10%的差异，税前投资报酬率则将有5%的差异。

四、有助于解决代理问题

在所有权和控制权分离后，由于合约不完备、信息不对称等原因，管理者与股东之间的利益冲突产生了代理问题，从而导致了代理成本。代理问题可以通过一些组织和市场机制来有效控制，包括有效的公司治理结构、资本市场、经理市场的监督等，而并购则提供了解决代理问题的一个外部机制。当目标公司代理出现问题时，通过并购获得控制权可减少代理问题的产生。公司并购的存在可以对管理层产生一种无时不在的威胁，这种威胁有助于约束管理层，进而产生经营管理的激励。

五、技术进步效应

如前所述,技术进步效应可通过并购的技术协同效应来获得。通过并购扩大企业规模,提高企业研发投资能力,是适应新时期技术进步要求的又一条途径。技术创新的生产是边际报酬递减的,在社会已有知识存量越来越多的条件下,进行一定量知识的生产需要更多的投入,因而,要在竞争中凭借知识优势取胜,需要有更多的投入。熊彼特的创新理论对此也进行了阐述,其中,创新是一个核心概念,是促进经济增长的长期动力,而创新的动力又来自适度的垄断。熊彼特将垄断称为资本主义经济中动态创新与技术增长的发动机。曼斯非尔德用创新效益的外溢来解释大厂商比小厂商更愿意从事研发的原因。他认为,虽然垄断厂商在获得垄断利润的过程中降低了资源配置效率,但他们可以把这些垄断利润投资于研发,从而使成本下降得更快,即技术变革来源于大厂商甚至是垄断厂商。对市场结构的进一步研究发现,许多高度集中的市场,如计算机、电信、飞机制造等,恰恰正是最具有创新性的行业。大量实践表明,相对于其他集中度较低的行业而言,垄断行业的价格更有明显的下降趋势。并购对于研发投资的贡献正在于,通过并购扩大了企业规模,使企业有能力支付巨额的研发费用,这适应了市场对产品开发的新要求,适应了越来越激烈的市场竞争,推动了技术进步。

六、经济增长效应

企业并购实质上是一种投资行为。投资既是经济周期运动的结果,也是引起经济波动的原因。在经济周期性波动的不同阶段,周期规律对投资的规模具有客观的限制与刺激作用,这种作用通过企业规模的收缩与扩张表现出来,因而,并购与经济周期的相互作用,实质上就是投资和资本集中与经济周期的相互作用。并购对经济增长的影响通过对存量资源结构的合理调整而实现,由于存量资本的结构决定了经济生活的效率,因而合理的并购将提高经济增长的效率。

同时,并购对促进经济增长方式的转换还具有三方面的基本意义:一是避免了外延投资方式对低效率经济增长速度的刺激;二是投资到优势企业对劣势企业并购中的资金,在总体上能促进存量资本向同行业技术先进的领军企业集中,从而提高经济增长过程中技术进步因素的贡献;三是通过产业结构的合理化调整,可以使产业、部门和地区的经济结构更加优化,能够促进经济的持续、稳定和协调增长。另外,在存量资本缺乏规模经济所要求的适度集中或部门之间的结构性矛盾十分显著时,存量资本的调整能较新增投资对经济增长带来更大的边际收益,因而对经济增长的质量与效率存在着积极意义。

第三节 公司并购的风险

作为资本扩张的重要手段,企业并购活动在世界产业发展史上掀起了一次又一次浪潮,至今仍长盛不衰。从理论上来看,企业并购能够带来诸多优势。但同时,并购也充满了风险,成功的企业并购并不如人们所期望的那么多,相反,有的企业甚至因不成功的并购而陷入困境。这在科尔尼顾问公司的一项调研中得到了证实。该公司筛选出1998年和1999年全球范围内115个巨型并购案例,其中58%没有达到事先设定的价值创造目标。① 由此可见,企业并购其实是一种风险很高的投资活动。

企业并购行为是一个过程,它大致包括以下六个阶段:制定并购战略并寻找合适的目标企业,对目标企业进行全面调查,提出并购方案,与目标企业的相关责任人接洽并商议并购建议,并购方案的实施,并购完成后的整合。由于并购本身的复杂性,并购过程中存在着大量难以预测的风险,这些风险也就是导致并购失败的种种陷阱。并购方所面临的风险大致有如下几个方面。

一、并购战略风险

并购战略的制定是一个企业进行并购的准备阶段,如果并购战略没有制定好,会危及整个并购过程,甚至关系到整个并购企业的生死存亡。一个适用于所有公司的最好战略是不存在的,每个公司都必须根据自己在市场上的地位及其机会和资源,确定一个适合自己的策略,否则,错误的并购策略将从根本上导致并购的失败。而并购方错误的并购策略、没有制定正确的收购标准、市场信息的不完整性和不对称性等都会造成目标企业的选择失误,这些因素使得并购方在对目标公司进行可行性分析时,过高地估计了并购收益,过高地估计了并购产生的协同效应,而对企业并购成本的估计过低,没有充分认识到并购的整合成本以及企业并购的机会成本,由此造成了收益—成本分析的失误,产生了风险。

二、目标企业的信息风险

并购方选择并购对象,必须对其历史和现状以及资产状况、财务状况、市场状况等进行详细的调查和研究。在并购过程中,并购方与目标

---

① 马亚雄:《企业并购的风险分析》,财会月刊(会计),2001年第16期,第16页。

企业信息不对称，并购方对目标企业资产价值和赢利能力的判断往往难以做到非常准确，从而使其难以以合理的交易成本得到目标企业。具体来讲，包括以下两类风险。

(一)目标企业的合同与法律诉讼风险

合同与法律诉讼风险是指将要被并购的目标企业对于有关的合同可能进行的管理或由于并购方无法了解被并购方与他人订立合同的具体情况而产生的风险，尤其是：①被并购方以信誉或资产为他人设定了担保而没有档案资料反映，只有到了被并购方要履行担保责任时才会被发现；②由于被并购方没有全面披露正在进行或潜在的诉讼的具体情况，由于诉讼结果无法预料，其结果可能会改变被并购方的资产状况。这些，将直接影响并购方的并购价值。也就是说，如果在签订并购合同之前不能将这部分风险考虑在内，潜在的风险将变为现实，这将降低被并购企业的资产价值，从而影响整个并购活动的利益。

(二)目标企业的财务信息风险

1. 财务报表风险。财务报表是并购中进行评估和确定交易价格的重要依据，其真实性对整个并购交易至关重要。虚假的报表美化目标企业的财务、经营状况，甚至把濒临倒闭的企业包装得完美无缺。报表不实主要表现在报表的虚增资产和隐瞒负债方面，这在并购非上市公司时尤其严重。

2. 资产风险。如果目标企业的账目没有问题，并购方仍然面临目标企业报表所列资产是否属实的风险。实际上，目标企业资产账实是否相符，存货可变现程度有多大，资产评估是否准确可靠，无形资产的权属是否有争议，交割前的资产处置等都会使并购方得到的资产大大少于账面价值，同时，由于目标企业资产质量的不确定性，也会影响其在并购方企业中的作用，给并购方带来风险。个别企业资产负债表上的许多资产权属不清，大量该企业不享有所有权的资产都出现在资产项目中。还有的目标企业注册资金不到位或抽逃注册资金，使实际的净资产数和账面净资产数不相符。

三、法律制度风险

并购过程的法律制度风险对于并购方来说非常重要。并购方如果违反法律并且被追究法律责任，造成的经济损失及其社会影响会远远超过并购者在并购活动实施后所能获得的商业利润与企业形象。因此，并购计划在法律部分的内容及其重要性，已越来越被并购方所重视。

法律制度风险主要表现在三个方面。

第一,反垄断的规定。西方国家为了维护公平竞争,大都制定了一系列反垄断法案,这些法案常常使得一些精心策划的并购计划落空,或在并购实施过程中遇到重重阻碍。我国目前虽然还没有相应的法律法规出台,但当行业的集中度提高到一定水平时,相关的法律法规是必不可少的。

第二,法律中对并购的具体规定,在操作中提高了并购的成本。这主要来自以下两方面:

一是来自并购方面的若干法律规定,如并购程序中的数额限制,公告义务,相关联机构的直接间接并购行为,连续购买的时间限制,收购要约的规范,收购价格,等等。一旦违反这些规定,不仅可能被课以行政处罚,还可能导致该并购无效,甚至承担各种民事赔偿责任,并陷入旷日持久的诉讼过程。结果,不但因此浪费了时间与资金,更影响了并购企业的形象。

二是来自市场管理方面的若干法律规定,如在运作过程中有无违反信息披露制度、实施误导式行为,有无参与联手造市获取市场差价,有无利用内幕消息进行交易,等等。一旦违反这些管理规定,轻者要被警告、没收非法所得或者罚款,重者还要额外承担民事赔偿乃至被追究刑事责任。

第三,现行法规不完善带来的风险。法律法规的不完善,使企业在并购过程中的行为得不到正确的引导或规范,并购双方的正当权益也得不到法律保障,这增加了并购的风险。

四、政府行政干预风险

根据我国的实际状况,在并购中,政府的适度参与,有助于加快并购速度,降低交易成本。但是,政府的过度介入极易导致市场机制的严重扭曲和并购效益的低下,给并购活动带来巨大的风险。政府对企业并购行为的行政干预,使企业并购不是完全按市场原则去操作,而是受权力信号所引导。例如,在并购地方保护主义严重的地方企业时,政府的行政干预很可能使一个成功的并购行为趋于失败。因此,在进行并购活动时,要考虑当地政府进行行政干预的风险,特别是在进行跨国并购活动时,一定要考虑当地政府对企业并购行为的反应,从而规避政府行政干预的风险。

五、并购欺诈风险

由于并购法律不健全,并购操作不规范,一些不法之徒趁机欺诈牟利。在司法实践中,以企业并购之名行骗的类型有:以分期付款为诱饵,先签订并购协议,办理资产的产权转移手续,然后再将资产抵押、质押进行贷款,尔后,拒不支付余款,甚至远走高飞,致使被并购方债权悬空。这是并购方惯用的欺骗伎俩之一。再有,个别企业本已负债累累,资不抵债,但经过一番乔装打扮,甚至动用舆论工具大肆炒作,使其俨然变为实力雄厚、前景辉煌的殷实企业。它们利用目标企业急欲寻找并购企业走出困境的心理,通过收购攫取其资产。因为有杠杆收购这样一个手段存在,这种并购欺诈行为更容易发生。

六、反并购风险

企业并购涉及方方面面的利益,现存体制与利益格局面临着企业并购的冲击,因此,企业并购必然受到这些因素的制约。通常情况下,被并购的公司对并购行为持不欢迎或不合作的态度,因为被并购企业多为劣势企业,若并购成功,被并购企业的领导及其有关人员的既得利益将会受到威胁。所以,企业并购往往会受到被并购方的抵制,尤其是在强行并购时,更会激起目标企业的强烈反对,目标企业甚至会动员一切力量,采取一系列反并购措施进行防御和反抗。防御的方法和手段多种多样,从原则上来说,就是要使目标公司对并购方缺乏吸引力、难以接管,从而达到阻止并购方进行任何标购的目的。具体方法包括资产和所有权的重组,反接管条款,毒丸计划等。反并购不仅使并购方的收购成本大大增加,还增加了企业并购后的整合难度,很可能直接导致并购的最终失败。

七、财务风险

在并购的过程中,财务风险一般有以下两种。

(一)融资风险

并购的融资风险主要是指能否按时足额地筹集到资金,保证并购顺利进行。如何利用企业内部和外部的资金渠道,在短期内筹集到所需的资金,是并购活动能否成功的关键。但是,并购者通常很难以单一的融资方式进行资金的筹措。目前,企业并购主要是运用杠杆收购(LBO)进行融资,收购者自有资金占10%~15%,银行贷款占50%~70%,发行垃圾债券占20%~40%。这种并购融资方式必然给收购者带来高债务资本的资本结构。收购所形成的高债务资本结构往往会使收购者因债务过重,在并购"成功"后因付不出本息而破产。

(二)流动性风险

流动性风险指企业并购完成后由于债务负担过重,缺乏短期融资,

导致支付困难的可能性。流动性风险在采用现金支付方式的并购企业中表现尤为突出。

财务风险在企业并购风险中处于非常重要的地位。小到支付困难,大到企业破产,都和财务安排不当有关。企业并购中较高的债务资本结构往往使收购方由于债务负担沉重,导致其在并购"成功"后,由于没有相应的效益来支付本息而破产。所以,企业在进行并购时,一定要考虑自身的财务能力。

八、经营风险

经营风险是指企业并购后,无法使得整个企业集团产生经营协同效应、财务协同效应、管理协同效应和市场份额效应,难以实现规模经济与优势互补,或者因并购后规模过大,管理跨度增大而产生规模不经济,未能达到并购预期目标而产生的风险。

经营风险产生的原因主要是并购总体方案策划疏漏或者预测有误所致,也可能是因为并购后市场发生较大变化,如新竞争者出现、消费者需求改变等导致并购后企业无法按原方案进行生产与销售所致。

九、并购后的整合风险

整合既包括生产要素的重新组合,也包括企业管理机制、企业文化、人力资源的融合。

第一,被并购企业的原有人员可能对企业并购方进行抵制。比如,并购方派驻的人员无法进入被并购方企业的核心层,或者即使进入了核心层,却无法起到决定作用,甚至连被并购企业印章都无法拿到。

第二,被并购企业的生产要素常是一些不良的生产要素,如果并购企业不能进行成功的资产重整,并合理有效地加以运用,常会使主并购企业遭受被并购企业不良资产负债的拖累,从而无法取得规模经济效应、财务协同效应和资源共享效应。

第三,由于不同企业的管理机制和企业文化有一定的稳定性、独立性和差异性,因而常存在企业间管理机制和企业文化难以相融、互相冲突的现象,致使并购完成后企业运行效率低下,难以取得预期效果。另外,并购完成后,企业为了适应新的运行机制需要,往往要对原企业签订的劳动合同进行清理、规范、变更或重新签订,并购整合时对员工的安置问题一定要充分考虑,否则会导致严重的社会震荡,影响并购效果。一项企业并购活动,只有成功整合了并购完成后的企业,才是一项真正成功的企业并购活动。

十、外部环境变化风险

企业所要进入的产业或行业细分,是对企业影响最直接、作用最大的企业外部环境,并购方必须对目标企业所处行业或产业细分中存在的风险进行充分估计。有的并购方对目标企业所处行业的竞争状况还未充分了解,就贸然进行并购,把并购方带入了陌生的竞争环境,导致人力、财力分散,增大了经营管理的复杂程度,不仅没有带来新的效益,反而拖垮了自己。

另外,并购发生后,被并购企业原来的债权人会纷纷找上门来,这会给并购方企业带来财务风险。还有,由于情况的变化,政府方面也可能有不同程度的干扰,原来讲好的优惠政策可能作废,工商、税收、土地、环保等各种行政机关的收费和税收都冒了出来。被并购企业原来欠的水、电、煤气、电话费等都会出现。这都会给并购方带来风险。关于这一点,在并购地方保护主义严重的地方企业时要特别注意。

本章小结

企业通过并购能取得多大的效果,并购的动机至关重要。并购动机决定了并购后企业整合的方式,并影响着企业并购的效果。企业并购的动机多种多样,总的来说,可以把它们划分为六种类型:效率性动机,战略性动机,功利性动机,避税动机,机会性动机和抵御外部冲击动机。此外,由于中国特殊的国情,我国企业并购除了上述一般动机外,还有消灭亏损企业、调整产业结构、借壳上市或买壳上市、享受优惠政策等特殊动机。

在现实经济生活中,企业并购的动机在并购以后以各种不同的具体形式表现出来,客观上形成了诸多效应。总的来说,并购能带来管理效率的提高,即存在 1+1>2 的效应;并购作为一种企业发展途径,与企业内部积累相对应,具有显著的发展效应;并购可以提高市场占有率即企业产品在市场上所占的份额,增强企业对市场的控制能力;公司并购的存在有助于约束管理层,提供了解决代理问题的一个外部机制;并购能扩大企业规模,使企业有能力支付巨额的研发费用,这适应了市场对产品开发的新要求,推动了技术进步;并购能促进经济增长。

虽然从理论上来看,企业并购能够带来诸多优势,但同时,并购也充满了风险。并购方所面临的风险大致有如下几个方面:并购战略风险、目标企业的信息风险、法律制度风险、政府行政干预风险、并购欺诈风险、反并购风险、财务风险、经营风险、并购后的整合风险、外部环境变化风险。

 **复习思考题**

1. 简要分析公司并购的一般动机。
2. 论述公司并购是如何提高效率的。
3. 结合我国国情,谈谈我国企业并购的动机和效应。
4. 分析公司并购是怎样促进企业发展的。
5. 简要说明公司并购过程中存在哪些风险。

 **案例**

从卡特彼勒收购年代煤机看并购风险

2011年11月10日,全球建筑和采矿设备制造商卡特彼勒宣布,将以不超过68.9亿港币收购在香港上市的年代煤矿机电设备制造有限公司(以下简称年代煤机),从而获得其旗下全资子公司郑州四维机电设备制造有限公司(以下简称四维机电)。卡特彼勒的收购报价为每股0.88港币,较年代煤矿机电停牌前收盘价(0.66港币)溢价33.3%。

卡特彼勒收购年代煤矿机电,包括其全资子公司郑州四维机电。年代煤机是中国成长最快的采矿液压支架制造商,旗下子公司四维机电在河南省郑州市拥有一座面积60万平方米的生产设施,为中国井工采矿业客户生产和销售液压支架设备。

该收购是卡特彼勒迄今为止在中国最大的一笔,却不幸"触雷"。卡特彼勒今天宣布,发现年代煤机旗下位于郑州的全资子公司四维机电内部存在蓄意的、多年的、串通的财务会计不当行为,导致卡特彼勒2012年第四季度的商誉减值非现金损失约5.8亿美元,合45亿港币,接近彼时收购价格。

5.8亿美元的减记额度,已接近卡特彼勒当时的交易价格6.53亿美元。在完成交易半年后,这家以谨慎出名的百年老店忽然自爆掉入如此大额的陷阱中。为什么在做尽职调查时没有发现这些财务不当行为?为什么卡特彼勒会收购当时规模并不起眼的四维机电?其中玄妙引人遐想。

购买陷阱?

"卡特彼勒的措辞十分谨慎,用的是财务不当。但在中国公司里,粉饰包装财务报表甚至造假并不少见,这也是中国概念股屡屡遭遇猎杀的原因。"一位曾在美国美林投资银行任职的并购业人士称。

在并购进行之初,双方曾将此次收购看作是双赢的交易——卡特彼勒继续布局中国市场,四维机电的股东则获得溢价退出。

卡特彼勒一直想在中国拓展煤炭采矿业务,而收购在港股上市的年代煤机则是其进军中国的重要一步——四维机电正是年代煤机的全资子公司,也是其最为主要的实体企业,主要从事内井工煤矿开采设备的设计、生产、销售和售后支持。2010

年7月,四维机电借壳年代国际登陆香港联交所,后更名为年代煤机。

2011年11月,卡特彼勒宣布了其对年代煤机的收购意向;在获得商务部批准之后,2012年6月,卡特彼勒完成了对年代煤机包括其全资子公司四维机电的要约收购;2012年10月,香港上市公司年代煤机正式退市。按照当时0.88港元/股的收购价格,年代煤机的股东相当于获得了33%的溢价。

然而蜜月期刚过,半年后卡特彼勒已尝苦果。卡特彼勒出具的声明显示,四维机电的会计不当行为至少包括"不当的收入确认操作,涉及过早的以及不实的收入确认"以及"不当的财务会计操作,涉及造成虚增利润的不当成本分摊"。

"四维机电这家公司我们早先也研究过,但我们觉得这家公司问题很大,所以没有碰它。"一位摩根士丹利投行人士称。

上述投行人士在研究年代煤机财务报表时发现,且不论是否造假,四维机电在运作方面存在多方面的问题。"举例来说,2010年时其应收账款周转天数为250余天,应收账款数额占资产一半;而竞争对手三一重工的应收账款周转天数为54天,应收账款数额占资产两成左右,郑煤机的应收账款周转天数为69天,应收账款数额占资产的14%左右,均比年代煤机表现好。再加上年代煤机收入虽增长但却是净亏损,综合各种财务指标考量,都不能算是一个好公司。不知道卡特彼勒为何要选择年代煤机进行收购。"

2012年3月,卡特彼勒对年代煤机的要约收购正在进行中,此时年代煤机发布2011年年报,显示全年净亏损1 400万港元。由此,卡特彼勒对年代煤机尽职调查的质量开始受到质疑。在这场收购案中,花旗环球金融亚洲有限公司为卡特彼勒的独家财务顾问,富而德法律服务事务所为卡特彼勒的法律顾问;黑石集团(香港)有限公司为年代煤机的独家财务顾问;欧华律师事务所为年代煤机的法律顾问。而卡特彼勒方的尽职调查则是由德勤和安永共同完成,其中德勤负责的是审计四维机电的运营资本,而安永则承担整体的尽职调查工作。

德勤已经在公开回应中撇清了自己的责任:"目前出现的问题,与运营资本相关的尽职调查之间,不存在任何关系。"而其他当事方则大多保持沉默。

记者采访的一位国际投行中国区总裁认为:"如果企业存心在财报上做假,尽职调查机构受限于时间和成本很难发现。德勤虽然检查了目标公司的会计表现,但并未检查公司隐含的业务模式和其他资产负债表外交易;而年代国际属于上市公司,德勤审计的年报其实是经由中瑞岳华(香港)会计师事务所核实签字的。这些都是一环扣一环的,究竟哪个环节出了问题很难确定。"

对此,一位要求匿名的"四大"在华资深审计人员表示,尽管在跨国并购中,大型跨国公司通常会聘请"四大"中的会计师事务所对目标公司进行审计,以避免风险,"但'四大'通常的工作范围只限于审查目标公司的账目,而对目标公司的实际资产质量,则不会进行具体的盘点清查"。换言之,只要目标公司能够在账目上"自圆其说",就能够通过外部审计人员的考察。

"这也就是为什么,有很多人会说,四维机电实际经营状况如此不堪,具体资产的登记是张冠李戴,但审计人员就是看不出来问题,因为至少在账册上,这些数字是能够对上。除非有特殊要求,'四大'不会去对一个目标企业进行盘存清查。"该人士说。

如果按照这一说法，则为年代煤机提供常规审计的中瑞岳华应当在这场令人匪夷所思的财务丑闻中，承担原始的责任。"常规审计人员是有责任去清查具体的存货以及固定资产状况。"

当然，尽管卡特彼勒方声称"坚信尽职调查程序是严谨和稳健的"，但记者采访的多位投行人士均表示，卡特彼勒难辞其咎。"所有第三方机构都是为雇主卡特彼勒服务的，最终做决定的还是卡特彼勒"，上述国际投资银行中国区总裁认为。此前有媒体报道称，当时卡特彼勒还有其他更大的交易需要进行，因此并未谨慎处理这一在中国市场的收购案，尽职调查也未充分进行。

不过，也有会计界人士认为，卡特彼勒本身成为中外会计制度差异的最新牺牲品。"比如收入确认，中国企业和西方企业在这个问题的会计处理上往往差异巨大"，一位毕马威华振会计师事务所的资深审计人员表示，"在没有正式合同文件前，西方企业是无法确认收入的。但这一点在中国企业中变通的余地很大。"

值得一提的是，在2012年12月中美两国审计监管争端不断升级之际，卡特彼勒曾在一份电子邮件中表示："由于此问题涉及中美两国监管机构之间的差异，卡特彼勒希望任何一方都能努力解决这一问题，同时对彼此国家的法律和法规表现出相互尊重和理解的态度。"

（资料来源：《卡特彼勒中国收购认栽36亿，四维机电涉财务造假》，新浪财经，2013年2月22日。）

第三章 公司并购的程序和中介机构

学习目标

- 熟悉公司并购的一般程序
- 重点掌握投资银行在公司并购中的作用
- 了解投资顾问公司、会计师事务所和律师事务所等中介机构在公司并购中扮演的角色

第一节 公司并购的程序

公司并购是市场经济体制下资本运营的高级形式,并购的操作涉及一系列复杂的活动。经过充分的实践,公司并购在实务操作中已经有了一套相对规范的程序。公司并购程序一般包括以下 10 个步骤。

一、可行性分析和论证

就并购方而言,首先要根据国家经济宏观发展战略和产业政策,确定本企业的经营方向和战略;然后,详细分析本企业的现状,人、财、物资源的优势和不足,再对其他企业的现状和潜力进行调查摸底。在此基础上,确定并购的方向,明确并购意向,并进行具体的可行性分析和论证。主要的分析内容有:

1. 现有法律和市场准入的法规。
2. 并购市场的规律及当前趋势、状况。本企业所在的行业、所生产的产品在目前和今后的供需状况;因设备投资引起的供需变化;市场潜力,包括同类产品的供需情况、生产量、原材料价格、产成品价格、替代产品的动向,如是出口产品,还包括它的国际竞争力、技术更新换代的速度等。其中,对该行业、该产品市场经营环境的分析最为重要。
3. 并购项目的产业前景。包括行业的市场潜力,技术革新速度,是朝阳产业还是夕阳产业,行业的进入障碍,企业转产或转行的柔性等。如果该行业将很快被另一新兴产业所淘汰,如果企业本身柔性又差,设

备、人员、技术很难向相关行业转型（有些企业可以军转民），并购的可操作性就很小。

4. 并购双方企业优势能否互补。其中包含两点：目标公司方的优势是否与并购方的合作意向吻合，双方合作的目的是否适合通过并购形式来实现。并购不是公司一厢情愿就可以成功的，双赢是并购的前提条件，因此，不要忽视对方的利益，否则就不会引起合作伙伴的兴趣。并购企业应该清楚其合作伙伴通过并购可以得到什么，并为此积极努力。要力求使并购双方优势互补，或发掘协力优势，不要光是"拿来主义"。

5. 项目的可操作性分析。如投资额大小、预计完成交易时间的长短等。有些项目听起来很吸引人，但实际分析时却发现不具备操作性。

二、设定并购指标，了解目标

企业一旦在经营战略上选择了并购，接着就进入了设定并购指标，选择、了解候补目标企业的阶段。这时，并购目标要尽可能多，而对目标企业各项目的具体条件、内容则力求简洁明了。

此时，往往将几个候补目标企业的有关情况列成表格。列表时应注意针对性，并尽量符合并购目的，不能生搬硬套，否则会导致判断错误。在对方比较敏感甚至忌讳的项目上设计灵活一些，并购就可能成功。最好能列出10家左右被并购可能性大、又有吸引力的候补企业。如果并购目标是同类企业，并购方采取列表分析方法，能收集到大部分准确、详细的资料；如果并购目标不是同类企业，收集信息会发生困难。此时，如有可能，应尽量通过该行业的专业报刊、社会调查机构的报告、候补企业的主管部门、用户、顾客渠道等，了解掌握有关资料。

三、调查、确定目标企业

大体了解10家左右候补并购目标企业之后，就可以进入收集、分析更详细信息的阶段了。应收集的信息有企业概况，财务状况，经营业绩，销售、生产和流通情况，技术水平和研究开发动向，组织形态和劳动人事情况，重要合同，以及其他管理制度方面的情况，等等。收集和分析这些信息，目的在于准确、全面地把握候补并购目标企业的真实状况，明确其问题所在，分析并购之后的乘数效应。这是下一步进行并购交涉、洽谈以及进行最后决策时十分重要的参考材料。

如候补并购目标企业是上市公司，因其依法负有公告义务，故较易得到足以信赖的资料。对于其他各类企业，能够获取的信息有限。一般来说，并购方越想得到的信息就越难得到。在正式接触候补并购目标企业之前，要尽量避免因调查引起候补并购目标企业的警觉，不能让其因对并购方产生反感而中断与其原有的固定客户、原料采购等的协作关系,从而对并购方以后的生产经营带来不利。可利用中介机构进行调查,以避免暗地收集同行情报之嫌疑。

四、进行接触和洽谈

有关企业并购的准备工作一旦结束,便进入同候补并购目标企业接触的阶段,以弄清目标企业的出售意向。除非双方经营管理人员之间关系十分密切,或者已掌握对方企业10%左右的股票,否则均应慎重地推敲、制定并购计划,带着诚意向对方提出合作请求。必须让候补并购目标企业明白,与本企业合作可在多大程度上推动其生产经营及加速企业发展。总之,要让其充分理解并购的必要性。

交涉洽谈实际上一直要延续到最后签订并购合同阶段。故对于重要事项,在初始阶段就应设定基本目标。最主要的是确定一个能被接受的并购价格。若卖方不是上市公司,其最关心的是能有多少现金到手,而这与买方的着眼点有很大不同,故必须注意买卖双方的差异。并购时采用收买资产还是收购股份的方式,也是该阶段洽谈的重要事项。并购方式不同,并购价格也不一样。此外,对被并购方经营管理人员和职工的处置安排,也必须做到心中有数。

五、签订并购意向书

并购双方当事人经过洽谈,意见取得基本一致时,就可以签订并购意向书了。意向书通常只能表明企业并购双方的合作意向,没有法律上的约束力,也不像最后签订合同,要将所有的洽谈事项详细列出。意向书的最大用处是,据此可以在保守被并购方秘密的前提下,使并购方有可能对其详细情况进行充分调查。

根据国外企业的经验,企业并购意向书应包括以下内容:

(1)确定并购双方就出售和购买并购企业资产或股份之事达成合作。

(2)商定有关买卖的形式和价格,特别是资产或股份如何移交、对价款如何支付、支付条件等。

(3)商定买卖价格的计算方法,其中对资产的评估、核定一环相当重要。为了保证公平合理,可聘请会计师事务所、审计事务所等中介机构进行资产的评估、核定,可以采取重置成本法、市场法、收入法等不同方法评估、核定价格。

(4)确定今后的日程安排。

(5)被并购企业的主要经营管理干部和职工在企业被并购后的处置

安排。

(6)详细调查的范围、日程和顺序。

(7)约定在一定期间不与其他企业进行并购的交涉洽谈。

(8)确定该意向书无法律上的约束力。

(9)约定只能通过股东大会、董事会或类似机构的决议,方能批准并购条件和合同的详细条款。

(10)约定保守对方情报资料的秘密,以及合同不成立时互相返还情报资料。

(11)约定意向书的有效期限和该期间双方应为签订最后的正式并购合同而努力。

六、详细调查企业情况

在并购合同正式成立之前,调查结果对并购价格和并购方式等重大事项有很大影响。因此,详细调查企业情况在企业并购程序上最为重要,必须认真对待。

应该注意,当目标企业不是上市公司时,其有关重要情况资料大多不公开,并购企业要进行详细周密、及时准确的调查分析,并据此做出准确的判断。因此,在详细调查阶段,要借助注册会计师、律师等专家,取得他们的密切合作。在该阶段,一方面要确认在此之前所收集的情报资料的准确性,另一方面要更进一步详细调查、分析目标企业的全部情况。其中,各种财务报表、纳税申报表等税务资料,重要合同,有无争议事件,债务担保、破产债权的偿还状况等法律事务,研究开发能力(包括所拥有的专利技术的水平)等都特别重要。

七、取得保证书

在调查过程中,由于受目标企业内部资料不够充分全面,调查期限、效率以及调查人员的能力等各种因素的影响,许多对并购企业进行资产评估及对洽谈非常必要、有用的情况,很可能无法知道。因为职工不知并购内情,往往对调查采取不合作的态度;企业中层管理人员会以种种借口,避而不谈企业实情,或者干脆进行虚假回答;由大股东充当的管理人员可能联合起来,反对非股东管理人员。这样,调查就会变得异常困难。为了减少风险,从目标企业的管理人员,或者从已经进行并购调查的注册会计师、企业法律顾问等处取得对有关问题的书面保证(承诺),很有必要。

保证书的内容即目标企业保证事项,一般有以下几项:

(1)目标企业提供并购企业要求的与企业并购有关的全部文书资料

（企业章程、内部规章制度、股东大会、董事会或管理委员会的会议记录等）。

（2）没有对财务会计报表产生重大影响的会计错误、账外交易。

（3）企业管理人员没有违反法律法规、企业章程等的行为。

（4）提供正式的诉讼或者有可能诉讼的事件的详细情况。

（5）遵守对生产经营有重大影响的各项合同条款。

（6）当违反上述各项约定时，停止合作关系，承担损害赔偿责任。

在美国，这些事项往往包括在内容庞大复杂的合同中；而在日本，则大多另具保证书。

八、正式签订合同

企业并购双方当事人在取得一致意见、洽谈成功时，就可以起草、签订并购合同了。企业并购合同除了应包括意向书中的主要内容外，还应包括并购的其他重要事项。

一般来说，企业并购合同的条款有：并购双方当事人的名称、住所，法定代表人的姓名和职务；并购宗旨，并购范围、规模和形式；合同标的种类、数量；价格及其计算依据；资产评估核定的方法和途径；价款支付方式；产权转移期限和方式；被并购企业债务的承担方式；并购后企业组织管理形式；合同生效条件；并购双方争议的解决方法；违反并购合同的法律责任；等等。当双方均为股份有限公司，而并购方欲购买被并购方股份时，则应明确：股份增加的数量、种类；双方股份的折算比率；因收买股份而使并购方注册资本和准备金的增加情况；向被并购方原股东支付的股金；并购双方股东大会、债权人会议对并购事宜的表决日期；实施并购的日期；等等。

有的国家在商法或公司法中规定了公司并购合同的法定记载事项，如缺少这些事项，并购合同就不能生效。还有，对于大公司并购其他企业，必须在发送股东大会的通知书时，随附并购合同内容，在股东大会上公布，并由其以决议的形式承认合同内容。但因为实际上股东大会很难否决、取消合同，所以，对并购中的具体事项，如对职工退职、退休金计算标准直接相关的工龄计算方法等，一般通过其他途径或者备忘录另行处理，以免影响并购的进程。

九、办理从订立合同到实施并购的各项手续

企业并购合同签字盖章后，必须为实施资产、股票购买等办理手续。具体分为对外手续和有关经营管理体制方面的对内事务两类。

对外手续主要是为公布实行并购的消息而进行必要的工作。具体

而言,将并购之事向职工公布,向证券交易所(上市公司)、企业登记署进行通报,与固定客户、协作企业、银行等取得联系,向所属的企业协会、行业协会等进行报告。在能妥善安排这些工作的前提下,制定详细、周密的日程表,做好充分准备,努力防止和克服手续上的缺陷和疏漏之处。

办理对内手续是为并购后能顺利经营做好准备,创造各种条件。因此,对内事务要做到既能适当调整各部门之间的关系,又能使整个企业达到集中统一。具体而言,在行政事务方面,修改和统一企业章程、职工守则及其他各种内部规章制度,统一安排调配企业公用设施、计算机系统和其他通信联络系统等;在财务会计方面,调整、统一有关财务会计手续(会计单位、会计处理原则、成本计算方式、决算日期、收付款截止日期、款项支付处理规则、账簿种类、固定往来银行、交易地点等),以及并购企业筹集调度并购所需资金等;在劳动人事方面,修改、统一职工劳动条件和考核奖惩制度,调整企业管理人员的业务分工、职权范围等;在购销方面,修订销售方针、信用制度等,重新审定原材料采购地和半成品外购政策,调整、统一仓储和物资流通系统;在生产、技术方面,合理利用闲置机械、设备,修订成本管理、质量管理制度,调整、组合技术开发力量;等等。

上述各点,必须从企业整体考虑,并与相关部门进行统一规划。另外,对这些事项考虑周全,并充实到企业内部的调查提纲中,必定有助于迅速、合理地解决并购中的诸多重大问题。

十、完成企业并购

上述阶段完成后,必须到有关企业登记部门办理企业变更或注销登记,并购才具有法律上的效力,企业并购程序才算全部完成。而实际上,也可在办理对外手续阶段时就进行变更或注销登记,企业内部的调整也可同时进行,两者的界限并不十分明确。

10个步骤的流程贵在简明,各环节大多可以细化,这里只是概要式地列出了并购业务中一些最关键和最主要的环节,没有也不可能反映并购的所有工作程序和角色内容。有些非常重要的工作没有列入,如联络、公关工作等,是因为这些工作贯穿于整个并购过程的始终。

另外,实际工作未必都严格依照这10个步骤来进行,并非必须经历每一环节,流程序列也非断然不可违逆。不同的交易在不同的时机操作,具体到某个环节,会有步骤地增删,需在具体操作时灵活掌握。

第二节 中介机构在公司并购中的作用

公司并购是一项涉及面广、政策性、专业性强的活动,需要投资银行、投资顾问公司、投资公司、会计师事务所和律师事务所等中介机构。作为并购活动的策划者和直接参与者,它们在促进公司并购方面发挥着重要的中介作用,并为公司并购的合理化、公平化提供了组织保证。

一、投资银行在公司并购中的作用

公司并购是一项十分复杂的交易活动。公司被视为一种"商品",经过资产、财务、税务、法律等一系列的结构设计,调整重组之后进入资本市场。这其中必然会涉及并购价格的确定、并购方案的设计、条件谈判、协议执行以及配套的融资安排、重组规划等问题。这些操作都很复杂、很专业。公司必须依靠专业性的中介机构及专家去完成并购的前期调查、项目评估、方案设计、融资计划等工作。而投资银行作为中介机构,恰恰能胜任这些任务。因为它拥有众多的客户资源和信息,拥有高素质的专业人才,能够提供咨询和融资服务等。投资银行作为中间人,在企业并购中扮演着牵线搭桥的角色,极大地提高了公司并购重组的效率。

(一)作为收购方代理,策划并购活动

当一家投资银行受聘为并购方的财务顾问后,它所要进行的是完整的重组咨询业务。工作程序是:

(1)寻找目标企业;

(2)对目标企业进行评估;

(3)进行股权结构设计;

(4)提出具体的收购建议,包括收购的策略、收购的价格与非价格条件、收购的时间表和相关的财务安排等;

(5)向目标企业发出收购要约,并和目标企业的董事或大股东进行谈判;

(6)编制有关的并购公告,详述有关并购事宜;

(7)签约成交,处理收尾和善后事宜。

(二)作为被收购方代理,选择并购企业或实施反并购措施

有时企业为了改善经营管理、提高生产效率、扩大市场能力等,需要被其他企业并购。投资银行凭借其所掌握的信息,可以帮助卖方企业选择并购伙伴。投资银行知道哪家企业正在寻找并购对象。卖方企业确

定目标后,投资银行就收购方提出的收购建议,向公司董事会和股东做出建议是否"公平、合理"的判断,并就是否接纳并购建议提出意见,然后编制有关的公告等,从而帮助卖方顺利完成与其他企业的并购活动。

有的时候,目标企业不愿意接受并购条件,或因其他原因反对并购,这时,目标企业就会采取反收购措施,这种情况出现在敌意并购中。目标公司的反收购同样需要求助于投资银行,投资银行会根据具体情况采取适当的反收购措施,常见的有:寻求股东支持、股份回购、诉诸法律、皇冠上的珍珠、白衣骑士、毒丸战术、绿色邮件、金色降落伞等。

(三)参与并购合同谈判,确定并购条件,制定收购价格

并购是否成功的关键在于并购的价格。一般在善意并购中,并购双方都会聘请投资银行作为它们的财务顾问和代理人,就并购的价格、付款方式、并购后目标公司的资产重组等进行谈判,以便最终确定一个公平合理、双方都能接受的并购合同。在恶意并购中,投资银行也会事先帮助并购方确定并购价格,因为恶意并购的成功与否,一个重要的条件就是并购方的出价。如果出价较低,对目标方就没有吸引力,并购活动往往就会失败;而如果出价太高,会损害并购方股东的利益。因而,无论是在善意并购还是在恶意收购中,聘请投资银行制定并购价格至关重要。

(四)提供融资安排

并购活动耗资巨大,动辄数以亿计,单靠公司自身资金完成并购活动很不现实。投资银行在作为收购方公司财务顾问的同时,往往还作为其融资顾问,负责其资金的筹措,主要的融资方式有安排商业银行贷款、发行公司债券(垃圾债券)、提供过渡性贷款等。

二、会计师事务所在公司并购中的作用

会计师事务所和投资银行一样,是企业并购舞台上不可或缺的台柱。它在并购中扮演审计的角色,组织专门的并购小组,参与顾问咨询业务。会计师事务所是主要提供审计业务的中介机构,在企业并购中常常和投资银行一起参与顾问事务。会计师事务所接办的业务同投资银行以及顾问公司虽多有雷同,但其工作的重点在于收购审计和税务专案。在企业并购中,会计师事务所要对目标公司的营业绩效、资产状况、财务分析等进行审查,以确定其可信性。目标公司的情况是决定买卖双方收购条件的一个关键因素,一旦审计结果与事前情报有出入,就可以在谈判中修正收购的金额。税务方案是有关买方企业处理税务事宜的方案。在美国,由于资产的会计处理和企业税金直接相关,会计师事务

所的工作就显得特别重要。

(一)会计师事务所的服务项目

一般来讲,在公司并购中,会计师事务所的服务项目有:
(1)有关一般并购战略的咨询;
(2)企业的资产评估;
(3)选择目标企业;
(4)收购审计;
(5)有关新公司整合的咨询;
(6)制定税务专案等。

(二)会计师事务所在企业并购中的作用

1. 并购准备阶段。企业并购是一种风险较高的投资活动,往往直接影响并购企业未来的发展,所以,做出并购的决策必须十分谨慎。从国外并购的实践经验来看,并购目标的正确选择对于并购成功至关重要。在对目标公司进行选择的过程中,主要考虑的因素有:收购行为的商业动机,目标公司的价值,收购的成本,目标公司的规模及经营状况,融资途径等。企业必须综合考虑各种因素做出决策,其中,对目标公司的审查和评估是一个十分重要的环节。对目标公司进行审查以获取充分信息,是降低收购风险的有效途径之一。审查的内容包括许多方面,而财务审查一般由注册会计师来完成。通过财务审查,可以使买方确定被并购方所提供会计报表的真实性,在一些易被忽视的地方如担保责任、应收账款质量、法律诉讼等方面获取重要信息,避免由于信息失真造成决策失误,同时通过各种财务数据和比率,了解被并购后企业的收益情况,做出正确判断。对目标企业的评估则关系到并购价格和并购后企业收益的多少,注册会计师可利用市场价格法、现金流量折现法、重置成本法等对目标企业进行评估,以合理确定并购中的支付价格,并对未来的收益进行合理估计。

2. 并购实施阶段。这一阶段主要涉及相关法律和会计问题。法律方面,由于并购对社会经济影响较大,各个国家一般都规定了较严格的法律。我国《公司法》中对并购的程序、条件、合同要件也做出了严格规定。会计师事务所可以充分利用自身在财会方面的专业人才或利用其他中介机构的协助,为并购中的财会问题提供良好的咨询服务。会计处理方面,由于并购涉及会计主体变更,根据我国会计准则的规定,必须按照一定的方法进行相应会计处理并编制合并会计报表,注册会计师可以为并购企业的会计处理提供咨询服务或代为记账。

3. 并购完成阶段。并购交易的完成并不意味着并购全过程的结束,之后,并购企业面临对被并购企业的整合工作。这一工作的进展关系到能否充分发挥并购的各种协同效应,实现并购的真正目的。这一阶段,会计师事务所应做好以下工作:

(1)为并购企业提供各种管理咨询,协助并购企业迅速建立合理的组织管理机构,使企业管理的优势得到应有的发挥;

(2)为并购后的企业进行税务规划,发挥最大的财务效应;

(3)为并购后的企业设立新的会计制度,使之符合企业经营管理的需要;

(4)对并购后的整个企业进行各方面审查,考察并购的绩效,总结经验。

三、律师事务所在公司并购中的作用

由于企业并购活动是一项涉及面广,政策性、专业性强的活动,其中涉及的法律问题较多,律师的参与能帮助和指导当事人顺利进行或完成一项并购,保障双方的并购活动合法有效。因此,律师在企业并购活动中必不可少。

(一)负责并购活动的法律策划

1. 从法律上评估一项并购的可行性。一个目标公司在法律上能否被并购,是并购方在考虑策划时首先要注意的问题。实践中,从法律上评估一项并购的可行性,主要涉及以下几个方面的问题:此项并购适用哪项法律?根据该法律规定,此项并购是受到禁止、限制还是鼓励?目标公司在接受并购时,有无经政府批准同意的要求或其他要求?目标公司是正常经营还是非正常经营?其资料是否显示有重大法律问题而影响或改变并购的进行?等等。律师需要研究并向当事人明确分析、说明上述问题。

2. 确定最佳并购形式。比较流行的并购形式一般有兼并目标公司、收购目标公司资产、收购目标公司股票或股份。如果一项并购经评估后,在法律上无障碍或无严重障碍,从而使并购可以进行,律师就要分析各种并购形式对并购方的利弊或可能产生的法律责任,帮助当事人确定一项最佳并购形式,把法律风险降到最低。

3. 理顺法律关系。理顺法律关系旨在确保一项并购活动合法有效地进行并受到法律保护。实践中发生了不少因并购纠纷而被审查或审查后发现不合法或无效的并购行为,其原因在于,公司并购中的法律关系混乱。因此,理顺公司并购中的法律关系尤其重要,特别值得注意的是产权关系和交易主体。

4. 法律瑕疵的补救。任何一件事情在进行时,不可能在外部或内部条件上都达到尽善尽美。同样,公司并购行为在具体进行时,也难免会遇到法律障碍,或存在法律瑕疵。对此,律师要统观全局,把握要点,向当事人分析并购中的法律障碍或法律瑕疵,找出合法的避开该障碍或补救该瑕疵的方法,并利用法律规定的相关性,人为地加快或延缓并购的进程。

(二)负责审查目标公司的相关资料

公司并购中,收购方必须要对目标公司的相关情况进行调查,取得目标公司的一些资料。律师则要对目标公司的相关资料进行审查。审查的意义在于,一是对目标公司可能涉及的法律问题与情况了然于胸;二是关注哪些问题与情况可能会给并购方带来责任,增加负担,为并购设置障碍,并分析能否予以消除或解决。

律师应审查的方面主要有:

(1)目标公司的主体资格;
(2)目标公司的成立合同、章程;
(3)目标公司的董事会决议和股东大会决议、纪要等;
(4)目标公司的资产;
(5)知识产权;
(6)目标公司的租赁情况;
(7)关键合同与合同承诺;
(8)目标公司的职工安置;
(9)目标公司的债权债务情况;
(10)重大诉讼或仲裁。

(三)负责起草和修改并购协议、相关文件,出具法律意见书

在企业并购实践中,律师的作用不仅仅体现在并购策划和并购方案的设计上,还体现在并购协议及相关法律文件的起草、修改及完善上,尤其是并购协议以及上市收购中的收购要约及相关董事会决议、股东会决议、章程等,都是专业性极强的具体文件,都应有律师参与起草和修改。律师还应就与并购相关的事实出具法律意见书。

1. 实体性法律文件。实体性法律文件是指并购双方为明确双方实体性的权利义务关系,确立实体权利义务内容所缔结的各种协议或意向,包括并购协议书、并购意向书、备忘录及各项附件。

实体性法律文件尤其是并购协议对公司并购活动起着至关重要的作用,律师起草时要尽量严谨、完善,将并购活动中有关问题用书面形式确认下来。并购协议书是并购履行的主要依据,通常由买方律师起草,

然后递交卖方律师修改,并由双方律师共同将谈判结果纳入协议中,最后由买卖双方审定并签署。除价款、支付条件、协议生效等一般协议应具备的主要条款外,并购协议书还应具备如下重要条款:

(1)先决条件条款。该条款主要约定协议履行的先决条件。

(2)声明、保证与承诺。卖方对目标公司的资产及其事项做出声明及保证,主要内容是对有关的文件、会计账册、经营与资产状况的报表与资料保证其真实性,尤其是负债的情况必须准确无误;买方对卖方保证有并购目标公司的法律能力、财务能力。此外,还要有履约期间维持目标公司正常营业的承诺。

(3)限制竞争条款。该条款规定卖方及其董事、监事及关联企业在目标公司被并购后的若干期限内,不得从事与目标公司经营业务相竞争的业务。

(4)损害赔偿条款。

(5)司法管辖及法律适用条款。

并购意向书只是提供真实收购协议的框架,签订意向书后,双方即有一个实体的洽谈框架,买方除了继续深入对卖方的资产、负债、营运状况进行调查外,同时也开始和卖方洽谈正式收购协议的内容。

并购意向书附件通常指一些资产清单、债务清单、评估报告等与协议密切相关的由双方约定作为协议组成部分的文件。

2.程序性法律文件。并购过程中的程序性法律文件是指在并购过程中,为完成并购协议所必需的程序而应做出的文件,包括并购双方的权力机构做出的各项决议,并购双方需向有关主管机关报批的各类报告,以及并购方为上市公司按证券管理机关要求所出具的法律意见书等。

四、投资顾问公司在公司并购中的作用

在企业并购过程中,投资顾问公司的主要职责是受托寻找合作伙伴、牵线搭桥,筹划交易方案,为交易筹措资金,参与交易谈判,帮助制定企业发展战略等。投资顾问公司也有的称为并购策划顾问公司。

投资顾问公司的服务范围包括:提供企业并购的综合服务,为并购交易和合资项目融资,企业资产评估,制定企业发展战略,提供产业、市场和投资信息,风险投资,企业扩展融资等。

投资顾问公司帮助企业并购一般通过以下程序:

首先,通过召开研讨会的形式,拉客户进入投资顾问公司,议题有"谁想卖自己的企业""出卖自己的企业的条件"等。

其次,若有意向,先交一笔评估费,由投资顾问公司对其资产进行评

估。做好评估报告后,交给可能的买方。对于评估报告,双方要签订保密协议,避免卖方商业秘密外泄。

最后,交易双方达成共识,由律师起草交易合同,经过公证,双方成交。

本章小结

并购程序是并购战略和策略的制定和实施的过程。程序设计中一般包括10个步骤:可行性分析和论证;设定并购指标,了解目标;调查、确定目标企业;进行接触和洽谈;签订并购意向书;详细调查企业情况;取得保证书;正式签订合同;办理从订立合同到实施并购的各项手续;完成企业并购。实际工作未必都严格依照这10个步骤的流程来进行,并非必须经历每一环节,流程序列也非断然不可违逆。不同的交易在不同的时机操作,具体到某个环节会有步骤地增删,具体操作时可灵活掌握。

中介机构在促进公司并购活动中发挥了重要的中介作用,为公司并购的合理化、公平化提供了组织保证。投资银行作为中间人,在企业并购中扮演着牵线搭桥的角色,极大地提高了并购重组的效率。会计师事务所在并购中扮演审计的角色,组织专门的并购小组,参与顾问咨询业务。由于企业并购活动是一项涉及面广,政策性、专业性强的活动,其中涉及的法律问题较多,律师的参与能帮助和指导当事人顺利地进行并完成一项并购,保障双方的并购活动合法有效。在企业并购过程中,投资顾问公司的主要职责是受托寻找合作伙伴,牵线搭桥,筹划交易方案,为交易筹措资金,参与交易谈判,帮助制定企业发展战略等。

复习思考题

1. 企业并购意向书包括哪些内容?
2. 概述公司并购的一般程序。
3. 论述投资银行的业务以及在公司并购中的作用。
4. 分析会计师事务所和律师事务所在公司并购中的不同作用。
5. 谈谈你对我国中介机构在公司并购中作用的看法。

案例

全球并购潮再次来临,高盛参与1/3成最大赢家

2015年来,已宣布的并购标的为美国公司的并购案总金额已经超过1.5万亿美元,上一次这样的繁荣景象还要追溯到21世纪初"互联网泡沫"时期。在这些天价并购案中,高盛再度成为最大的赢家,其在全球范围内参与咨询的并购案总额今年已超过9 000亿美元,比位居第二的摩根士丹利参与的并购咨询总额整整多出2 000多亿美元,高盛从中获得17亿美元的咨询服务收入。

公司并购是一项涉及面广,政策性、专业性强的活动,往往需要投资银行、投资顾问公司、投资公司、会计师事务所和律师事务所等中介机构协作进行。作为并购活动的策划者和直接参与者,它们在企业并购过程中发挥着至关重要的作用。换句话来讲,并购的结果与中介机构的实力强弱有很大的关系。

高盛一直拥有最强实力的并购业务团队,据汤森路透统计,从2000年到2016年的全球并购业务中,高盛一直占有全球第一的市场份额。从2011年到2016年第一季度,高盛参与的并购业务金额达到4.71万亿美元,共计2 143宗交易,占全球并购业务的29.5%。2015年,全球并购总金额已高达3.1万亿美元,比肩2007年金融危机之前的最高水平;在这3.1万亿美元的并购案中,1/3都有高盛的直接参与,这家华尔街最负盛名的投行从中获得的并购交易咨询收入将超过17亿美元。

纽约怀特·凯斯律师事务所认为,随着经济的好转,公司管理层和股东对未来的信心增加,他们的注意力从削减成本、内部结构优化逐渐向增长及长期策略过渡,同时,更有利的外部环境,如股票市场大幅走高、举债成本低廉等因素,也共同推动了并购活动的大爆发。

把视线投向到中国。2016年5月,高盛的北京办公室同时迎来三位高盛集团全球兼并收购联席负责人——林舸(Gregg Lemkau)、董事总经理高明楷(Michael Carr)、博熙霁(Gilberto Pozzi),这也是高盛的三位分别位于纽约和伦敦的并购业务高管首次齐聚北京,共同面对中国本地媒体。

这次亮相足以显示一向高冷的高盛对中国并购市场的重视程度。高盛集团全球兼并收购联席负责人林舸(Gregg Lemkau)在会上表示,如今全球并购行业最重要的趋势就是:中国企业海外并购额的大幅增长。

由于目前全球经济低迷,全球投行业务出现了一定程度的萎缩,但中国企业的积极走出去,产生了大量并购重组的交易机会,包括高盛在内的许多知名投行都纷纷把中国的跨境并购业务当作投行业务战略的重中之重。

根据Dealogic提供的数据,从2016年年初至5月25日,全球并购交易金额为1.292万亿美元,其中,中国的并购交易占全球的份额较2015年翻了一番,达到24.3%;同时,中国并购交易金额达到3 137.91亿美元,同比增长了近57.89%。

从2016年起,高盛也陆续参与了诸多中国企业的股权转让和海外并购业务,包括蚂蚁金服、陆金所、海尔和中国化工等。其中中国化工集团467.13亿美元收购瑞士农业化学公司先正达,这也是有史以来最大规模的中国跨境交易。

高盛全球兼并收购的董事总经理高明楷(MichaelCarr)向界面新闻记者表示,在海外收购过程中,中国买家确实会担心对支付价格过高的问题。但中国企业对于海外并购已经越来越理性,他们通常是从公司本身的发展战略、发展阶段的需要去考量是否收购标的公司。

林舸补充道,中国企业介入并购过程的交易时间节点至关重要,如果中国企业要坚持介入一家已经宣布并购交易过程中的交易,那么交易的基本信息如交易价格、进展情况已经被外界获知,中国企业所要支付的价格就有可能比较高。

在中国投行积极实行走出去战略的背景下,高盛如何能够保持自己的领先优势,面临较大的挑战。

对于"优势"这个词,高盛的高管显得比较谨慎。面对来自国内投行的竞争,高明楷对界面新闻记者表示,与其说是"优势",不如说是高盛拥有更多的是"丰富"经验,高盛在美国拥有147年的历史,而在欧洲也有50多年的历史。高盛拥有标准化、一体化的并购业务团队,可以使客户无论在何处都能有一样专业的服务,这些也许就是高盛的优势。

(资料来源:《高盛:最大的跨境并购机会属于中国》,新浪财经,2016年5月25日。)

第四章 公司并购战略

学习目标

- 了解企业发展战略的实施途径
- 掌握企业发展战略的制定步骤
- 了解企业发展战略的类型
- 重点掌握公司并购战略的模型选择

第一节 企业发展战略

一、企业发展战略的概念及实施途径

(一)企业发展战略的概念

1965年,美国学者安索夫发表了《企业战略论》,从此,"战略"这个概念就进入了企业领域。企业既然要参与竞争,就要在竞争中讲究谋略。企业战略是企业中各种战略的总称,其中包括发展战略、竞争战略、营销战略、技术开发战略、人才开发战略、品牌战略等。这些战略的基本属性相同,即都是对企业的谋略,都是对企业整体性、长期性、基本性的谋略,不同的是谋划的角度。

企业发展战略是企业战略的种类之一。企业发展战略是企业面对激烈变化的经营环境,为求得长期生存和不断发展而进行的总体谋划,是制定各种计划的基础。并购是实现企业发展战略的重要手段。从企业利益的角度来看,企业发展战略决定企业并购的方向,因而,科学地制定企业发展战略,就成了选择并购目标的第一步。

(二)企业发展战略的实现途径

企业发展战略的实现途径大致有三种:一是通过内部积累投资,二是建立战略联盟,三是并购。这三种途径相互比较,可以看出并购是实现企业发展战略的较优手段。因为第一种途径在面对瞬息万变的市场环境时,存在较大的风险和较差的时效性;第二种途径由于联盟组织结构松散,阻碍了企业核心竞争力的充分发挥,存在较大的联盟控制风险。

企业在选择采取第三种途径即并购手段后,已经制定的企业发展战略就基本上决定了企业并购的类型。

按并购企业与目标企业从事业务的关联程度,可以把企业并购划分为横向并购、纵向并购与混合并购。横向并购是指生产同类产品的企业之间的并购;纵向并购是指生产过程或经营环节相互衔接、密切联系的企业之间,或者具有纵向协作关系的专业化企业之间的并购;而混合并购是指生产经营的产品或服务彼此没有关联的企业之间的并购。总的说来,企业并购遵循先在本行业扩大规模,具有优势后再向纵向或混合化方向发展的路径。

二、企业发展战略的制定步骤

制定企业发展战略没有固定顺序。一般而言,在酝酿阶段要经过调研、拟订草案、咨询、决策等几个阶段,具体工作如下。

(一)确定任务

确定任务即明确本企业的业务性质、价值、业务。明确了企业任务,也就明确了企业的活动领域和发展的总方向。

在确定任务时,要考虑企业的历史、企业周围环境的变化、企业的资源、企业特有的实力等因素。在上述工作的基础上,企业决策层应以书面报告形式明确提出本企业的任务。

有效的任务报告书应体现以下四项原则:

1. 市场导向。即按照目标顾客的需求来阐述企业任务。

2. 切实可行。即按照企业实际的资源能力来规定自己的业务范围,做到宽窄适宜。过宽,不但力所不能及,而且也会流于空泛,导致任务不明;过窄,则不利于发挥企业潜力,影响企业发展。

3. 具体明确。任务报告书应具体、明确地强调企业要实施的主要政策。这个政策是指员工如何对待顾客、供应商、分销商、竞争者及其他群体,以尽量限制个人任意解释的范围,从而使员工在重大问题上保持行为的一贯性。

(二)确立企业目标

企业任务一经确定,就应当具体化为企业目标。企业目标是企业未来一定时期内所要达到的一系列具体目标的总称。一般来讲,企业目标可以分为长期目标和短期目标,短期目标是指一两年内要达到的目标,长期目标是三年、五年甚至十年以上要达到的目标。

企业目标具体包括:产品销售额和销售增长率,产品销售地区,市场占有率,利润,投资收益率,产品质量与成本,劳动生产率,产品创新,企业形象等。其中,一定的利润和投资收益率是企业最核心的目标。产品创新、塑造产品与企业的良好形象,也是企业重要的战略目标。

实现这些目标,对于提高竞争能力、扩展市场、延长产品生命周期、扩大销售会发挥长远的作用。企业目标应当明确、可靠、重点突出、易于把握,并且经过努力能够实现。一般说来,制定企业目标应符合下列要求:①多重性;②时限性;③数量化;④可靠性;⑤层次化;⑥社会一致性。

(三)安排产品业务组合

在明确了企业的任务与目标之后,企业最高管理层要做的工作,就是对现有的产品业务组合进行分析、评价,确定产品业务的前途和命运。确认哪些应当发展,哪些应当维持,哪些应当缩减,哪些应当淘汰,并相应做出投资安排。这一过程就是安排产品组合,目的是合理使用资金,确保投资效益。

(四)选择增长机会

安排业务组合,是针对企业现有业务的规划。不过,这种规划所预期的销售量和利润往往都会低于企业高层想要超越的计划水平。因为投资组合规划中还包括一些被撤销的业务以及要重新安排的业务。如果现有的业务不能达到计划水平,管理者就要去寻找新的市场机会。

三、企业发展战略的类型

企业发展战略是企业各种类型的战略中运用最多的一种,它强调的是如何充分利用外界环境中的机会,避开威胁,充分发掘和运用企业内部的资源,以求得企业的发展。这是一种向更高水平、更大规模发展的战略态势。

企业发展战略可概括为三种类型:密集型成长战略、一体化战略和多元化战略。

(一)密集型成长战略

密集型成长战略即将企业所有资源集中于单一产品线、单一市场或单一技术领域以获得增长。密集型成长战略主要包括:

1. 市场渗透战略。它是指企业设法在现有市场扩大现有产品的市场份额。具体方法有:刺激现有顾客更多地购买本企业现有的产品;设法吸引竞争对手的顾客;尝试说服那些潜在顾客,促使他们购买本企业的产品。

2. 市场开发战略。指通过努力开拓新市场来扩大现有产品的销量,从而实现业务的增长。

3. 产品开发策略。指通过向现有市场提供多种改型产品,以满足不同顾客的需要,从而扩大销售,实现企业业务的增长。实施重点是改进产品设计,同时也要大力开展以新产品特色为主要内容的宣传促销活动。

企业步入成长期后,由于主要产品日趋定型,发展速度加快,赢利逐渐增多,这会使潜在的竞争者因看到有利可图而进入该行业,使竞争逐渐激烈;而实力相当的企业之间由于已经有了一定的实力,会通过价格、服务、产品的差异性等手段争夺市场,使竞争更为激烈。

因此,对于成长期的企业来说,企业面临的不是如何快速地进行规模扩张,而是产品生产与销售的不断创新,产品和服务质量的进一步提高。企业应当力求降低成本,以取得竞争优势,稳定已占领的市场,并不断开拓新的市场。

由此,通过市场渗透、市场开发、产品开发等途径,将时间、精力、资源集中到企业关键产品上的密集型成长战略是可取的。也就是说,企业首先要发展主营业务。主营业务的充分发展表现为:产品已有较大而稳定的市场,并且具备较好的市场开发与营销能力;技术水平领先,创新能力强;有一支精干的管理队伍和完善的内部管理控制系统。这样,即使当企业所面临的强大竞争对手采取的是全面出击战略时,企业也有可能在本来无法与其抗衡的领域内,建立起可与其抗衡的竞争优势。

(二)一体化战略

一体化战略包括将企业现有的业务范围向前扩展到提供最终产品,或向后扩展到包括原材料供应,从而加强企业在行业中的市场地位与竞争优势。它也包括通过接收同行业企业、横向联合等手段提高企业规模经济的横向一体化。具体包括:

1. 后向一体化。企业向后控制供应商,使供应和生产一体化。具体表现:企业通过收购、兼并等形式,对它的供给来源取得控制权或所有权。

2. 前向一体化。是指企业向前控制下游企业或分销系统。具体表现为:企业通过收购、兼并等形式,对其产品的加工或销售单位取得控制权或所有权。

3. 横向一体化。指一家企业通过收购一个或几个竞争者来扩大销售量。

(三)多元化战略

多元化战略是指企业的经营已超出了一个行业的范围,向几个行业的多种产品方向发展,是企业的一种向外扩张战略。多元化经营可以把企业的经营风险分散到多个行业或多种产品,企业在一个方面的损失可以在其他方面得以弥补,从而降低单一经营所面临的风险,增加经营的安全性。

企业实现多元化战略的途径有以下两种:一是在企业内部原有的基础上,增加设备和技术力量,逐步向其他行业扩展;二是从企业外部并购其他行业的企业。

多元化战略有两种形式:中心多元化和混合多元化。

1. 中心多元化。中心多元化又称相关多元化,是指虽然企业新发展的业务具有其新的特征,但它们与企业原有的业务具有战略上的适应性,在技术、工艺、销售渠道、市场、产品等方面具有共同的或是相近的特点。

2. 混合多元化。混合多元化又称不相关多元化,是指企业新发展的业务与原有业务之间没有任何战略上的适应性。实行混合多元化战略主要是因为企业想退出原有的衰退产业或改变企业对某一项业务过分依赖的状况。20世纪70年代中期以来,西方国家的许多企业开始通过并购与自己处于不同行业的企业的方式,使自己的资产和经营分散化,以此来降低经营风险,保证收益的稳定性。

第二节　公司并购战略及其模型选择

一、并购战略理论

(一)协同理论

协同理论首先是由安索夫在20世纪60~70年代提出的。协同理论认为,企业可以通过多元化并购或一体化并购,将不同业务单位的某些共同职能活动集中起来,利用较少的投入资源完成同样的、甚至更多的业务量,从而获得1+1>2的效应。这一理论是指导并购活动的基本理论之一。但是,它仅从业务的相关性角度考虑并购的协同效应,对指导并购活动的开展有局限性。[①]

(二)产品生命周期理论

产品生命周期理论认为,大多数产品从投入市场开始,到最终被新的产品所代替而退出市场为止,所经历的时间可以被清楚地划分为导入

---

① 干春晖:《并购实务》,清华大学出版社,2005年版。

期、成长期、成熟期、衰退期四个阶段。

1. 导入期。产品刚刚进入市场,竞争者较少,产品只被有限的消费者认识和接受,销售量缓慢增长。在这一阶段,由于将产品引入市场需要支付巨额的费用,现金流为负数,利润几乎不存在,甚至会亏损。

2. 成长期。这一阶段,通过广告、宣传等促销手段,使顾客开始接受并争相购买这种产品,销售额和利润迅速增加。当增长机会越来越明显时,新的竞争者开始进入市场,业务将在更大的市场上得到持续不断的拓展。要想在一个不断增长的市场上保持一定的市场占有率,仍需要投入大量资金。因此,在这一阶段,现金流一般是负的。

3. 成熟期。因为产品已被大多数消费者所接受,潜在的客户越来越少,销售额有所增加,但增长速度开始下降。为了对抗竞争者,维持产品的市场地位,营销费用日益增加,利润稳定或开始下降。在这一阶段,利润足以抵偿投入的资金,现金流是正的。

4. 衰退期。销售额和利润已明显下降,产品在技术上、经济上均已老化,市场上已出现新的可以替代的产品。企业应当考虑及时将产品占用的资金转投到其他更有利的新产品上去,这可以通过收购企业来完成。

对于任何一个企业而言,大多数产品都存在一个有限的市场生命周期,对那些技术变革迅速的产业来说更是如此。因此,一个企业要实施产品多元化战略,最好能使自己所生产的各种产品处于生命周期的不同阶段,这对企业稳定现金流而言是非常重要的。

企业如果仅生产一种产品,当这种产品处在其生命周期的衰退期时,企业的现金流可能会下降。在并购其他企业时,应该清楚地知道目标企业的产品正处在生命周期的哪一阶段,以便确定收购中所投入的资金是否能够很快得到回收。

(三)竞争优势理论

竞争优势理论首先由迈克尔·波特提出,它建立在传统的"结构—行为—绩效"的产业组织学理论基础上,认为产业结构决定了产业内的竞争状态,并决定了企业所能采取的行为和战略,从而最终决定了企业的绩效。

产业赢利能力和竞争优势是五种竞争力量——进入威胁、替代威胁、买方砍价能力、卖方砍价能力和现有竞争对手竞争的互动函数。在产业结构分析的基础上,波特提出了企业获取竞争优势的三种基本的竞争战略:低成本战略、差别化战略和目标集中战略。波特的产业结构理论重点在于:对企业来说,要想获得竞争优势,关键是选择正确的产业,并且在这个产业中保持有力的竞争优势。他提出了价值链的分析工具,将顾客、供应商和企业分解为既分离又相关的行为群,从而与产业结构分析模型在纵向上实现统一,为企业的并购战略提供了有力的分析工具。

(四)战略业务单元理论

战略业务单元理论是企业使用BCG矩阵(见后文内容及图5-1)来指导并购活动的模式。这种并购方式更多地关心各个业务的财务业绩,但它忽略了各个业务单元之间的相互作用和协同关系,造成各个业务单元之间相互独立,容易出现协调与控制的问题。

(五)核心竞争力理论

核心竞争力是使整个企业具有长期稳定的竞争优势,使企业可以获得长期稳定的高于平均利润水平的收益的竞争力。它包括:①知识与技能;②管理体系;③技术体系;④价值观念与企业文化,即企业内占统治地位的态度、行为和规范。这四方面相互作用,决定了企业有效开发核心能力的方式。

核心竞争力理论注重并购对象与企业自身核心竞争力的融合,并购的目的在于构筑企业的核心竞争能力。这一理论可供企业进行资源组合,将重心放在扩大企业的资产存量和核心能力上,并以此作为企业并购的出发点。

二、公司并购战略模型选择

(一)占有率矩阵

1. BCG矩阵模型介绍。

(1)理论依据。波士顿咨询公司(The Boston Consulting Group,BCG)曾经强调三个概念:经验曲线、产品生命周期和投资组合平衡。

经验曲线代表产量—成本关系。随着积累的历史产量的增加,由于专业化、经验和规模效应的原因,单位成本将会以几何速率下降。累计产出最大的企业的生产成本最低,从而企业应该采取先入为主的战略和扩大产量的价格政策。

产品生命周期理论认为,每种产品或生产线都要持续经过四个阶段:导入期、成长期、成熟期和衰退期。在前两个阶段,销售增长得非常迅速,进入市场也很容易。但随着各个企业经验的增多以及在后两个阶段销售增长的放慢,由于已进入者已具有成本优势,因此进入变得相对困难。在生产线的衰退阶段(随着其他替代品的出现),销售量和价格都下降了,未在经验曲线上获得有利地位的企业将会变得无利可图,于是要么进行兼并,要么从行业中退出。

投资组合平衡是与产品生命周期理论相关的概念。在产品生命周期的早期阶段,销售的迅速增长可能会需要大量的投资,该产品的业务部门需要的资金很可能比它在当前赢利水平上所能赚取的资金要多。投资组合平衡就是试图将有吸引力的投资部门(明星)与产生现金的部门(金牛)结合起来,并且清除那些前景比较黯淡的部门(瘦狗)。这样,整个公司的现金在总体上就会与公司的总投资大致持平。①

(2)模型的解释。波士顿咨询公司(BCG)根据上述理论创造了增长—占有率矩阵模型。该模型是一个二维矩阵,纵轴表示市场增长率,横轴表示相对市场占有率。这一矩阵通常被称为产品组合方法,它为制定并购战略提供了一个框架。如图4-1所示。②

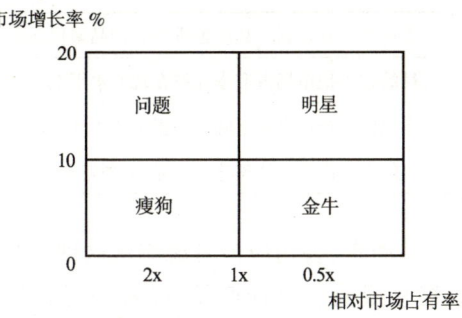

图4-1 增长—市场占有率矩阵

占有率矩阵分为4个部分,每一部分代表一类业务或一种产品。

当公司业务的市场占有率和市场增长率都较低时,这种产品被称为"瘦狗"类产品。一般来说,这种产品是一种边际利润投资,当商业周期特别有利或不存在竞争者的情况下,它只能产生少量的资金;但是在商业衰退期,它可能会给企业带来很大的损失。如果把"瘦狗"类产品与产品生命周期联系起来,那么,这类产品很可能处于成熟、饱和或衰退时期。

当公司业务具有高市场占有率和低市场增长率时,这种产品就被称为"金牛"类产品。它产生相当大的现金收入,而需要的资金投入却很少。

如果一种产品的市场占有率低,但市场增长率较高,则称这类产品

---

① 弗雷德·威斯通:《兼并、重组与公司控制》,经济科学出版社,1998年版,第61页。
② 弗雷德·威斯通:《接管、重组与公司治理》,北京大学出版社,2006年版,第113页。

为"问题"类产品。这种产品可能正处在它的生命周期的开始阶段。这时很可能需要有大量的固定资本和营运资本投入,因为公司必须大量投资,以提高产品的市场占有率。投放于"问题"类产品上的资金,常常会给公司带来较大的风险。

如果一种产品的市场增长率很高,而且又有较高的相对市场占有率,则称这种产品为"明星"类产品。这种产品可能是现金的"吸纳者",也可能是现金的"产出者",这主要取决于维持市场占有率所需要投入资金的多少。如果要达到一定的规模经济,使经验曲线下倾,并最终转变为"金牛",公司就必须保证它的市场占有率不受到侵蚀。对"明星"类产品而言,其目标应该是尽可能快地转变成"金牛"类产品。

波士顿咨询公司把战略分为以下四组,见表4-1。

表4-1 波士顿咨询公司划分的四组战略

建设战略	通过努力开发新产品或推进现有产品来提高市场占有率
维持战略	目的在于把市场占有率保持在现有水平上
收获战略	在允许市场占有率下降的前提下改善现金流
放弃战略	目的在于出售或清理这种产品,以便把资源转移到更有利的领域

就"瘦狗"类产品而言,公司应该考虑淘汰这种产品。公司真正的选择是,是否现在就终止或放弃这种产品,或者是否需要提高这种产品的价格。提高价格的后果虽然会使市场占有率下降,但从现金流来看,至少取得了一些回报。无论做出上述哪种选择,就产品组合而言,都起到了积极有利的作用,因为立即放弃亏损产品,有利于提高公司的整体利润。另一种选择是努力保持或提高市场占有率,但这样做可能会有很大的风险,因为与市场领导者竞争所支付的费用可能非常大。

2. BCG矩阵在并购中的应用。[①] 根据上述增长—市场占有率矩阵可知,公司必须有一个平衡的业务或产品组合,以便尽可能降低风险。在获得现金收入时,需要把资金投放到明天的"金牛",也就是今天的"问题"和"明星"产品上去。这可以通过开发新的"问题"类产品来实现,但这需要有大量的资金投入;也可以通过并购其他公司来完成,以便快捷地获得公司所需要的产品组合。但在并购其他公司时,一般应遵循以下原则:

(1) 尽可能并购相同产业或相关产业的公司,因为公司在进行多元化经营时,与公司本来的业务离得越远,风险越大。

---

① 干春晖:《并购实务》,清华大学出版社,2005年版,第48~52页。

(2) 尽可能进入增长快的产业,因为根据统计资料,不成功的并购大部分集中在那些缺少发展前景的产业领域。

(3) 绝不能收购市场占有率太低的公司,因为市场占有率是决定公司赢利能力和净现金流的重要因素。因此,被并购的公司具有相当大的市场占有率非常重要。一般来说,并购活动成功的可能性与被并购公司市场占有率的高低呈正相关关系。

(二) 核心能力分析法

核心能力分析法侧重于从构筑企业核心能力的角度出发,通过并购手段,进一步强化原有企业的核心能力。具体方法为:

1. 识别自身现有的核心能力所在。企业的核心能力是决定企业在该行业内能否获得成功的关键要素。当企业拥有的核心能力与在目标行业成功并购所需的关键资源要素相互重叠时,企业就可以赢得竞争优势。因此,企业在设计未来的并购方向时,首先应该从自身的核心能力出发,寻找与企业核心能力相关或重叠的经营领域;从资源互补和协同的角度选择被并购对象,通过并购实现核心能力的有效扩展,从而获取构筑和培育核心能力所需要的战略性资源,为企业培育持续竞争优势创造条件。

2. 对现处的行业和其他目标行业的结构特性进行分析。在分析企业现处行业结构特性时,企业要对该行业的技术特点、生命周期以及企业在行业中所处的竞争地位和未来趋势进行全面的分析。

如果该行业的技术结构呈现高度专业化,则该行业资源的专用性程度就比较高,资源在不同行业之间的转移成本自然会很高,企业核心能力的价值通常会被锁定在相关行业内,企业则应当优先考虑选择专业化的并购战略;反之,多元化的并购战略就在考虑范围之内。同样,如果该行业正处在快速发展时期,企业的核心能力相对于竞争对手而言正处在增强时期,则专业化并购战略将会是企业的首要选择;而如果该行业正处在衰退期,多元化并购战略就成为企业的首要选择。

在分析其他目标行业的结构特性时,企业除了需要考虑这些行业的预期投资回报率之外,还要综合考虑这些行业的发展前景、竞争程度、进入壁垒以及产品的生命周期等诸多因素。

通常,我们会借助行业吸引力评价和行业相关性评价两种分析工具辅助企业进行决策。通过综合评价不同目标行业的吸引力和目标行业内企业活动与本企业活动的相关性,从中选择本企业最有竞争优势和发展前景的行业,作为企业并购战略的目标行业。

3. 构建并购的战略模式。通过对企业核心能力和行业结构特性的分析,企业便可以开始确立企业核心能力或培育的方向,并据此设计企业的并购战略模式。企业可以通过判断现有核心能力的状态,构建专业化并购战略模式;通过对目标企业的并购,使原有的核心能力在该行业中得以扩展和渗透,为并购的成功提供内在保证;同时,也能够从并购行为中获得相应的互补性资源,弥补现有核心能力的不足。

当企业在现有行业中很难建立起可为企业带来持续竞争优势的核心能力或行业前景不利时,企业可选择逐步退出现有行业并通过并购逐步进入能够与企业现有核心能力产生协同效应的新行业的战略。

在目标企业的选择过程中,企业的着眼点应该主要放在那些目标企业所具有的核心能力上,通过并购获取目标企业独特的知识、资源、技能甚至核心能力,使企业在进入新行业后,可以构筑和培育自己的核心能力,从而在新行业中立足。

(三) PIMS 方法——市场战略的利润预测①

市场战略的利润(Profit Impact of Market Strategy,又被称为 PIMS 方法)提供的证据说明了市场占有率对公司赢利能力的影响力。PIMS 方法被国际工商界称为迄今为止最强有力的业务组合策划工具之一。

该方法的目标在于确定战略性规划与利润之间的关系,寻找影响赢利能力的因素,从而解释不同业务单位之间的利润差异,并建议将资金分配给这些业务单位。在这里,业务单位可以是公司的一个部门、一个产品生产线或隶属母公司的一个利润中心。

PIMS 研究提出了影响赢利能力和净现金流量的六个主要战略因素,它们分别是:

1. 投资强度。用总投资/销售额比率表示。投资强度对赢利能力和净现金流量一般产生负面影响。

2. 市场地位。通常用相对市场占有率(公司的市场占有率/公司最大竞争者的市场占有率)来表示,是决定公司赢利能力和净现金流量的一个重要因素。

3. 市场增长。它通常对利润产生正的影响。在一个增长的市场上,要保持市场占有率的稳定,必须投入高额的费用,因此会对现金流量产生负面影响。

4. 所处的产品生命周期阶段。

5. 提供的产品和服务的质量。它是指顾客对公司所提供的产品或服务相对于其竞争对手的产品或服务的优劣所做的评价。

6. 创新和差异性。如果一个公司开发并投产新的产品,并在营销和

---

① 干春晖:《并购实务》,清华大学出版社,2005 年版,第 55 页。

研发上做出较大的努力,产品从一开始就占据了较强的市场地位,那么,它将产生有利的影响;否则,就将产生不利的影响。这主要反映在提高市场占有率所需的高额费用上。

在上述六个因素中,最重要的还是市场地位,即市场占有率,其他因素所产生的影响实际上都与市场占有率有关。因此,它对制定公司并购战略来说极其重要。根据 PIMS 研究的结果,公司之间在赢利能力和净现金流量上所存在的差异,80% 可以归于市场因素,而其中最重要的因素就是市场占有率。

PIMS 方法说明了市场占有率对公司经营的重要性,而产业集中和市场占有率的提高常常是通过并购来实现的。并购不但能够把累计的经验更有效地转化为成本的降低,而且能够在一定程度上把累计的经验有效地转变成依赖于产品生命周期不同阶段的特有优势。通过并购,能够更加容易地享有营销和分销规模上的优势,这在产品处于增长缓慢的成熟阶段显得特别重要,因为在这一阶段,竞争是指向特定的细分市场的。从另一方面来说,尽管通过公司未来的投资能够利用公司规模增大和经验累积的优势,但是在这种情况下,这些优势一般不能立即实现。

(四)指导性政策矩阵[①]

1. 模型介绍。壳牌化学公司(Shell Chemical Corporation)进一步发展了波士顿咨询公司的工作。它认为,资本收益率虽然是衡量公司赢利能力的一个非常有用的指标,但却不能为公司制定战略计划提供充分的基础。因此,壳牌化学公司创立了一种新的分析技术——指导性政策矩阵(The Directional Policy Matrix)。指导性政策矩阵实质上是把外部环境因素和企业内部实力归结在一个矩阵内,并对此进行经营战略的评价分析。如图 4-2 所示。

业务部门发展前景

	高	中	低
高	优先投资,寻找支配地位	择优投资发展,保持领先地位	尽量回收资金,适度投资,维持竞争能力和地位
中	择优投资,增强竞争能力,争取领先	识别有前途的领域,有选择性地投资	减少投资,逐步退出
低	努力寻求增强竞争能力的途径或退出	减少投资,逐步退出	抽回资金并及时退出

公司的竞争力

图 4-2 指导性政策矩阵

---

① 干春晖:《并购实务》,清华大学出版社,2005 年版,第 56~57 页。

图 4-2 中的业务部门发展前景取决于外部环境因素,诸如市场大小、市场增长率、利润水平、竞争程度、受商业周期影响的程度等因素。

公司的竞争力取决于其内部可控制的因素,包括市场占有率、产品的质量与价格、对顾客及市场的了解程度、加工制造上的竞争力、研究与开发(R&D)实力等因素。

图 4-2 把业务部门发展前景和公司的竞争力各分为 3 个等级,形成 9 个区域,并相应提出了处于各个区域内的业务的指导性政策。对公司各项业务的定位可以依照下列步骤进行:

(1) 确定影响业务部门发展前景和公司竞争能力的主要因素;

(2) 根据历史资料、现实数据和对未来的预期,给各主要因素评分,并加总得出业务部门发展前景和公司竞争能力各自的总分;

(3) 根据两者的得分,在矩阵中描出相应的点,给各项业务定位;

(4) 为各项业务确定相应的战略。

应当指出的是,指导性政策矩阵中每一区域的战略方针只是一种合乎逻辑的决策,仅具有一定的指导意义,公司必须结合自身的实际情况加以灵活运用。

2. 在并购中的应用。在提出指导性政策之后,人们又将环境风险因素引入这一模型,并把它直接应用于并购中,使该模型得到进一步发展。

在这里需要考虑三个因素,依据重要性大小排列如下:

(1)安全性。首先,并购方需要通过检查它对目标公司生产经营活动情况的影响来了解和衡量投资的安全性;其次,并购方应该清楚可能对它的经营活动构成物质、法律或社会约束等的环境风险因素。

(2)产业发展前景。它涉及目标公司所在行业的发展前景和产生协同作用的可能性。

(3)公司发展前景。它涉及相对于它的竞争对手而言对目标公司特有的发展前景的考虑。

并购方应该以上述 3 个因素为框架提出一系列问题,并给予相应的权数大小,然后给上述 3 个因素评分,最多为 10 分。根据得分的多少,在二维矩阵图(见图 4-3)上描出相应的点。矩阵分为 6 个区域:

(1)安全性<3.3,表示缺乏产业安全性而不能接受。在这里,由于存在不能控制的随机因素,使得风险太高。

(2)产业发展前景<3.3,表示缺乏产业发展前景而不能接受。在这里,可能是由于该产业将来缺乏发展前景,也可能是由于并购方缺乏发展前景。

(3)对资产的利用。在这一区域,并购表示对资产的生产能力或对其他经营活动中过剩资产的有效利用,为公司在组织内部突破目前生产能力的发展提供一个合适的途径。

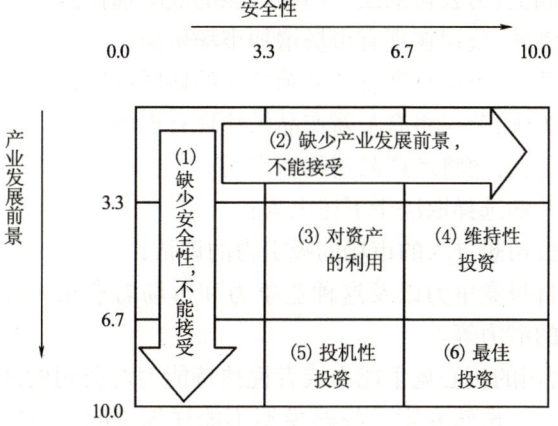

图4-3 指导性政策矩阵在并购中的应用

(4)维持性投资。可以通过这种并购所获得的增长来保证公司的生存。

(5)投资性投资。这种投资的风险很高,但是所得到的回报相应的也很高。

(6)最佳投资。在这一区域内的并购被认为是最理想的,因为它既有很高的安全性,又有一个非常好的产业发展前景。这种投资可以促进公司的发展,应该是成功的。

需要注意的是,要获得最佳投资通常是困难的,或者即使能够做到,在并购之前也很难确认。一般来说,可以通过寻找潜在的、对并购方而言比较理想的并购目标来克服这些困难。因此,要仔细地对公司自身进行详细的评估,以便能够找到自己与别的并购者的不同之处。

(五)安索夫(Ansoff)战略模型

BCG模型有助于辨别公司业务投资组合的长处和不足,对解决公司业务是应该剥离、保留还是通过追加投资进一步加强等问题提供了指南,也为公司根据市场吸引力和竞争力进行战略活动指明了方向。而安索夫(Ansoff)战略模型则描绘了两种可供选择的方向,如表4-2所示。

表4-2 安索夫产品—市场模型

市场 产品	目前市场	新市场
目前产品	市场渗透战略	市场开发战略
新产品	产品扩张战略	多元化战略

安索夫战略模型在公司现有的产品/市场及想进入的产品/市场之间关系的基础上,为公司描绘了四种可能的战略选择:

1. 市场渗透,公司在现有市场增加市场份额;
2. 市场开发,公司将现有产品销往新的地区市场;
3. 产品扩张,公司将有关新产品销往现有市场;
4. 多元化,公司将新产品销往新市场。

公司的并购选择取决于下述因素:

1. 对该公司想进入的市场的吸引力的评估;
2. 公司自身竞争力以及这种竞争力和市场需求相一致的情况下公司创造价值的潜力等。

其中,公司的核心竞争能力或者说独特能力对公司的战略选择具有决定性的影响。虽然安索夫战略模型不能详细说明一个企业的并购战略,但它却较为简明地为企业的并购指明了方向。

本章小结

企业发展战略的实现途径大致有三种:一是通过内部积累投资,二是建立战略联盟,三是并购。企业发展战略是各种类型的战略中运用最多的一种,它强调的是如何充分利用外界环境中的机会,避开威胁,充分发掘和运用企业内部的资源,以求得企业的发展,这是一种向更高水平、更大规模发展的战略态势。它可概括为三种类型:密集型成长战略、一体化战略和多元化战略。但企业发展战略的实质还在于企业的核心竞争力。

公司并购理论有协同理论、产品生命周期理论、竞争优势理论、战略业务单元理论、核心竞争力理论。公司并购的战略模型有占有率矩阵法、核心能力分析法、市场战略的利润预测(PIMS)法、指导性政策矩阵法、安索夫战略模型法。

复习思考题

1. 企业发展战略的特点及制定步骤是什么?
2. 试述企业发展战略的类型。
3. 公司并购战略理论有几种?分别是什么?
4. 简述占有率矩阵及其在并购战略中的运用。

 案例

百度收购糯米网

2013年8月23日,百度和糯米网联合宣布,百度将以战略投资方式,向人人公司旗下的糯米网投资1.6亿美元,从而完成对糯米控股59%。

百度是2000年由李彦宏创立的提供中文搜索引擎的公司,目前的产品有网页、视频搜索,地图,移动互联网,网站与企业服务等。糯米网由人人公司于2010年创立,2013年第二季度,糯米网的总交易额约为1.2亿美元,其中约30%来自移动端,活跃付费用户达380万。目前在团购这一细分领域,糯米落后于美团和大众点评这两大团购领跑者,也一直处于亏损状态。

移动互联网的发展使得大部分团购网站将重心放到了手机端。据团购导航网站团800统计分析,2013年,手机团购占团购网站的份额已达50%左右。团800公布的《2013年中国团购市场统计报告》还显示,2013年团购成交额达到358.8亿元,增幅达67.7%;购买人次也达到6亿人次,增幅达32.5%。数据整体实现突破的背后,是手机对团购新增使用场景的增加以及团购整体客单价的提升。

美团和大众点评团购月度成交额均在10亿元以上,形成第一阵营,糯米、窝窝、拉手在月度成交额3亿~4亿元的区间厮杀。"随着以BAT为首的互联网巨头的涌入,团购网站背后的资源优势将会成为新的决定性因素。"

收购糯米主要是为加强LBS(基于位置的服务)业务,形成继渠道分发、移动搜索后又一移动端超级入口。百度LBS事业部负责人沈丽日前透露,百度地图已从简单出行工具变成生活服务平台,有超500万生活服务类数据,与60多家数据合作伙伴深度合作。

百度LBS宣称用户破2亿,百度地图在新版中也加强了对团购业务的支持;百度LBS业务在发展过程中缺少对接商户和实现商业变现能力,团购恰恰可满足这一需求。

百度地图App成了百度在移动互联网上重要入口,但要把用户使用手机地图的习惯从找路线变成找吃喝玩乐,需要较长时间的耐心。收购糯米,所接触和合作的地面商户及产生的优惠信息,都对百度地图有很大价值。

从移动互联网入口角度来看,在手机上,除地图外,团购也是手机用户常用的App入口。糯米团购App可使得百度在本地生活中又增加一个入口,和百度地图形成"双打",再加上后续延展的糯米电影票、糯米酒店等移动应用,也会给百度O2O带来更大的想象空间。

百度收购糯米网所带来的协同效应分析:

第一,管理协同效应。在合并前,糯米网虽然仅落后于美团网和大众点评网,但一直处于亏损状态,这说明其在管理方面存在问题。百度的净收入保持着稳定的增长,并从搜索引擎发展到拥有很多产品,一定有其管理上的优势,收购后有利于完善糯米网的管理模式,激发其管理的协同效应。百度想推广其手机端,糯米网手机端的收入占了很大比例,收购后后者的管理能力得以提高,降低的成本可以用于其他

业务的发展,产生了管理协同效应。

第二,经营协同效应。百度手机助手和移动搜索能占15%的下载总量,目前其移动端的总下载量增长速度比美团快,百度想推广自己移动端的市场,但团购方面没有经验。糯米网的推广节奏相比美团网没有优势,人人网不愿对其投入资金,束缚了糯米网的发展;但糯米作为团购网站大战中留下的一员,拥有自己的品牌价值,在几年的发展中积累了大量经验和用户,且交易金额的30%。来自移动端。百度拥有雄厚的资金,收购糯米网解决了糯米网的资金问题,使糯米网有了超越美团的机会;糯米网的品牌价值加上百度的资金支持,通过资源互补提高了品牌价值,利用双方的差异性提高了市场竞争力,实现了经营协同效应。

第三,财务协同效应。百度收购糯米网后,会向糯米网提供资金支持,以前资金不足的问题得到了解决。并购后,通过双方的优势互补,企业的信誉会提高,这会减小企业破产的可能性;债权人的风险降低,企业并购后整体形象的提升,使企业筹资能力提高,同时筹资成本也会相应降低。企业可以利用税法中抵扣亏损额后再交税的规定,将盈利抵扣糯米网以前的亏损后缴纳企业所得税,通过合理的避税来降低成本。

此前团购行业呈"5+1"态势:美团、大众点评团、糯米、拉手、窝窝加高朋,占到整体团购市场份额90%。美团和大众点评团属于第一梯队;糯米、拉手、窝窝属于第二梯队;高朋和后续其他团购组成第三梯队。而这种格局,因百度控股糯米,或将发生新的变化。

(资料来源:席岩:《企业并购的协同效应——以百度收购糯米网为例》,《西部皮革》2016年第5期,第150页。)

第五章 目标公司的选择与尽职调查

学习目标

- 熟练掌握公司并购中目标公司的选择过程
- 熟悉目标公司尽职调查的内容以及目标公司尽职调查的方法
- 了解和掌握公司检查调查表的内容

第一节 目标公司的选择

选择目标公司有四个步骤:企业自身评估、选择与审查目标公司、价值评估、并购的可行性分析。

一、企业自身评估

(一)分析企业现状

选择目标公司首先要对企业的经营环境和经营现状进行分析与评价,具体包括企业的财务状况、经营管理、人事组织、市场占有率等,为预测企业未来的经营状况、评估企业的价值提供数据,奠定基础。

(二)评估企业自身价值

评估企业的自身价值与一般的企业价值评估所采用的方法大致相同,多采用现金流量折现的方法,即通过分析企业的历史业绩,预测未来的经营状况、现金流量和加权平均资本成本,将未来现金流量折现。确定本企业的价值是企业实施并购的基础,企业要据此评价并购对企业价值的影响,以选择并购对象。

二、选择与审查并购目标

(一)选择并购的行业

在了解了企业的经营现状、评估了企业自身的价值之后,需要判断企业未来的发展方向,以选择欲实施并购的行业。如果企业所处的行业竞争激烈,很难实现预期的增长,那么可以考虑实施混合并购,即并购一家不同行业的企业;如果企业对现有的原材料采购或者产品分销不满意,可以考虑实施纵向并购,即进入上下游行业;如果企业在本行业中很有竞争优势,产品销售供不应求,企业可以进行横向并购,因为并购同行业的企业可以扩大生产规模,提高经济效益。

行业分析主要包括这样几个方面:

一是行业的结构分析,需要了解按规模划分的公司数量、行业的集中度、行业的地区分布和一体化程度;

二是行业的增长情况分析,该行业位于产品生命周期的哪一个阶段,未来的成长性如何,影响增长的因素主要有哪些;

三是要分析行业的竞争状况,该行业的主要竞争对手是哪些,他们的竞争策略和竞争优势是什么,来自其他行业的竞争(即替代产品的情况)和行业的进入壁垒如何,本公司的进入对行业竞争和其他企业的影响;

四是要分析该行业的主要客户和供应商,他们在行业中的地位如何,是否存在对生产企业有决定力量的少数客户和供应商,潜在客户与供应商的情况如何,供应商或客户是否有向前一体化或向后一体化的趋势;

最后,还要分析政府、法律对该行业的影响和制约情况。

(二)选择目标公司

确定了企业想要实施并购的行业,接下来就要在该行业中选择合适的并购对象。选择并购目标没有固定的标准,企业可以根据自己的经营状况和发展目标,制定相应的选择标准。通常需要考虑以下一些因素:

一是并购对象的财务状况,包括变现能力、赢利能力、运营效率以及负债状况;

二是核心技术与研发能力,包括技术的周期与可替代性、技术的先进性、技术开发和保护情况、研发人员的创新能力和研发资金的投入状况;

三是企业的管理体系,包括公司治理结构、高层管理人员的能力以及企业文化;

四是企业在行业中的地位,包括市场占有率,企业形象,与政府、客户和主要供应商的关系等。

标准制定得越详细,找到的目标公司就越适合;但是,如果标准制定得过于详细,就会失去很多好机会。在实务中,还可以聘请投资银行或其他咨询机构来制定恰当的选择标准。

（三）审查目标公司

并购者选中目标公司以后,还要进行必要的审查,以核实目标企业的实际情况。审查可以自己进行,也可以聘请专业的机构来进行。审查的主要内容包括:财务报表的真实性、营运状况、税收和法律因素等。

三、价值评估

价值评估是企业并购中很关键、也是很复杂的一个环节,能否找到恰当的交易价格,是并购能否成功的重要因素。价值评估包括三个方面的内容:评估目标公司的价值、评估协同效应、评估并购后联合企业的价值。

（一）评估目标企业的价值

目标企业的评估价值是制定支付价格的主要依据。一般情况下,目标企业不会接受低于其自身价值的价格,并购方必须支付的价格为目标企业的价值加上一部分溢价,溢价部分的多少则视具体情况而定。评估目标企业通常采用现金流量贴现的方法,但在某些情况下,也可以使用可比公司分析的方法。目标公司价值评估的具体方法将在第七章详细介绍。

（二）评估协同效应

恰当地评估并购带来的协同效应,一方面可对并购后联合企业的未来经营、赢利状况进行合理的预测,以更好地评估并购后联合企业的价值;另一方面,联合企业的价值评估越合理、越准确,就可以得出越准确的协同效应价值,二者相辅相成,评估协同效应在整个并购评估中占有举足轻重的地位。

获得协同效应是企业实施并购的主要目的,当协同效应大于零时,企业才有并购的必要。协同效应的多少是决定并购成败的关键,对协同效应评价不当是并购中常犯的错误,有些并购者对并购过于乐观,支付了很高的溢价,最终导致并购的失败。对协同效应进行评估是很困难的,并购者并购目标企业后,不仅目标企业的价值在并购方的控制和影响下会发生变化,并购者自身的价值也会由于并购行为而产生变化,协同效应对并购双方都将产生影响。

（三）评估并购后的联合企业价值

在对协同效应进行恰当的分析和评估的基础上,可以更合理地预计并购后联合企业的经营状况,并评估其价值。而用联合企业的价值减去并购前双方各自的价值,又可以得出协同效应的数值,将二者进行分析验证,就可以确定协同效应的最终结果。在制定支付价格时,协同效应即为溢价的上限,超出这个范围,只能放弃并购。

四、并购的可行性分析

对目标企业、并购企业以及并购后的联合企业价值进行恰当的评估以后,接下来就要进行并购的可行性分析。假设三者的价值分别是 V_A,V_B,$V_{(A+B)}$,当企业 B 并购 A 所支付的价格为 P 时,则并购必须满足以下两个条件:

第一,$V_{(A+B)} > V_A + V_B$。即并购后联合企业的价值要大于并购前双方的价值之和。也就是说,并购必须产生正的协同效应,这是并购可行的基本条件,否则并购对双方就没有任何意义。

第二,$V_{(A+B)} - (V_A + V_B) > P - V_B$。前者是并购的协同效应,后者是并购方支付的并购溢价。也就是说,并购带来的协同效应必须大于并购方支付的溢价。一般情况下,购买价格要大于目标企业的价值,即 $(P - V_B) > 0$,否则目标企业不会同意出售,而且并购的溢价可能很高时对方才愿意出售。但是,并购的溢价不能超过并购所能带来的协同效应。否则,并购者支付的溢价过高,很可能会增加过多的负债,导致财务风险增加,而且并购后的协同效应无法弥补,这样,并购者将处于十分不利的地位。因此,在实际的并购过程中,一定要注意合理地估计可能产生的协同效应,避免因为过分高估协同效应而出价过高。

对并购者来说,协同效应与支付溢价的差额越大,并购的潜在收益就越大。并购者应充分利用谈判技巧,尽可能降低购买价格。争取支付的溢价越少,并购的收益也就越大。

第二节 目标公司尽职调查的内容

尽职调查是公司并购过程中一项重要的工作,也是以财务顾问主导的并购工作小组进场后首先要进行的一项工作。尽职调查的一般方式是收购方对目标公司展开的,也有收购双方相互进行尽职调查或目标公司对收购方进行尽职调查的。尽职调查的主要内容包括四个方面:①审查公司的财务报表,②审查公司的经营管理,③审查公司业务的合法性,④审查公司的并购交易过程。尽职调查的目的是全面了解公司的经营管理状况,了解并购可能面临的各种风险,以确定防范可能风险的方法,使并购可以顺利进行。

一、尽职调查的基本概念

最早的尽职调查概念出现在西方的法律文件中。"尽职"指的是做事时应有的谨慎态度。如果说可以将谨慎态度区分为一般意义上的谨慎、非同寻常的谨慎和相对轻微的谨慎，那么，"尽职"通常指的是非同寻常的谨慎。尽职调查则是指在并购过程中，对目标公司或收购公司进行非常谨慎的调查和审计，以了解和评估并购中可能存在的风险。对收购方来说，是了解收购目标公司的风险；对目标公司来说，是了解收购方的情况以判断放弃公司可能会使公司的股东、管理层或职工承担什么样的风险。尽职调查的内容一般包括对调查对象财务报表的审计、对其经营管理状况的评价和对其所承担的各项法律责任的审查。尽职调查的目的是希望发现并购中存在的各种风险。

显然，尽职调查做得越细，投入的人力与时间越多，对各种可能的风险了解得就越清楚。但是，任何一次并购的尽职调查都是有限的，因为时间和费用都不可能支持无限详尽的审查和审计。实际上，每一次并购的尽职调查都一定是在约定的时间和一定的费用条件下，争取对风险有尽可能详尽的了解。由于公司是在十分复杂的环境中经营，没有任何尽职调查可以揭示公司的所有潜在风险。所以，并购方或目标公司可以要求一个合理的尽职调查，但却难以得到一个绝对的尽职调查。一方面，尽职调查也有做得好与不好之分；另一方面，在很多情况下，在并购后发现了以前不了解的风险，也未必就是尽职调查做得不好。

二、尽职调查中的财务报表审计

（一）主要的审计对象

审计公司的财务报表是尽职调查最重要的内容，因为公司的业绩、盈亏或公司的价值都需要在深入审视公司财务报表的基础上做出。当然，审计公司的财务报表也是发现可能的并购陷阱和风险的重要途径。如果被考察的公司是上市公司，其财务报表经过注册会计师审计，那么，审查的质量可以得到更好的保证；如果公司是非上市公司，审查的财务报表未经注册会计师审计，审计工作则需要更加谨慎、更加详尽，工作量也会大大增加。进行尽职调查时，审计的财务报表主要是公司的资产负债表、损益表和现金流量表，其中更重要的是资产负债表和损益表。资产负债表是公司全部资产负债的"清单"，通过它可以看到公司的净资产或股东权益的实际情况。损益表反映的是公司的赢利能力和实际的盈亏情况。现金流量表反映了公司的投资、经营和所有其他财务活动所产生的现金流量的情况。

(二)审计的注意事项

在对财务报表进行审计时,应注意不同类型的公司,其财务报表有不同的特征。譬如,一般的制造与服务型公司的债务比率会相对较低,而金融机构的债务比率显然会高很多。又如,相对于高科技的公司,制造与服务型公司的平均赢利水平一般会低很多。有资料显示,高科技公司的毛利润率超过50%只算是业绩一般的,超过65%算是良好的,超过80%才算优良的。世界500强公司的前十名企业,多数都是人均年创利达到100万美元,这是一般企业难以企及的。因此,在审计分析公司的价值与风险时,应对具体对象进行有针对性的判断。

我们知道,公司在编制财务报表时,为了追求某些利益,有时会不顾会计准则的要求,人为地调高或降低某些重要的财务指标,这就形成了会计的欺诈。譬如,为了减少纳税,人为地降低实际的赢利水平;为了达到在股市上配股或增发的目的,有可能人为地调高公司的净资产收益率等项利润指标。在尽职调查中,准确识别出财务报表中的不实数据,对于发现收购风险具有重要的意义。

美国学者霍华德·希尔特在他的《会计诡计:如何发现财务报表中的会计欺骗与舞弊行为》一书中提到了七种欺诈形式,值得关注。它们是:

(1)提前确认营业收入。譬如,有些公司将还没有签约的土地交易所带来的收入列入营业收入,就是典型事例。

(2)不真实地记录营业收入。譬如,将收到的供应商的退货款当作收入入账。

(3)运用一次性收益的方式来增加营业收入。譬如,采用降价甚至亏本销售的方式增加营业收入。

(4)延期计入费用以减少亏损。譬如,将当期成本不合理地列为长期投资项目,或者延期计提折旧和摊销费用等。

(5)不记录所有的负债。譬如,在账中不反映应付的债务,不披露应承担的义务和意外的事项,为隐瞒负债而编造交易。

(6)延期计入收入以减少利润。譬如,将营业收入转为储备金。

(7)将未来的费用提前计入当期损益。譬如,随意列支费用,提前计提折旧,提前摊销费用等。

在尽职调查中,审计人员应特别注意财务报表的真实性,因为虚假的财务信息会隐藏很大的收购风险。在进行财务报表的审计时,应特别

注意以下几点,若发现这些情况,应做进一步调查,弄清真相,以防掉入可能存在的并购陷阱:

(1)公司管理层对公司现状及前景的描述与公司的财务报表中的数据有很大的差距,甚至有很大的矛盾;

(2)公司报告的业绩成果与计划成果之间非常一致;

(3)财务报表中的数据有异常的变化;

(4)公司进行大量不符合正常商务程序的关联交易;

(5)不切实际的激进销售方式和利润刺激方式等。

(三)目标公司内部控制制度的评价

在美国,相关的法律规定上市公司必须具备内部控制制度,其中包括内部会计控制体系。在中国,越来越多的大公司开始重视内部控制制度的建设。在尽职调查时,了解目标公司的内部控制制度,判断该体系运行的状况,可以有效地降低并购的风险。

所谓内部控制制度,就是指由公司的经营者和其他人为保障实现公司的以下三个目标而设计的相关程序。这三个目标是:第一,经营的成效与效率;第二,财务报告的可靠性;第三,遵守相关的法律法规。为确保实现这些目标而制定的内部控制制度应包括:

(1)公司有明确的经营与管理理念,董事会进行有效的监督与领导;

(2)有风险评估机制,可以及时、全面地对公司面临的主要风险进行鉴定、分析和控制;

(3)有高效的管理团队和控制机制,可以确保董事会、管理层的指令得到有效的执行;

(4)有完善的信息披露机制,可以及时准确地向股东与社会各方面提供必要的公司信息;

(5)有对上述四方面的控制质量的评估与监督。

如果在尽职调查中,公司的董事会、管理层能够确认公司的经营宗旨和目标是合理的,公司的财务报表和报告是可靠的,公司的行为是守法的,更具体地看,内部控制制度的各个方面的内容是完善与及时的,那么,调查人员就可以认为公司的内部控制制度是有效的。

三、尽职调查中的经营管理审计和合法性审计

应该说,尽职调查中的财务报表审计是最重要的审计,但是,由于现有的财务报表还不能反映经营管理的全部风险与价值,由于经营管理还包括很多并不能用准确的数据表达的"软"内容,如企业文化、人事制度对公司经营的影响,由于财务报表的审计很少涉及公司经营的合法性问

题,因此,在进行财务报表审计的同时,尽职调查还要包括对公司经营管理的审计和合法性审计。其主要目的仍然是希望发现或找出目标公司可能面临的风险。

(一)经营管理审计的目的与对象

进行这一审计的基本目的是为了更深入地了解公司主要股东的背景和经营理念,了解和把握公司合并后可能有的弱点和风险,更好地发展公司的企业文化,获取更多的进一步发展的商机。这一审计应主要通过对公司管理层和其他相关人员的访谈和问卷调查的方式进行,这些相关人员包括部门经理、工厂经理、部门财务人员、销售经理、采购部门的人员等。在所有的相关人员中,最重要的访谈对象是公司的创建者(如果还在公司的话),因为这一访谈可以最好地把握公司的灵魂和精神,了解公司的核心理念,更好地把握公司商誉的价值。当然,公司的董事长、总经理也是极重要的了解对象,与公司的一般管理人员相比,他们对公司精神和核心理念的理解和把握要深刻得多。但是,也有资料显示,公司的中层管理人员和雇员对公司业务的核心内容最熟悉,而且他们很少撒谎,也愿意揭露公司不规范的行为和管理活动。在访谈和问卷调查时,应先行制定需弄清的问题的清单,应根据清单进行所需的调查,调查、访谈的结果也应归档保存。

(二)经营管理审计的内容

审计中有两项内容十分重要:一是确认公司的资产,这包括有形资产和无形资产;二是确定公司的这些资产是否面临风险。

首先是确认公司的资产。多数公司的有形资产占据着重要的地位,但也有一些公司无形资产的分量更重。譬如,一些以提供服务为主的公司,像我们熟知的投资银行美国高盛公司、摩根士丹利公司、美林集团,世界著名的注册会计师公司德勤、普华永道等公司,其有形资产十分有限,公司价值主要是公司的无形资产,具体说就是公司的品牌、商誉等。构成公司无形资产的还有:公司品牌图形的标志、许可证、商标、服务标志;公司的文化,如公司的道德标准;公司拥有的知识产权;公司在全球开展业务的能力;公司在世界各地设置的分支机构;公司雇员、团队的整体素质;等等。

关于公司资产面临的风险,主要是指公司重大资产面临的风险,因为只有重大资产的风险才会给收购方带来可能的重大损失。我们可以将风险分为常规的和非常规的两类。前者是指那些在日常经营活动中常常会出现的风险,如市场利率、汇率的变动带来的风险;生产中由于原材料短缺、产品设计、技术革新、劳动力短缺、销售渠道不畅或政府政策法规的变动等因素造成的减产、滞销等情况；还包括由于竞争加剧导致的生产成本上升、销售费用上涨、人员流失、工资上调等因素造成的公司效益下降的情况。而后者则是指日常经营活动中很少会出现的一些因素所导致的风险，这些因素包括带来重大损失的突发性的灾难性事件，如火灾、事故、爆炸等情况；包括对公司的重大破坏行为，如造成公司重大损失的经济间谍、欺诈、破坏产品或设备等情况；还包括外部经济环境或宏观经济政策的重大变化给公司经营带来重大困难的情况。

1. 经营管理的"软"风险。在进行目标公司的经营管理审计时，要注意一些"软"因素导致的风险。这些"软"因素不像公司的财务数据那样可以量化，但是，这些因素同样会造成公司业绩的下滑，同样会给收购方带来很大的并购风险。比如，收购方和目标公司的企业文化不同，会给合并后的公司整合带来极大的困难；再如，并购双方管理层的人际关系不够融洽，也会对双方合并后的合作投下阴影。更具体地说，不同公司的沟通方式、对创新的不同定位、对人力资本的不同态度等，都会对并购后的整合和合作带来消极的影响。

2. 其他导致风险的因素。调查中应特别关注可能会导致收购风险的其他因素，包括：①可能导致公司变现能力大幅降低的需求、义务、事件和不确定的因素；②会导致大额资本性支出的委托担保义务；③能影响公司利润从而影响公司持续经营能力的重大经济变动；④会导致公司净收入或利润发生重大变化，尤其是大幅减少的发展趋势或不确定的因素；⑤关注公司高额利润的来源，判断其是由于价格的提高、产量的增加、开发了新产品，还是由于引进了新的服务；⑥还需要关注通货膨胀、季节因素等原因对公司收入、利润的影响。如果有需要，有时还应聘请专业机构进行调查与评价，譬如，公司石油、天然气储存量及各种矿藏的储存量也许就需要专业的地质学家或相应的机构进行评估；有时则需要请行业专家进行相关的评估，特别是对该行业的技术装备状况、设备利用状况等的评估。当然，有时还会聘请专业的调查公司对目标公司的管理层和重要雇员进行背景调查。

（三）合法性审计的目的与内容

在并购的尽职调查中，除了需要开展财务报表审计和经营管理审计外，还需要进行并购的合法性审计。合法性审计的目的主要有两个：一是确保收购的是一家没有法律纠纷或基本上没有法律纠纷的公司（所谓基本上没有的含义是不会因为可能有的法律纠纷给收购方带来重大的财务和其他方面的损失）；二是整个收购过程合乎法律法规的要求，没有触犯相关的法律法规条款。显然，有关合法性的尽职调查需要由专业的律师来进行,因为只有专业的律师才能清楚公司的法律环境、相关的法律法规的内容,以及如何判断公司的法律状况。在进行合法性尽职调查时,律师们要对公司的经营管理、资金往来、高管行为等各个方面进行调查和了解,发现有关各个环节是否存在着司法诉讼或潜在的司法诉讼,通过细致的研究与分析,判断公司是否存在合法性问题,进而确定在收购公司的过程中,收购方是否会面临重大的合法性风险,亦即面临司法诉讼和重大损失或赔偿的风险。

(四)收购方面临的风险

在美国,对目标公司发起诉讼的,主要由以下几种人员构成:

1. 目标公司产品的消费者,各种原料、半成品、配件以及服务的供应商和目标公司的竞争者。在1989～1999年间,他们向目标公司提出的司法诉讼占目标公司全部司法诉讼的18.6%。通过审判,平均每起消费者起诉的案件获赔310.6万美元,每起供应商或者竞争者起诉的案件获赔143.3万美元。

2. 目标公司的雇员和工会组织。他们在此期间提出的司法诉讼占有最大的比率,其值为55.2%。这表明,在并购所引发的司法诉讼中,多数涉及目标公司雇员的权益,但是他们平均获赔的金额却较少,平均每起案件的获赔金额为30.6万美元。

3. 政府、检察机关或其他第三方。它们在此期间的指控所占的比率为4.6%。虽然他们起诉的案件在整个并购引发的诉讼中所占比重最低,但是它们获赔的金额却是最高的,平均每起案件获赔的金额为1 034.9万美元。

4. 目标公司的股东和公司的其他投资者。他们在此期间提出的司法诉讼所占的比率为19.9%,数量为第二多;他们获赔的金额也是第二多,平均每起案件获赔的金额为867.2万美元。

(五)并购引发司法诉讼的具体原因

并购引发司法诉讼的具体原因非常多,涉及的范围很广。根据在美国的统计情况,所占比率较高的有以下几项:

第一,消费者、竞争者、供应商等提出的诉讼。主要是:双方之间的合同争执与合同纠纷(3.9%),对消费者的歧视(3.5%),目标公司不诚实或有欺诈的行为(1.3%),商务专利权的诉讼(1.3%),版权、专利或商标的侵权(1%)。另外,还有产品服务的成本与质量纠纷、信用方面的诉讼、供应商提出的垄断问题。

第二,目标公司的雇员和工会提出的诉讼。主要是:违反雇佣合同(2.8%),目标公司对雇员或工会的诽谤(8%),目标公司对雇员或工会的歧视（27.1%），解雇或提升失败（2.2%），对雇员的骚扰或侮辱（3.5%），对雇员的报复或压制（2.1%），与雇员的薪金纠纷与赔偿（1.1%），错误地终止合同（13.9%）。另外，还有养老金、福利安排方面的纠纷，雇佣环境与安全方面的问题等。

第三，股东提出的诉讼。主要是：目标公司的不诚实或欺诈（1.2%），目标公司违反信用（2.3%），目标公司的信息披露不充分（6.1%），内幕交易问题（1.3%）。另外，还有反收购措施引致的行政赔偿问题、欺诈性资产转移问题等。

第四，股东与投资者提出的诉讼。这包括由并购导致的增资问题、回购股票问题等。

四、尽职调查中的交易过程审计

（一）交易过程审计的内容

尽职调查中的交易过程审计主要包括：①并购协议的审查。确定协议是否保障了收购方的利益，协议中是否含有收购方无法承担的义务的风险。②签署并购协议前，审查并购交易是否触犯了有关的各项法规，这里面包含证券及证券交易的法律法规、税收方面的法律法规、会计方面的法律法规、反垄断方面的法律法规以及知识产权、消费者保护、雇佣者保护、环境保护等方面的法律法规。

（二）我国并购协议的内容

并购协议是关于交易双方对控股权转让交易所达成的合法性共识的法律文书。对并购交易过程的尽职调查在很大程度上体现在对并购协议的审计上。由于并购协议以书面形式确定了并购双方在并购交易中所承担的法律责任，因此，审查这种承诺所具有的风险的程度就显得十分重要。

我国通常将上市公司的并购协议称为股权转让协议书。在我国，一般的股权转让协议书都包括以下几方面的内容。

第一部分是一般的交易安排，这包括：

1. 对并购双方合法的法人地位的确认，对协议中涉及的"公司""出让股份""登记公司""交易完成日""股东名册"等概念的准确定义。

2. 股份的转让，其中包括具体转让股份的性质（国有股、法人股和流通股）、转让数量、转让价格、支付方式以及具体的支付日期。

3. 有关股权过户的安排，双方同意尽最大努力，以完成股份转让所需的登记手续和过户手续。

第二部分是双方的承诺，这也是审计的重点，其主要内容是：

1. 出让股权一方的承诺。这包括：①拥有签署与履行本协议所需的一切必要的权力与授权；②是出让股份的唯一合法拥有者；③出让的股份已在登记公司办理了集中托管手续。

2. 出让股权一方的保证。如果在本协议签署后直至股份交易完成之前发现任何可能会对公司及其资产与业务产生重大不利影响，且由于出让方对此不能知晓而未能在本协议签署前披露给对方的任何信息，出让方将及时披露该信息给受让方；出让股权一方还保证，在上述期间，所出让的股份尚未设有任何质押、担保或第三方权利，也不存在冻结或其他限制股份转让的情形，也未做出导致在交易完成后影响或限制对方行使权力的行为。

3. 收购股权一方的承诺。受让方现在及直至交易完成日，具有并将仍然具有签订与履行本协议所需的一切必要权力与授权，受让方与履行本协议有关的资产与业务的文件与资料是完整、真实、准确的，并且没有遗漏任何重要事实，即受让方有履约收购的能力。当然，如果在实际的交易中存在某种具体的情况会给交易对方带来某种风险或损失，双方则应根据实际情况做出都可以接受的安排。

对于审计工作来说，关键是要避免由于某一方的隐瞒而带来的风险或损失。交易双方在此做出承诺，就是要让双方清楚地了解，谁在协议中隐瞒了真实情况，谁就应承担由此带来的可能的风险或损失。

4. 违约责任。双方保证，如果出让方违反1,2,3条中的承诺，将给予对方充分赔偿。如果收购方没能按规定的期限完成有关的资产、债权或资金的转移手续，应向出让股权方支付规定的[通常为每日万分之五(0.05%)]违约金。

第三部分是一些有关生效标志(譬如，双方法定代表人或授权代表正式签署并加盖各自公章时生效)、协议的期限和终止安排以及有关不可抗力的说明。不可抗力通常指包括：

1. 签署本协议时不能预见、不能避免、不能克服，且导致本协议不能履行或者不能按时履行的客观情况。

2. 国家政策法律的变更导致本协议无效。它不包括除此之外的其他任何情况，如公司的人员变动、决策变化等都不属于不可抗力。

第四部分是关于信息披露、适用法律、争议解决、费用等一般性条款。作为一个具有法律效应的文件，上述内容都是必不可少的。接下来我们介绍一下美国并购协议的要点，并作一对比。

（三）交易过程审计的注意事项

进行交易过程的审计，对收购方来说，主要是防止交易过程中的风险或损失,因为从并购协议签署到完成股权转让手续,其间有一个长则数月或更长,短则也要几周的时间。在此期间,还是会有很大的不确定性,还会发生一些事先难以完全预料的会导致被并购公司声誉或价值受损的事件。譬如,由于汽车需求整体下降,导致汽车行业整体滑坡,准备收购的汽车公司的价值就会大打折扣。当然,在此期间,也可能发生一些导致被并购公司市值大增的事件。譬如,预期外的石油价格大涨,会导致石油公司的市值大增,此时,收购方与被并购公司都可能面临着无权退出交易的局面。因此,交易双方都希望虽然签署了并购协议,但在一定条件下仍有退出交易的选择权。这方面的具体规定,即谈判中达成的具体条款决定了双方在此情况下的权利与义务。一般来说,这些权利义务的多寡会与收购价格的高低有较为紧密的联系。另外,如果在双方签署并购协议后至完成交易前的这个时期发生收购方或被并购公司违约的行为,如果并购协议有相应的条款,对方可以终止交易,由此造成的损失由违约方负担。如果明知道对方有违约行为,协议又规定了终止交易的权利,但由于己方判断这一违约造成的损失有限,实现交易比终止交易更有利,己方可以继续进行交易。但是,当交易完成后,己方不能再就对方的违约提出诉讼或对交易反悔。

第三节 目标公司尽职调查的方法

在并购过程的开始阶段,并购方需要得到有关目标企业经营情况的充分信息,以便决定是否继续进行并购。本节介绍的商业检查可以满足这一需要。商业检查是目标公司尽职调查的基本方法。

一、商业检查的概念

商业检查涉及收集和分析目标企业的财务和会计报告或其他可以得到的信息,通常没有独立的审核人员参加。并购方的经理人员可以参与也可以不参与这一检查,并购方在谈判过程中可以就各个不同方面的问题进行一次或多次检查。商业检查可以使并购方广泛了解目标企业业务的所有方面。它包括以下各项内容:①行业信息,②营销方式,③制造和分配方式,④财务报告制度和控制,⑤劳资关系,⑥公司财务报表、会计资料和税收,⑦研究和开发(R&D)计划,⑧政府管理部门的报告要求,⑨国际业务,⑩法律问题。

除了要取得有关目标企业的信息外,商业检查也包括对这些信息进行检查和分析。检查和分析的范围通常取决于交易的性质和并购方的特殊需要。通常需要对会计税收准则和实务进行深入的检查,需要特别强调其中与并购相关的问题。并购方与它的独立会计师在开始时就必须在这方面达成一致,并购方必须理解这部分检查的目的和局限性。

由于从商业检查中通常可以得到大量信息,因此,管理人员应该事先为目标企业准备一份问题调查表。调查表的内容可以参考本章附录来设计,对其中的一些内容,可以根据需要增加或删减,以便适合具体的情况。例如,如果已经得到了对目标企业所在的特定产业的分析,那么就可以将产业分析部分删掉。又如,如果 R&D 与并购不是很相关,就可以将这一部分省略掉。同样,如果企业从事跨国经营,那么可以相应增加国际因素的部分。

二、商业检查的内容

商业检查,无论是单独执行还是结合核实和审计程序来进行,都应该包括一组有关目标企业的基本信息。它应该调查和分析下面列举的内容。

(一)企业背景和历史

在调查的开始阶段,应该收集企业的总体性质、主要生产条件和设施、历史以及类似的信息。此外,通常还要取得有关经理人员、董事和外部顾问的信息。在可能的情况下,还应该包括企业的最新发展、未来的计划和主要问题(例如诉讼案件、政府限制、环境问题等)方面的信息。

(二)行业分析

如果提出的并购方案对并购方来说是一个新的行业,那么就应该进行详细的行业调查。这一调查通常是在对某一特定企业调查之前进行。

行业分析通常包括以下内容:

(1)来自行业内和行业外的竞争和相对市场占有率;

(2)行业的销售和利润增长率(过去的和预计将来的)和影响行业增长和赢利能力的外部因素;

(3)该行业中的并购情况——以便确定企业合并对企业在该行业的继续生存和发展是否十分重要;

(4)政府管制的程度和趋势;

(5)对该行业内的企业而言,比较重要的专利、商标、版权等;

(6)成功的关键因素,进入壁垒和威胁。

在很多情况下,企业可能需要聘请行业专家和顾问来帮助自己进行行业分析。

(三)财务和会计资料

比较目标企业主要业务部门在最近几年中的财务比率,以便确定其重要的发展趋势。这些比率通常至少包括以下内容:资产收益率和净资产收益率、毛利率、销售利润率、流动比率、速动比率、资产负债率,还应该取得有关通货膨胀或经营周期的信息、企业在这种环境中的经营能力以及现行价值和重置成本的资料。

取得并分析目标企业上一年的资产负债表、利润表和现金流量表,对预算和对未来的预测也很有帮助。了解预测的现金流量和这一预测中所运用的前提假设也极其重要。此外,了解目标企业所遵从的会计准则和实务的任何差异或其中存在的问题也很重要。最重要的差异和存在的问题通常是下面一些内容:坏账准备、库存估价、折旧、长期合同的会计处理、年金和雇员利益的会计处理等。

(四)税收

应该对目标企业的纳税申报单和税收情况进行检查。通过对目标企业税收状况的检查,应该使并购企业确信,它们正在并购的企业的纳税义务都已正确地反映在其账簿上了。

纳税义务检查主要应回答这样的问题:出售方是否已经按照目前的税基交付了企业的所有税收;对在并购进行过程中和各税务主管机关将来的审计中可能产生的未知的和预期的调整,是否已经作了充分的考虑。尽管能够满足这些问题的程序因目标企业规模、出售方特殊税收状况的复杂程度不同而有所变化,但一般需要对存档(至少3年)的纳税申报进行检查和分析,特别需要注意财务报表和应税收入之间的核对,还要对由各税务主管机关所做的最新调整的报告进行检查。

依据交易类型的不同,税收检查也应该包括税基分析和潜在增大的可能性的评估。如果并购企业正在考虑通过出售目标企业的某些资产来为潜在的并购筹集资金,那么就应该仔细检查在出售那些资产时潜在的到期税收,应该考虑到资产的税基通常小于账面价值这一事实。

(五)人力资源和劳资关系

并购企业必须对目标企业管理人员的能力做出评价,特别是在购买不相关产业的企业时更应该如此。并购企业应该约见目标企业的高级职员和经理人员,检查他们过去的工商经历,调查他们的背景。

并购企业应该检查企业劳资关系的历史,以便发现任何可能存在的问题,因为劳工协议的法律效力使得许多削减人员的计划都不可能实现。还必须检查年金、利润共享和其他的雇员利益计划,以便确定对企业合并以后的业务将会产生怎样的影响。如果目标企业有许多长期雇员,且没有建立年金基金而又必须向他们支付退休金,就会减少购买方的现金流量;相反,如果目前许多年金基金有剩余,则会使并购费用减少。

(六)市场营销

并购企业应该取得并分析有关下面各种产品和营销因素的信息:①销售量、利润和产品线上的积压;②主要产品和新产品开发的介绍;③年度和月销售历史(长期趋势和季节性或周期性波动);④政府采购额;⑤主要顾客;⑥营销和销售组织,包括专门的赔偿安排;⑦销售计划和预测的方法;⑧广告和促销的费用及方法;⑨分销渠道和战略;⑩顾客满意情况和购买力;⑪主要竞争对手的市场占有率;⑫产品生命周期和技术水平;⑬定价战略;⑭竞争战略;⑮新产品开发。

应该把企业的发展趋势与产业的平均发展水平进行比较,以便确定企业的相对绩效。应该调查具有竞争性和潜在竞争性的新产品,因为它们对目标企业未来的前途会产生不利影响。

应该把市场营销情报和目前的产品销售信息与库存分析做比较,以便查明过量的和已废弃的库存。在企业并购之后再对库存进行处理,可能要花费很大的代价。

(七)加工制造和分配

对加工制造和分配领域的检查包括:①各生产设施(名称,分布,是自有还是租赁的,账面价值,公平市价,生产能力,从业员工,现有条件,目前使用情况,其他用途等);②制造过程;③主要原材料的供应;④实物分配方式(购买,企业内部转移,向顾客的最终销售);⑤制造效率。

(八)研究与开发(R&D)

并购企业应该分析目标企业过去的 R&D 项目(费用和实际的或估计的收益),当前和将来的项目(估计的费用和收益),R&D 中使用的人员和设备,R&D 的会计处理方法。

(九)财务和管理控制系统

了解目标企业内部的报告和控制系统非常重要,尤其是当目标企业属于不同产业的企业时更是如此。并购方在并购完成以后,可能在很大程度上需要依靠目标企业现有的系统,因为在两个企业之间建立一致的系统通常是不可能的。这可能是由于两个企业在经营和管理理念上的不同,也可能是因为连接两个系统需要较高的成本。生产和原材料控制系统、指挥系统对企业来说都特别重要,因为这些系统的失效可能会严重影响企业的正常运转。此外,基本的会计控制也很重要,因为它们会对报告的准确性和雇员欺诈产生潜在的影响。

(十)政府管理部门的报告要求

需要特别注意各级政府管理部门颁布的报告要求,因为它们对企业的业务有很大影响。企业忽视这些要求,可能会导致数额巨大的罚款,或者陷入经营困难的境地。并购方必须确信目标企业的设施遵守了各政府管理部门(如环境保护局、职业安全与保健管理等部门)颁布的各种规定和标准。

(十一)国际因素

如果目标企业从事国际贸易或其他国际业务,那么,并购方应该充分了解这些国际业务,以及它们对企业的总体业务会产生什么样的影响。应该注意有关国际投资环境、贸易和投资限制、外汇管制、通货膨胀等方面的问题。虽然利润汇回对偿付并购债务是必要的,但是外汇管理或出售方的国际赋税抵免限制问题却可能会阻碍利润的汇回。

(十二)可自行处理的费用

可自行处理的费用指目标企业发生的可以在短期内延期的某些费用,如研究与开发费用、维修与维护费用等,但这样做可能会产生长期的不利影响。仔细检查这些可自行处理的费用,可以避免在将来发生导致并购成本上升的资本费用。

本章小结

本章介绍了公司并购中目标公司选择、目标公司尽职调查的内容以及目标公司尽职调查的方法。

选择目标公司的一般过程包括:企业自身评估,选择与审查并购目标,价值评估,并购的可行性分析。

作为公司并购过程中一项重要工作的尽职调查,是以财务顾问为主导的并购工作小组进场后首先要进行的一项工作。尽职调查的主要内容包括四个方面:①审查公司的财务报表,②审查公司的经营管理,③审查公司业务的合法性,④审查公司的并购交易过程。尽职调查的目的是全面了解公司的经营管理状况,了解并购可能面临的各种风险,以确定防范可能风险的方法,使并购得以顺利进行。

商业检查是目标公司尽职调查的基本方法。商业检查的内容主要有企业背景和历史、行业分析、财务和会计资料、税收、人力资源和劳资关系、市场营销、加工制造和分配、研究与开发、财务和管理控制系统、政府管理部门的报告要求、国际因素、可自行处理的费用。

复习思考题

1. 如何进行公司并购的可行性分析？
2. 在商业检查中，行业分析通常包含哪些内容？

奇胜公司、大地公司股权收购蒂森投资案例

蒂森投资有限公司拥有大森有限公司100%的股权，2012年8月15日，奇胜有限公司、大地有限公司与蒂森投资有限公司签订股权转让合同：奇胜有限公司、大地有限公司以总价8 000万元的价格整体受让大森有限公司100%的股权，奇胜有限公司占80%，大地有限公司占20%。股权转让合同约定，大森有限公司所有债权、债务已经得到全面充分的披露，大森有限公司100%的股权转让后，上述所有债权、债务由大森公司享有和承担。上述产权交易正常交割完成后，2013年6月15日，里美科技有限公司向大森有限公司提起产品质量责任诉讼，称其2012年5月出售生产的塔吊设备于2013年5月1日发生断裂，造成人身伤害事故、企业停产，要求大森有限公司赔偿各项经济损失；法院认定，该产品质量不合格，主要原因是塔吊塔架钢材质量不达标所致。法院据此判决大森有限公司承担赔偿责任。大森有限公司已经履行了全部赔偿义务，现奇胜有限公司、大地有限公司提起诉讼，要求蒂森投资有限公司赔偿原告经济损失9 000万元。在法院主持的调解程序下，原告最终与被告达成和解协议，被告向原告支付了8 000万元的经济赔偿金额。

在股权收购以后，目标企业的核心资产存在重大安全隐患而未如实披露，如果安全隐患给股权收购方造成了重大的财产损失，目标企业原股东要承担相应的赔偿责任。

（资料来源：田宝法：《企业并购解决之道》，法律出版社，2015年版。）

第六章 公司并购的融资及支付方式

学习目标

- 了解公司并购中常用的融资工具及其选择
- 掌握公司并购中常用的支付工具及支付方式选择的影响因素
- 了解我国企业并购中常用的融资方式及支付方式

第一节 公司并购融资工具及选择

一、并购融资概述

所谓并购融资,是指并购企业为顺利完成并购,对并购双方的资本结构进行规划,通过各种渠道、运用各种手段融通资金的行为,它往往是决定并购成功与否的技术性条件。如果并购企业能够根据自身的资本结构确定一种合理的融资方式,可以达到事半功倍的效果,即以最低的资本成本产生足够大的控制力;反之,如果并购企业选择不当,就有可能背上沉重的财务负担,甚至可能会影响并购企业正常的生产经营活动。

为并购所融通的资金既要满足并购支付的总量需要,又要保证并购过程的顺利进行,还不能远远超出支付价格,造成资金闲置或浪费,更不能因并购的融资结构给企业带来难以承受的负担。可见,并购融资问题是并购能否成功的关键因素之一,必须予以充分重视。

从当前国际上常见的融资方式来看,并购融资总的来说有两种:一是企业内部融资,即将本企业的留存收益等转化为投资的过程;二是外部融资,即吸收其他经济主体的资金,以转化为自己投资的过程。

通常来说,企业内部融资有以下渠道:

第一,企业自有资金。指企业经常持有、按法定的财务制度能够自行支配而无须归还的那部分资金。企业内部自有资金是企业最稳妥、最有保障的资金来源。通常企业可用的自有资金有税后留利、折旧、闲置资产变卖和应收账款这几种形式。留存收益虽然可作为其资金的来源,但是，企业一般不会将大量现金存放于银行，而是将其投资于各类资产。因此，在现金支付方式下使用自有资金来源时，可能要对有关资产进行变现，这就要求企业必须注意资产的流动性和变现性，找好变现时点，及时足额筹集资金。

第二，企业应付而未付的纳税金额和利息。虽然二者同属于负债性质，但就其来源来看，都产生于企业内部，从这个意义上说，也可以把它们看作企业内部融资的一个部分，但企业不能长期占用这一部分资金，到期必须支付。

第三，未使用或未分配的专项基金。只有在使用和分配前，这些专项基金才可以作为内部融资来源，一旦需要使用或分配这些资金，必须及时现款支付。这些专项基金由以下部分组成：①从销售收入中收回而形成的更新改造基金和修理基金；②从利润中提取而形成的新产品试制基金、生产发展基金和职工福利基金等。这些专项基金从长期平均来看，可以成为企业一项稳定和可长期使用的资金来源。

企业内部融资有如下优点：

第一，资金来源于企业内部，不会发生融资费用，使得内部融资的成本要远远低于外部融资，且资金可以完全由自己安排支配。

第二，自有资金的使用不会因增加负债或改变股权结构而增大财务风险。

第三，保密性好。如果申请外部融资，势必要说明融资原因，会使目标企业的股价陡然上升，增大收购成本，而使用内部资金不会引起外界的注意，有利于并购的实施。

但内部融资也存在很大的局限性：企业内部融资能力的大小取决于企业的利润水平、净资产规模和投资者预期等因素，融资数量有限；由于并购所需资金数额巨大，仅靠内部融资往往无法满足企业资金需要，企业还要依靠外部融资。

随着技术的进步和生产规模的扩大，企业并购在短期内需要投入资金的规模也越来越庞大，单纯依靠内部融资已很难满足企业的资金需求，外部融资已逐渐成为企业获得资金的重要方式。企业外部融资有多种途径，包括债务融资、权益融资和混合性融资方式。随着金融业的不断创新，还产生了一些特殊的融资方式，有力地推动了公司并购的发展。下面对外部融资和特殊融资方式分别加以介绍。

二、债务融资

债务融资是指并购企业通过举债来筹集并购所需的资金。该融资方式主要用于现金支付方式，主要是向金融机构贷款和发行债券融资。

（一）借款融资

借款融资，是指企业根据借款合同或协议，向商业银行等金融机构获得的借款，按偿还期的长短分为长期借款和短期借款。银行贷款是企业资金的重要来源，无疑是企业获取并购融资的主渠道。如果企业并购资金以负债为主，那么对企业和银行而言，无疑存在着巨大的潜在风险。所以，商业银行向企业提供的往往是优先级别贷款（提供贷款的金融机构对收购的资产或股权享有一级优先权，或收购方提供一定的抵押担保，以降低风险）。除了商业银行，保险公司等金融机构有时也参与提供这种贷款。

在并购融资中，银行贷款发放的程序比发行债券、股票等证券融资简单，发行费用也低于证券融资，而且银团贷款还可以使企业获得巨额资金，足以支持标的金额巨大的并购活动。商业银行贷款是一种主要的融资工具，如果能够比较容易地获取条件比较优惠的商业银行贷款，相对来说，要获取其他渠道的融资也相对比较容易一些，同时获取的条件也会比较优惠。因为债权融资是一个良好的信号，它向外部投资者预示着企业并购将产生更大的协同效应，能够提高企业的价值，增加股东财富。再加上商业银行经常与企业发生业务往来，因而对企业经营情况的掌握相对其他外部投资者要多。银行对企业并购融资的支持行为，预示着企业所发起的并购是一个高质量的投资项目，银行能够从这项投资中获取到良好的投资回报。这样，其他投资者会通过这种信号传递来间接评估企业的并购，就会愿意提供资金支持，从而拓宽企业并购融资的渠道，也使企业并购得以顺利进行。

除了商业银行的贷款融资以外，为了迅速解决企业并购中的临时融资需求，投资银行往往会提供一种"桥式贷款"（Bridge Loan），也称"过桥贷款"，以解决收购资金问题。这种贷款一般没有抵押，期限通常较短。近年来在我国的企业并购和重组中，过桥贷款也有所利用。例如，为了推动德隆系重组工作的顺利进行，华融资产管理公司向德隆系控股的两家实业企业屯河股份和天一实业发放了总额为2.3亿元人民币的过桥贷款。

此外，股权质押借款也在收购实践中得到了广泛的应用。股权质押借款是指收购方将股权质押给金融机构，然后从金融机构取得贷款的一种融资方式。这种融资方式目前已被上市公司广泛采用，特别是在MBO（管理层收购）中的融资。在此过程中，收购方将未来获取的目标公司的股份质押给金融机构，然后换取收购的资金。金融机构一般将股份的管理权委托给收购方，以防止股份管理上的冲突。融资的期限一般为1~3

年,收购方将分期偿还。有人将这种方式称作股权租赁,它大大扩展了并购融资的来源,加速了并购的完成。

借款融资方式对企业来说有利也有弊,其有利之处表现为:

1. 企业的融资成本低,一级银行贷款所要求的低风险,导致银行贷款获取的收益率也很低;

2. 银行贷款发放的程序比发行债券、股票简单,而且发行费用也低于证券融资;

3. 通过贷款可以得到巨额资金,足以进行标的金额巨大的并购活动。

但是,这种融资方式对企业来说也有一定的不利之处:

1. 要从银行取得贷款,企业必须向银行公开其财务、经营状况,并在今后的经营管理上在很大程度上受银行的制约;

2. 为了取得银行贷款、企业可能要付出资产的抵押权,从而降低了企业今后的再融资能力,产生了隐性的融资成本;

3. 有时银行还要求提供担保人,这也给企业融资增加了难度,同时也增加了费用支出;

4. 在一级银行贷款不一定能完全满足企业并购的融资需求时,其他融资方式会因投资风险的增加而要求更高的收益率,这会使融资成本激增。

(二)债券融资

债券是指企业按照法定程序发行,约定在一定时期还本付息的有价证券。并购中常用的债券融资方式包括企业债券和垃圾债券;按有无抵押品划分,企业债券可分为抵押债券和信用债券两种。

1. 抵押债券。抵押债券是以某些实物资产作为还本付息保障的债券。如果发行企业到期不能偿还债券本息,债券持有人有权处置抵押品来获得偿还。

2. 信用债券。信用债券不用企业的实物资产作抵押,但除了以发行企业自己的信用作担保以外,可能还需要其他企业组织或机构的信用来担保。用这种方式融资的优势主要在于它的融资成本比较低,利息具有节税作用。它的劣势也很明显:企业要付出资产的抵押权,这降低了今后的再融资能力;有时,债权人还要求提供担保人,这也给企业融资增加了难度,同时,也增加了费用支出。

3. 垃圾债券。垃圾债券(Junk Bonds)或称非投资级债券(Non-investment Grade Bonds),是指资信评级低于投资级或未被评级的高收益债券(High-yield Bonds)。垃圾债券市场始于20世纪70年代后期,在并购活动中,垃圾债券起着重要的作用。

垃圾债券一般是由投资银行负责承销,由保险公司、风险投资公司等机构投资者作为主要债权人而发行的。它的一个显著特征是高风险,因为它常常以并购其他企业的新公司资产作为抵押,即以未来的资产作为保证,因而具有不确定性。另一个显著特征是高利率。高风险往往伴随着高收益,这样才能吸引那些风险偏好的投资者。

垃圾债券主要有两种形式:

一是从属债券,它是指求偿权在一级银行贷款之后,到期年限多在8~15年之间的债券。根据求偿权的优先级别,从属债券又可分为高级从属债券和次级从属债券。高级从属债券的利率一般比一级银行贷款的利率略高,它的利息是按期支付的,本金在未来几年之后才返还;次级从属债券又比高级债券的利率略高,期限更长,本金的支付在高级从属债券之后。

二是延迟支付凭证,它是指那些在约定的期限内不支付现金利息或股息,过了约定期限才开始按期根据在发行时已拟好的文件支付现金利息或股息的债务融资工具。它一方面可以减轻并购交易刚完成的前几年并购方承担的现金利息负担,另一方面可以使并购方更容易筹措到求偿次序在延迟支付凭证之先的贷款和债券。

在企业并购融资中,垃圾债券往往由投资银行来策划。垃圾债券是以高风险高收益而著称的,它的发行有重大的意义。它满足了那些风险爱好者对高收益的追逐,吸引了那些风险爱好者为并购而注入资金,因而开拓了新的融资渠道,为并购融资提供了很大的资金支持。垃圾债券等融资工具导入杠杆收购后,导致了20世纪80年代并购及重组的热潮。在西方,这些从属债务融资工具的运用为企业并购融资提供了更多的选择余地,也促使并购融资得以顺利进行。

发行债券融资进行并购的优点在于:

1. 不会对股权产生稀释;

2. 利息在税前支付,公司可以享受税后效益;

3. 债权人一般不拥有对公司日常经营的发言权。

债券融资也有缺点:

1. 需要承担还本付息的法定义务,在并购完成后会给公司带来沉重的债务负担;

2. 发行债券的契约中若有一些防止债权稀释的限制性条款,可能会影响企业的发展和以后的融资能力;

3. 发行债券的程序较为复杂。

三、权益融资

权益融资即以股票进行融资。在企业并购融资中,权益融资也是一种不可缺少的融资工具。如果企业只有债权融资而没有股权融资,那么,它的财务风险将处于无限大,外部环境稍微有所变化,都将使企业处于很大的动荡之中。这样的企业要想并购其他企业,融资问题将是一个很大的坎。因为外部投资者将认为企业的风险过大,不愿意注入资金,因而这样的企业在市场上毫无号召力可言。可见,权益融资工具是企业自身实力的体现,也是吸纳其他融资工具的基础。而优先股往往也被作为一种辅助性融资工具,将其配合其他融资工具一起使用,能够使其他融资工具的发行更易获得成功,从而增加对投资者的吸引力。所以说,在企业并购融资中,每一种融资工具都有它不可替代的作用,正是由于它们独有的特点,一方面丰富了市场上的融资品种,另一方面也使投资者多了选择的空间,让投资者更容易获得更恰当的融资工具。

权益性融资主要包括普通股融资和优先股融资两种,下面分别介绍。

(一)普通股融资

普通股是股份有限公司发行的无特别权利的股份,也是最基本的、标准的股份,同时也是风险最大的一种股份。它的基本特点是其投资收益不在购买时约定,而是事后根据经营业绩来确定。持有普通股的股东,享有参与经营权、收益分配权、优先购股权和股份转让权等。与其他筹资方式相比,普通股筹集资本具有很多优点,如:筹措资本具有永久性,无到期日,不需归还;没有固定的股利负担;发行普通股筹集资本是公司最基本的资金来源,它反映了公司的实力;由于普通股的预期收益较高,并可在一定程度上抵消通货膨胀的影响(通常在通货膨胀期间,不动产升值时,普通股也随之升值)。

对于并购企业来说,普通股融资具有如下优点:

1.普通股融资不必支付固定利息给股东,且没有固定的到期日,无须到期偿还本金。

2.增发普通股,有利于提高公司信誉,降低举债成本,增加融资能力。

3.普通股融资可以在平时维持一定的举债能力,以防万一。

发行普通股融资的缺点如下:

1.分散企业的控制权。对外发行新股,意味着将企业的部分控制权转移给了新股东。如果普通股发行过多,原有股东可能丧失控制权。

2. 发行新股,如果未来盈余较多,容易使老股东利益受损。
3. 发行普通股的承销费用通常要比债券或优先股高。
4. 由于普通股股利在税后支付,所以普通股融资缴纳的所得税较多。

(二)优先股融资

优先股又称特别股,是企业专为某些获得优先特权的投资者设计的一种股票。优先股归属于公司权益,但是它有其自身的特点:一般预先确定股息收益率;优先股股东一般无选举权和投票权;优先股有优先索偿权,能优先领取股息,优先分配剩余资产。

优先股按权利不同,一般分为以下几种:

1. 累积优先股和非累积优先股。累积优先股是指公司当年的盈余达不到优先股应分的股利时,其不足部分在以后年度分配盈余时给予补足的股份;非累积优先股是指股利分配只以当年公司盈余为限,如未达到优先股应分的股利时,其不足部分在以后年度不再补足的股份。

2. 参与优先股和非参与优先股。参与优先股是指在按原定比例分配股利之后,如公司还有盈余,还可以同普通股东一起参与剩余盈余分配的股份;非参与优先股是指股东只能按原定比例分配公司盈余,此后即使公司仍有盈余,也不能再参加分配的股份。与一般优先股相比较,参与优先股的收益不是固定不变的,而是由事先确定的分配方式决定的,它与普通股的差别主要是投票权的差别。当收购公司需要发行有吸引力的股票,又不希望分散股权时,这种工具便是一个合适的选择。

从并购方考虑,优先股有如下优点:

1. 企业可凭借发行优先股来固定融资成本,并将更多的未来潜在收益留给普通股股东;

2. 优先股一般没有到期收回资金的规定,相对于负债而言,它们不会给企业带来本金偿还的问题;

3. 通过发行优先股而非普通股融资,普通股股东可以避免和新投资者一起分享盈余和控制权。

其缺点如下:

1. 优先股的税后资金成本高于负债的税后资金成本;

2. 由于优先股股东承担了较大的风险却只能获取固定的报酬,所以在发行时对投资者的吸引力远不如债券。

由于我国对股票发行的种种限制,股权融资在我国远远没有发挥应有的作用。在企业并购实践中,运用股票融资又分为两种不同形式:

1. 增发新股或配股融资。增发是指上市公司在具备条件的情况下,经有关部门批准,向社会公众发行股票;配股是指上市公司向原有股东按其持股比例发行新股。无论是增发新股还是向原股东配售新股,所筹集的资金实际上都属于自有资金,因而都可以降低收购成本。

2. 换股并购。换股并购是指收购公司将目标公司的股票按一定比例换成本公司股票,目标公司被终止,或成为收购公司的子公司。按换股方式的不同,又可分为增资换股、库存股换股、母公司与子公司交叉换股等。此类并购可以在上市公司之间、非上市公司之间和上市公司与非上市公司之间进行。

换股并购有其自身的特点:

(1) 在一定程度上摆脱了并购资金规模的限制;

(2) 由于并购时增发新股,使得股东在新合并的公司中股权结构发生改变,并通过每股收益的高低影响股权价值;

(3) 使并购方避免了短期大量现金的流出,降低了并购风险,同时被并购方也获得了未来预期优异的股票;

(4) 该形式有利于卖方获得税收上的好处。

综合比较债权融资和权益融资,两者存在着很大的不同:

1. 期限不同,债权融资有到期还本付息的限制;

2. 投资者拥有的权利不同,债权人一般不参加企业的经营决策;

3. 收益的保障程度不同,债权人的求偿权先于股权投资者;

4. 所获收入与国家税收的关系不同,利息具有抵税作用。

清楚了债权融资和权益融资的不同特点,在面临企业并购融资决策时,我们必须仔细地考虑债权融资和权益融资两者之间的相互关系和相互影响。债权融资增加,由于利息的节税作用,会使财务杠杆加大。但只有在息税前利润的增长大于利息的增长时,财务杠杆系数越高,每股的收益才越高,反之,财务杠杆系数越大,每股收益下跌得就越快,将很快使并购企业陷入财务困境。另外,随着债权融资规模的增大,权益负债率也随之加大,从而权益资本的风险也在加大,同时,也将对股价产生负面影响,这又会与通过债权融资避免股权价值稀释的初衷相违背。因此,必须在债权融资和权益融资之间寻求一个平衡点,即寻求企业最佳的资本结构,当企业达到最佳资本结构时,企业价值最大,股东财富也实现了最大化。因此,企业在实施并购时,无论选择何种融资工具来筹集资金,都将作用于企业的资本结构,影响着企业的价值。所以,并购方一定要经过深思熟虑,再选择适合的融资工具。

四、混合型融资工具

在西方企业的并购融资中,还大量使用一些混合型融资工具,也就是发行既带有权益特征又带有债务特征的特殊融资工具。这种融资方式在西方并购融资中扮演着重要的角色。下面对两种常见的混合融资工具——可转换债券和认股权证进行介绍。

(一)可转换证券

可转换证券可分为可转换债券和可转换优先股。

1. 可转换债券(Convertible Bond)。可转换债券是一种公司债券,它规定持有人有权在规定期限内按事先确定的转换价格将其转换成公司的普通股股票,可以看作是普通债券加上一个相关的选择权。它是国际资本市场上一种兼具债券和股票功能的混合型金融工具。西方企业并购融资中最常使用的一种融资工具就是可转换债券。

可转换债券的价格是债券价值与期权价值之和,其收益下限是给定的,即债券价值。当股价低于转股价格时,持有者将不会转股,其收益为债务收益;而当股价高于转股价格时,其收益为转股前的利息收益与转股价格之差。

用可转换债券解决公司并购中的融资问题有利有弊。其优势体现在:

(1)转换价格通常高于当前公司股价,发行可转换债券可避免低价位时进行股权融资,避免了股价的进一步下跌,并减少了对现有股权的稀释;

(2)降低了利息支出,从而降低了债券融资的资本成本;

(3)当债券转换后,债权变成了股权,降低了公司的债务比率,减少了公司税后现金的流出量,改善了公司的财务状况和再借债能力;

(4)可转换债券的期限较长,投资者在一个较长的时期内将债权转换成股权,对公司股价的不利影响会小于一次性发行新股时的影响。

其弊端在于:

(1)当股票价格上涨乃至大大高于普通股转换价格时,发行可转换债券会使企业蒙受财务损失。

(2)当股票市价未预期上涨时,债券的回购条款迫使企业到期还本付息,从而加重企业的财务负担。

(3)行使转换权意味着新股东的增加,这又会产生控制权的转移问题。

2. 可转换优先股(Convertible Preferred Stock)。可转换优先股是指持股人可以在特定条件下,把优先股股票转换成普通股股票或公司债券的优先股股票。它是一种带有期权性质的股票。和一般的优先股相比,可转换优先股的持有人有机会在某一时期,以某一交换比率将优先股转换成普通股。这种情形与可限价普通股差不多,持有人寄希望于股价升高。

企业以可转换优先股作为融资方式,有以下优点:

(1)由于有调换权,发行的可转换优先股的股息率可以较低,约束条件可以不那么严格。

(2)当某些企业确定发行普通股股票融资,而当普通股股票由于临时原因下跌对发行不利时,就可以发行可转换优先股,其调换价比普通股现行市价高15%~20%。这样,调换时可使企业少调出15%~20%的普通股股份。

(3)那些稳步发展的企业需要同步增加资金来源,又不愿意多借款,因为借款不利于改善资本结构;但若发行相当数量的普通股,又会使市场上的股票供大于求,不易消化吸收,致使股价跌落。在这种情况下,发行可转换优先股,分期分批将其调换成普通股股票,可以利用时间差,缓和股票供过于求的矛盾。

可转换优先股的缺点也非常明显。除具有可转换债券的缺点外,还有:在企业前景不明、赢利少的情况下,持有人会将其转换成公司债券,从而导致公司债券增加,加重了企业的负担。

(二)认股权证

认股权证是指由股份有限公司发行的,能够按照特定的价格,在特定的时间内购买一定数量该公司股票的选择权凭证,其实质是一种有价证券即股票期权。持有这种证券者可以在规定的期限内,以事先确定的价格买入公司发行的股票。认股权证和可转换债券极为相似,但仍有不同的地方,可转换债券是由债权资本转为股权资本,而认股权证则是新资金的流入,可以用来增资偿债。

发行认股权证完成并购融资,存在很多优点:

1. 融资成本较低,认股权证发行的价格低于股价,其票面利率可适当降低。

2. 有利于吸引投资者购买股票,从而增加企业的普通股权益资本。

3. 企业也可以在发行条款上为自己留有足够的余地,灵活把握,适时调整,优化资本结构,这对因并购造成冲击的公司来说,具有重要的意义。

发行认股权证自然也存在不利之处,主要是在行使认股权时,如果普通股股价高于认股权证约定的价格较多,企业就会因为发行认股权证稀释股权,给老股东带来损害。在并购中,因为融资规模一般较大,稀释作用有时会相当严重,感受到稀释作用的股东极有可能通过表决权反对并购。

混合性融资工具在不少企业并购融资中扮演着重要的角色,混合性融资工具特有的灵活性,使之往往在并购融资中配合其他融资工具一起使用,给投资者提供了更多的自由和方便,颇受投资者的青睐。在企业并购中,如果并购方想发行可转换债券来筹集资金,这对某些谨慎的投资者而言,可能具有很大的吸引力,他们可能先倾向于获取固定利息,观望一阵子后,如果觉得企业发展势头很好,这些投资者极有可能将债券转换为企业的股票,以获得更大的投资回报。所以说,正是由于可转换债券的运用,往往会使企业并购获得其他来源的资金支持,聚拢更多的投资者。同样,认股权证实际上也是与新增发行的普通股和优先股联系在一起的,但认股权证通常并不单独发行,而是附着在其他融资工具上一起发行。在新增发行普通股的情况下,公司有时也会派发认股权证给投资银行,作为承销服务的补偿。可以说,企业并购融资离不开这些混合性融资工具的辅助作用,这些混合性融资工具有其独有的特性和优点,在企业并购融资中起了一种润滑剂的作用。

五、特殊融资方式

特殊融资方式是银行和其他金融机构为了适应企业并购发展的要求,在原有支付方式的基础上发展起来的,主要有杠杆收购融资和卖方融资。

(一)杠杆收购融资

1. 杠杆收购的含义。杠杆收购(Leverage Buy-out,LBO)是以各类债务资本为主要融资工具,安排目标公司大量举债来向股东购买其股权,且所举债务大多系以目标公司资产作担保来获得。并购公司运用少量的自有资金,主要运用财务杠杆,加大负债比例,以较少自有资金投入,融得数倍的并购资金,对目标公司进行收购、整合,使其产生较高赢利能力后再伺机出售获利或继续经营。整个筹资活动是以较低的资金成本和并购后债务容易降低为准则。

2. 杠杆收购的融资体系。杠杆收购是一种高度负债的收购方式,收购方用于收购的资金通常90%以上是通过发行高息债券和银行贷款筹措的。这种收购方式直接引发了美国20世纪80年代的第四次购并浪潮。这种收购方式之所以在20世纪80年代风靡美国,除了当时存在有利于这种并购方式生存的宏观经济条件外,其巧妙的融资体系功不可没。

成功的融资体系不但能帮助杠杆收购者筹集到足够的资金来完成

交易,而且还能降低收购者的融资成本和今后的债务负担。这是杠杆收购取得成功的关键因素。在杠杆收购的多层次的融资体系中,华尔街的投资银行家们创造出了许多前所未有的融资工具。

杠杆收购融资的融资结构为:

(1)优先债务,约占收购资产的60%,是由银行提供的以企业资产为抵押的贷款;

(2)从属债券,约占收购资金的30%,它包括次级债券、可转换债券和优先股股票;

(3)体现所有者权益的普通股股票,它是并购者以自有资金对目标企业的投入,约占收购资金的10%,具体的融资结构见表6-1。

表6-1 杠杆收购融资结构安排

层次	债权人或投资者	融资形式	结构比例
优先债务	商业银行 获取资产抵押权的债权人 保险公司 目标公司	周转信贷 抵押贷款 优先票据	60%
从属债务	保险公司 共同基金组织 投资银行 目标公司	过渡贷款 优先从属债券 次级从属债券 延迟支付凭证	30%
股权资本	保险公司 共同基金组织 目标公司 公司经理人员 私人投资者	优先股 普通股	10%

资料来源:全球并购研究中心:《并购手册》,中国时代经济出版社。

3.杠杆收购的收益来源。常见的杠杆收购所产生的收益首先得益于税收减免;其次是减少了各种费用和不必要的开支,提高了营运效率;最后是通过继续举债取代垃圾债券所产生的收益。

LBO之所以获得如此高的收益,与财务杠杆的运用有着极其重要的关系。从企业财务指标分析中我们可以发现,净资产收益率等于总资产收益率乘于权益乘数,同样的总资产收益,高财务杠杆的企业获得的净资产收益率将被成倍放大。如果LBO并购后的新企业的负债率是75%,权益乘数则是4,相当于净资产的收益率被放大了4倍。但是,财务杠杆是把双刃剑,在企业获得收益时,可以成倍放大净资产收益;而一旦企业亏损,就可能加速陷入资不抵债的境地。因此,并不是所有的企业都适宜于进行LBO,进行LBO的必须是那些行业竞争格局稳定、企业现金流稳定,原先负债率较低,成本下降且利润提高空间较大的那些企业。从历史经验可以看出,20世纪80年代末大量的LBO失败,很重要的一个原因就是大量资本通过LBO进入各行业争夺目标企业,导致那些并不适合进行杠杆收购的企业也成为杠杆收购的目标,而一旦发生经济和金融波动,这些企业将无法进行相应的偿付。

4. 杠杆收购融资的优缺点。杠杆收购的优点显而易见,这就是收购方只需要投入少量的自有资金便能获得大额借款,用于收购目标公司。首先,采用杠杆收购融资方式,债务比率提高,股东权益比率下降,企业的资本结构产生重大变化,增强了财务杠杆效应,为企业带来了极高的股权回报率;其次,杠杆收购可以带来纳税优惠,高杠杆率带来了大量的利息避税。最后,如果目标企业在被并购前是亏损企业,这部分亏损还可以递延,从而减少税基。

当然,杠杆收购的风险和不足之处也很明显:企业资本结构中的负债率过高,会增加偿债风险,若企业在收购前筹划不周或收购后经营不善,可能会发生严重的财务危机,甚至会导致企业破产、倒闭。

(二) 卖方融资

企业并购中一般都是买方融资,但当买方没有条件从贷款机构获得抵押贷款时,或是市场利率太高,买方不愿意按市场利率获得贷款时,卖方为了出售资产,也可能愿意以低于市场的利率为卖方提供所需资金。买方在完全付清贷款以后才得到该企业的全部产权;如果买方无力支付贷款,卖方则可以收回该资产。这种方式在美国被称为"卖方融资"(Seller Financing)。

比较常见的卖方融资即在分期付款条件下以或有支付方式购买目标企业。它是指双方企业完成并购交易后,购买方企业并不全额支付余下的款项,但分期支付的款项根据被收购企业未来若干年内的实际经营业绩而定,业绩越好,所支付的款项也越多。从融资的角度来看,这一支付方式无异于卖方即被收购企业向购买方企业提供了一笔融资。由于购买方企业在未来期间的实际付款额需视被收购企业的经营业绩而定,这种支付方式实质上可看成是一种"或有支付"(Contingent Payment)。

卖方融资对卖方具有税负上的好处。由于付款分期支付,自然带来了税负的分段支付。因此,卖方可以享有税负延后的好处。而且,卖方还可以向买方要求较高水平的延期支付利息。不过在实际运用中,卖方融资一般只限于少数股东所拥有的公司,如果卖方股东构成分散,则可能无法以商业票据方式来分期支付。采用根据未来目标公司绩效而支付部分价款的方式,买方可以减轻收购当时的现金支付压力,同时可以建立有关奖励措施。但是,此种依绩效而确定价格的方式,若支付期间过短,易在收购后引发买方追求短期利益而牺牲长远利益。例如,通过减少前期某些正常保养费用的提取来增加经营利润,结果造成后续年份此类支出大增,从而影响企业的正常经营和效益。鉴于此,可在并购之前就业绩的计量标准做出严格界定,对日后企业在付款期内所应保持的与经营规模相应的酌量支出也做出规定,以避免短期行为和自身成本的上升。

六、融资方式的选择

并购融资作为企业融资的一部分,首先必须遵循一般的融资原则,即令资本结构达到最优化。但是,并购融资又区别于一般企业融资,因为会对并购企业的财务状况和权益价值产生一些特殊影响。因此,对于并购企业来说,在融资决策的过程中,除了应当根据具体情况选择适合企业及并购项目的融资方式以外,还应当分析不同融资方式及融资结构安排对企业财务状况的影响。

融资的成本通常使用加权资金成本,并购融资也不例外,而且,并购融资的方式更加多样,对加权资金成本的计算也更加复杂。

融资的顺序一般是首先使用内部融资,因为内部融资最方便、风险小、保密性好且费用低;其次是使用债务融资,其特点是速度快、弹性大、成本低及保密性好,因而是信用等级高的企业进行外部融资的一个极好的途径;最后考虑的才是权益融资,即利用证券市场发行股票等有价证券获取融资,这主要是由于其保密性差、速度慢且成本极高,控制权也容易稀释。但是,它所筹集到的资金极为可观。

这个顺序仅仅是从各种融资的成本来考虑的。实践中,还应当从企业自身的资本结构出发确定融资工具的类型,这就是在财务杠杆利益与财务风险之间寻求一种合理的平衡,这种平衡就是最优的资本结构。过多的债务融资也会使债务的成本过高而使权益融资更加合算。然后,还需要对各种融资工具进行具体的设计,如期限的选择、利率的高低及发行的方式等。期限的选择一般根据筹措资金的目的和自身的还款能力来确定,一般是针对债务来说的,因股票不存在期限问题。利率的确定就要根据市场的平均水平和自身的信用等情况,使证券的发行成本降到最低,同时也要使证券对投资者具有吸引力。

七、我国企业的并购融资方式

以上主要介绍的是国际上常用的并购融资方式,同时也提到了近年来创新的融资工具。在我国,由于资本市场还不完善,企业可以选择的并购融资方式十分有限,主要是银行贷款融资和股票融资两种方式。西方企业并购中常用的混合性融资工具和一些特殊融资方式,在我国几乎都还没有应用。

此外,我国上市公司往往内部积累不足,无法满足巨大的并购融资需求。一般通过外部融资方式来缩小巨大的资金缺口。在股权协议转让的现金支付中,上市公司往往通过商业银行贷款、股市融资来筹措现金,有条件的上市公司在融资次序上往往是首选配股、增发新股,其次才是商业银行贷款。

1. 运用并购企业的内部资金。内部融资是市场经济发展早期,在企业市场不发达、金融工具有限的情况下被企业广泛使用的融资方式。由于受到企业规模、经营状况和财务状况的限制,能够全部使用内部资金来源进行并购的企业在国内屈指可数。由于历史上的原因,我国绝大多数企业存在着积累少、自有资金不足的弱点,完全靠企业自有资金积累投入扩大企业规模会有很大压力。同时,资金的短缺常常导致日后企业整合的失败,这使我国企业的并购鲜有成功的案例。为了以资本为纽带,建立跨地区、跨行业的企业集团,企业必须寻求其他资金来源。

2. 运用银行贷款融资。中国的银行在金融体系中占绝对的地位,虽然其他金融机构在近10年来有了一定的发展,但直至2001年度,银行体系拥有的金融资产总额仍占全部资产总额的80%以上。商业银行借款是我国国有企业过去筹资的主要渠道,现阶段仍是国有企业尤其是非上市大中型企业以及知名企业筹集生产经营资金的主要渠道,也是其筹集并购资金的重要渠道。在我国的并购交易中,银行出于谨慎原则,并购方要从银行取得并购贷款,一般必须要用将要取得的目标企业的股票做质押,或以公司的资产做抵押,而且还要同担保人签订担保合同。尽管银行贷款融资难度很大,但一些信誉优良的大企业集团还是将其作为主要的资金来源渠道之一。20世纪90年代中期,青啤实行兼并收购的扩张政策,扩张范围很广,涉及全国版图。青岛啤酒正是通过这种并购而迅速壮大起来的。然而,企业的迅速扩张需要有强大的资金作后盾。2000年,青岛啤酒收购8家啤酒企业共耗资4亿元,而且,收购过来后,企业仍需要大量的资金投入,方能扩大生产规模、打开市场销路。在此之前,青啤虽通过在上海、香港两地证券市场募集资金16亿元,但这笔钱早在1998年已基本用完。银行贷款成为青啤的主要并购资金来源。

在我国,银行贷款的确给并购企业以资金上的强劲支持,但应明确两点:

一是商业银行贷款的风险意识越来越强,再加上我国绝大部分非上市国有企业资产负债率高,所以银行提高了借款的门槛。在此背景下,并购贷款常常需要投资银行予以担保，或者需要借款企业以一定的资产作抵押，审批的难度很大。

二是我国规定禁止银行贷款给企业进行股权性质的投资。《贷款通则》第20条第3款规定，不得用贷款从事权益性投资，但国家另有规定的除外；《股票发行与交易管理暂行条例》第43条规定，任何金融机构不得为股票交易提供贷款。所以，通过银行贷款所融资金不能用于在股票二级市场上对上市公司的收购。当然，用于收购国有股、法人股，用于收购资产，用于投资控股兼并还是可以的。

3. 运用增发、配售的方式筹资。由于我国目前一级市场发行制度与二级市场交易管理状况的限制，股权融资在并购中的积极作用仍未充分发挥。但近几年来，随着国内二级市场的发展，并购活动开始日趋活跃。

（1）以增发新股、向原股东配售或发行可转债的方式获取并购资金。目前我国对新股增发、原股东配售以及可转债融资的条件限制严格，如上市公司配股必须符合的条件是：必须与控股股东在人员、资产、财务上分开，保证上市公司的人员独立、资产完整和财务独立；公司章程符合《公司法》和《上市公司章程指引》的规定；募集资金用途符合国家产业政策；前一次发行的股份已经募足，资金使用效果良好，本次配股距前次发行间隔一个完整的会计年度以上；公司上市超过3个完整会计年度的最近3个完整会计年度的净资产收益率平均在10%以上；属于农业、能源、原材料、基础设施、高科技等国家重点支持行业的公司，净资产收益率可以略低，但不能低于9%；计算期内任何一年的净资产收益率不得低于6%；公司近3年内财务会计文件无虚假记载或重大遗漏；本次配股募集资金后预测的资产收益率应不低于同期银行存款利率；配售的股票限于普通股；公司一次配股发行股份总数不得超过该公司前一次发行并募足股份后其股份总数的30%，募集资金用于国家重点建设项目、技改项目的，可不受30%比例的限制。

尽管条件限制严格，但随着证券市场的发展，仍不乏通过二级市场融资成功的案例。1997年1月3日，辽河通达化工股份有限公司发行股票，1月30日挂牌上市，募集资金6.9亿元后，以承担债务的方式收购了锦西天然气化工厂95.7%的股权，成为全国最大的化肥生产企业之一。这种上市加收购的方式被称为"辽化模式"，也是我国通过发行新股募集资金，用来收购亏损但有市场前景的企业的首个案例。

（2）定向增发新股。这种方式在西方和香港资本市场上比较常见，最为典型的应用即换股收购方式。并购企业通过向特定投资者发行本公司的股票，以新发行的股票置换目标企业的股票，达到收购的目的。其最大的优点就在于并购企业不需要支付大量现金，所以不会影响企业的现金状况,也避免了资本收益税的问题。这种方式在我国实际生活中也并非空白:上工股份B股定向增发;武钢股份增发20亿股,其中不超过12亿股向控股股东定向增发;ST小鸭向中国重汽定向增发等。其中,典型的案例有清华同方并购鲁颖电子,开创了我国上市公司并购非上市公司的先河;TCL集团并购TCL通讯,开创了我国非上市公司并购上市公司的先河;上海第一百货并购华联商厦,开创了我国上市公司并购上市公司的先河。

相对于上市公司收购非上市公司、非上市公司收购非上市公司来说,上市公司收购上市公司的难度更大。其原因就是股权分割的资本市场导致了换股难以实现。流通股的价值不能反映公司的实际价值,与法人股的价格产生严重背离,导致许多并购很难发生。例如:国际并购重组过程中最常采用的换股支付方式在中国很难操作,因为不同股票的价值不一致,导致在确定折股比例时,很难制定出一个让各类股东都满意的办法。原水股份收购凌桥股份,就是因这一原因而最终以失败告终。第一百货并购华联商厦正是有了原水、凌桥的前车之鉴,考虑到我国上市公司存在股权分置情形,非流通股和流通股股价格形成机制、交易方式和交易途径各不相同,市场对不同性质的股票存在不同的价值判断,此次并购采用了分类折股的办法,即分别为华联商厦的非流通股东和流通股股东确定了两个折股比例,同时还特别为异议股东提供了现金选择权。分类折股考虑了并购双方非流通股东和流通股东的不同的价值追求和利益取向。其中,非流通股折股比例以每股净资产为基准,流通股折股比例以合并双方董事会召开前30个交易日每日加权平均价格的算术平均值为基准,同时,两个折股比例还考虑了双方商业房地产的潜在价值、赢利能力及业务成长性等因素,合理地保障了四方利益,实现了多赢的局面。这里,设置现金选择权是为了解决异议股东的问题,保护中小股东投票的权利。异议股东可以通过变现退出此次合并。这次合并对现金选择权的价格按非流通股和流通股分别确定。非流通股股东的现金选择权价格为合并基准日的每股净资产值,流通股股东的现金选择权价格为董事会会议召开前12个月内每个交易日加权平均价格的算术平均值上浮5%。

第二节 公司并购的支付方式及选择

并购支付方式的选择是企业并购策略中的一个一十分重要的问题。支付方式的选择不仅受到并购方经济实力、融资渠道、融资成本的影响,而且还要受到并购后企业的资本结构、未来发展潜力以及并购双方股东不同要求的影响。此外,税收政策、具体会计处理方式的不同也会对支付方式的选择产生影响。支付工具选择适当与否,不仅关系到企业并购的成败及成交价格的高低,而且还会显示出不同的并购信息价值,从而影响并购市场的运行,甚至决定并购交易最终能否成功。

实践中,企业并购的支付方式多种多样。常见的并购支付方式有现金支付方式、股票支付方式、综合证券支付方式等。实际操作中,应根据具体情况和并购计划的整体框架设计来确定合适的并购方式。

一、现金支付

现金支付是一种单纯的并购行为,它是由并购企业支付给目标企业股东一定数额的现金,借此取得目标企业的所有权。一般而言,凡不涉及发行新股票的并购都可以视为现金并购,即使是并购企业通过直接发行某种形式的票据而完成的并购,也是现金并购。对并购方而言,并购是企业的一项投资,类似于其他投资项目,而现金收购是企业资产形态的转化,即企业将持有的现金转化为被兼并企业的净资产或者转为一项长期投资。在企业间并购交易中,现金并购是最先被采用的,所占比率也最高。据美国第一波士顿公司对并购活动支付方式的分析,1981~1985年间,美国约有一半以上的交易是以现金支付的。企业并购之所以把现金并购作为首选方式,是由现金并购的内在特点决定的。

第一,现金是最迅速且最简单的一种支付工具。首先,市场竞争日趋激烈,选择出一个能作为并购对象的目标企业并不容易,这就使并购企业要果断利用现金这一支付工具,迅速达到并购目的。它可以使竞购的对手企业和潜在对手企业因一时难以筹措大量的现金,难以与其相抗衡;其次,在进行并购交易时,很难保证目标企业不进行反收购布防。现金并购可以隐藏并购企业的准备工作,使有敌意情绪的被并购公司的董事会和经理层措手不及。最后,现金并购的估价简单易懂,可减少并购企业的决策时间,避免产生"时滞"效应。1980年,香港包玉刚敌意收购九龙仓,以现金为支付工具,一日之间获得九龙仓控股权,击败了对手香港置地公司。这一案例,其成功之处在于使用了现金工具,突出了一个"快"字,而运用其他金融工具,就很难有这种"迅雷不及掩耳"的效果。

第二,现金是确保并购企业控制权的一种支付工具。目标企业的股东一旦收到对其所拥有股份的现金支付,就不再拥有对目标企业的所有权及其所派生出来的一切其他权利。对于并购方而言,使用现金支付不会使并购公司原有的股权结构变动,因而不牵涉公司控股权的转移和收益的稀释,更不可能产生逆向并购。这对于管理效率较高的并购企业尤为重要。根据管理协同理论,高效率企业并购低效率企业,会通过释放并购方剩余管理资源、提高目标企业的效率而获得收益,从而给社会收益带来一个潜在的增量;如果发生逆向收购,可能导致管理的"低效率"传染,也就违背了并购的真正目的。

第三,现金是确保目标企业股东获得支付价值稳定性的一种支付工具。现金不存在流动性变化或变现问题,目标企业的股东所获取的支付价值是确定的;而有价证券给被并购公司股东带来的收入具有不确定性,它取决于市场状况(如股市行情波动、债市利率升降)、市场深度(如在一定时间限度内能出售多少并购公司支付的有价证券,而不造成价格滑落)、并购公司业绩、资信评级、交易成本等,波动性相当大。由于现金具有最强的流动性,现金并购可以使卖方特别是那些举债过度而被迫出售公司的卖方即时获取马上能派上用场的流动资金。

当然,现金并购也有它不利的一面。对于并购企业而言,它的劣势首先在于,现金收购意味着一项沉重的即时现金负担,受公司本身现金头寸的制约,很可能需要承担高息债务,给企业带来较长时间的现金流转压力,甚至有可能因现金流出量太大而造成经营上的困难;其次,使用现金支付工具,交易规模常会受到变现能力的限制。对于目标企业而言,收到支付的现金,会使其账面上出现一大笔投资收益,无法推迟资本利得的确认、转移实现的资本增值,从而提早了纳税时间,加重了所得税的负担,对股东会产生不利的影响。当然,这一缺陷对于目标公司的中小股东、短期投资者和政府养老基金等免税机构而言,利害关系不大。其次,收取现金、放弃股权,使目标企业股东不能拥有并购后形成的新公司的股东权益,除非他们在二级市场上重新买进新公司的股票。

现金并购一般多适用于资本市场发展的初级阶段,其原因是此时市场中的金融支付工具单一,没有别的选择,同时运作者也缺乏一定的并购交易经验和灵活性。

二、股票支付

股票支付是相对于现金支付而言的,是指并购公司将目标公司的股票按一定的比例置换成本企业的股票,目标公司被终止,或成为收购公司的子公司。根据股票支付的具体方式,可以有三种情况:①增资换股,即并购公司采用发行新股包括普通股或可转换优先股的方式替换目标公司原来的股票,从而达到并购的目的。②库存股换股,即并购公司将其库存的那部分股票用来替换目标公司的股票。③母公司与子公司交叉换股,其特点是并购公司本身、其母公司和目标公司之间都存在换股的三角关系。通常在换股之后,目标公司或者消亡,或者成为并购公司的子公司或其母公司的子公司。

股票并购区别于现金并购的主要特点是：对并购企业而言，首先，采用股票这一支付工具，不需要另行筹资来支付并购，从而不会使企业的营运资金受到挤占，减轻了现金流转的压力，为日后的经营创造了宽松的环境；其次，普通股收购的会计方法不反映商誉，减轻了商誉摊销的成本压力；最后，股票并购可以适用于任何规模的并购，在一定程度上摆脱了并购中资金规模的限制。从目标企业来看，首先，股东不会失去其所有权，只是这种所有权转移到了并购后的企业里，使他们成为并购后企业的新的股东，能够分享并购后新公司所实现的价值增值；但是，大多数并购企业的原有股东在经营控制权方面占主导地位；其次，对比现金并购，目标企业股东不会增加当期税负。按照规定，目标企业股东在未来出售其换来的股票时，才对其收入纳税，这样，持股股东可根据自己的需要，自主地决定收益实现的时间，享受税收优惠的政策。近年来，由于华尔街及欧盟国家的股市保持了较长时间的牛市，多数企业乐于以换股方式完成并购。大量资金涌入股市，对企业并购起了推波助澜的作用。例如，美国 United Rentals 公司为了收购 Neil 公司，以 0.18:1 的比例，用其新发行的普通股交换 Neff 公司 660 万股发行在外的普通股。交易完成后，它拥有 Neff 公司 72% 的股份，实现对 Neff 公司的收购。

当然，以股票作为支付手段同样也存在缺陷，主要表现为：首先，并购方原有股权比例将会改变，可能会稀释原有股东的所有权，甚至可能使原有股东丧失对企业的控制权，发生所谓的逆向并购，即被并购的企业股东通过上市企业所发行的新股票取得了对上市企业的主导性控制权；其次，股票收购活动经常引来投机者的套利，他们抬起目标企业的股价，打压并购方的股价，以便在并购后对冲抵补获利，这种情况必然会导致并购方收购成本的增加，对并购方的经营运作是一个严峻的考验；再次，使用股票支付方式，会稀释股权和每股收益，导致并购方股价下滑；最后，股票发行要受到证券交易委员会监督及其所在证券交易所上市规则的限制，发行手续烦琐，这时，可能会延误并购时机，给怀有敌对情绪的目标企业组织反并购提供了布防的时间和便利，也使竞购对手有机会组织参加竞争。

股票支付多见于善意并购，当兼并公司与目标公司规模实力基本相当时，股票支付的可能性较大。1992年，美国化学银行（现已被大通曼哈顿银行兼并）就发售了15.7亿美元的新股，用来兼并汉诺威制造商银行。

三、综合证券支付

随着资本市场的日益活跃,单纯使用任何一种金融支付工具都不可避免地会产生一些问题,所以,使用一揽子支付工具(综合证券并购)是目前较为常见的方式。所谓综合证券并购,指的是并购企业对目标企业提出并购要约时,其出价是由现金、股票、债券、认股权证和可转换债券等多种形式的组合。

(一)企业债券

企业债券支付就是并购方以新发行的债券换取目标企业股东的股票,这种支付方式是先取得股权而后延期支付价款(即偿还债券的本息额)。与普通股相比,企业债券通常是一种更便宜的资金来源,企业向它的持有者支付的利息一般可以免税,既节省了融资成本,又不会改变其控制权结构,而且在并购后债务到期前没有偿债的现金压力;对于目标企业股东而言,企业债券可以减少信息不对称的问题,减轻因市场预期而带来的烦恼,但同时作为代价,将丧失对原目标企业的控制权。

(二)认股权证

认股权证是一种由上市企业发出的证明文件,它赋予持有者一种权利,即持有人有权在指定的时间内,用指定的价格认购该企业发行的一定数量的新股。值得注意的是,认股权证本身并不是股票,其持有人不能视为企业股东,因此不能享受正常的股东权益,对企业现行的经营政策亦无从左右。购入认股权证后,持有人所获得的是一个换股权利而不是责任,行使与否在于他本身的决定,不受任何约束。

对并购方而言,发行认股权证的好处是,可以因此而延期支付股利,从而为企业提供了额外的股本基础。但由于认股权证上认购权的行使会涉及企业未来控股权的改变,为保证企业现有股东的利益,企业在发行认股权证时,一般要按持股比例派送给股东。股东可用这种证券行使优先低价认购企业新股的权利,也可以在市场上随意将认股权证出售,购入者则成为认股权证的持有人,获得相同的认购权利。

投资者之所以乐于购买认股权证,主要原因是:①投资者对该企业的发展前景看好,因此,既可以投资股票,也可以投资认股权证。②大多数认股权证比股票更便宜,一些看好该企业而又无能力购买其股票的投资者只好转买其认股权证,而且认购款项可延期支付,投资者只需用少量款额就可以进行认股权证买卖。

(三)可转换债券

可转换债券向其持有者提供一种选择权,在某一给定时间内可以某一特定价格将债券转换为股票。对于并购企业的股东而言,采用可转换债券这种支付方式的好处是:①通过发行可转换债券,企业能以比普通债券更低的利率和较宽松的契约条件出售债券。②可保持并购方原有股东的控制权,不会增加当前现金支付负担,且可转换债券资本成本低,能为并购者带来避税收益,若并购后的债券转换期限内股票价格高于当前股价或转换价格,则相对增加了股票筹资的金额。③当企业正在开发一种新产品或一种新业务时,可转换债券也特别有用,因为预期从这种新产品或新业务所获得的额外利润可能正好与转换期的所得收益相一致。

从目标企业股东的角度看,可转换债券具有债券的安全性,而且并购后未来股价上升时,还可以通过行使转换权成为企业的新股东,分享股票增值的好处,并取得相应的表决权,此外,在股票价格较低的时期,可以将它的转换期延迟到预期股票价格将上升时。

(四)优先股

并购企业还可以发行无表决权的优先股来支付价款。优先股虽在股利方面享有优先权,但不会影响原股东对企业的控制权,这是这种支付方式的一个突出特点。如果目标企业股东在并购后不愿再参与企业管理,而乐于获取稳定而优先的股利,则会接受优先股支付方式。

综合起来看,并购企业在并购目标企业时采用综合证券支付方式,既可以避免支付过多的现金、造成本企业财务状况恶化,也可以防止控股权的转移。由于这两大优点,综合证券支付在各种出资方式中所占的比例近年来呈现出逐年上升的趋势。但是,对于并购企业来说,必须正视综合支付的风险,如果多种工具搭配不当,不但不能发挥各种支付工具的优势,反而有汇集其短的可能。有鉴于此,并购企业在设计综合证券支付方案时,要缜密计划,仔细权衡,并有必要通过模拟分析揣测市场的反应。采用综合证券支出方式尽管会使并购交易变得烦琐,但也增加了风险套利的难度。

四、影响支付方式选择的因素

在并购活动中,设计和选择合理的支付方式是一项较为复杂且关系并购活动成败的工作。设计和选择的总体原则是:符合国家的法律、政策,满足并购双方的利益,有利于并购后新公司的长远发展。由于不同的支付方式对并购双方的利益都有很大影响,并购企业在确定支付方式时,需考虑多方面的因素。下面着重阐述在设计和选择并购支付方式时应考虑的主要因素。

(一)法律制度的限制因素

在设计和选择并购支付方式时,首先要考虑的一个因素就是法律制度的限制。例如,对于证券市场上的要约收购,当持有的股份每增加或者减少规定的比例时,都应该依法进行报告和公告,或者依法向该上市公司所有的股东发出收购要约。此外,还需按规定的要求确定收购要约的价格,且以现金支付。

(二)支付金额和融资额度大小

并购支付方式的选择与支付金额和融资额度的大小直接相关。究其原因,主要是:

1. 如果并购公司是规模较小的公司,一般难以达到股票公开发行的条件,若采用发行不能公开上市流通的股票的方式,目标公司的股东一般不会接受,所以,只有采用现金支付方式。

2. 如果并购涉及的金额不是很大,采用股票支付方式则不合算,因为发行股票需要通过证券交易所等有关部门的审查和批准,是一项费力耗时的工作,所以一般采用现金支付方式。

3. 如果并购公司是大规模的公司,且并购涉及的金额大,则一般采用股票或综合证券支付方式。这是因为,第一,若是现金支付,公司的现金压力太大,可能会影响并购后公司整合和运营时的资金需求和运用;第二,由于公司的规模大,较容易获得发行股票的许可;第三,由于发行股票的一些费用是固定的,当并购涉及的金额大时,发行股票就可能是相对合算的方式了。

(三)融资成本

我们知道,支付方式与融资方式密不可分。所以,在可以在多种支付方式中选择时,从成本收益的角度比较资金成本就是必然的了。发行股票有发行成本,银行贷款有贷款成本。这里要注意,即使是用公司的自有资金来支付,也应该存在资金成本,至少要考虑它的机会成本。

(四)并购公司的财务战略与现实财务状况

无论是现金支付还是股票支付,都直接影响着公司的财务状况和财务战略的实施。大多数研究表明,并购活动会导致杠杆率增加。因此,在选择并购支付方式时,必须考虑到公司的财务战略。当并购公司的财务杠杆率已经较高时,股票支付方式更受青睐。另外,支付方式还要受公司现实财务状况的影响,包括资产近期与长期的流动性和货币的流动性。因此,有无足够的即时付现能力是并购公司首先要考虑的因素,并购后的现金回收率及回收年限如何,也要加以考虑。在跨国并购中,还要考虑货币的流动性问题。

(五) 证券市场的走向或行情

若采用股票支付方式，因为股票支付方式必须通过证券市场发行股票，而且发行的手续和程序烦琐，需要的时间较长，所以，必须考虑和判断证券市场的走向和行情，以正确选择发行的证券交易所、发行价格、发行时间和发行方式等。否则，将难以达到股票支付方式预定的目标。

(六) 其他因素

其他因素包括公司的税务安排，目标公司股东对并购后每股收益的预期，目标公司处于怎样的纳税阶层，并购公司股东的要求，等等。

总之，并购交易各方对支付方式的确定或接受，均是从本方股东的利益出发，都愿意选择最有利于自己的支付方式，但是，只有并购双方都从并购中获得收益，并购才能实现。因此，并购方股东虽然在选择支付方式上起主导作用，但也要充分考虑、认真研究目标公司股东的收入水平、税收待遇及心理特征，设计出对方愿意接受的支付方式。因此，并购方在做出选择时，要按照一定的财务标准，使支付方式的选择能够达到双赢的目的。

以下几点要特别注意：

1. 不管采用何种支付方式，必须能够优化并购后新企业的资本结构，而不能使企业的负债结构、股权结构严重失衡，负债比例大起大落。

2. 要能够维护并购各方股东的权益，考虑到不同的支付方式对股权结构、股东控制权、股东权益及其股票价格的影响，权衡并购方现有股东利益、目标企业现有股东利益以及并购交易完成后新股东的利益。

3. 要有利于保持与相关利益者的良好关系。例如，通过负债融资进行现金并购，不能危及企业原有债权人的权益。

4. 要保持并购后企业财务和经营的稳定性。例如，采用现金并购，要考虑是否会带来未来现金的入不敷出和偿债能力的剧减；采用股票并购，要分析换股后股价的下跌趋势以及不同类型股东的反应。

五、我国企业的并购支付方式

从我国的实际状况看，由于证券市场、金融市场等配套机制尚不完善，企业真正能够选择的支付方式非常有限。

(一) 现金支付是我国企业并购的主要支付方式

现金支付是我国企业并购的主要支付方式，表6-2是现金支付方式在历年我国企业并购中使用的比例。

表6-2 我国企业并购中现金支付方式所占的比例

年份	1997	1998	1999	2000	2001	2002	2003	2004
数量	26	52	54	76	94	139	203	217
比值	78.8%	74.3%	64.3%	73.8%	79%	82.7%	85.5%	83.6%

资料来源:1997~2002年数据来自《中国并购评论》第四册,清华大学出版社,2004年版,第26页;2003年、2004年数据来源于王巍:《中国并购报告2005》,华夏出版社,第768页。

由表6-2可以看出,我国企业并购仍然是以现金为主要支付方式。现金支付对资金的筹措能力要求很高,而这恰恰是我国企业的弱点。当前我国的资本市场还很不完善,在融资安排上提供的支持十分有限,这是我国企业并购现金支付的"瓶颈",在一定程度上制约了我国企业并购规模的扩大。目前,我国企业并购的平均支付金额约2亿元人民币,这对于一个相对规模不大的企业来说,压力相当大。

支付时间短也是影响我国企业并购的现实问题。《上市公司并购管理办法》第35条规定,并购人以现金进行支付的,应当在做出提示性公告的同时,将不少于并购总额20%的履约保证金存放在证券登记结算机构指定的银行账户,并办理冻结手续。而国家国有资产管理委员会颁布的《关于规范国有企业改制工作的意见》提出:转让国有产权的价款原则上应当一次结清,一次结清确有困难的,经转让和受让双方协商,并经依照有关规定批准国有企业改制和转让国有产权的单位批准,可采取分期付款的方式;分期付款时,首期付款不得低于总价款的30%,其余价款应当由受让方提供合法担保,并在首期付款之日起1年内支付完毕。显然,在这么短的时间内支付如此多的金额,对相当多企业来说,是有一定压力的。

不仅如此,并购方在获得目标企业控制权以后,还需要对并购后的企业进行有效的整合,这需要以增量资金整合存量资源,如以举债方式取得巨额现金,则会使并购企业面临还本付息的压力,承担巨大的财务风险,同时也增加了股东的风险。在过去的并购实例中,不少并购失败的案例就在于并购后资金困乏,而向股东再融资又太困难。如科利华并购阿城钢铁,并购后两次提出再融资计划,都没有通过。

(二)股票支付在企业并购中所占比例很小

在国际上,现金支出的并购方式越来越少,股票支付方式已接近多数,特别是大型并购,基本上全部是通过换股来实现的。1995~2000年间,在超过10亿美元的大型并购中,90%的并购都是通过双方换股来完成的。而在我国,股票支付在企业并购中还不是很普遍。在过去已经发生的合并中,由于上市公司具有利用资本市场直接融资的优势,在合并

中占有较为主动的地位,并购带有明显的"大鱼吃小鱼"的特征,"强强联合"方式的换股并购较少。其主要原因是:

1. 我国上市公司股权结构被人为地划分为国有股、法人股、社会公众股三类。股权分置改革之前,上述占60%以上的国有股、法人股不能在二级市场上流通。由于同股不同权,上市公司在进行并购时,对不同性质的股份合并后的性质如何界定缺乏规范性认定。同时,过大比例的国有股权造成上市公司并购更多地体现为一种政府行为,而不是市场行为。不规范的股权结构、不合理的法人治理结构制约了股票支付并购方式的应用。

2. 换股并购所涉及的换股比例的确定比较复杂,其确定方法欠缺信服度和可操作性,带有较强的主观性。目前,我国换股并购主要发生在上市公司与非上市公司之间。由于《公司法》《证券法》及有关法规对股票发行条件的规定,使得上市公司在国内证券市场还是稀缺资源,这使得二级市场中上市公司的股价被扭曲,很难对换股比例进行科学的定量分析。在少有的股票并购实例中,折股比例以账面价值为定价依据者居多,同时考虑每股收益水平、业务成长性、资产质量、融资能力、财务报表中未予反映的商誉及合并后的协同收益等因素调整得出。这种确定换股比例的方法明显存在太强的主观性和随意性。国家有关法律法规对此也没有明确相应的操作方法。这种不合理、不公平的定价方法十分不利于并购谈判的成功。事实上,以市场价值为依据的定价模式才是未来企业并购的发展趋势。

3. 相关的法律法规不健全。在我国,最早只能以货币付款方式购买股票,直到《上市公司收购管理办法》出台,才允许以可以依法转让的证券作为收购对价。但是,对股票并购中涉及的有关并购公司增发新股等具体操作细则问题,仍缺乏相应的法律规范。今后,以行业整合为目的的并购重组的规模会逐步扩大,行业中各巨头之间的合并,将会使企业并购规模达到上百亿甚至上千亿元。如此规模的并购,完全用货币资金支付是根本不可能的,只有充分利用股票支付这种手段,才能消除并购的支付瓶颈。

(三)综合证券支付方式少之又少

我国直接融资市场起步较晚,间接融资市场受政府行为约束较大,并购市场才刚刚起步。总体来说,资本短缺,融资成本较高。直接融资不但要支付股权资本成本,而且还要受到股票发行规模、严格的发行条件和昂贵的股票发行费用的约束和限制;间接融资市场仍为卖方市场。正是由于市场发育不成熟,融资渠道较少,并购企业往往对于并购支付方式没有任何选择余地。这直接限制了企业并购的规模,进而影响到并购对于改善企业资源配置、提高企业竞争力的积极作用。

(四)无偿划拨方式在国有企业改革过程中被广泛采用

国家无偿划拨是指国家通过行政手段,将国有企业的控股权直接划至另一个国有资产管理主体,而接受方无须向出让方支付现金、证券及票据等一切补偿的方式。这种支付方式与我国企业的产权结构是联系在一起的,国有企业产权虚置是这种方式存在的制度根源。国有资产管理部门在进行国企产权转让时,多是一种行政命令,不需要与支付行为相结合。国家无偿划拨并购方式是我国企业并购活动中的一种特有方式,这种支付方式在我国国有企业改革的过程中被广泛采用,通常用于体现国家产业政策等经济调控意图。例如,2004年2月,原中国科学院持有的深圳科健集团有限公司94.34%的股权被无偿划拨给中国科学院国有资产经营有限责任公司;2004年8月,中国精密机械进出口深圳公司持有的中兴通讯673.92万股国有法人股被无偿划拨到航天科工(深圳)公司的账下。

概括地说,我国并购支付方式的现状是以现金收购作为主要的支付方式,支付方式种类较少,综合证券收购、债券收购尚不多见,尤其是对股权支付的运用能力较弱。目前在我国,股票支付不是一种普通的并购方式,为数不多的股权收购都是以特例审批方式完成的。与此同时,承担债务收购、国家无偿划拨的情形较多,形成了我国的特色。

本章小结

本章主要介绍公司并购的融资与支付方式及选择。公司融资分为内部融资和外部融资两种,在企业内部融资数量有限的情况下,外部融资显得特别重要。外部融资有多种途径,包括债务融资、权益融资和混合型融资方式。金融的不断创新,产生了一些特殊的融资方式,如杠杆融资和卖方融资等,有力地推动了并购的发展。

企业并购的支付方式多种多样,常见的并购支付方式有现金支付方式、股票支付方式、综合证券支付方式等。这些不同的支付方式各有优缺点,选择合适的支付方式,有助于并购活动的顺利进行。

复习思考题

1. 企业并购的内部融资主要有哪些来源,其优缺点有哪些?
2. 什么是垃圾债券,其特点是什么? 垃圾债券在企业并购中发挥了什么作用？它又存在哪些局限性？

3. 举例分析优先股融资的作用，并比较债权融资和权益融资的异同。

4. 什么是综合证券支付，综合证券支付主要有哪些支付方式可供选择，综合证券支付有什么特点？

5. 简述我国企业并购中常用的融资及支付方式。

 案例

案例1：光明集团的"精明"融资

2012年12月，光明食品(集团)有限公司与LionCapi-talLLP基金联合宣布，光明食品对英国著名品牌食品企业维他麦(Weet-abixFoodCompany)60%股份的并购已经完成交割。这次交易是中国食品行业最大宗的海外并购，企业价值为12亿英镑(包括企业股权和负债)。Lion资本和管理层继续持有维他麦余下的40%股份。通过这次并购，光明食品成功进入英国以及全球食品市场，在国际化战略中迈出了重要一步，今后将通过收购国际知名品牌打造国际领先的食品集团。

维他麦是英国第二大的谷物类和谷物条食品生产商，自1932年开始在英国生产和销售，而今已成为英国首屈一指的谷物品牌。该企业总部设在英国北安普敦郡，产品出口到全球逾80个国家。除了具代表性的维他麦品牌外，公司还同时管理一个多元化的产品组合，旗下众多领先品牌享有很高的客户忠诚度，其中包括英国第一位的麦片品牌Alpen。

此次收购中，维他麦含债务的股权价值为3亿英镑，光明集团需要支付1.8亿英镑才能收购其60%的股权。另外，收购时维他麦的债务有9亿英镑，其中，还有5亿英镑需要由光明集团进行债务再融资来满足。也就是说，光明集团需支付6.8亿英镑(约68亿元人民币)才能完成此次收购。而光明集团2011年实现的营业收入为769亿元人民币，产生的净利润为26.5亿元人民币，经营性现金净流入仅为10.06亿元人民币。显而易见，光明集团的自有资金并不足以完成此次收购，因此，融资成为并购的当务之急。而融资渠道单一、融资难、融资成本的控制，目前仍然是中国企业"走出去"必须面对的第一道屏障。光明集团的融资方案参考了国际目前比较先进的并购融资方式，采用非常"精明"的融资方式——全杠杆融资。先通过一年期的过桥贷款获得资金完成并购交割，然后寻找合适的时间窗口在海外市场发行债券融资，用于偿还短期债务，缓解偿债压力。2012年9月下旬，光明集团已经发行了融资额为20亿元的3年期限的2012年度第二期中期票据。该月底，国际三大信用评级机构标准普尔、穆迪和惠誉对光明集团进行了信用评级，其评级结果均给予了"投资级"的评价，这是光明集团"主动"进行的信用评级，目的是为发行国际债券铺路。

光明集团在此次并购中施展了精湛的融资成本控制"艺术"。

光明集团此次并购,不仅其融资方式值得中国企业借鉴,它在并购过程中控制融资成本更是一门艺术。为了解决1.8亿英镑的并购资本,光明集团首先从国家开发银行(以简称"国开行")入手,寻找政策上的支持;包括境外5亿英镑的贷款,国开行在贷款价格上都给予了大力支持。由于国开行的带动效应和项目本身优势的驱动,30多家中外资银行都纷纷向光明集团表示了愿意提供贷款的意愿。光明集团根据金融市场的资本提供状况,在获得三大国际信用评级机构给出的"投资级"评价的基础上,决定在境外资本市场上采取俱乐部式融资和发行美元债的融资组合方案。在俱乐部融资方面,由于国开行的带头效应和项目本身的优势,光明集团主动给出融资价格,在合理的法律和财务承诺的基础上,最终组成了由国开行、中国银行、苏格兰皇家、荷兰合作银行、汇丰银行、澳国民银行、澳新银行等中外银行共同参与的融资俱乐部,基于自愿加入和有效的讨价还价机制,光明集团有效地控制了融资成本。在发行美元债券方面,由于光明集团信用评级比较高,因此,有利于降低美元债券的融资成本;然后寻找合适的市场时机在海外发行美元债券,进一步拓展海外融资渠道,并能够综合、有效地控制债务融资成本。

光明集团融资策略在控制成本方面的优势体现在如下三个方面:

1. 过桥贷款。过桥贷款(bridge loan)又称搭桥贷款,它是一种短期贷款,借款人使用它是为用来还清现有的债务或者给获得低成本的长期融资计划提供担保。

过桥贷款也是企业海外并购的债务融资方式之一,是由投资银行或商业银行向并购企业提供的以自有资本做支持的短期债务融资,以促使并购交易顺利交割完成。过桥贷款也可以是银行以票据等形式向并购企业发放的过渡性贷款,这种票据的特征是利率缓步上升,也是为了促成并购交易迅速完成。以票据等形式的过桥贷款的期限通常为180天,也可以根据并购方的要求进行展期,展期不得超过180天。该过桥贷款日后由并购方以收购完成后出售部分资产所得资金或利用公开发行债券筹集到的资金予以偿还。光明集团的过桥贷款就属于这种情况。过桥贷款虽然成本比较高,但它为后续的低成本长期融资提供了担保。因此,过桥贷款有利于降低光明集团的综合融资成本。过桥贷款为光明集团的融资成本由预期的4%降到3%~3.2%做出了不可磨灭的贡献。收购完成后,过桥贷款还为光明集团将维他麦推向香港上市,释放债务风险奠定了基础。

2. 俱乐部贷款融资。俱乐部贷款是指银行业组织协调多家会员单位参加,根据统一签订的银企协议,按约定的贷款条件、期限、利率等,向特定的信用状况良好、成长性好但出现暂时资金困难的亚健康企业提供融资的贷款方式。光明食品之所以采取俱乐部贷款而没有采用银团贷款,是因为前者有以下两方面优势:一是俱乐部贷款没有牵头银行,不论大小银行都平等参与,而且采用银行自愿入会的方式参与融资,这样有利于借款人对贷款利率的控制;二是银团贷款需要通过代理行向借款人提供贷款,因此除了要支付利息外,还要支付管理费、代理费和杂费,这些费用大大增加了贷款融资的成本。俱乐部贷款可以节省这些费用,从而有利于融资成本控制。

3. 择机发债。在目前的发行制度下,根据资本市场形势选择发债时机,能够有效降低债券发行成本。从长远看,如果在发行日之前市场呈现上扬趋势,而发行结束后市场呈下跌趋势,则可认为是发行债券较好的时机选择,这既充分利用了发行前市场走高趋势节省了发行成本,又避免了发行后市场下跌时对债券发行可能造成的不利影响。从近期看,债券发行时机的选择还需要考虑发行人对资金需求的迫切程度,在对资金迫切需求的情况下,很难完全根据市场长期变动趋势的预期选择发行时机,此时主要看重短期内进入市场的时机相对于随机进入市场的表现。从实际情况看,债券市场的趋势性行情通常持续几个月,因此,发行企业更看重短期内进入市场的时机,而非大行情内的最佳时机选择。目前,我国资本市场行情处于低迷阶段,发行债券融资更有利可图。光明集团通过对债券市场行情的把握,以及根据未来对资金需求的迫切程度合理择机发债,有利于降低债券融资成本。

(资料来源:宋淑琴:《融资约束、债务约束与海外并购绩效——光明集团并购英国维他麦案例分析》,《辽宁大学学报》2014年第3期,第39~41页。)

案例2:从吉利并购沃尔沃看中国并购融资方式发展与创新

北京时间2010年3月28日,瑞典哥德堡,中国自主汽车生产商、民营汽车企业吉利集团董事长李书福和福特汽车公司首席财务官LewisBooth签署了最终股权收购协议。吉利以18亿美元的价格,成功收购福特旗下的沃尔沃轿车公司100%股权以及相关资产。吉利并购沃尔沃这段酝酿已久的"跨国联姻"终于尘埃落定。吉利集团从本次收购中获得了沃尔沃品牌9大系列产品和3个最新车型平台、沃尔沃知识产权和研发人才以及全球的经销商网络和供应商体系。

作为中国汽车行业迄今为止最重大的海外收购之一,这一中国民营汽车与国际老汽车品牌之间的收购案,很快被各界描述为汽车行业的"蛇吞象"事件,并引发世界市场的广泛关注。

浙江吉利控股集团是中国汽车行业十强企业。1997年进入轿车领域以来,凭借灵活的经营机制和持续的自主创新,取得了快速的发展,现资产总值超过330亿元,连续九年进入中国企业500强,连续七年进入中国汽车行业十强,被评为首批国家"创新型企业"和"国家汽车整车出口基地企业"。

沃尔沃(Volvo)是拉丁语,意思为"滚滚向前"。公司成立于1927年,总部设在瑞典的哥德堡,在全世界拥有超过19 000名员工,在瑞典、比利时、中国和马来西亚设立了生产厂和组装线,在全世界超过100个国家和地区设立了销售和服务网络,拥有2 400多家销售网点。自第一辆沃尔沃汽车下线以来,"沃尔沃"这个品牌已响彻全球八十余载。自始至终,安全、环保和品质都是沃尔沃所恪守的品质核心价值,是沃尔沃对每一个消费者永恒的承诺。

吉利集团以18亿美元的现金加票据的方式正式收购沃尔沃,根据这次收购的协议,18亿美元中包括付给福特的2亿美元,16亿美元的资产收购,实际结算的15亿美元(13亿美元现金+2亿美元票据)当中只有少部分来自吉利本身的自有资金,剩余的则来自浙江省政府的汽车产业发展资金、大庆国资、外国战略投资者(高盛)的投资、国内商业银行贷款、政策性银行贷款、权益性融资和民间拆借等。其融资结构中,大约有11亿美元来自由吉利集团、大庆国资、上海嘉尔沃共同打造的融资平台,出资额分别为人民币41亿元、30亿元、10亿元,股权比例分别为51%、37%和

12%。有2亿美元来自中国建设银行伦敦分行,另有2亿美元为福特卖方融资。2009年9月,吉利旗下的香港上市公司——吉利汽车控股有限公司与高盛资本合伙人(GSCP)签署协议,GSCP通过认购可转债以及认股权证投资吉利汽车,这样,吉利汽车在可转债发行及认股权证获全面行使后,又获取25.86亿港元(约合3.3亿美元)的资金。同时,由于银监会于2008年12月9日颁布了《商业银行并购贷款风险管理指引》,放松了商业银行开展并购贷款业务的限制,吉利也积极接触了中国银行、中国进出口银行、中国建设银行、渤海基金、弘毅投资等多家投资机构以寻求资金支持,并获得中国银行和中国进出口银行的贷款支持,以及具有国家背景的产业基金支持。

在吉利收购沃尔沃的成功案例中,吉利支付的18亿美元除少部分的自有资金外,大部分属于外源融资。在并购融资组合中,主要采用的并购融资方式有:银行并购贷款融资,可转债权益及认股权证融资,地方政府融资。可以看出,多种并购融资方式的使用和有效组合,对这次并购的顺利完成起到了至关重要的保障作用。从吉利并购事件中可以预见,未来随着我国经济的发展和企业的成长,越来越多的中国企业参与国际竞争必须面对的一个重要问题就是并购融资方式的选择与安排。审视目前我国企业的并购融资市场,一方面,企业并购融资开展得如火如荼,成长迅速,另一方面,基于我国的特殊国情,并购融资的方式比较单一,并购融资的市场发育很不健全,发展进程相当缓慢。自2005年以来,我国企业并购融资市场发展迅猛,现金支付比重不断增加,规模增长迅速,尤其是2007年至2009年间,由于市场上新一轮的并购重组高潮,年均并购融资总量比2006年增长高达一倍以上,同时,值得关注的是,资本市场上的换股收购等新兴并购融资方式也呈现出快速增长的势头。

(资料来源:常璟:《我国企业并购融资方式发展与创新》,《财会通讯》2011年第17期,第9页。)

第七章　公司并购后的整合管理

- 理解整合在公司并购中的重要意义
- 充分了解战略整合、管理整合、人力资源整合以及文化整合各自在整合中的作用，初步掌握一定的整合方法

第一节　概　述

美国著名管理学家彼得·德鲁克曾在《华尔街日报》上撰文总结成功并购的五条原则：

第一，只有收购方彻底考虑了它能够为所要购买的目标公司做出什么贡献，而不是目标公司能为收购方做出什么贡献时，收购才会成功。

第二，要想通过收购来成功地开展多角经营，需要有一个共同的核心，必须具有"共同的文化"或至少有"文化上的姻缘"。

第三，并购双方必须情投意合，即收购方必须与目标企业的产品、市场、客户等资源有一定程度的关联。

第四，在完成收购一年左右，收购方公司必须有人可以替代目标公司的高层管理人员，因为目标公司原有的高层管理人员很有可能会辞职。

第五，收购完成的一年内，必须让并购双方的中层管理人员有实质性的升迁，以展示收购为他们提供了个人机会。

而在其声名显赫的著作《管理的前沿》一书中，彼得·德鲁克认为，企业并购只有在整合上取得了成功，才能成为一个成功的并购，否则只是在财务上的操纵，这将导致业务和财务上的双重失败。

概括地说，并购过程中的整合主要包括以几方面内容。

第一，战略整合。战略整合是企业的方向性整合。并购企业在并购操作前，必须充分分析自身和目标企业在市场竞争中的地位、优势和劣势，也就是要"知己知彼"，明确并购的目的和对并购后企业的市场地位预期。一般来讲，企业并购是为了取得规模经济效应，降低交易费用，通过分享技术、分销渠道、稳定供货来源等提高企业产品的竞争力,壮大企业规模,降低产品成本。所以,必须重新审视并购后企业的发展战略,整合双方的战略长处,其结果应当是帕累托改进。

第二,管理整合。管理整合是企业的基础性整合。管理整合包括组织结构整合和管理制度整合两个方面。组织结构和管理制度是企业的骨架和血脉,是企业得以安全顺畅运转的基础。组织整合的目的是要构建能使生产要素、资源在企业中更加自如、高效、顺畅地流通的网络结构,既相互协作又相互制约,精简、高效、无冗余、重复。

第三,人力资源整合。市场竞争说到底是人才的竞争,在并购中留住胜任的高级管理层、核心技术人员以及有威望的工人领袖显然非常必要。而怎样使原本在两家不同企业工作的各级员工融洽地整合到一起,产生 1+1>2 的规模效应,是人力资源整合的目的所在。

第四,文化整合。文化整合是企业的关键性整合。企业文化是在一定的社会经济条件下,通过社会实践形成的为全体成员共同遵循的意识形态、价值观、行为规范和准则的总和,是一个企业在自身发展过程中形成的以价值为核心的独特的文化管理模式。企业文化可分解成思想意识和企业制度两个部分。思想意识是企业文化中的隐性因素,包括企业价值观、企业经营方式、企业思维方式;企业制度是企业文化中的显性因素,企业制度的核心是企业管理制度。所谓企业文化整合,就是将不同的企业文化通过合并、分拆、增强、减弱等方式进行处理,从而形成一种新的企业文化。

第二节 战略整合

并购中的战略整合是企业并购成功的灵魂,为企业并购指明了正确的方向。但战略整合并不是每个收购过程都会发生的,它取决于并购动机。不同的动机决定了战略整合的有无及其内容和程度。为了资产上市套现、收购股权增值以及财务性收购的并购者,对战略整合无疑没有多少兴趣,而除此之外的收购,只有在发挥了双方的协同效应之后,才算达到了预定的目标,而要产生这种协同效应,就需要对企业战略进行重新设计和调整。

下面具体介绍以产生协同效应为战略目标的企业并购的战略整合。

战略整合,首先要有科学合理的整合体系,拥有高效化的整合管理。一般来讲,战略整合体系主要包括使命与目标整合、总体战略整合、经营战略整合及职能战略整合(如图 7-1)。

在图 7-1 这个模型中,并购企业使命与目标整合位于金字塔塔顶,规定了企业战略整合的方向,是企业战略整合的前提和基础,对企业战略整合起统领与决定、指导与建议作用,并产生向上发展的张力,为企业发展提供内在驱动力;而总体战略、经营战略及职能战略整合位于金字塔塔顶之下,它们形成有序组合,互相适应、推动、促进的战略整合体系,共同支持、支撑企业使命与目标的整合,并产生向上的推动力。因此,这四者之间形成一个互相适应、互相促进的企业战略整合体系。

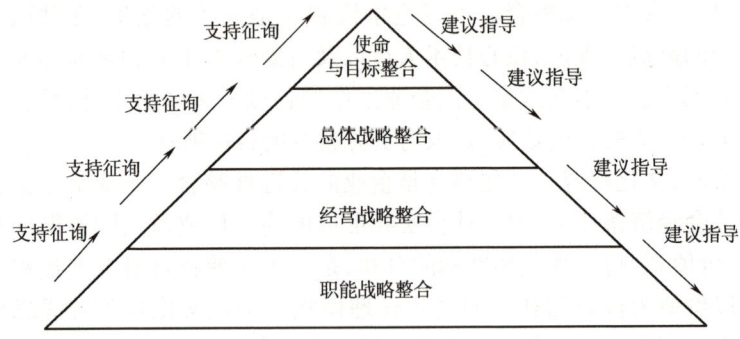

图 7-1　企业战略整合体系

一、企业使命和目标整合

企业使命是企业存在理由的陈述,它回答的是"我们的业务是什么?"这一问题。企业目标是企业在未来一定时期内为实现其使命所要达到的长期结果,它主要解决"我们要成为什么?"的问题。一般而言,公司使命与目标是不完全相同的,即使是生产经营相同产品、提供相同服务的企业。如惠普和康柏公司,其主营业务都是计算机和服务,都是个人计算机的领导者,但康柏的使命是成为世界上最优秀的计算机公司,而惠普的使命则是为人类的幸福和发展作出技术贡献。因此,不同使命和目标的企业并购,必然会产生巨大的摩擦和剧烈的冲撞,使企业面临使命和目标的重构问题(特别是跨国或跨文化并购整合),否则,合并后的新企业将因无法把握发展的方向和经营的重点而误入歧途。为此,应围绕企业使命和目标整合,创造性地开展一系列工作:

首先,应设立使命与目标整合组织。该组织一般由并购双方的高层管理人员、企划部人员以及外聘的战略管理专家(或咨询机构)等所构成,负责使命与目标整合管理工作。

其次,分析与研究企业及其环境。运用 PEST 分析模型、六种力量分析模型、竞争对手分析模型、关键因素分析法、SWOT分析法、战略要素评价矩阵等多种方法,对企业及其环境进行综合分析与研究,同时,对并购双方原有的使命与目标进行重新审查,明确新企业存在的理由、性质、发展方向、核心理念、任务、经营范围、市场目标及企业目标等,明确"我们的业务是什么?"以及"我们要成为什么?"等基本问题。

再次,拟定使命与目标草案。在上述分析基础上,拟定完整的备选使命与目标草案。其中,企业使命应考虑企业生存目的和定位、经营哲学、企业形象,应阐明企业宗旨、经营目的、用户、产品或服务、市场、观念,对生存、增长和赢利、公众形象的关切,对顾客的关心,采用的基本技术等;回答企业为什么存在,谁是我们的客户,我们应该经营什么等问题。要充分体现和贯彻企业的优秀理念,做到切实可行、高度概括而又具体明确。企业目标应根据并购后新企业的发展方向和经营重点,坚持现实性、关键性、协调性、权变性等原则,灵活运用相关分析法、决策矩阵法、博弈论法、模拟模型法等方法,围绕利润、产品、市场、竞争、发展、人力资源、社会责任等目标,并按照一定的步骤与程序,构建符合实际情况、行之有效的企业目标体系,使企业实现外部环境、内部条件和战略任务三者之间的动态平衡,获得长期、稳定、协调的发展。

最后,制定企业使命与目标。对备选的草案进行评估,并充分吸收全体员工意见,经补充、修改完善后,正式制定企业使命与目标。一个好的使命应该:①明确企业生存的目的;②既宽泛以允许企业创造性地发展,同时又对企业的一些冒险行为有所限制;③使本企业区别于其他同类企业;④成为评价企业现在和未来活动的框架;⑤清楚明白,易于为整个企业所理解。

二、企业总体战略整合

企业总体战略(即公司战略)是为适应未来环境的变化,对企业全局的长远性谋划,主要解决"我们应该做什么业务""我们应该怎样管理这些业务"之类的问题(即解决企业的经营范围、方向和发展道路问题)。而企业总体战略整合,简单地说,就是根据并购后企业的使命与目标,规划并购企业在整个战略实施中的地位和作用,对它们的总体战略所进行的调整、融合与重构。由于并购后并购企业所面对的内外部环境都发生了变化,要保持企业与外部环境的动态平衡,需要对并购企业的总体战略进行相应的整合与重构,把目标企业及正在出现的新机会和潜在威胁纳入战略调整范围,否则,会因并购双方战略的不匹配,导致并购后的新企业经营范围定位失误,经营方向迷失,影响企业的价值创造。

(一)战略环境分析

1. 宏观环境分析。战略整合人员可以通过对宏观环境的分析,了解未来一段时期政治法律、经济、社会文化、技术等的发展动向,明确产业、市场和竞争状况,认清并购企业所面临的主要机会和威胁,觉察现有和潜在竞争对手的图谋和未来的动向,以便制定正确的战略去捕捉机会,避开威胁,实现所期望的目标。具体地说,可以从官方渠道、信息资料、环境和资源限制、气候变化、市场缝隙、别人产品缺点、顾客抱怨、价值观念变化等中发现机会,从而决定企业能够选择做什么。

2. 产业环境分析。主要分析并购企业所在产业竞争的性质和该产业所具有的潜在利润、该产业内部企业之间在经营上的差异以及这些差异与它们战略地位的关系。

3. 竞争对手分析。一般运用组合矩阵分析法、价值链分析法、标杆法等分析方法,从未来目标、现行战略、自我假设、潜在能力、竞争对手反应等方面入手,了解基本竞争力量情况、政府作用、企业的竞争地位、竞争对手战略行动的实质和成功的希望所在,以及各竞争对手对其他公司在一定范围内的战略行动倾向可能做出的反应,从而确认公司的竞争对手及其目标、战略、优劣势、反应模式,以便制定新公司的经营战略。

总之,环境分析主要是针对企业整合的不同方针,分析环境因素给企业带来的新机会,以采取扬长避短的战略方针,寻找挖掘内部潜力的方向。

(二)现行战略评估

战略整合小组既要分析并购企业的战略,也要识别和鉴定目标企业的战略。对现行战略,可以从经营范围、资源配置、战略目标、战略行为、竞争优势和协同作用等方面去进行分析,明确并购企业战略与环境的匹配性,同时认清现行战略的缺陷。

(三)制定战略整合方案

战略整合小组在并购企业使命和目标的指导下,根据环境分析结果和并购双方战略的相容性,灵活运用自上而下法、自下而上法、上下结合法和战略小组法,列出所有可能完成企业使命、实现企业目标的战略整合备选方案。然后,根据股东、管理人员以及其他相关利益团体的价值观和期望目标确定评价标准,并注意过去战略的影响、企业对外界的依赖程度、对待风险的态度、竞争者的反应等影响因素,考虑选择的战略是否发挥了企业的优势,克服了劣势,是否利用机会将威胁削弱到最低程度;考虑选择的战略能否被企业利益相关者所接受。最后,根据战略收益、风险和可行性分析,选择战略整合方案。一般而言,为了扩大规模、利用机遇、实现多元化经营,可以制定扩张型战略。外部环境对企业不利、企业面临严重困难时(如整个产业销售量下降,企业产品的需求下降),可以考虑采取紧缩战略。由于外部环境较稳定或产业已处于成熟期,并购企业资源有限,或外部环境中的主要因素正在或即将发生巨大变化,前景尚不明朗,为维持现状或等待时机、再图扩张,或暂时稳定以图逐渐紧缩,可以考虑采用稳定战略。如果情况更加复杂,则可以运用组合战略。

三、企业经营战略整合

企业经营战略是在企业总体战略指导下,对战略经营单位的生产经营活动所做的谋划,主要是解决如何在特定的产业或市场中参与竞争,改善自身的竞争地位,赢得竞争优势。经营战略整合就是以提高企业整体的赢利能力和核心竞争力为目的,对并购企业的经营战略进行调整、磨合和创新的过程。

(一)经营环境调研

经营环境调研除了竞争对手分析,还包括:

1. 产业竞争力因素分析。产业环境是指从产业角度看,影响企业的各种因素或力量。通常对产业性质、产业发展阶段和国家有关产业政策法令进行调研,以确定企业在产业中的位置,搞清企业的产业性质,分清产业的发展阶段,确定产业吸引力的大小与潜力。

2. 市场状况分析。这里调研的是整个产业的市场状况,主要是对产业的顾客需求情况及采用的营销手段、产业所需生产要素的供求情况进行调研,发现企业面临的机遇和威胁。

总之,通过调研,明确在产业环境中企业有哪些机会和威胁;考察企业的竞争地位,发现企业在竞争中有哪些优势和劣势;同时,注视产业发展前景,以便重新审定企业经营范围。

(二)内部环境分析

战略整合人员可以运用战略要素评价矩阵、SWOT 分析法、职能分析法、企业竞争地位分析法等方法技巧,对包括资源条件、战略能力和核心能力、企业文化、业绩与问题等在内的企业内部环境与资源进行分析评估,清楚地认识自身在技术、人力资源、产品、管理素质等方面的优势与劣势,弄清企业现存问题的本质,确定企业与众不同的能力,并将这一能力贯穿于企业的战略之中,从而决定企业能够做什么。

(三)制定经营战略整合计划与方案

根据并购前的整合计划,结合经营环境调研结果和战略经营单位内部分析结论,并以已经制定的企业总体战略为基础,拟定经营战略整合计划与方案,制定不同的经营战略:集中化战略、差异化战略、成本领先战略。除了明确这三个基本战略外,还要注意不同产业结构采用不同的竞争战略:分散产业中战略选择的基点是对付分散,具体战略是集中化战略、联合战略或依附大企业战略;新兴行业可以采用单独发展、联合发展和让别人发展的战略;成熟行业可根据不同情况,选择产品结构调整、研发、市场渗透、国际市场开发、退出或多元化、低成本扩张战略;衰退行业有领先战略、观望战略、抽资转向战略、快速退出战略可供选择。对于全球性产业,一个企业必须做出的最基本的选择是:是进行全球性竞争,还是寻找一个局部市场实施防御战略,从而在一个或几个国家性市场中开展竞争,其中,具体的可供选择的战略有宽系列的全球竞争、全球集聚、国家性集聚和跨国联合战略等。另外,也要明确不同竞争地位企业的战略选择(位次竞争战略)和不同规模企业的战略选择,如小型企业可选择的战略有"小而专、小而精"战略、"寻找空隙"战略、经营特色战略、高新科技战略、联合竞争战略和承包经营战略。

四、企业职能战略整合

企业职能战略是在企业总体战略和经营战略指导下,为贯彻、实施和支持企业总体战略、竞争战略及其战略目标,由各职能系统分别为其特定职能领域而制定的战略,是由多个职能战略构成的相互适应、相互促进的职能战略体系。职能战略整合是指在总体战略和经营战略指导下,将并购企业的职能战略融合为一个有机职能战略体系的过程。它位于上述金字塔整合模型的塔底,是总体战略整合和经营战略整合的具体实现,给企业总体战略整合和经营战略整合以支持和支撑,并产生向上的推动力;同时,总体战略整合和经营战略整合给职能战略整合提供指导与建议,统领和决定职能战略整合,同时产生向上发展的动力。因此,这些战略整合形成相互适应、相互配合、相互促进的动态协作关系。具体来说,职能战略整合主要有产品战略、市场营销战略、生产战略、研发战略、人力资源战略、财务战略整合,还包括技术改造、国际化经营、企业结构调整、企业形象等战略整合。如人力资源战略整合可以通过做好目标企业主管人员的选派工作、加强并购企业的沟通与交流、制定稳定的人力资源政策、优化人力资源配置等措施,运用"平滑过渡、竞争上岗、择优录用"方法,坚持以人为本、成本—收益、权变等原则,实现人力资源整合。又如,企业结构战略整合可以运用企业结构的决策—执行—运转模型,实现并购企业治理结构、组织结构、业务流程三者之间的高度融合与无缝对接。

总之,企业职能战略整合不仅仅是对个别或几个职能战略简单的拼凑与捏合,而是对企业职能战略体系进行系统化的融合与整体优化,是一项非常复杂的系统性工作。因此,只有通过由中层管理者根据并购后新企业的使命与目标、总体战略、经营战略,运用科学的方法与技巧,采取有效的措施,才能实现职能战略的真正融合。

第三节 管理整合

管理整合就是并购企业根据被并购企业的实际,将自己优秀的管理模式创造性地移植到被并购企业并取得成效,从而将被并购企业纳入并购企业整体管理战略之中的过程。

亨特曾从收购公司与被收购公司管理者的角度出发,定量地总结了导致并购成功的因素,这些对并购有或大或小贡献的因素涉及管理、人事、文化、财务等各个方面。其研究结构如表7-1所示。

表7-1 收购有效的买方行为决定因素

与成功的收购相关的因素	(%)	与失败的收购相关的因素	(%)
言辞得体	59	言而无信	39
有明确的前景	68	无明确的前景	67
买方管理层取得良好的信赖与尊敬	55	买方管理层无法打动被收购方	72
对收购者有确凿的商业利益	64	对收购者无确凿的商业利益	44
紧凑良好的结合面	77	松弛的结合面	58
人员组成的变革	59	变革仅限于商业领域	61
目标公司员工的激励与福利得到改善	68	目标公司员工的激励与福利制度削减	67

从表7-1中我们可以看出,在与成功收购相关的因素中,有五项因素属于管理范畴。可见,管理因素在并购实践中对双方的意义往往都非常重大。

一、管理整合的步骤和方法

管理整合工作十分繁杂,通常包括三个阶段。

第一步,调查分析阶段。调查分析阶段的目的是充分把握并购双方在管理上的差异和优劣,为整合计划的制订和实施提供客观的依据。因此,并购企业应在了解被并购企业管理现状和历史的基础上,重点调查被并购企业的管理思想、管理制度和运行机制,通过对被并购企业历史和现状的演变分析、企业现状的对比分析、并购后企业在行业中目标地位的分析,肯定并购双方在管理上的优秀之处,进而找出双方的管理差异,认清企业未来的管理目标。

第二步,移植阶段。移植阶段即并购企业在被并购企业内部推行自己管理模式的阶段。管理模式的推行,往往是管理思想先行、管理制度次之,而管理机制的形成则是一个较为复杂和长期的过程,其间的反复和冲突难以避免。因此,在移植阶段,舆论氛围的营造十分必要。强大的信息压力促使被并购企业的员工接受先进的管理思想和价值观念,并上升为主流意识,会使管理制度的实施容易得多。

第三步,融合创新阶段。如前所述,管理一体化只是阶段性的目标。管理整合应该有所创新,对旧有模式进行修订或突破,从而改善企业的现状,提高企业的业绩。

并购交易完成后,并购方往往从以下三方面对被并购企业进行管理整合。

(一)管理思想的整合

管理思想的整合首先是通过对被并购企业管理层的调整来实现的。在此基础上,宣讲、解释优秀管理思想的内涵,形成良好的舆论氛围,辅之以正确的强化方式,使管理层和员工由被动接受到入耳、入脑、入心,再主动地贯彻于企业的活动之中。

1998年2月,湖北中天集团兼并了湖北制药厂。随后,他们提出了要放弃依赖思想、树立变革意识和团队精神。兼并后一个月里,企业召开改革宣传会议36次,发表讲话22次,举办讨论会110多次,编发讨论稿240多篇,办公区、厂区、生活区,到处都刷上了标语。观念的改变带来的是行动的变化,仅仅经过10个月的整合,到1998年底,湖北制药厂便实现销售收入11 666万元,累计减亏488万元。此即并购后管理思想整合之一例。

(二)管理制度的整合

一般情况下,并购企业均将优秀的管理制度移植到被并购企业,以求并购双方在管理体制和制度方面的一体化。

例如,1997年,三九集团兼并太原洗涤剂厂后引进了"三九机制":

首先,实行法人代表制,加强一元化领导。把国有资产经营的责任落实到具体人身上,解决了传统国有企业权责不到位的问题;

其次,在干部任免、机构设置、职工使用等方面,推行三九集团的动态管理方法;

最后,改革工资分配制度,实行"岗位工资加效益工资"为主体的"按劳取酬、按责领薪"的分配机制。

一年后,即1998年,企业产销率达到了90%。

(三)管理机制的整合

管理机制的整合应着重解决好以下三个问题:

1. 建立科学统一的决策机制。许多成功的并购案例都说明,整合效果的好坏往往与经营战略的统一和管理的一体化有十分密切的联系。根据美国麦肯锡公司的调查,成功的并购者在兼并了其他企业以后,较多地采用扁平的管理结构,实行分权化的管理,或者给予被并购企业以高度的自主权。然而,它们都没放弃统一决策的要求。例如:塞默电子公司兼并了环保、能源、保健、医疗等行业的30多家公司,并拥有这些公司50%~80%的股份。塞默保持了各个被兼并公司的独立性;但是,塞默要求每一家被兼并公司把资金放在塞默控制的管理系统里,服从塞默的内部控制和会计制度,同时,还要求各家被兼并公司提供年度计划和5年计划,以协调各个被兼并公司的经营活动。

2. 实施有效的激励机制。对管理层和员工实施有效的激励,调动其工作的积极性,无疑是管理整合的关键所在。据美国麦肯锡公司的调查,为了激励高级经理人员为公司的发展努力工作,并购者要求被兼并企业的高级经理人员持有本企业的股份(通常比例为10%~20%),而且这种要求带有某种强制性。因此,这种股份也被称为"痛苦股份"。但是,这种做法客观上使个人的利益与公司利益紧密联系起来,可以促使高级经理人员既有压力又有动力地做好工作。

3. 完善监督约束机制。约束机制的形成,使管理本身形成了闭合系统,在企业内部建立起合理的制衡结构。例如,三鹿集团在并购其他企业后,在被并购企业均建立了定期审计制度,而湖北中天集团在兼并湖北制药厂时,将"资金统一使用,物资统一调配,用工统一管理"的"中天机制"引入湖北制药厂,成立了内部银行,实行全厂资金一个账号。

二、管理整合中应注意的问题

(一)管理模式的相容性

管理整合实质上是在被并购企业重构并购企业优秀管理模式的过程。重构效果如何,关键是并购双方管理模式的相容性,亦即并购双方管理思想的对立程度、管理制度的差异程度以及管理机制形成的速度。例如,在管理整合中,竞争机制的引入往往是并购方要考虑的。但是,在重构新的管理模式时,如果并购方不能将竞争的压力及时转移到被并购企业中,使被并购方的管理层形成凡事由并购方负责,自己只要听从并购方的指挥就行了的"超脱"意识,那么,被并购方的管理层就不可能将竞争的压力从高层逐级向下传导,迅速形成竞争的氛围;相反,被并购方以往的惰性、惯性有可能侵蚀到并购方,甚至形成新的"病毒"。

当然,绝对对立和完全相融的管理模式是不存在的。管理者需要清楚地认识到并购双方管理模式的边界,在导入优秀管理思想、建立科学管理制度的同时,尽量避免被并购方管理层的高离职率和员工工作热情的下降,避免出现不协作的非效率现象。

(二)企业规模扩大与企业管理能力的关系

作为企业外部增长的方式,并购的结果必然带来企业规模的迅速膨胀。一方面,随着管理整合的进行,规模效益得以实现,而超过这一合理点,则会出现效益的递减,也就是说,并购实现企业规模的扩大,有一个度的问题;另一方面,随着管理复杂程度的增加,管理费用上升过快、官僚主义作风滋生、决策效率低下等"大企业病"就会随之而来,这对集团的管理能力是一个严峻的考验。我国企业并购完成后,经常采用的办法是从并购方的高中层管理者中选拔优秀人员担任被并购方的总负责人,因此,并购企业在进行外部扩张时,其人力资源开发战略必须能够适应企业扩张发展的需要,否则,管理整合的成效就值得怀疑。

(三)并购整合中的交易陷阱

1. 制度陷阱。到目前为止,我国政府包括中央政府和地方政府,都在建立有关企业产权交易的法规方面做出了一定努力,并颁布了一系列有关法规,但是,这些法规本身还存在许多漏洞,而且,更为重要的是,在我国有法不依、执法不严的问题还相当严重。此外,我国还缺少成熟和发达的资本市场,国有企业中还存在着投资主体虚化,预算约束软化等痼疾。一些地区和部门热心将弱势企业合并到优势企业中去,并且认为政府干预企业并购可以降低交易费用、提高并购效率(事实上,我国许多并购行为中,弱势企业是无偿划归优势企业的)。因此,需要解决两方面的问题:

一是加快国有资产管理模式和政府管理经济方式的改革,明确区分政府管理国有资产产权交易与管理一般并购行为两种职能,造就一个规范有序的企业产权市场。

二是现实地选择并购整合的模式。浙江金义集团"先接管、后转让"的并购模式便是一例。1998年2月底,金义集团与涪陵市政府达成兼并意向;3月中旬,金义集团即迅速进驻了五家意向兼并企业。此时,产权转让的法律文书还没有签署。紧接着,金义集团对被兼并企业开始了管理整合,而且,仅用了50天时间,就完成了设备安装并正式投产,当年即实现销售收入 6 200 万元,利税 500 万元。

2. 债务陷阱。我国企业并购整合失败的原因之一,就是被并购企业中"埋伏"着没有列入资产负债表中的债务。这样,在并购交易完成后,并购方的整合管理就面临着巨大的债务风险。在我国的企业并购中,企业主要采取以下方法来规避债务陷阱:

一是聘请中立、权威的会计师事务所对目标企业进行财务审计,这样做的代价是支付相当高的顾问费用。

二是在产权交易的合约中,明确规定收购方对被收购方债务承担的范围,在管理整合中,一旦发现有超出此范围的债务,就可以依合约拒绝承担。

三是实行托管或租赁。这种方式的缺点是产权没有明确转移,使托管方或租赁方无法大刀阔斧地对企业进行彻底的整合管理。

四是分拆整合,合资经营。当前,对这种做法的批评,主要来自国有资产流失的说法。

第四节　人力资源整合

人力资源的整合通常是关系并购成败的关键因素,也是衡量并购整合是否成功的重要指标。现代企业竞争的实质,在很大程度上是人力资源的竞争,尤其是优秀的管理人员、技术人员和熟练工人等资源的竞争。要想进行成功的并购,实现协同效应,必然要求收购方和被收购方的人员能够密切配合,保持积极性和敬业精神,实现公司之间技术和专有知识的顺利转移,使经营活动能够有机地结合在一起。而能否留住优秀人才,让他们有良好的心态,保持积极性和敬业精神,则取决于并购过程中的人力资源整合是否成功。如果核心人员离开了目标企业,那么企业通过并购所得到的就仅仅是硬资产,是个空壳。因此,并购过程中的人力资源整合是企业并购成败的关键。

一、企业并购中人力资源整合的实施过程

企业并购中人力资源的整合是个缜密有序的过程,并购后具体实施的人力资源整合方案应该包括以下要素和环节。

(一)并购前的人力资源状况评估阶段

人力资源整合工作应该贯穿于并购的始终。为了让被并购企业的人力资源增值而不是流失,在并购活动开始前,就应对被并购企业的人

力资源状况进行评估,而不应仅仅在并购完成后才把注意力转向人力资源。并购前的人力资源评估包括尽职调查和考察被并购方的企业文化。

1. 尽职调查。在并购活动开始之前,并购方应组建整合领导小组进行尽职调查。整合领导小组要从人员素质、管理措施、环境因素和工作情况等直接影响员工业绩成果的诸因素进行全面分析。内容包括目标企业的薪资水平、绩效考核办法、劳资关系、劳资冲突等情况,最主要的是对高层管理者以及核心人员有一个全面的了解,包括他们的能力状况、薪酬竞争力、工作经历等,根据评估的结果,形成一份被并购企业的人力资源报告。这样的报告可以让并购方在并购前对被并购方的人力资源状况有充分的了解,可以分析出哪些激励手段对留住人才是最有效的,从而大大减轻并购后人力资源管理的难度。

2. 考察被并购方的企业文化。许多公司在寻找并购的目标企业时,主要从投资环境、公司规模、产业范围、财务、技术等方面对候选公司进行考察,往往忽视了双方文化的兼容性。事实上,并购中文化的不兼容与财务、产品和市场的不协同一样,会产生并购风险,甚至会成为导致并购活动流产的"罪魁祸首"。美国管理大师德鲁克指出,与所有成功的多元化经营一样,要想通过并购成功地开展多元化经营,需要一个共同的团结核心,必须有"共同文化"或至少有"文化上的姻缘"。

鉴于文化的兼容性对并购成功的重要意义,有必要在目标公司的寻找过程中,对候选公司和母公司的文化兼容性进行调查、分析和评估,然后对并购后双方文化融合的情况进行判断,最后做出是否进行并购的决策,这样可以大大降低并购的风险。

(二) 并购中的人力资源整合

并购中的人力资源整合是整个人力资源整合过程的核心阶段,通过这一阶段的整合,要达到留住优秀人才,人与岗位匹配以及合理解决裁员问题的目标。

1. 基础整合阶段。基础整合阶段包括组织结构设计、岗位定编、岗位评价、业务流程设计等几个方面。在此阶段,整合领导小组应根据并购的战略设想,结合企业的内、外部环境进行工作分析,制定新的组织架构、核心业务流程和完整的人事管理规章制度,并进行岗位评价,测算工资水平。同时,对外加以公示,尽早宣布新公司的职位、要求、任职条件等,让员工据此判断自己与相应工作是否匹配,以降低员工的不稳定感,避免员工产生恐慌情绪。

2. 人力资源整合阶段。人力资源整合阶段包括竞争上岗与人员选聘。在定岗定员的基础上,采用科学的人员选聘方法,实行竞争上岗。

这个阶段的工作重点是人员选聘的科学性和公平性。较常用的人员选聘方法有"新头目"、"双主制"、"第三方评价"和"揭榜法"四种方式。

(1)"新头目"法:每一条产品线和每一个职能部门都会设有一名总负责人,由他从雇员中挑选、聘任并组建自己的班子。

(2)"双主制"法:对每一项业务,并购公司和目标公司双方都各派出一名负责人,共同组建新的员工队伍。

(3)"第三方评价"法:由中立的第三方机构首先对候选员工进行评估,接着向各个决策者做出推荐。

(4)"揭榜法":在并购与被并购两家公司内部对所有空缺职位进行公开招聘,任何员工都可以应聘。

这是人力资源整合的攻坚阶段,是决定整合成败的关键环节,最终目的是千方百计留住优秀人才。如果想留的留不住,不想留的裁不掉,人才大量流失,也就意味着并购的失败。

3. 企业文化整合阶段。在对目标企业的企业文化进行充分考察和分析的基础上,进行企业文化整合。企业文化整合要求并购双方在并购过程中密切合作、真诚配合,要害在于使得新员工能尽快熟悉本企业的管理制度和方式,融入新的企业文化中。

(三)并购后的人力资源整合

在企业并购完成之后,即使挽留住了人才,也并不意味着原先并购企业的文化和管理体制等被目标企业的员工所认同、接受。并购所引起的裁员、不安与动荡都会对幸存者的心理和行为会产生一系列影响。从这个角度来说,在企业并购完成之后,新的人力资本管理其实才刚刚开始。企业并购完成后,人力资本管理的任务就在于如何通过建立有效的激励和考核机制,使得新的企业文化尽快地融入新员工的行动之中。

二、人力资源整合过程中的关键点和具体措施

(一)努力缓解员工压力

并购对员工产生的心理压力常常是导致员工行为与企业目标发生偏离的关键因素。因此,人力资源整合的重要任务之一就是设法缓解以至消除并购给员工带来的各种心理压力。由于员工产生心理压力的主要原因在于未来的不确定性以及由此带来的不安全感,因此,并购交易完成后,应采取切实有效的措施,帮助员工减缓心理压力。可选择的途径包括以下几种:

1. 明确新企业的目标。并购一开始,就应该明确提出新企业的发展方向及要达到的目标,并及时告知被并购企业的员工。

2. 尽快落实岗位分工。并购后被并购企业员工的压力感和忧虑感产生的原因,不仅在于企业未来前景渺茫,更由于对自己今后的发展心里没底。因为并购交易完成后,只要并购岗位一天不确定,员工的紧张心态就一天不能消除。所以,应尽快明确员工岗位分工。

3. 帮助员工排除心理紧张。

(二)注重沟通

全面、及时的沟通是并购顺利进行的润滑剂,特别是要与优秀员工进行深入的沟通。当员工理解了兼并收购的动因、目的和效应,了解了最新进展情况,并找准自己在未来公司的目标定位后,就可以最大限度地减少并购过程中由于信息分布的不完全、不对称所引起的排外心理和不满情绪。沟通的方式很多,如员工沟通会议、问卷调查、电话联系、面谈、私人拜访等。企业应针对不同的员工采取不同的沟通方式。对关键人才,最好采用面谈和私人拜访的形式。

(三)重视人力资源专业人士的参与,并使其承担更加重要的角色

要解决并购中出现的人力资源问题,必须重视人力资源专业人士在并购中的作用。国外学者在一项关于并购活动的广泛调查中发现,人力资源专业人士参与并购的时间与程度和并购的成功具有直接的相关性:人力资源专业人士参与并购过程越早,参与范围越广泛,并购成功的可能性也就越大。因此,人力资源专业人士应该更多地参与并购过程的不同阶段,应该作为变革的代言人,来参与解决并购中人力资源所面临的问题。

这里需要强调的是,要让人力资源专业人士充分参与尽职调查。在传统的企业并购中,人力资源管理专业人士通常并不参加尽职调查。而在当今,如果将他们继续排斥在尽职调查过程之外,并购将不可避免地走向失败。

三、审慎裁员——企业并购中人力资源整合还需要注意的问题

并购整合中,针对被并购方的裁员不可避免,但并购方一定要审慎处理被并购方的裁员问题,减少裁员对员工造成的伤害。具体地说,可以采用以下方法:

第一,制定科学公正的裁员标准和程序。与裁员本身相比,员工会更关心裁员的标准和程序是否公平,他们会据此来判断是否值得继续留在公司。

第二，帮助被裁人员寻找新的工作。帮助被裁员工寻找新工作，可以充分体现并购企业的责任感，有利于安抚继续留任的员工，让他们坚信将来会受到公平的待遇。

第三，提供优厚的补偿金。如果没有给被裁员工找到合适的工作，在公司财务状况允许的情况下，处理遣散人员的最佳策略是拟订优厚的合同终止补偿条例。

第四，让被并购方管理人员参与裁员决策。传统的企业并购中，被并购方管理层通常不能参与决策。这样做，容易对被并购公司员工造成不良影响，认为"自己人"得到了不公正的待遇。因此，征求被并购公司管理层对裁员的意见，并让他们参与裁员过程，将有助于降低留任者的抵制情绪。

毋庸置疑，人力资源是现代企业管理构筑核心竞争力的关键，而企业并购后人力资源的整合则是企业并购成败的关键所在。

第五节 文化整合

美国著名的麦肯锡咨询顾问公司的一份研究报告表明，在过去的5年内，仅有17%的并购与重组创造了巨大的回报，而50%的并购与重组则损害了总体价值，使股东非常不满意。这是因为文化是以一种价值观念形态的方式存在，其改变往往较纯粹的物质利益更难以量化，因而也更具有不确定性，而不确定性往往是风险产生的源泉。仅仅具备了进行兼并的物质基础，对于达到预期的协同效应还远远不够，或者说，两者所具备的物质优势能在多大程度上发挥出来，决定于兼并双方的利益协同和文化整合。

以企业资产重组为标志的企业兼并重组是现代社会普遍的经济现象。然而，企业不仅仅是简单的厂房、设备、工人等组成的一个生产单位。在企业重组时，除了解决如何更加合理、有效地配置有形资源，还要进一步考虑如何消除双方在文化上的冲突。根据有关资料记载，在全球范围内，资产重组的成功率只有43%左右，而那些失败的兼并重组案中，80%以上直接或间接源于新企业文化整合的失败。在我国，由于文化因素导致资产重组失败的例子屡见不鲜。例如，浙江康恩贝集团第一次重组浙江凤凰时，曾经注入浙江凤凰很多优质资产，但是，由于不重视两家企业文化的融合，原来两家企业的各种管理文化和行为等未发生相应改变，两种文化发生严重冲突。结果，浙江凤凰的经营状况在重组后不仅没有得到改善，反而每况愈下。

一家公司的管理层在决定并购另一家公司时,往往会仔细地调查其财务状况、市场前景、管理水平等与该公司发展密切相关的具体情况。然而,有关"文化"方面的情况如公司理念、企业精神却很少进入考虑范围。并购中文化的不协同与产品、市场或财务的不协同一样,会产生很大的危险。统一的企业理念、企业精神是渗透到企业内各个分公司、各个岗位员工的精神动力,它是无形的,又是能动的,可以在企业行为的各个方面发挥"看不见的手"的作用。这个文化、精神、道德上的纽带,起着增强企业凝聚力、黏合力的作用,进而增强了企业的市场竞争力和市场拓展能力。因此,在企业重组兼并中,兼并主体不仅仅要考虑如何更好地优化企业资源配置,更要考虑如何顺利实现主体间的文化整合,造就一个重组企业认同的企业文化,以共同的企业精神、企业发展战略和目标,共同的管理哲学和思想,共同的职业道德和行为规范为细节,促进企业获得最佳的经济利益。管理大师德鲁克早就指出,与所有成功的多元化经营一样,要想通过并购成功地开展多元化经营,必须具有"共同文化"或是至少有"文化上的姻缘"。

一、关于并购中企业文化的一般性研究

企业文化是企业长期形成的文化观念和历史传统以及特有的经营理念和风格,包括一个企业所特有的指导思想、发展战略、经营哲学、价值观念、道德规范、风俗习惯等。其构成要素可以归纳为5点:

第一,企业环境是塑造企业文化的最主要因素;

第二,企业价值观是形成企业文化的核心;

第三,企业英雄是价值观的"人格化",为员工提供效法的具体典范;

第四,企业的典礼及仪式是一种有计划的日常例行事务构成的动态文化,它能使企业的价值观得以健全和发展;

第五,文化网络沟通公司基层组织,是传递价值观和英雄意识的渠道。

企业文化会引导企业成员自觉地做出符合企业价值观的就业选择,特定的价值观会激励员工在特定的环境中表现出符合企业需要的行为;受同一价值观的影响,企业员工在不同时空的行为准则必然会趋于相互协调一致。企业文化具有多方面的双重特征。

(一)独特性和多样性并存

企业文化是一种客观存在,只有优劣高低之分,没有有无之别。企业都具有独特的企业文化。由于行业、产业、所有制、区域及历史文化不同,不同的企业在企业文化上的差异很大,这就是企业文化的独特性。

由于企业文化主要是一种意识形态的东西,因而,它具有较强的历史延续性和变迁的迟缓性。企业重组后,各种不同的企业文化不可能像设备更新、资产重组那样容易变动和融合,这就构成了重组后企业文化的多样性。它们往往会在一个很长的时间内继续存在并发生作用,彼此之间发生冲突和摩擦,成为企业重组的文化障碍。

(二)积极性和消极性并存

重组后,多样性的企业文化具有积极性和消极性两个对立的特征。积极的方面表现为,企业文化的各个层面顺利融合、优势互补,并在此过程中,培养和选择为双方认同的价值观和行为准则。例如,在强强联合中,双方都排斥自己的自大心理,在相互的了解中,吸纳对方的精华,从而在双方原有企业文化精华的基础上,创建出更强有力的企业文化。消极的方面表现为,重组后,不同企业文化发生冲突,产生阻碍企业发展的不利因素。在力量相当的联合中,因为双方实力旗鼓相当,容易产生不服输的心态,双方都认为自己优秀而拒绝接受新的文化,拒绝沟通,导致双方不能互相了解,影响重组后企业文化的建设,从而出现强强联合后不强、弱弱联合后更弱的状况。

(三)渐进性和逆向性并存

企业重组后,文化融合需要经过一定的磨合期,不可能一蹴而就,它具有渐进性。而且,双方融合的过程表现为一种特殊的逆向性,即重组企业的物质文化、制度文化首先磨合,而非精神文化物化的结果。企业文化一般总是遵循着精神文化—制度文化—物质文化—新的精神文化—新的制度文化—新的物质文化的循环运动规律,获得不断发展,而重组企业各文化层次的融合却恰恰与此相反。企业重组后,总是先进行物质层面的合作,而后制定相应的制度,从而再深层次地影响企业的精神文化,这一过程具有逆向性。

企业文化作为一种组织文化,是不同形态的文化特质所构成的复合体,是企业长期形成的稳定的文化观念和历史传统以及特有的管理风格。它贯穿于企业的日常生活和生产经营活动之中,根植于员工的心里。如果忽视企业文化的上述特征,在并购主体间产生某种"种族"优越感、发生沟通误会,以及以自我为中心实施管理,就必然会在整合过程中产生包括深层次文化冲突的种种矛盾和冲突。这些冲突主要表现在以下几个方面:

1. 精神文化冲突。企业精神文化处于企业文化的深层,是企业价值观、企业精神、企业经营理念和经营哲学等意识形态的总和。并购企业在文化整合中,精神文化首先受到冲击。精神文化作为企业文化的核心层是较难改变的。由于原有的价值观已成为指导员工思想行为的准则,这样,当被不同企业并购时,企业的员工往往就会带有偏见地对待异己文化,表现在行为方式上,就是与他人合作困难甚至排斥对方,从而使文化冲突层出不穷。

价值观是企业文化的核心。不同企业并购后,其文化差异与冲突集中地反映在个人价值观上。对于经营管理者来说,主要是对待风险的态度的冲突;对普通员工来说,则集中表现在对待工作和成就的进取精神上。被兼并的企业通常缺乏有效的激励与约束机制,员工缺乏主动性与进取精神,他们的价值判断以少干为荣,以偷懒和不劳而获为荣,以这种价值观支配的行为方式必然与通过自己的努力而取得成就并实现自身价值的优秀员工的价值观发生冲突。两家企业之间可以认识到的差异随着时间的流逝会变得更加明显。

2. 制度文化冲突。企业制度文化位于企业文化的中层,它是为实现企业目标而给员工的行为规定的一定的方式和方向,如企业的规章制度、行为准则等。当企业并购整合时,必然会对目标企业原有的有关制度进行调整或重构,有时,并购企业也会对本企业的制度作一定的调整。在这一过程中,员工们一般较难适应这种转变,往往怀念旧的制度文化,对于新的制度文化,在意识和行为上进行抵触,从而引发制度文化冲突。

3. 行为文化冲突。企业行为文化是企业文化的外在表现和载体,它往往以实物形态体现,如企业标志、企业环境等。由于企业行为文化多是以实物形态体现,其操作性相对于精神文化和制度文化要强,因此,行为文化冲突是较弱的。

二、企业并购中文化整合的阶段和流程

企业并购后的文化整合大致分为四个阶段,即探索期、碰撞期、磨合期及拓展期。

(一)探索期

此期间主要是探索并购双方企业文化的异同点,从而明确并购双方企业文化的差异,如不同的企业历史、不同的管理方式等,并购企业不应无视或忽视这些差异,而应对存在的这些差异进行深入分析,预测这种差异会给自己带来的风险和成本,从而为下一步的并购决策提供依据。

(二)碰撞期

碰撞期是文化整合开始执行的阶段,也就是文化整合步骤实施的阶段,这个阶段往往伴随着较大的变革举措,如新的组织机构的建立,管理层的调整,人员的精简等。在这一阶段,并购企业应注重监控对

整个文化整合过程可能起到重大妨碍作用的"障碍焦点",它可能是某一个人、一个利益团体,或者是原企业中的一种制度,等等。随着文化整合步骤的执行,"障碍焦点"将是一个十分活跃的因素。碰撞期由于并购双方两种不同的文化发生直接碰撞,因而这一时期产生的文化冲突最为激烈。

(三)磨合期

磨合期是指两种文化逐步走向融合的一个较长的阶段,这个阶段两种文化应找到与双方企业文化都不矛盾且能为双方所接受的第三点,即"中立点"。磨合期中,企业新的制度或管理层的调整业已完成,主要任务是维护和调整这种新制度并使之能够顺利有效地贯彻执行。在磨合期也会不断发生一系列的文化冲突,但这时发生的冲突强度小于碰撞时期的冲突强度。

(四)拓展期

拓展期是指在并购双方企业文化趋向融合的基础上,被并购企业创新或整合出新的文化的时期。要整合两种可能相互排斥的文化,就要找到双方文化中有价值的核心部分。对优秀的进行融合,对平庸的加以摒弃,这样才能成功地整合出并购企业的新文化。这一时期的创新对于并购企业的文化是一种新的补充,只有在文化碰撞的基础上开拓出更新的属于自己的东西,文化才得以真正地融入。

企业文化整合是通过并购双方文化观念的整合来达到行为的整合,通过对价值观的认同来达到行为的规范,通过对个体的规范达到群体的和谐,使其成员能够以社会和群体认可的一种新的方式来从事活动,从而使其并购达到预期目标。对企业并购中的文化进行整合,可按照以下流程进行。

1. 成立文化整合小组。小组成员可由并购双方选派具有一定企业文化管理经验和影响力的人员组成,也可从社会上聘请有关专家参加。该机构直接向兼并企业的最高管理层负责,任务是组织、策划和领导企业文化整合管理的全部运作过程。企业要对其职责、权力的范围予以明确界定,以便今后开展工作。当企业文化整合管理过程全部完成后,这一执行机构即可宣告解散。

2. 分析自身文化内涵,调研目标企业文化,进行对比分析。企业在实施并购文化整合战略之前,首先要分析自身企业文化的内涵,搞清楚自身文化的核心价值观,它的凝聚力如何,员工对它的认同度怎样,它对外界的辐射力及被社会认可的程度如何,员工的心理素质及精神状态,高层领导者的素质及其对企业文化建设的重视程度等情况,从而判断出自身企业文化的优劣、强弱等。并购企业不仅要对自身文化进行分析，还要调研目标企业的文化状况，如被并购企业文化形成的历史背景、被并购企业文化的特征、类型、强弱及作用、与企业文化方面相关的规章制度、企业管理者的管理风格、员工素质、企业内部非正式组织的存在等。只有对原企业文化有清楚的认识，企业文化整合才能有的放矢。对被并购企业文化的调研应首先从行为表面入手，即观察目标企业员工的日常行为方式，然后逐步深入到企业文化的理念层面及价值观层面，重点研究企业全部行为的最高指导原则和企业内部员工的价值观，对于具体的文化状况的研究，应当深入到员工的生产、工作中去，这样才能避免对收集的资料的主观臆断。

3. 构建新的企业文化。并购企业通过分析并购双方企业文化的差异，确定企业文化整合的模式后，就开始对双方企业文化进行整合。这实际上就是对原有企业文化在并购企业内部相互渗透、相互适应、相互融合，在吸收双方企业文化优秀成分的基础上，最终创造出新的更优秀的企业文化。

三、文化整合的模式选择

并购企业的文化整合是一项多层面、复杂化的系统工程，只有结合并购双方的不同情况，选择合适的整合模式，同时采取有效的对策，才能取得成功，否则，有可能事倍功半，甚至使整合难以完成。企业文化整合的模式多种多样，主要有以下三种基本模式可供选择。

（一）文化注入式——文化同化

文化注入式又称统一式，它是指将一套完整的企业文化输入到另一个企业中，同化或取代该企业的文化，从而实现文化整合的模式。当并购企业拥有较强的一元文化，被并购者也愿意抛弃原有文化时，一般选择这种模式，而且往往可以收到较好的效果。如近年来海尔集团进入低成本扩张期，它在兼并亏损企业时，首先派去的不是市场营销人员，也不是财务人员，而是企业文化部的人员，将兼并企业一整套企业文化输入到被兼并企业中去，包括核心价值观、企业精神、服务观念、质量观念、人才观等。由于这些先进文化理念的输入和一整套文化模式的改组，被兼并企业的职工思想水平大大提高，斗志也高涨，使得企业的生产经营水平有了很大提高。在这种情况下，大多数被兼并企业都能在1~2年内扭亏为盈。

（二）文化融合式——文化转化

文化融合式实际上即融合创新模式，通常表现为将几种势均力敌的企业文化有机地融合起来，形成一种新的文化。尽管还能在新文化中找到原有文化的若干痕迹，但是这种新文化已经不同于以往的任何一种文化了。强强联合的企业并购一般应选择这种文化整合模式。

（三）文化促进式——文化多元化

所谓文化促进式，就是以一种企业文化为主体，而对其他企业文化兼收并蓄的文化整合方式。通常表现为，当一种强文化受到一种弱文化介入和冲击时，强文化能够保持基本模式不变，价值观念也相对稳定，但是毕竟由于引入了一种新的文化，强文化也会受到一定影响，主要表现在一些具体文化元素的变化上，从而使原有文化的功能更齐全，结构更完美，更符合目标企业文化发展的本质规定和战略要求。当企业合并的一方企业文化虽处于弱势，但也有其优秀成分时，最好采用这种模式。

四、并购企业文化整合的对策

（一）人事整合

在当今的企业并购过程中，要增强企业文化的适应性，有效地解决人事整合问题尤为重要。人事问题无疑是企业重组后需要考虑的一个很敏感的问题。

目前，我国的并购企业一般都是马上撤换原来的企业领导，委派自己的经理，这种去留习惯不仅容易引起被并购企业员工的抵触情绪，而且不利于企业吸纳优秀人才。根据国内外大量企业并购的经验，人事整合主要应从以下几方面着手：

1. 留住核心人才。验证和寻找核心人才的选择标准是，能够把握目标企业文化的精确内涵，了解双方企业文化的差异，能为企业提供清晰的远景规划，并不断制定高明的竞争策略。必要时，可采取一些特别措施，留住被兼并企业中极其重要的管理、技术和营销方面的关键人才。

2. 做好员工间的沟通工作。在企业并购过程中，并购企业应该派相关人员到被并购企业与广大员工进行深入交谈和沟通，多听取这些员工的意见和心声。有条件的话，还可以组织有关员工到并购企业去参观、学习、培训乃至短期工作，努力消除双方因文化差异所造成的各种障碍，增强亲和力和凝聚力。

3. 进行必要的人事调整。一般来说，企业并购过程中对稳定问题十分敏感。为了使企业在并购后能够持续、健康发展，可以通过工作岗位的交换、组织机构的调整和人员之间的重新组合等方式，改变原来的人事结构和人员组成。

(二)企业精神文化的整合

企业精神文化是内含于企业群体,具有导向、激励、内聚、自控和协调功能的文化源泉。它的核心价值观念是行为的先导,是企业员工潜能发挥的催化剂,而价值观念又具有惯性和传递性。因而,不同企业文化的冲突与整合,关键在于企业价值观念的转变与统一。

首先是企业价值观的整合。并购中不同的企业必然带有不同的价值观,具体表现为企业员工对企业目标、市场形象、成功标准等问题的价值判断。企业不同的价值观念是企业文化的核心,如果不尽快调整价值观,就必然给并购后的企业带来负面影响。为此,企业应把员工的价值观念整合当作一项重要的工作来抓,并将其规范为一种适应企业发展战略的新的价值观。要强调新的价值观,并对原有企业价值观念中的有利因素加以吸纳。要注意员工个体价值观的确立。对于新的价值观,员工内心的转变往往会经历抵触、服从、认同的过程,只有达到认同,企业新的价值观才能为大多数员工所接受,形成企业共同的价值观。

其次是企业精神的整合。对原有的企业精神,应吸取其积极因素,以安定人心;同时,要剔除消极因素,树立新的企业文化。领导者要成为企业精神的积极倡导者、培育者和实践者。要加强舆论力量,冲破旧的观念束缚,使企业精神成为大多数员工能够接受的意识,促进更新整合。要树立典型,以典型带路,熏陶、培育员工的群体意识等。

(三)企业制度文化的整合

制度文化是企业文化的一个重要方面,涉及企业领导机制、组织机构和管理制度等方面。为此,应建立健全与企业文化相吻合的内部管理制度、行为规范,使企业和员工的行为有明确的方向;应设置精简、合理而有效的企业组织结构,建立统一、协调、畅通的企业领导机制。企业在并购后,应按照分工协作的要求,建立一整套新的规章制度,这些制度规范是企业价值观的具体贯彻。

(四)企业物质文化、行为文化的整合

强化物质层面的文化要素,能够使企业员工的协同感和价值观得到加强。企业统一的服装可以使员工产生纪律感和归属感,企业的商标、标志物、厂房车间、工作环境等物质因素,都会与企业文化其他要素一起,逐步对员工的思想行为产生影响,有利于形成统一的新的企业文化。由于行为文化涉及企业和企业员工的行为表现,且操作性较强,因此,整合实施相对简便、容易。

(五)企业文化培训

进行必要的企业文化培训是防治和解决文化冲突的有效途径。因此,双方在选派管理人员时,候选人除了要具有良好的敬业精神、技术知识和管理能力外,还必须思想灵活,不墨守成规,有较强的应变能力,尊重、平等意识强,能够容忍不同意见,善于同各种不同文化背景的人友好合作。在可能的情况下,应选择那些在多文化环境中经受过锻炼的人及懂得对方语言的人。当前我国并购企业中,绝大多数都偏重对员工的纯技术培训,却忽视了对员工的企业文化培训。而企业文化培训恰恰是解决企业文化差异、搞好企业文化管理最有效的手段。

(六)建立新的企业文化

在并购企业文化的整合过程中,还必须考虑企业文化重塑即建立新的企业文化的问题。因为在大多数情况下,无论原来的企业文化优劣如何,都不是相互之间的简单适应和叠加,而是通过不同文化相互接触、交流、吸收、渗透融为一体,塑造出新的统一的企业文化。这种文化重塑也即新的企业文化的建立,一般应以原有的优势企业文化为基础,同时,还要吸收异质文化的某些科学成分,从而形成一种新的企业文化体系。这就要求我们应特别注意被兼并企业的文化评估和吸收,千万不能盲目地统一企业文化,也不要强行植入优势企业文化,或强迫被并购企业完全放弃自己原来的文化。

本章小结

本章从战略整合、管理整合、人力资源整合以及文化整合四个方面对并购整合问题进行了介绍。其中,战略整合部分强调了对战略目标的重视,并介绍了战略整合的几种模式;管理整合部分强调了整合的步骤和方法;人力资源整合部分着重叙述了人力资源整合的关键点以及需要注意的问题;文化整合是并购的关键所在,本章主要介绍了文化整合的过程、模式以及方法、对策。

复习思考题

1. 简述企业战略整合的模式。
2. 并购中,企业人力资源整合的关键点是什么?
3. 并购中,企业文化整合的模式与方法有哪些?

案例1：蒙牛并购君乐宝之后的整合

2010年11月30日，蒙牛集团与君乐宝公司就公司股权转让交易签署协议，君乐宝公司股东A公司和B公司分别将其所持有的君乐宝公司51%的股份转让给了蒙牛集团。股权转让交易完成后，蒙牛集团持有君乐宝公司51%的股权，A公司和B公司共同持有君乐宝公司49%的股权，君乐宝公司成为蒙牛集团的控股子公司。

一、并购双方背景描述

蒙牛集团成立于1999年8月，总部设在内蒙古自治区和林格尔县盛乐经济园区。2004年6月10日，蒙牛集团在香港联交所挂牌上市。至2011年年末，蒙牛集团已经在全国投建生产基地20多个，乳制品年生产能力达705万吨，公司总资产已达200多亿元。公司拥有液态奶、酸奶、冰激凌、奶品、奶酪五大系列400多个品项，主要产品的市场占有率超过35%；UHT牛奶销量居全球第一，液体奶、冰激凌和酸奶销量居全国第一；乳制品出口量、出口的国家和地区居全国第一。围绕"致力于人类健康的牛奶制造服务商"这一公司定位，蒙牛集团在短短十几年中创造出了举世瞩目的速度和奇迹。至2011年年底，营业收入实现384亿元。

君乐宝公司成立于1995年，其前身为石家庄三鹿乳品有限公司，生产和销售"君乐宝"品牌的酸奶、乳酸菌饮料及常温奶。君乐宝公司注册资本5 325万元，拥有8家子公司，1家联营公司，资产总额达10亿元。公司拥有自己的奶源基地、生产基地、营销网络，在采购、质量控制、新品研发等方面有自己完善的体系。公司生产、销售员工增至3 000余人（其中专业技术人员占33%，大学专科以上学历人员占47%），并引进了一批经验丰富的中高级人才。据国际权威调查机构AC尼尔森最新调查结果，君乐宝系列酸奶行业市场占有率达14.5%，位居全国同行业第四，仅居含蒙牛集团在内的前三大乳企之后。

二、并购动机分析

分析并购双方促成此次并购交易的动因可以看出：在并购中，双方各取所需，使并购业务达到了双赢。对君乐宝公司来说，其交易动因主要表现在：①交易时机恰当；②交易目的为股权变现；③交易价格有溢价；④交易对象认同。对蒙牛集团来说，其交易动因表现在：①发展模式转变尝试；②在河北市场减少一个竞争对手，形成区域性强势地位，减少竞争成本；③收购酸奶产品规模较大的公司，强化第一品牌地位。

蒙牛集团充分考虑整合目标，进行一系列战略和财务整合，充分提升了双方资产的经营效率。

首先，蒙牛集团确定了并购后财务整合的目标，即以提升君乐宝公司核心竞争力、实现公司价值最大化为目标。这一目标在完成并购交易，即确定股权转让价款支付方式时就已确定下来。那么，财务整合就要紧紧围绕这一目标，遵循统一、协调、成本效益、创新原则，最大限度地实现并购整合直至达到提升经济效益的目标。

其次，蒙牛集团根据集团整体并购战略，确定了财务整合和人员整合的流程。

蒙牛集团认为君乐宝公司的原有经营团队在文化理念、市场运作、品牌形象等方面均表现良好，希望该团队在未来经营中仍能发挥作用，所以通过分期支付股权转让价款的方式对原管理团队进行了约束，同时也承诺在这三年中不会干预君乐宝公司管理团队的具体经营活动。

三、财务整合和人员整合

（一）法人治理结构的设立和实施

法人治理结构的设立对财务整合的意义在于两点：一是控制财务风险；二是建立财务整合人的地位，便于推进财务整合工作。

君乐宝公司章程中明确规定：①君乐宝公司股东会由全体股东组成，是公司的权力机构；②君乐宝公司设董事会，董事会对股东会负责。董事会成员为7名，由君乐宝公司股东会选举产生，其中A公司股东推荐2名，B公司股东推荐1名，蒙牛集团推荐4名，董事长由蒙牛集团推荐的董事担任。从董事人员结构来看，蒙牛集团占有过半数席位，对董事会拥有控制权，保证了从董事会层面对公司财务风险的控制。③君乐宝公司实行董事会领导下的总经理负责制。公司设总经理一名，由董事会聘任或者解聘。总经理由A公司股东推荐的君乐宝公司原管理团队人员担任，保证了君乐宝公司生产经营的延续性，而未受此次并购业务的影响。每年董事会对总经理职权范围进行授权，如具有日常经营决策权，但重大投融资行为还需董事会审批，不得对外提供担保、抵押等；授权既保证了总经理的工作自主性，又控制了财务风险。④君乐宝公司设监事2名，由A公司股东和B公司股东共同推荐1名，蒙牛集团推荐1名，由公司股东会选举产生。公司设首席财务官（副总经理级）1名，由蒙牛集团委派，由董事会聘任。在公司章程中规定财务人员的委派，明确了委派人员的地位，保证了其推行财务整合的顺畅。从上述内容可以看出公司章程及总经理授权书的重要性，它们相当于公司的法律规定，保证了并购双方的权利和义务，是并购及整合过程中必须重点关注的事项。

（二）财务机构和人员整合及实施

蒙牛集团财务机构设置模式为集权制模式，为保证顺利整合君乐宝公司，没有将此模式直接复制到君乐宝公司，而是在君乐宝公司采取了"董事会领导下的财务总监模式"，即君乐宝公司的重大财务决策集中至公司董事会，由董事会委派财务总监负责子公司的财务管理，包括财务机构的设立、人员配备、日常事项决策与执行等内容。

这一模式有以下几个好处：①在履行蒙牛集团不参与生产经营的承诺的同时，又保证了对君乐宝公司财务风险的控制；②财务总监地位的确定，保证了蒙牛集团派驻的财务总监方便对君乐宝公司财务机构和人员的整合；③财务总监派驻在君乐宝公司，也使其能更方便地对君乐宝公司财务系统进行整合，同时也能保证其整合更加符合君乐宝公司的具体运营实际，更好地起到财务服务业务的功能，最终保证并购后财务整合的实现。

通过一年多的财务整合，目前君乐宝公司财务机构和人员整合工作已基本完成。君乐宝公司财务机构更加完善，在提供业务服务和财务监督方面均发挥了应有的作用。同时，君乐宝原财务团队保持稳定，没有发生财务人员流失现象。财务总监的工作得到了蒙牛集团和君乐宝公司双方的认可，除了与选聘合适人选因素相关外,主要还是因为财务管理模式的正确选择和设定。

四、并购整合后的效果

成功的并购整合往往能给并购双方带来良好的经济效应。通过对蒙牛集团和君乐宝公司并购后的相关财务数据分析可以发现:首先,蒙牛集团2011年年末的资产总额相比于2010年年末增加了18.42%,君乐宝公司2011年年末的资产总额相比于2010年年末增加了40.21%;另外,蒙牛集团2011年的营业收入和净利润相比2010年分别增加了24.34%和30.35%,而其管理费用却只增加了8.52%,远低于营业收入和净利润的增加幅度;同时,君乐宝公司2011年的营业收入和净利润分别增加了44.06%和1148.70%,销售费用和管理费用分别只增加了32.49%和20.54%,远低于净利润的增加幅度,特别是财务费用还较2010年下降了14.57%。这些财务数据都较并购前的相关指标要好很多。尽管这些数据的影响因素来源较多,不能具体明确数据变化是由战略管理整合引起的,但是战略管理优化所带来的经济效果是显而易见的,即成功的并购整合使双方达到了"共赢"。

(资料来源:谢晓燕:《企业并购后财务整合研究——蒙牛集团并购君乐宝公司案例》,《管理案例研究与评论》,2013年第6卷第1期。)

案例2:中联重科收购CIFA,完成行业资源整合

2013年9月9日,中联重科宣布出资2.36亿美元收购其控股子公司香港CIFA公司其他股东持有的全部40.68%的股权,此前,中联重科已持有香港CIFA公司59.32%的股权,收购完成后,中联重科将拥有其100%的股权,正式成为香港CIFA公司的登记股东,从而实现对意大利混凝土机械制造商CIFA公司的全资控股。本次交易是2008年中联重科携手弘毅投资、高盛和曼达林基金等私募股权联合收购意大利混凝土机械制造商CIFA公司的后续交易。通过此次收购,中联重科一跃成为全球水泥机械行业的榜首。

一、收购双方简介

中联重科股份有限公司创立于1992年,注册资本77.06亿元。主要从事建筑工程、能源工程、环境工程、交通工程等基础设施建设所需重大高新技术装备的研发制造,生产具有完全自主知识产权的13大类别86个产品系列,近800多个品种的主导产品。为全球产品链最齐备的工程机械企业,与三一重工并列为中国最大的工程机械制造商。

意大利CIFA公司成立于1928年,总部位于意大利米兰附近的塞纳哥,成立之初,主要从事用于钢筋混凝土的钢制磨具等产品的制造和销售,20世纪50年代,CIFA公司开始将其业务拓展到混凝土搅拌车、混凝土泵车、搅拌机以及混凝土运输设备的制造和销售上,是一家历史悠久的意大利工程机械制造商。在被中联重科收购以前,CIFA公司为全球排名第三的混凝土机械设备制造商,全球市场份额仅次于德国的普茨迈斯特公司和Schwing公司。作为国际一流的混凝土机械制造商,CIFA公司拥有知名的品牌、全球化的销售网络、领先的技术工艺、可靠的产品质量和完善的售后服务,其产品因其优越的性价比而在东欧、俄罗斯等地区竞争优势突出,市场占有率高。

二、收购过程

2007年10月，CIFA公司的最大股东Magenta因需要现金偿还债务，决定出手CIFA公司的股权。2008年1月，中联重科收到卖方正式发出的投标邀请函。显然，这样一家国际化的企业正是中联重科完成由国内同行业排头企业向国际化企业跨越所需要的。2008年9月5日，中联重科联合共同投资人弘毅投资、高盛、曼达林成立香港CIFA公司，以2.71亿欧元完成了对意大利CIFA公司100%的股权收购。收购完成后，中联重科持有CIFA公司60%的股权，弘毅投资、高盛、曼达林持有40%股权。2009年，CIFA高层投资310万欧元增资香港CIFA，CIFA原股东股权被稀释，管理层持有CIFA1.1%的股权。直至2013年9月9日，中联重科再次收购CIFA剩余的40.68%的股权，弘毅投资、高盛、曼达林退出CIFA，CIFA成为中联重科的全资附属公司。

三、收购效应

此次收购剩余股份距离2008年中联重科初次并购CIFA长达五年之久，对于过去的这五年，中联重科、CIFA、共同投资人实现了多赢，完成了从本土排头兵成长为国际化大企业的既定战略目标，为中联重科三到五年进入全球前三强夯实了关键的一步。事实证明，这五年中，中联重科混凝土板块成长为全球混凝土机械领域的领导者，其快速发展的背后，与CIFA的融合功不可没，二者的融合无论是市场渠道上还是在技术研发上都显现了巨大的协同效应。

首先，收购CIFA实现了中联重科混凝土机械销售和服务网点的全球化布局。

其次，收购CIFA对中联重科制造技术的提升起到了巨大的推动作用。

最后，借助与CIFA的融合，中联重科混凝土机械在中国市场得到了迅猛发展。

四、收购整合

（一）文化整合

中联重科在并购前就特别关注CIFA的企业文化，并借助了曼达林基金、弘毅投资、高盛集团中介机构的力量进行文化上的了解与整合。通过放低自己的身段，成就双方合作。尊重对方文化，以一种学习合作的态度对待与CIFA的文化整合。提出共赢促进协同合作，承诺"123"原则："1"是中联和CIFA是一个家庭；"2"是两个品牌，即中联和CIFA同时存在；"3"是三个基本原则：保持CIFA管理团队和员工队伍的稳定，保持CIFA公司独立自主经营，保证两家企业在全球市场实现资源共享。中联重科的诚信文化打消了对方原有的顾虑，增强了员工的归属感。

在将CIFA纳入中联重科轨道的过程中，资本方除了给予资金支持外，还始终担当着启蒙者的角色。收购完成之后，共同投资人和中联重科一起探讨整合计划，包括成立哪些分项的工作小组、董事会的构成、内部审计师的构成，以及其他细节问题，比如对CIFA管理层的授权，给多少权限，可以批多少费用，可以签什么规模的合同等。在这一过程中，资本方所起到的作用已经远远超过了简单意义上的出资盟友。

（二）技术整合

在理顺了公司的管理架构，整合平台也初步搭建完成之后，重头戏开始了，这就是技术整合，即如何将CIFA领先的泵车技术运用在中联重科的本土化产品上。

CIFA是仅次于德国普茨迈斯特和施维英的世界第三大混凝土机械制造商,业务范围与中联重科的混凝土机械板块业务非常匹配。CIFA最具优势的泵送产品也是中联重科混凝土机械单元的主要收入来源,占比六成。CIFA的混凝土泵车的技术领先优势,主要体现在拥有较高安全性和稳定性的钢结构臂架,在关键部位取代钢材的碳纤维材料,以及通过传感器主动调节液压系统的主动减震技术。由于中国市场与欧洲市场的需求差异,即使CIFA的产品,在满足中国市场需求上也存在欠缺,而中国自己的同类型产品却有独特优势。例如,国内建筑工程施工工期相对较短,国内工程机械产品的易损件耐用度和大泵送量能力都强于国外产品。所以,必须将二者的优势结合起来。

针对CIFA技术的本土化,中联重科成立了专门的国际管理公司,作为技术研发的"最高负责人";这个公司无资本纽带连接,完全出于推动管理融合考虑,在经营层面不进行干预。来自CIFA的技术增量,使得中联重科在其最主要的泵车产品尤其是其高端长臂架产品获得了更多的市场份额,而又因为此类高端产品的利润水平更高,最终带动提高了整个公司毛利率的提升。

(三)市场共享与整合

并购应该是共享,而不是征服。在CIFA给予了中联重科技术上的共享之后,中联重科也给予了CIFA市场上的共享。除去CIFA分享的在海外渠道的销售收入之外,中联重科与CIFA技术融合后产生的复合品牌,如中联重科CIFA F3代产品,中联重科和CIFA会分享该产品在中国的销售利润。在重点的长臂架产品销售上,中联重科跟CIFA签订了一个买断性的分成协议,CIFA享有的利润比例高达六七成,因为长臂架的核心技术,比如碳纤维、外联杆结构等都来自CIFA。针对中国市场日益增长的长臂架泵车需求,CIFA已把部分高端制造资源转移到中国以推出适销的产品,这既满足了中国市场的需求,又解决了CIFA的产能剩余问题。中联重科受益于中国市场的高速发展,有能力在金融危机之后给予CIFA支持,而CIFA又能把技术拿出来反哺中联重科,让中联重科在中国乃至世界市场上获得更大的成功,这就是一种利益和资源的共享。

第八章 公司并购的防御策略

学习目标

- 通过对收购反收购的博弈分析,了解收购与反收购恰当时机的选择
- 对要约收购的起源有初步了解,掌握要约收购的实质
- 通过对要约收购前后各种反收购策略的详细介绍,掌握反收购策略使用的前提条件、反收购策略使用的后果

第一节 公司并购中的博弈分析

博弈论是研究机智、理性的决策者之间冲突及合作的学问,目前已广泛应用于经济学领域,并成为微观经济学的一个重要组成部分。本节把收购公司及其收购对象——目标公司两个经济行为主体看作博弈参加者,运用博弈论研究收购与反收购战略,并将战略实施视为博弈行为最优策略均衡和纳什均衡的必然结果。

一、反收购的必然性分析[①]

收购与反收购是相互对立的,当某公司发现自己的股票被其他公司收购了一定数额,即控股权已发生部分转移之后,该公司应采取什么措施呢?这实际上是一个双头博弈问题。假定有 A,B 两家公司,两公司皆有收购(反收购)、不收购(不反收购)两种策略选择,不同的策略选择决定了两公司"支付"的不同。两公司可能的策略组合及相应支付如表 8-1 所示。

表 8-1 中,每一括号内的代数式左边为 A 公司支付,右边为 B 公司支付。D_j, C_i 分别为 A 公司收购 B 公司的收益额、成本额,D_i, C_j 分别为 B 公司收购 A 公司的收益额、成本额,并且满足:$D_j > C_i, D_i > C_j$;Ⅰ 表示 A 公司选择收购,B 公司选择反收购,则 A 公司支付为 $D_j - C_i - D_i$,B 公

[①] 周枫:《公司收购与反收购战略的博弈理论分析》,《外国经济与管理》,1997 年第 1 期,第 30~33 页。

司支付为 $D_i - C_j - D_j$；Ⅱ表示A公司选择收购，B公司选择不反收购，则各自的支付分别为 $D_j - C_i, -D_j$；Ⅲ表示B公司选择收购，A公司选择不反收购，则A,B公司各自的支付分别为 $-D_i, D_i - C_j$；Ⅳ表示A,B两公司都不收购，则各自的支付均为0。

表8-1 策略组合与相应"支付"

		B公司	
		收购	不收购
A公司	收购	Ⅰ $(D_j - C_i - D_i, D_i - C_j - D_j)$	Ⅱ $(D_j - C_i, -D_j)$
	不收购	Ⅲ $(-D_i, D_i - C_j)$	Ⅳ $(0,0)$

从表8-1可以看出，两公司不同策略选择组合引起的支付的变动，实际上反映了反收购与不反收购的利弊权衡价码，其运作结果是公司A和公司B都会选择收购。因为不论B公司采取"收购"或"不收购"对策，对于A公司来说，采取"收购"比"不收购"有利，即"收购"是A公司占支配地位的策略。同样，不论A公司选择何种对策，对B公司来说，"收购"总比"不收购"有利。两个占支配地位的策略相交的唯一均衡点（收购，收购）即"收购与反收购"，表明反收购是市场竞争中的正常行为。当收购者敌意收购目标公司时，目标公司将尽其所能，运用各种手段来抵制和挫败收购者的标购意图，实施"反收购"。

二、收购成功的时机选择分析

公司收购主要是通过在股票市场上购买目标公司的股票来实现的，其基本原理是目标公司重置资本 V 大于公司股票市场价格总额 C 时，收购一家公司较新建一家公司便宜，此时收购动力大，成功率较高。在这里，我们假设被收购公司重置资本成本总额恒为 V，不随股票市场价格的波动而波动，则收购成功的价位时机选择的博弈模型如表8-2所示。

表8-2 收购价位时机的选择

		B公司反收购	
		低价位 P_1	高价位 P_1
A公司	收购	$(V - C_1, U_1 - V)$	$(V - C_2, U_2 - V)$
	不收购	$(0,0)$	$(0,0)$

表中 C_1，C_2 分别表示 A 公司在 P_1，P_2 价位上成功收购 B 公司的成本，U_1，U_2 分别表示 B 公司在 P_1，P_2 价位上被 A 公司收购后获得的生活安置费。

表 8-2 中存在两组数量关系：①$V > C_2 > C_1$，表明随着标购价格的提高，A 公司的收购成本也相应上升，但收购仍有利可图；②$V \geq U_2 > U_1$，表明收购成功后，A 公司需向 B 公司支付的生活安置费也将随着收购价格的提高而相应提高，但只占获得的 B 公司的重置资本成本总额的少量份额。从表 8-2 可以看出，虽然 A 的最优战略位于 P_1，但遭到 B 公司的反收购，导致标购价格升至 P_2，在"收购、高价位反收购"上形成纳什均衡，说明 A 公司要成功地收购 B 公司必须满足：①具有在高价位收购的经济实力；②在高价位收购的成本仍小于目标公司的重置资本成本。

三、反收购战略分析

（一）重点防御策略

一般来说，某公司遭到收购，主要是因为该公司某部门或某项业务引起了收购者关注，如被市场低估了的、具有潜在赢利能力的资产，某项极有发展前途、马上可能会形成大批量生产和较高市场占有率的业务或技术，等等。在此，我们假设反收购方拥有两个防御部门，其中一个防御部门的重要性是另一个防御部门的 m 倍，并且认定只能守住其中一个，而不能同时守住两个。如果评价不太重要的部门为 1 个单位值，若两个部门安然无恙，支付为 $m+1$；若较重要的一个部门安然无恙，支付为 m；若不重要的部门安然无恙，则支付为 1。两公司进攻与防御的策略组合如表 8-3 所示。

表 8-3 进攻与防御策略组合

		B 公司进攻	
		重要部门	不重要部门
A 公司防御	重要部门	$m+1$	m
	不重要部门	1	$m+1$

显然，表 8-3 所示的博弈没有均衡点，是一个混合策略。可以计算，B 公司应以 $m:1$ 的比例偏重于防守重要的部门，对策期望值等于 $m + \dfrac{1}{m+1}$。这反映在反收购实战中，可归纳为两种情况：①B 公司倘若尚能够进行反击，可以出售相对次要部门的股权或出让某部分业务，以获取足够资金，供反收购之用，保住重要部门；也可以处理掉亏损或不景

气的次要部门,再次树立公司良好形象,使股价上升,取得广大股东的支持与拥护,更好地配合公司的反收购行动。②B 公司若已无力在市场上抗衡,则可以采用"焦土战术"①,卖掉"皇冠上的宝石",以较合理的价格出售惹人注目的重要部门或业务(资产),并巧施"苦肉计",使收购方感到"食之无味"而鸣金收兵。

(二)反收购时机的把握

在反收购战中,无论是靠自身实力回购,还是与被称为"白衣骑士"(White Knight)的同盟者进行联合防御,把握反收购的时机都极其重要。

假设回购成功是收回被收购的所有股票,且股票份额保持不变。令在低价位 P_1 和高价位 P_2 时反收购价值总额分别为 D_1,D_2 的股票,$D_2 > D_1$,并相应付出 C'_{j1},C'_{j2} 的被收购前反收购成本和 C_{j1},C_{j2} 的被收购后反收购成本,且 $C'_{j2} > C_{j2} > C'_{j1} > C_{j1}$,同时,$C_{i1}$ 和 C_{i2} 分别代表收购方在低价位 P_1 和高价位 P_2 时收购 D_i 的成本,$C_{i2} > C_{i1}$。该策略组合支付如表 8-4 所示。

表 8-4 反收购时机选择博弈

		B 公司	
		被收购前	被收购后
A 公司	低价位 P_1	$(0, D_1 - C_{j1})$	$(-C_{i1}, D_1 - C'_{j1})$
	高价位 P_2	$(0, D_2 - C_{j2})$	$(-C_{i2}, D_2 - C'_{j2})$

表 8-4 中有两个纳什均衡,即"低价位 P_1,被收购前回购"和"高价位 P_2,被收购后回购"。也就是说,给定一个价位,不论高低与否,只要某公司有收购意图,本公司就应"先下手为强",在被收购前及早持股回补或反收购。这实际上是一个动态博弈,在每一个价位上都有一个子博弈,一个纳什均衡组成了完美博弈纳什均衡。我们可以用博弈树来表示(见图 8-1)。

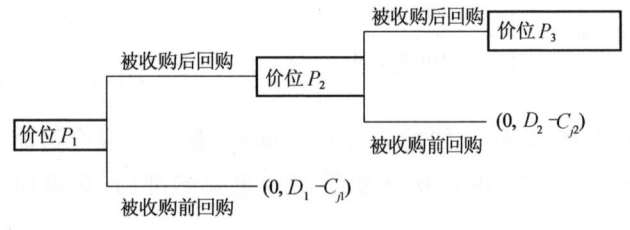

图 8-1 并购博弈纳什均衡

---

① 本章第四节有详细介绍。

这个博弈实质上反映了公司反收购中的两种战术。一种是最基本的战术——"阵地保卫战"。收购方为了达到控股或收购的目的,必须在市场上吸纳一定比例的股权,因此,目标公司在市场上大量吸纳本公司的股票,从而减少本公司流通在外的股本,使收购者无法通过二级市场收购到足以达到收购目的的公司股权,即使是在低价位被收购后实行反收购,相对于高价位来说,仍是被收购前反收购,依然具有保持控制权的功效。另一种是"小精灵防御术"。目标公司在获悉买方有意收购时,转守为攻,先行收购买方公司的股票。

第二节 要约收购

一、要约收购的定义

要约收购(Tender Offer)是上市公司收购的一种制度安排。根据《布莱克法律大辞典》的解释,要约收购是指一个公司(要约人或发盘者)以取得另一公司(目标公司)的控制权为目的,根据自己需要购买的最少或最多的股份数量,通过报纸或邮寄广告等形式,直接向目标公司股东做出的购买股份的公开要约[1]。

要约收购包括部分自愿要约和全面强制要约两种。部分自愿要约是指收购人依据目标公司的股本结构确定收购的比例,在该比例范围内向所有股东发出收购要约,预受要约的数量超过收购人要约收购的数量时,收购人应该按照同等比例收购预受要约的股份;全面强制要约是指收购人持有目标公司已发行股份达到一定比例时,收购人向目标公司所有股东发出收购其所持有的全部股份的要约。[2]

美国基本上采用部分自愿要约的制度,英国则采用全面强制要约制度。中国证监会在其发布的《上市公司收购管理办法》中结合了两种制度,规定了在全面强制要约制度的基础上,对未达到全面强制要约持股比例的收购人赋予部分自愿要约的权利。同时规定,收购人持有目标公司的股份超过30%时,收购人有义务履行全面收购的义务,需要向目标公司所有股东发出全面收购的要约。需要指出的是,属大陆法系的欧洲大陆国家和日本,由于其公司的所有权与经营权的分离情况与英美有所不同,各公司都存在大股东,它们牢牢掌握着公司的控制权,因此很少有

---

[1] Black Law Dictionary, fifth dedition, West Publishing Co., p1316.
[2] 朱宝宪:《公司并购与重组》,清华大学出版社,2006年版,第262~263页。

要约收购的事情发生,控制权的转让都是与目标公司大股东谈判协商的结果。

二、要约收购的起源

要约收购20世纪50年代初期首先产生于英国。最早的要约收购案是1953年英国企业家查理斯·科洛要约收购西尔斯公司。在当时,此种收购案震惊了资本市场,曾遇到很多阻力,随着后来收购成功和一系列收购活动的开展,要约收购因其公平、公开等优点,逐渐在英国资本市场得到认可。如前所述,英国实行的是强制要约模式,收购人持有目标公司的股份超过总股本的一定比例,就应当以特定的价格向目标公司的所有股东发出要约,只要这些股东愿意卖,收购人必须购买,除非他申请到豁免权。

20世纪60年代后,要约收购开始在美国出现,并逐渐成为取得上市公司控制权的主要方式。到了1966年,就已经发生了106家上市公司的要约收购案,这些收购案中大部分为敌意收购。1986年是要约收购的高峰期,这一年共发生了183起要约收购案,涉及的资金额达605亿美元。进入21世纪,随着美国经济形势的好转,美国公司又掀起了新一轮并购高潮。2004年2月初,甲骨文公司以94亿美元向竞争对手仁科软件公司发出要约收购,事隔不到1周,美国最大的家族控制有线电视网络科姆卡斯特公司出价487亿美元,欲收购娱乐巨头迪士尼公司。

三、要约收购的实质

要约收购实质上是保护中小股东的利益。当公司股权比较分散时,只要持有该公司5%~30%的股份,就可以成为第一大股东,从而控制该公司。再极端一些,当持有公司51%的股份时,就可以绝对控制该公司了。如果没有要约收购的要求,收购方在持有股份超过30%之后继续增持股份时,就可能随时停下来,因为此时他已经控股该公司,继续花巨额资金增持股份是很不经济的。然而,要约收购的约束增加了收购方控制目标公司的难度,保护了股东的利益。更重要的是,要约收购可以防止收购人私下与大股东交易,以较高的价格从大股东手中买走股票,获得公司的控制权,剥夺中小股东获得股票溢价的机会。通过全面收购要约,中小股东可以根据判断来决定是否出售手中的股票:如果认为可以获得很高的溢价,则有机会出售手中的股票;如果认为公司控制方的变化会使公司未来的业绩下降、股价下跌,也同样有机会卖出手中股票。

在实践中,要约人的收购通常引致目标公司董事会采取反收购措施,这与要约收购的特点有关。在要约收购中,交易当事人一方是要约人，另一方是目标公司的广大股东。要约收购的结果是导致目标公司控制权的转移，并影响现有公司董事会在公司的地位。基于公司的最大利益，也可能是依自身利益行事，目标公司董事会往往对一项不受欢迎的敌意收购采取反收购措施。

第三节 收购要约前的反收购对策

西方企业经历了多次并购浪潮，收购与反收购斗争日益激烈，形成了不少反收购策略。其中，要约收购前的反收购策略包括了修改公司章程、双重资本化、"毒丸"计划、相互持股计划、"降落伞"计划，而收购要约后的反收购策略则包括了特定目标的股票回购、诉诸法律、焦土战术、邀请"白衣骑士"、帕克曼式防御术等。本节和下一节将分别对要约收购前后的反收购策略加以详细介绍。

一、修改公司章程

在西方国家，为了反收购而对公司章程进行修改的条款被称为"驱鲨条款"（Shark Repellent）。目标公司通过对章程的修改，使其中的条款较难被收购方接受，提高其收购的成本，从而为反收购设置一定的障碍。这些条款主要包括：绝对多数条款，公平价格修正条款，错列董事会条款，限制大股东表决权条款。

（一）绝对多数条款

绝对多数条款（Super-majority Provisions），即涉及公司重大事项（比如公司合并、分立、任命董事长等）的决议，须经过绝大多数有表决权的股东同意方可通过，这个比例通常为80%或2/3，在极端情况下，有可能要求95%。如果收购方持有的股份数较多，绝对多数条款就会设计出更高的比例。这使得让股东批准该并购变得极其困难，在管理层或者在并购这样的事务上支持管理层的团体拥有较多股份的情况下此方法尤为有效。

绝对多数条款通常包含免除条款，有时也叫作董事会权力条款（Board Out Clause），它允许企业放弃绝对多数条款。最通常的免除原因是为了使绝对多数条款不会影响到董事会支持的并购或是有附加条件的并购。这种免除条款的大多数很注意措辞，目的是使那些利益相关的董事不能在该问题上与其他董事一起投票。

绝对多数条款还常伴随着"占据条款"（Lock-in Provisions），即规定更改公司章程中的反收购条款须经过绝对多数股东或董事同意。这就增加了收购者接管、改组目标公司的成本和难度。比如在章程中规定："须经全体股东 2/3 或 3/4 以上同意，才可允许公司与其他公司合并。"这意味着收购者为了实现对目标公司的合并，需要购买 2/3 或 3/4 以上的股权，或必须争取到更多(2/3 或 3/4 以上)的股东投票赞成。

我国《公司法》第 106 条规定："股东大会作出决议，必须经出席会议的股东所持表决权的半数以上通过。股东大会对公司合并、分立或解散公司作出决议，必须经出席股东大会的股东所持表决权的 2/3 以上通过。"第 107 条规定："修改章程必须经出席股东大会的股东所持表决权的 2/3 以上通过。"

(二) 公平价格修正条款

公平价格修正是指对具有董事会除外条款的绝对多数条款再加上这样一条，即如果要约者所有购买的股份都得到了公平价格，就放弃绝对多数条款要求。通常将公平价格定义为某一特定期间要约者支付的最高价格，有时还要求该价格必须超过一个确定的关于目标公司会计收入或账面价值的金额。这样一来，公平价格修正就抵制了目标公司董事会未批准的双重收购要约，而对收购要约及其后续结清合并或收购要约中购买股份的统一报价将会避开绝对多数的要求。鉴于成功的敌意接管中双重要约并不重要，公平价格修正条款在绝对多数修正类型条款中的约束力最小。[1]

(三) 错列董事会条款

错列董事会条款有时也被称为"分级董事会"(Classified Board)条款。典型的错列董事会条约规定，每位董事任期 3 年，每年重选 1/3。董事会的错列选举延长了购买者想要获得董事会大多数席位需要等待的时间，这就削弱了购买者在公司运作方向上做重大修改的能力。由于公司章程中规定每年只能更换 1/3 甚至 1/4 的董事，这意味着即使收购者拥有公司绝对多数的股权，敌意收购方也不能一次驱逐整个董事会，难以在短期获得目标公司董事会的控制权。再考虑到货币的时间成本，购买者一般是不愿意为获得目标公司的控制权而等上两年的。[2]

目前美国标准普尔指数的 500 家公司中，一半以上的公司采用了这种反收购对策。我国《公司法》和《上市公司章程指引》中，没有禁止董

---

[1] 弗雷德·威斯通:《兼并、重组与公司控制》，经济科学出版社，1998 年版，第 432～433 页。

[2] [美]帕特里克·A.高根著:《兼并、收购与公司重组》，朱宝宪、吴亚君译，机械工业出版社，2005 年版，第 115 页。

事会错列制度,而是把是否执行董事会错列制度的权力交给上市公司董事会和股东大会,而且还在一定程度上鼓励董事会的稳定。例如,《公司法》第 115 条规定:"董事任期由公司章程规定,但每届任期不得超过三年。董事任期届满,连选可以连任。董事在任期届满前,股东大会不得无故解除其职务。"

(四) 限制大股东表决权条款

为了更好地保护中小股东,也为了限制收购者拥有过多权力,可以在公司章程中规定限制大股东表决权的条款。股东的最高决策权实际上体现为投票权,其中至关重要的是投票选举董事会的表决权。限制表决权的办法通常有两种:一是直接限制大股东的表决权,如有的公司章程规定,股东的股数超出一定数量时,就限制其表决权;或者,每个股东的表决权不得超过全体股东表决权的一定比例数(如 1/5)。二是采取累计投票法,投票人可以将票全部投给一人,保证中小股东能选出自己的董事。这样,即使收购者拥有超过半数的股权,也不一定拥有超过半数的表决权。①

二、双重资本化

双重资本化是指将公司的股票分高(Superior)、低(Inferior)两种投票权。高投票权的股票每股具有 2~10 票的投票权,主要由高级管理者所持有;低投票权股票的投票权只占高投票权股票的 10% 或 1%,有的甚至干脆没有投票权,由一般股东持有。作为补偿,高投票权股票的股利低,不准或规定一定年限(一般 3 年)后才可转成低投票权股票,因此流通性较差,而且,投票权仅限于管理者使用。

由于高级管理人员较理解公司的价值,在与收购公司谈判中,若有高级管理者充当捍卫战士的角色,往往可获得较高收购金额,有利于目标公司股东。

从反收购的角度来看,双重资本化的目的是给那些与管理层拥有一致意见的股东们更大的投票权。管理层也经常在双重资本化中通过获取有更大投票权的股票,增加自身的投票权。典型的双重资本化包括发行另外一类股票,其投票权高于现有的股票,这种有高级投票权的股票每份可以有 10 票或 100 票的权利。这类股票通常是面向全体股东发行,股东可以把它们换成普通股。很多股东都把它们换成了普通股,因为这类股票缺乏流动性,且发放的股利较低。但作为股东的

---

① 李耀:《公司并购与重组导论》,上海财经大学出版社,2006 年版,第 252~253 页。

管理层,就不会将这种具有高等投票权的股票换成普通股,结果是管理层增加了他们在公司的投票权①。

目前实施此方案的公司寥寥无几,但 1985 年美国纽约证券交易所已核准上市公司采用双级权益结构(Dual Class Equity Structure)。在并购浪潮风起云涌的今天,将会有越来越多的公司采用此制度。

三、"毒丸"计划

"毒丸"(Poison Pills)计划是指目标公司在公司章程中预先制定一些对袭击者极为不利的规定,这些"规定"就是"毒丸"。它在主人手中可能安然无恙,但一旦被收购者所拥有,其"毒性"马上就起作用,表现在:①稀释袭击者手中的股份;②增加买方的收购成本;③目标公司自我伤害。

(一)"毒丸"计划的特点

毒丸计划是一种虽有争议但很流行的抵制敌意要约收购的机制。具有如下特点:

第一,从本质上看,"毒丸"证券是作为红利分配给普通股股东的每 1 单位股份的一种特别权利,权利持有人拥有在该种证券的有效期内依约定条件购买一定数量股份的权利,有效期一般为 10 年。

第二,从实施条件上看,这种权利只有在某种触发事件发生一定时间(例如 10 天)后才能行使。触发事件(Triggering Event)一般指旨在夺取目标公司控制权的收购要约(例如要约数量为 30 % 的目标公司股份)或者购进了目标公司一定比例的股份(例如 20 %)。

第三,从发行途径上看,这种权利在发行之后没有独立的权利证书,一般附随在普通股上,并与其一起交易。但是,一旦触发事件发生,发行人立即将毒丸证券的权利证书邮寄给在册股东。毒丸计划一般由董事会决定,无须得到股东大会批准。

毒丸计划的支持者认为,毒丸计划的目的并不是抵制所有收购要约,而是通过增强董事会的谈判地位,加强其为股东获得"公允"价格的能力,这种看法代表了股东利益假说对毒丸防御效应的观点。然而,毒丸计划的反对者则认为,毒丸是保护管理者最有力的工具,但它减少了股东财富。

(二)"毒丸"计划的种类

根据其内容的不同,毒丸计划主要有如下五种(见表 8-5)。

---

① [美]帕特里克·A.高根著:《兼并、收购与公司重组》,朱宝宪、吴亚君译,机械工业出版社,2005 年版,第 117 页。

表8-5 毒丸计划一览表①

优先股计划	优先股股息转换为普通股股息。如果达到某一触发点,可以用过去1年的最高价格进行现金赎回;如果发生兼并,则可转换为收购者的普通股
"突然逆转毒丸"计划	以远低于市场价格的执行价买入(目标)公司股份的权利。(a)如果合并后存续的公司是收购公司,该计划允许以远低于市场价格的价格购入收购公司的股份;(b)如果合并后存续的公司是目标公司,则以远低于市场价格的执行价买入目标公司的股份
"突然生效毒丸"计划	在触发点,生效的权利允许以远低于市场价格的价格购入目标公司的股份,但收购公司的此项权利无效
后期权利计划	在触发点,权利以及目标公司的股份都可以远高于市场价格的价格被卖出。事实上,它设定了一个最低接管价
表决权计划	向目标公司股东发行具有绝对多数表决权的优先股。在触发点,收购者的优先股丧失表决权

1. 优先股计划。优先股计划(Preferred Stock Plans)又称第一代毒丸计划(First-Generation Poison Pills)。优先股计划是指优先股股息转换为普通股股息的计划,如果收购者持股比例达到某一触发点,目标公司可以以过去1年的最高价格进行现金赎回;如果发生合并,优先股可转换为收购者的普通股。

在外来者累积了大量(比如30%)有表决权股份的情况下,优先股股东可以行使其特别权利:首先,除大股东以外的优先股股东可以要求公司以大股东在过去1年购买公司普通股或优先股所支付的最高价格用现金形式回购其优先股;其次,如果收购者与公司合并,优先股可以转换成收购者的有表决权证券,而且其市场价值不得低于第一种情形中的赎回价格。只有在不存在上述大股东的情况下,发行公司董事会才可变更这些权利。这样,董事会可借此就善意要约收购与尚未达到临界点的潜在收购者进行谈判。如果存在上述大股东,对优先股条款的变更就需要得到绝对多数优先股的表决批准。

优先股计划的主要目的就是阻止强迫性双重要约收购,以及防止主要股东稀释股权。这种计划可有效抵御敌意要约收购。优先股计划的弊端主要表现为如下两点:其一,发行人只有在相当长一段时期(可能长达10年以上)之后才能赎回该优先股;其二,这种计划会立即对资产负债表产生负面影响,这是因为在计算杠杆系数时,优先股被计

---

① 弗雷德·威斯通:《兼并、重组与公司控制》,经济科学出版社,1998年版,第438页。

入长期负债,从而加大了发行人的财务杠杆,在投资者看来,其风险也相应增大。

2. 突然逆转毒丸计划。突然逆转毒丸计划(Flip-Over Poison Pills)又称第二代毒丸计划(Second-Generation Poison Pills)。在突然逆转毒丸计划出现之前,毒丸计划作为防御策略并不盛行。1985年末,Lipton对毒丸计划予以完善,推出突然逆转毒丸计划,从此,这种计划便成为最受欢迎的毒丸防御策略。

突然逆转毒丸计划是指该项期权允诺持有人以远低于市场价格的执行价买入(目标)公司股份的权利:①如果合并后的存续公司是收购公司,持有人可以远低于市价的价格购入收购公司股份;②如果合并后的存续公司是目标公司,持有人可以远低于市价的价格购入目标公司股份。

突然逆转毒丸计划是以目标公司发行的买入期权(Call Option)的形式出现的。根据这种计划,毒丸证券的持有人有权以远低于现行市场价格的执行价购入目标公司的普通股或优先股。如果发生合并,这种权利逆转为允许持有者以极大折扣购入收购公司的股份。例如,普通股市价为40美元的公司给予其每1股份以100美元的价格购入普通股的期权。当发生合并时,这种权利发生逆转,其持有人仅需花100美元就可购买收购公司价值200美元的股份。这种计划的期限通常为10年。突然逆转毒丸计划的权利证书在触发事件发生后才由公司分发给股东。

这种计划的目的是阻止旨在进行合并与自我交易的要约收购:如果合并后的存续公司是原来的大股东,这种权利就会逆转,持有者有权以极大的折扣(一般是50%)购买存续公司的普通股;如果合并后的存续公司是目标公司,或者发生期权协议所规定的自我交易,其他股东(而不是收购方)有权以相同折扣购买目标公司股份,这种情况(涉及自我交易)称作"自我交易逆转"。

3. "突然生效毒丸"计划。突然生效毒丸计划(Flip-in Poison Pills)允许其持有人在收购者积累的目标公司股份超过某一界限或"触发"点(一般是25%~50%)时,以很大折扣购买目标公司股份,而收购者的认股权无效。这种计划使收购者蒙受损失,并且其持股比例被稀释。有些公司规定,对于面向所有已发行股份的现金要约收购,可放弃突然生效毒丸计划。

突然生效毒丸计划与突然逆转毒丸计划的区别主要有如下几点:

(1)前者在收购者取得目标公司少于100%的控制权时即可生效,后者则必须在收购者取得目标公司100%股权时方才生效。

(2)前者允许持有人以折扣价购买目标公司股份,后者则允许持有人以折扣价购买收购者股份。

（3）无论收购者是否合并目标公司，前者均可生效，后者则不然。对于旨在取得目标公司控制权的要约收购的防御效果而言，突然生效毒丸计划要强于突然逆转毒丸计划。

事实上，大约有一半的突然逆转毒丸计划包含突然生效毒丸计划。

4. 后期权利计划。后期权利计划（Back-End Plans）又称票据购买权利计划（Note Purchase Rights Plans）。根据这种计划，如果收购者取得的目标公司股份超过某一限额，收购者以外的股东有权以一份认股权和一份股权换取现金或高级证券，其价值等于发行公司（目标公司）董事会确定的某种"后期价格"（Back-end Price）。后期价格高于该股票的市场价格。但是，目标公司董事会必须善意地确定合理价格，因而后期价格就为目标公司确定了一个最低收购价格。后期权利计划的主要目的是限制双重要约收购的有效性（事实上，"后期"意指双重要约的后一阶段）。低于后期价格的有条件收购要约不会成功，这是由于后期价格较高，权利持有人会选择搭便车而拒不出售其股份。

5. 表决权计划。表决权计划（Voting Plans）就是宣布优先股的股息为某种表决权，长期（3年或更长）优先股股东比短期优先股股东每股享有更多的投票权。当外来者收购了目标公司大量具有表决权的股份时，大股东以外的优先股股东就享有超级投票权（Supervoting Rights），因而要约人很难迅速取得表决控制权。在西方，表决权计划的合法性受到法院的成功挑战，目前使用情况并不普遍。

四、相互持股计划

相互持股计划是通过关联公司或关系友好公司之间相互持有对方股权，在其中一方受到收购威胁时，另一方确保不将手中的股权转让，使流通在外的一方股权大量减少，从而不易受到收购冲击。但其前提是持股双方之间形成默契，承诺互不干涉，拥有很大自主经营的权利。

五、"降落伞"计划

如果目标公司被收购，那么高层管理人员、中级管理人员和一般员工都有可能被更换。为了维护他们的利益，使他们的基本权益得到保障，目标公司可以分别制定"金降落伞"（Golden Parachute）计划、"银降落伞"（Silver Parachute）计划和"灰色降落伞"（Pension Parachute）计划。

（一）"金降落伞"计划

"金降落伞"计划是公司给予高级管理层的一种特殊的补偿性条款。

该条款规定,公司被收购后,一旦高级管理人员失去职位,公司必须立即支付一笔巨额退休金,从而可以在敌意收购出价之前使用,使目标公司缺乏吸引力。但是,在一些大型的收购中,"金降落伞"的费用只占总购买价一个很小的比例,这意味着这项措施的反收购效果可能相对较弱。

(二)"银降落伞"计划

"银降落伞"计划是针对目标公司中低级别的员工。该计划规定,如果公司被收购,公司有义务向中级管理人员支付一笔数额较大的补偿金。"银降落伞"最常见的形式是一年期的终止支付协议。[1]

(三)"灰色降落伞"计划

"灰色降落伞"主要针对目标公司普通员工。该计划规定,如果普通员工在公司被收购后一段时间内被解雇,收购方必须提供一定的生活保障,支付员工的遣散费。

第四节 收购要约后的反收购对策

一、特定目标的股票回购

回购目标公司股票是指当袭击者对目标公司进行敌意收购时,目标公司高价回购本公司的股票,以减少在外流通股数,使买方无法收购到足以控股的股数。特定目标的股票回购有时也被称为讹诈赎金或"绿色敲诈"(Green Mail),当公司从单个股东或一组股东手中购回其持有的相当数量的公司普通股时才会采用。这样的股票回购经常是溢价,而且回购并不适用于其他股东。[2]

特定目标的股票回购可以作为反并购的一种手段,可以促使并购者把股票出售给目标公司并赚取一定的利润,从而放弃进一步并购的计划。

这是一种消极的防卫。因为高价购回本公司的股票必定急需大量资金,而资金的来源有二:一是大量举债,但势必会形成沉重的债务负担;二是公司可以出售一些相对次要的子公司或分公司的股权,或出让某部分业务,削减过大的长期投资计划,裁减冗员,精简机构,压缩非生

---

[1] [美]帕特里克·A.高根著:《兼并、收购与公司重组》,朱宝宪、吴亚君译,机械工业出版社,2005年版,第120页。

[2] 干春晖:《并购实务》,清华大学出版社,2005年版,第487页。

产性开支,获得充裕的资金以供回购股票。

是否回购股票,公司应当仔细分析。有时目标公司宣布回购股票后,和当初投资人因预期目标公司可能被收购而买进其股票时相比,股价会因收购而下降。而且,有时袭击者只是一群风险套利商,并非真正想收购目标公司,他们只是利用收购作为佯攻,逼迫目标公司高价收回股票,以牟取暴利。这也是特定的股票回购有时也被称为"绿色敲诈"(Green Mail)的原因。为了防止这种情况发生,公司章程中应订有反绿色敲诈条款(Anti-geenmail Agreements),规定溢价回购股票时,可不购回风险套利商手中的股票,或用与其他股东相比较低的价格购入。

目标公司在溢价回购本公司股票时,为了防止本公司近期再遭袭击,往往要与袭击者签订"停止投资协议"(Standstill Agreements),约定被溢价回购股票的袭击者(主要指套利者)在未来一段时期内不能继续"投资"该公司的股票。

二、诉诸法律

目标公司对袭击者诉诸法律的目的有三①:一是拖延收购公司的收购进度,以便争取时间,采取各种防御措施。二是迫使收购公司提高收购金额。由于提出诉讼有助于提高收购金额,有利于目标公司,因此约有62%的公司采用此法对付敌意收购。三是控诉收购违背法律而迫使袭击者罢手。

该策略是以收购方触犯国家法律的强制性规定而起诉对方的收购行为。上市公司的收购程序必须符合公司法、证券法或收购管理办法等法律、法规的诸如持股量、强制披露与报告等强制性规定。因此,我国上市公司可以依据2006年1月1日实施的新《公司法》和《证券法》,以及2006年9月1日新施行的《上市公司收购管理办法》等法规,找出敌意收购者在履行强制性义务方面的漏洞,并对其提起诉讼。

三、焦土战术

焦土战术,是指当目标公司面临被收购的威胁时,采用各种方式有意恶化公司的资产和经营业绩,如低价出售优质资产[这些资产常被称为"皇冠上的明珠"(Crown Jewels)]、购买不良资产、增加负债,以此降低目标公司在收购公司眼中的价值,提高并购者为此所付出的代价,使并购者望而却步,但这样做通常会降低目标公司资产的质量和股票的价

---

① 林平忠,吴晓梅:《上市公司事后防御策略及其典型案例实证研究》,《特区经济》,2001年第9期。

格。因此,这种方法是目标公司在遇到收购袭击而无力反击时所采取的一种两败俱伤的做法。①

四、邀请"白衣骑士"

当一家公司面临敌意收购或是存在被收购的潜在威胁时,它可以寻求"白衣骑士"的帮助。白衣骑士是另外一家公司,是目标公司更加愿意接受的买家。白衣骑士会以比原始出价人更优惠的条件来购买全部或是部分公司股票。这些更加有利的条件可能是更高的价格,但是管理层也有可能寻找一个承诺不会解散公司或是辞退管理层和其他雇员的白衣骑士。

该策略的做法是,当遭到敌意收购时,目标公司主动寻求第三方即白衣骑士来"救驾",以更高的价格来驱逐敌意收购者。如果敌意收购者的收购出价不是很高,目标公司被白衣骑士拯救的可能性就较大。

目标公司可以通过接触同行业的公司或寻求投资银行家的帮助来寻找白衣骑士。潜在的白衣骑士会要求有利的条件以及其他报酬来作为参与交易的条件。但是,如果这一报酬只给予白衣骑士而不给敌意收购者,并且这一报酬大到足以使敌意收购者主动撤退的程度,那么白衣骑士达成的交易也许会违背公司的原则。

五、帕克曼式防御战略

帕克曼式防御(Spaceman Defense)是指目标公司遭受袭击时,以攻为守,反过来收购袭击者的股票,或以出让本公司的部分利益包括出让部分股权为条件,策动与目标公司关系密切的友邦公司出面收购袭击者公司,从而达到"围魏救赵"的目的。这一策略通常以杠杆兼并的方式进行。

该策略的具体做法是,遭受敌意收购的公司反过来对收购方提出还盘,收购敌意收购对手的股票。这种策略适合那些实力雄厚或融资渠道广泛的公司,在对手是一家上市公司并且本身存在缺陷的前提下才宜实施。我国目前的法律法规对这种"收购收购方"的帕克曼式防御战术没有限制性规定,只要目标公司有足够的融资能力,在对手也是上市公司并且本身存在缺陷时,实施该策略就是可行的。

进攻是最好的防御。帕克曼式防御战术的实施,不但使原来的进攻者变成了防御者,而且可使实施此战术的目标公司处于进退自如的地位。"进"可使目标公司反过来收购袭击者;"守"可迫使袭击者返回保

---

① 周春生:《融资、并购与公司控制》,北京大学出版社,2005年版。

护自己的阵地,无力再向目标公司挑战;"退"可因本公司拥有部分收购公司的股权,即使最终被收购,也能分享到部分收购公司的利益。

此战术尽管有这些优点,但其风险较大。而且,目标公司本身需有较强的资金实力和外部融资能力,收购公司也须具备被收购的条件,否则帕克曼式防御将无法实施。因此,帕克曼式防御术需要具备以下条件:第一,袭击者本身应该是一家公众公司,否则谈不上收集袭击者本身股份的问题;第二,袭击者本身有懈可击,存在被收购的可能性;第三,帕克曼防御者即反击者需要有较强的资金实力和外部融资能力,否则此方法的运用风险很大。

美国标购史上最有名的帕克曼式防御案例,莫过于1982年马丁·马里埃达集团(航天集团)反击本蒂斯重型机械和航空工业集团的收购战。马里埃达集团在遭受本蒂斯集团的标购后,反过来收购本蒂斯集团。借助于其中的一件桃色新闻,本蒂斯的收购计划非但功亏一篑,而且造成资金极度紧张,半年后反被阿利德技术公司所兼并。同年,借助于帕克曼式防御战术,城市服务公司差点吞并了黑马骑士梅萨石油公司[①]。

本章小结

本章首先运用博弈论方法分析反收购的必然性,然后运用博弈论方法讨论收购战略和反收购战略恰当的时机选择问题,得到了如下结论:

(1) A公司要成功地收购B公司,必须满足:①具有在高价位收购的经济实力;②在高价位收购的成本仍小于目标公司的重置资本成本。

(2) 收购方为了达到控股或收购的目的,必须在市场上吸纳一定比例的股权,因此,目标公司应在市场上大量吸纳本公司的股票,从而减少本公司流通在外的股本,使收购者无法通过二级市场收购到足以达到收购目的的公司股权。即使是在低价位被收购后实行反收购,相对于高价位来说,仍是被收购前反收购,依然具有保持控制权的功效。

要约收购前的反收购策略包括修改公司章程(绝对多数条款、公平价格修正条款、错列董事会条款、限制大股东表决权条款)、双重资本化、"毒丸"计划、相互持股计划、"降落伞"计划等。典型的错列董事会条款规定,每位董事任期3年,每年重选1/3;绝对多数条款规定,涉及公司重大事项(比如公司合并、分立、任命董事长等)的决议,须经过绝大多数表

---

① 林平忠,吴晓梅:《上市公司事后防御策略及其典型案例实证研究》,《特区经济》,2001年第9期。

决权的同意方可通过,这个比例通常为80%;双重资本化策略是将投票权划分为高级和低级两等,低级股票每股拥有1票的投票权,高级股票每股拥有10票的投票权,如果公司管理层掌握了足够多的高级股票,公司的投票权就会发生转移,即使敌意并购者获得了大量的低级股票,也难以取得公司的控制权;"毒丸"计划实质上是指目标公司在公司章程中预先制定一些对袭击者极为不利的规定,这些规定在主人手中可能安然无恙,但一旦被收购者所拥有,其"毒性"马上就起作用。

收购要约后的反收购策略包括特定目标的股票回购、诉诸法律、焦土战术、邀请"白衣骑士"、帕克曼式防制战略等。

复习思考题

1. 要约收购前的反收购策略的种类有哪些?要约收购后的反收购策略又有哪些?分类的依据是什么?
2. 毒丸计划有哪几种?其中的优点、缺点分别是什么?
3. "降落伞"计划的种类有哪些?
4. 特定目标的股票回购又被称为什么?特点是什么?
5. 简述帕克曼式防御策略。

万科宝能之争

2015年1月,深圳市宝能投资集团有限公司(以下简称宝能)开始在二级市场举牌收购深圳交易所上市公司万科企业股份有限公司(以下简称万科)股票,至2015年12月18日万科股票停牌,宝能及其一致行动人合计持有万科24.8亿股股份,占万科总股份的22.45%,超过原第一大股东华润集团持有的15.23%的股份,万科董事局、管理层公开宣布不欢迎宝能成为其第一大股东,并申请临时停牌,寻求阻击宝能的有效方式。

一、万科与宝能背景介绍

宝能集团创始于1992年,迄今已发展成包括综合物业开发、金融、现代物流、文化旅游、民生产业等五大板块在内的大型企业集团,宝能地产、钜盛华、前海人寿等为其核心企业。宝能的发展历程,集中体现了中国改革开放后第一代民营企业家所特有的敏锐感觉、胆识魄力和野蛮生长。宝能在资本市场曾有多重举动,包括曾是宝诚股份第一大股东、深振业第二大股东等,但其始终没有长线运营的上市公司平台,在市场上也没有树立起与企业规模相对应的品牌和影响力。应该说,在这个时候,宝能重新梳理自身战略的可能性是有的,特别是,发起设立前海人寿,应该是宝能明显开拓金融加实业新格局的举措,而且,作为保险公司特殊的筹资能力(据称前海人寿2015年保费收入过千亿元),给宝能启动大型并购增强了信心,增加了筹码。

万科企业股份有限公司成立于1984年5月,是目前中国最大的专业住宅开发企业。2014年实现营业收入1 463亿元,利润252亿元,停牌前市值达2 696亿元,深沪两市房地产企业综合排名第一。与同为房地产大型企业的万达、恒大不同,万科只专注于单一的住宅房地产,2012年初,王石向管理团队喊话"就算我死了,你们搞多元化,我还是会从骨灰盒里伸出手来干扰你",这既可以看作是企业战略的坚守,也可以看出,就战略方向而言,企业内显然有不同的声音,这对外界释放了复杂的信息。但是,万科抓住了中国住房制度改革的大机会,通过有效的市场细分、成本控制,不懈的质量管理努力,在获得良好经济效益的同时,品牌战略也取得了巨大成功,构架了不可替代的品牌优势。

二、万科宝能之争

2015年,中国资本市场经历了巨幅震荡。从年初开始,宝能投入巨资在二级市场买入万科股票。从1991年万科上市以来,华润集团一直是其第一大股东,至2015年7月10日,华润持有14.89%,宝能通过再次举牌,当天将持股比例提高至10%。据万科董事局主席王石说,在此时段,宝能实际控制人姚振华约他,王石明确表示不欢迎其做第一大股东。在此之后,宝能又和一致行动人通过连续举牌,将持有万科的份额增至15.04%,超过第一大股东华润的14.89%。9月1日,华润通过两次增持,使其持有万科A的股份达到15.23%,重新成为第一大股东。三个月后,12月4日,宝能系钜盛华及前海人寿又投入了近100亿元,将其持有的万科的股份增至20.008%,并在12月10日和11日再度增持了万科的股份,共耗资约52.5亿元。截至12月11日,宝能系共计持有万科约24.8亿股,占万科总股本的约22.45%,成功地成为万科第一大股东。之后,万科集团于12月18日下午13:00起停牌。值得一提的是,在宝能收购万科的同时,安邦集团也加入了收购万科的行列,截至停牌时,安邦持有万科的股份增至5%。有传言称,安邦集团与宝能集团利益诉求一致,但因为不触及要约收购的30%持股份额的界限,而未表示与宝能成为一致行为人,但在12月23日晚间,万科表示欢迎安邦集团成为万科的重要股东,安邦也表达了对公司的支持。从那时起,各方尚未公布工作进展,万科股票持续停牌。

三、宝能敌意收购分析

(一)万科股权结构分析

万科公司总股本1 103 913.2万股,在2015年以前,华润集团一直是第一大股东,持股比例在14%到16%,其后的第二大股东比例不到5%,且一直是变动的,股权比例超过1%的股东不超过8个。2015年1月,宝能开始从二级市场大笔购入万科股票,至2015年12月18日万科股票停牌时,宝能系的钜盛华持股15.79%,前海人寿持股6.65%,合计持有22.45%;华润持股15.23%,管理层持股4.14%,一直在支持管理层的刘元生持股1.38%,华润和刘元生与管理层是一致行动人,合并持股20.75%;另外,在此过程中,安邦保险集团对万科持股增至5%。

万科这样股权分散的公司在A股市场非常少,这应该说是由上市公司董事会特别是董事长王石刻意引导的结果。王石在万科上市之后放弃了其持有的40%的股份，奠定了万科股权分散的基调。股权分散的企业在美国等发达国家十分常见，这种股权结构的优点十分明显：不存在一家独大，没有独裁的隐患，大股东之间权力相互制衡，董事会不专门为某一股东的利益服务，而是代表广大股东的利益。华润之前作为万科的第一大股东，表现了其对万科管理班子和制度的极大信任，董事长王石和管理层也没有辜负股东的期望，带领万科快速发展。但是，分散的股权对于潜在进入者而言就是机会，万科总经理郁亮曾经在发布会上说过，因为万科股权的分散，想要收购万科只需要200亿元，股权分散使得收购方可以花较少的资金来达到控股公司并重组董事会，达到控制公司的目的。另外，在此次宝能对万科的收购中，随着宝能持股份额越来越多，直逼第一大股东并最终超过时，原第一大股东华润在二级市场上几乎没有什么动作，除了其作为国有企业本身决策流程较长以外，在战略上并不想加持万科的态度应该也是明确的，因此，万科原有的股权结构设计，在没有特殊外力作用时，是相对稳定的，但是一旦外力发生变化，对公司的影响也是颠覆性的。

（二）万科治理结构分析

公开信息显示，万科章程和董事会规章制度都是当前上市公司基本通用的制度，公正、严谨，没有有效防止或抵御敌意收购的措施和限制，如董事会的分年度改选制度、大股东投票权限制等，这也许是万科董事会追求的理想制度，也是阳光运营的一个层面的体现。公司治理中有一个重要方面就是公司价值。一个公司的价值并不仅取决于它拥有多少资金或者产业，公司的治理结构、管理模式等这些无形的东西也是十分重要的财产，是公司价值的一个重要组成部分。万科集团股权分散的制度和当前的治理结构给其带来的是灵活宽松的管理环境和良性的管理制度，但是在现行章程框架下，标志着控制权市场改变的董事会改选操作难度很小，任何一个控股股东对其可能的控股行为都会打破现有平衡，都有可能造成对万科企业价值的破坏，这对万科而言将是毁灭性的打击，也是对广大股东的利益的巨大损害。

综上所述，宝能在自身业务规模达到了一定量后，借助强大的资本平台融资能力控制一个优质的实业类上市公司，是其战略布局的一部分。万科与宝能同处深圳，主营业务关联度大，一方面，万科具备宝能所没有的品质、品牌、市场、管理团队等稀缺资源，另一方面，万科分散的股权和透明的、无防御设计的治理结构给了宝能机会，另外，万科董事长、总裁在外讲话时的不同含义和原大股东在二级市场的不作为都给了宝能想象空间。至于宝能对万科，从谈判不成，走向公开敌意收购，虽然因收集筹码的过程中股价推高加大了收购成本，但是，在宝能这种长线布局的投资者眼中，万科作为中国地产行业的领头羊，中国地产企业在国际上的一面旗帜，其品牌和商誉价值远远高于其拥有的资金和不动产，动用敌意收购也就在所不辞了。

四、万科并购防御对策分析

并购防御也称作反收购，是目标公司管理层为了防止公司控制权转移而采取的旨在预防或挫败收购者收购本公司的行为，可以分为事前防御和事后防御。万科现在要做的是事后防御，而过后，如果事态能平息，则要补上事前防御的工作。

（一）事后防御

事后防御，是指在敌意收购已经发生的情况下，被收购企业采取一定的措施和手段阻止对方的收购。在事后防御方面,就现在万科的情况来看,因为宝能已经成为万科的第一大股东,并且毒丸计划要修改公司章程,这就需要股东大会投票,所以万科的毒丸计划将很难抛出,这样,法律策略和白衣骑士便是首选考虑。

法律策略是指通过法律诉讼等方式赢取时间,阻止收购。王石在宝能大举收购万科的时候就表示宝能的信誉使其不足以成为万科的大股东,并对宝能巨额资金来源的合法性表达了质疑。并且宝能在成为万科第一大股东之后并未向社会披露,这一行为也引发了深交所对宝能集团的质疑。虽然宝能方面的回应是在12月3日前无法实时确切掌握华润在万科的持股是否有变动以及变动情况,无从判断本公司在该日是否已成为万科第一大股东,但是宝能并未就其是否已成为第一大股东对万科发出询问函是事实,万科完全可以利用这一条对宝能成为其第一大股东的合法性进行质疑。另外一点,钜盛华监事胡娟的丈夫在钜盛华增持期间,10月12日买入700股万科A的股份,并于11月2日卖出700股,不排除有内幕交易的可能,这也是需要向交易所说明的事项。

白衣骑士是指在敌意并购发生时,目标公司的友好人士或公司作为第三方出面来解救目标公司,驱逐敌意并购者;其运行机制是造成"白衣骑士"与"野蛮人"竞价收购的局面,大大增加袭击者的并购成本和并购难度。华润一直是作为这样一个"白衣骑士"存在的,但华润一家的能力和资金有限,万科可以通过发行新股来引入新的"白衣骑士"与华润结成一致行为人来抵御宝能的收购。万科股票停牌至今超过两个月,公司应该是在谋求这方面的支持,以万科在国内的业绩和口碑,寻找"白衣骑士"是有优势的,但是在当前房地产发展总体趋势向淡,去库存压力大的背景下,显然工作难度加大了,然而不管怎么说,对于万科而言,寻找白衣骑士依然是对抗敌意收购,阻击宝能的关键所在。

(二)事前防御

事前防御是指公司在最初建立公司治理结构和制定公司章程时就预先设定好防止敌意收购的条款和制度,让潜在进入者望而却步,或者即使对方成功、成为最大股东,也无法对公司造成较大影响。万科在万宝之争中体现出来的不足,重点就在其事前缺乏防御,而根据林勇、连洪泉、谢辉等人的研究,对于中国资本市场而言,存在着可以通过将公司内部治理结构的合理安排作为公司价值保护机制的可能性。对于万科来说,在公司章程中设置反并购条款,订立董事会分年度改选制度,以及参考合伙人制度中的某些设计,都是有效的。

(资料来源:颜梓鸿:《我国上市公司敌意收购与并购防御研究——基于"宝万之争"的案例分析》,《金融理论与教学》2016年,第4期。)

第九章 公司并购的监管

- 了解当今世界主要发达国家公司并购的监管状况
- 熟悉各国对公司并购的监管立法
- 熟悉我国公司并购监管法律体系的基本原则和总体框架

第一节 美国公司并购的监管

美国是当今世界最早对公司并购进行法律监管的国家。作为一个发达的市场经济国家,美国的基本经济政策是以竞争为根本途径,通过促进和保障市场自由竞争,优化资源配置,推动经济发展。美国对公司并购的法律监管是从反垄断法开始的,因此,对公司并购的监管自然也就成为反垄断法的重要内容。

美国公司并购的立法主要包括以下三个方面:

第一,国会立法(反垄断法)。美国的反垄断法肇始于1890年的《谢尔曼法》,1914年的《克雷顿法》对其进行了较为详尽的补充和修订。而对于公司并购的控制,在《克雷顿法》第7条中得到了最为主要的体现。《克雷顿法》后来经过1950年的《赛勒—克福弗反对合并法》和1976年颁布的《哈特—斯科特—罗迪诺反垄断修订法》以及1980年的《反垄断程序修订法》的修正,成为美国政府管制并购活动最主要的法律。并且,随着反垄断法的日渐规范和完善,美国公司并购中的垄断问题也受到日益严格的控制。

第二,法院判例。美国是一个判例法国家,国会立法仅对有关问题做出一些基本的和原则性的规定,公司并购活动应遵循的行为准则主要是通过法院判例来具体化的。因此,法院判例对美国公司并购活动的影响,丝毫不在国会立法之下。

第三,司法部颁布的《并购准则》(Merger Guidelines)。它最早颁布于1968年,并在1982年和1984年进行过两次修订。最新的修订是1992年由司法部和联邦贸易委员会联合发布的《横向并购准则》。

一、美国主要的并购法律

19世纪末,美国颁布了世界上最早的反垄断法案,即《谢尔曼法》。同时,美国颁布了许多与反垄断有关的法律,旨在保持一个充分竞争的市场环境。因为美国有许多控制企业合并的成功的立法实践,所以,美国的反垄断法被称为世界各国反垄断法的"母法",成为许多国家公司并购的立法样板。在美国的反垄断法中,企业合并的监管占有中心地位;而在控制公司并购的法律方面,除了1890年的《谢尔曼法》之外,1914年的《克雷顿法》第7条至今仍是美国控制公司合并的最重要的条款之一。

(一)谢尔曼法

1890年,美国国会通过了第一部反垄断的法律,即谢尔曼法(Sherman Act)。它从促进自由竞争的经济政策出发,反对垄断,反对垄断企图,谴责不合理的限制性竞争和不公平的竞争方式。

谢尔曼法产生于美国历史上第一次公司并购高潮,它是反垄断的基础法,主要针对贸易中存在的垄断问题,重点是禁止垄断和共谋,其核心内容是第1条和第2条。其中,该法第1条规定,任何妨碍国际或者对外贸易的商业合同、托拉斯或者其他任何形式的联合或者共谋,均为非法。任何订立上述合同、参与上述任何形式的联合或者共谋者,应视为犯有重罪。如该罪成立,法院应判处犯罪公司不超过100万美元的罚款,犯罪个人不超过10万美元的罚款或者不超过3年的有期徒刑,或者并处罚款与监禁。该法第2条规定,任何人若对国际或对外贸易和商业的任何部分进行垄断或企图垄断,或与他人联合,有合谋意图,均应被视为犯有重罪。如该罪成立,法院应判处犯罪公司不超过100万美元的罚款,犯罪个人不超过10万美元的罚款或者不超过3年的有期徒刑,或者并处罚款与监禁。

由以上两个条款可以看出,谢尔曼法主要是反对以下三种有碍于国际或者对外贸易的行为:第一,以订立合同或以企业联合的方式组建托拉斯或类似组织的行为;第二,订立限制竞争的协议;第三,垄断和谋求垄断。

谢尔曼法对垄断的判断依据:一是按区域和产品划分的市场力量,主要以市场占有率为依据;二是当事企业采取了某些掠夺性定价或排他性的行动。

谢尔曼法虽然措辞严厉,但因其规定很不明确,所以在实践中难以进行操作。为了使其具有可操作性,1911年美国最高法院在美孚石油公司案中提出以"合理原则"解释这两个条款。根据这个原则,谢尔曼法禁止的只是那些"不适当地"或者"以不公平的方式"限制竞争的行为。

(二)克雷顿法

1914年,美国众议院司法委员会主席克雷顿提出了一个有关控股公司和企业合并的法律草案,并于同年5月6日生效,它是谢尔曼法的补充和修正。关于克雷顿法(Clayton Act)和谢尔曼法的关系,美国国会的一个报告曾指出:"克雷顿法的目的是禁止某些贸易行为,使它们成为非法,虽然这些行为在原则上并不受谢尔曼法的干预……"因此,克雷顿法的立法原则是消除某些处于早期的垄断势力,即在他们产生垄断后果从而在依法被提起诉讼之前,就以法律的手段妥善地消除掉其早期垄断企图。这种立法原则称为"早期原则",它表明了谢尔曼法与克雷顿法的基本区别:根据谢尔曼法,违法的行为得被证明是损害了竞争的行为;而根据克雷顿法,违法的行为实际上还没有产生损害,但是可以合理地预见到它可能产生的损害。克雷顿法的第7条规定:从事商业或从事影响商业活动的任何人,均不能直接或间接占有其他从事商业或影响商业活动的人的全部或部分股票或其他资本份额。联邦贸易委员会管辖权下的任何人,不能占有其他从事商业或影响商业活动的人的全部或部分资产——如果该占有实质上减少竞争或旨在形成垄断。

克雷顿法案对不正当竞争作了一般性的规定,其重点是防止价格歧视和通过产权重组形成排他性经营。它认为,价格歧视、限制性合同、削弱竞争的公司之间交叉持股、互派董事等行为是违法的。

克雷顿法禁止卖方对不同的买方实施歧视性价格,但是允许对不同品质、不同等级或销售数量的产品实施差别价格。在上述条件相同时,企业只能根据销售成本或运输成本的差别,相应降低价格,并且卖方也只能为了竞争进行善意降价。

克雷顿法还限制企业间削弱竞争和形成垄断的权益和资产交易,规定从事商业活动或者对商业活动有影响的任何企业都不得擅自进行可能或持续地减弱竞争,或进行有利于形成垄断的并购活动,即以直接或间接的形式获得竞争对手的部分或全部权益或资产。若有企业进行这种并购活动,须事先向贸易委员会申请,经批准后方可进行。

克雷顿法只适用于资本收购,而不适用于资产收购。因此,企业很容易通过购买财产而规避这个禁止性的法律规定。

此后,克雷顿法主要经过了以下重要修改:

1. 1950年的塞勒—克福菲反对合并法(Celler-Kefauver Antimerger Act)。塞勒—克福菲反对合并法增加了取得财产的规定,即取得竞争者的股份和财产这两种合并方式都属于克雷顿法第7条所禁止的范围,从而强化了这个条款。

2. 1976年颁布的《哈特—斯科特—罗迪诺反垄断修正法》(Halt-Scott-Rodino Antitrust Improvement Act)对克雷顿法的第7条补充了一个条款7A。这个补充条款要求涉及大企业的合并在合并前向联邦委员会或司法部的反垄断局进行申报,并对具体的期限做了明确的规定。这个条款仅适用于那些合并企业的销售额或其资产超过了1亿美元,而被合并企业的销售额或资产超过1 000万美元的企业合并。如果合并企业违反这个规定而实施合并,得被征收罚款。

3. 最后一个重要的修订是1980年的《反垄断程序的修订法令》(Antitrust Procedural Improvements Act of 1980)。根据该法令,克雷顿法第7条不再仅仅适用于公司间的合并,而且也适用于一些没有进行过注册登记的社团或者一些出于企业责任方面的考虑没有进行注册登记的"合营企业"。

(三)联邦贸易委员会法

美国的各种法律法规是由联邦司法部(DOJ)和联邦贸易委员会(FTC)来执行的。预期的兼并案必须通知上述机构,这两家机构根据通知展开调查。如果有必要,两家机构可以在联邦法院提出诉讼。FTC拥有各种上诉程序,包括行政法庭和独立的FTC专员。

联邦贸易委员会是根据1914年的《联邦贸易委员会法》设立的独立的执法机构。其基本职能是制止一切商业或贸易领域不正当竞争。经过90多年的发展,其职能不断扩大,突出表现为不仅反对不正当竞争,而且明确提出要保护消费者权益。总之,《联邦贸易委员会法》主要是关于制止商业或贸易领域的不正当的竞争方法的规定,体现了保护消费者和维护公平竞争的特点。有关企业合并的法律条文主要体现在《联邦贸易委员会法》第5条。它规定:"商业或影响商业的不公平竞争是非法的;商业或影响商业的不公平惯例,任何个人、合伙人、公司违反联邦贸易委员会制定的关于不公平的或者欺骗性的行为或不正当竞争方式的法律规则,联邦贸易委员会有权向区法院起诉,如果诉讼成功,FTC会对每一违法行为给予1万美元以下的民事处罚。"

《联邦贸易委员会法》主要是对重组并购进行管理,防止重组并购中的垄断行为。联邦贸易委员会法规定,任何并购必须获得联邦贸易委员会或者司法部的批准,未经批准,资产不得合并为一体。联邦贸易委员会和司法部联合实施反垄断法,共同提出了公司并购准则。该准则概述了联邦贸易委员会和司法部为横向和纵向并购而制定的有关政策。贸易委员会还被授权禁止任何个人、合伙人和公司在交易活动中或任何影响交易的活动中利用不公平竞争以及欺骗性手段。

二、美国颁布的并购准则

美国的反垄断法主要明确了反垄断的基本原则、分析因素、审查程序和措施等,而司法部和联邦贸易委员会编制了公司并购准则,为处理并购案提供指导。公司并购准则概括了对并购采取的具体政策,介绍了监督机构在分析并购时采取的分析框架和标准,以减少执行反垄断法过程中的不确定性。公司并购准则包括横向并购和非横向并购准则,以横向并购准则为主。虽然指南中的条款不具有法律约束力,司法部可以不根据这些指南向法院提起诉讼,但人们毕竟可以通过指南看出什么情况下的合并可能会受到当局的干预,从而使当事人对公司并购的后果具有一定的预见性。

(一)1968 年的并购准则

1968 年,美国为了保持市场上一定数量的小规模企业,防止形成共谋的条件,公布了《并购准则》。该准则以市场集中度为主要判断依据,即根据市场特征,详细规定兼并企业的市场份额标准。1968 年《并购准则》的规定概括如下:

1. 横向并购。横向并购是指相同产品的生产者或者销售者之间的合并。因为参与横向合并的企业相互竞争,通过合并将会直接减少市场竞争者的数目,所以,横向合并一贯是最受美国反托拉斯法严格管制的对象。以下主要介绍美国的并购准则中对横向并购的干预和禁止的标准。

(1)当四家最大厂商的市场销售额达到或超过该行业销售额的 75%,即 $CR_4 \geq 75\%$ 时,若有以下市场份额的两个企业的兼并行为,一般会遇到干预。如表 9-1 所示。

表 9-1

兼并企业	被兼并企业
$CR \geq 4\%$	$CR \geq 4\%$
$CR \geq 10\%$	$CR \geq 2\%$
$CR \geq 15\%$	$CR \geq 1\%$

(2)当四家最大厂商的市场销售额小于该行业销售额的 75%,即 $CR_4 < 75\%$ 时,若有以下市场份额的两个企业的兼并活动,一般会遇到干预。如表 9-2 所示。

表 9-2

兼并企业	被兼并企业
CR≥5%	CR≥5%
CR≥10%	CR≥4%
CR≥15%	CR≥3%
CR≥20%	CR≥2%
CR≥25%	CR≥1%

(3)当市场上存在着巨大的集中趋势时,兼并也有可能受到干预。在兼并前,八家最大企业的市场份额在10年间若增长7%以上,便认为集中趋势存在。这时,八家最大企业中的任何一个若兼并其他任一个达到或超过2%市场份额企业的行为,通常也会受到干预。

2.纵向并购。纵向并购是指处于不同生产阶段的企业间的合并,即参与合并的一方是某产品的生产商,而另一方是这种产品的销售商或者是提供产品生产的原料的供应商。由于纵向并购是一种涉及产品的买方和卖方间的合并,所以它具有以下两个特点:一是没有参与合并的生产商与合并后的销售商进行交易的可能性减少;二是如果生产商在其市场上已经取得了市场支配地位,则该企业对受控制的销售商所处的市场地位也将发生影响。

由于纵向合并通常会给予合并的生产商有竞争关系的企业带来不利影响,所以,可能影响或减少生产商的竞争者市场份额的因素将是纵向合并评价的重点。具体地说,司法部决定是否对一个纵向并购进行追究前,主要考虑以下三个因素:第一,生产商的市场份额;第二,销售商的市场份额;第三,当前进入市场的条件。如果生产商在其产品市场上已占有10%的市场份额,销售商在销售市场已占到6%的市场份额,该生产商和销售商的合并就被视为严重影响生产商的竞争者的合并行为。

判断纵向并购是否存在着限制竞争的不利影响时,法院不仅仅考虑生产商和销售商的市场份额,而且还考虑这个行业中是否明显存在着生产商和销售商联手的趋势,即是否正在从一个分散生产的市场结构向受少数企业操纵的市场结构进行转变。最高法院认为,必须从一开始就遏制可能的垄断趋势,以便保护其他企业,使其他企业不至于从市场上被排除出去。根据这种原则,在纵向合并中,如果合并企业的财力强大,被合并企业虽然规模较小,但在另一个市场上占据了市场支配地位,该合并就会加强被合并小企业的市场支配地位而减弱该市场上的竞争力量,该合并也会被禁止。这个原则被称为"大口袋"原则。

3.混合并购。混合并购是指既不存在竞争关系,又不存在商品买卖关系的两个企业之间的合并。虽然混合并购不会直接影响或限制市场竞争,也不直接提高市场集中度,但从长远发展的角度看,它们能推动经济的集中和市场势力的增长。所以,混合并购在以下三种情况下会遭到管制和干预。

(1)当被兼并企业处于以下情况时,兼并通常会受到干预:

A.占有大约25%或更多的市场份额;

B.是市场中两个最大的企业之一,这两个最大企业市场占有率达到或超过50%,且被兼并企业至少占有10%的市场份额;

C.是市场上4个最大企业之一,在该市场上,4个最大企业的市场份额达到或超过75%;

D.是市场上8个最大企业之一,而且8个最大企业合计占有大约75%或更多的市场份额。

(2)当存在可能导致互惠购买的风险时,兼并通常会受到干预。

(3)当兼并可能会产生行业进入障碍或增加兼并企业的市场势力时,兼并通常会受到干预。

(二)1982年的并购准则

与1968年的并购准则相比,1982年并购准则的最大特点是极大限度地允许合并,并尽可能地排除了有碍企业发展(包括外部扩展)的合并障碍。为了明确区分有利于竞争的、对竞争中立的和不利于竞争的合并,1982年的并购准则在许多方面进行了修改,提出了新的审查标准,它们涉及市场结构、生产关系以及市场行为等方方面面,其中最重要的是关于市场集中度的测量方法和市场范围。此外,准则也对纵向并购和混合并购提出了新的标准。

1.市场集中度的测量。市场集中度是评价横向并购最重要的指标。1982年合并准则的一个主要变化体现在测定集中度的测量方法上,它引入了赫芬达尔指数(HHI),以代替前4位或前8位企业的市场占有率指标。HHI是由同一行业中各企业的市场份额的平方相加而得,它能够综合地反映产业内企业规模的分布情况,并且对市场份额位于前列的企业市场份额比重的变化反应很敏感。例如,在某一市场上有6家公司,他们的市场占有率分别为:A,50%;B,18%;C,13%;D,10%;E,5%;F,4%。那么,

$HHI = 50^2 + 18^2 + 13^2 + 10^2 + 5^2 + 4^2 = 3\ 134$

$CR_4 = 50 + 18 + 13 + 10 = 91$

假如,D和E两公司发生了合并,则4家公司的CR_4和HHI为

$$HHI = 50^2 + 18^2 + 13^2 + 15^2 + 4^2 = 3\,234$$
$$CR_4 = 50 + 18 + 13 + 15 = 96$$

可以看出,HHI 指数和 CR_4 或 CR_8 的方法相比,有两个明显的特点:第一,它能更准确地反映市场结构,因为它不仅考虑了相关市场上 4 家或 8 家最大公司的市场份额,而且还考虑了其他竞争者的市场份额。

第二,HHI 指数使用的是平方计算法,大企业在市场上所占的份额越高,HHI 也就越大,由此显示的集中度也越大。因此,这种测度市场集中度的方法能够反映大企业对市场竞争有较大影响的实际状况。[1]

1982 年的并购准则按照 HHI 指数,将市场集中状况分为三类:

(1) 如果合并后市场的 HHI 指数不足 1 000,就可以认为,在此范围内的合并并不会导致市场的集中,此市场称为不集中市场,当局对此范围内的合并不进行管制。

(2) 如果合并后市场的 HHI 为 1 000~1 800 之间,反垄断当局就会认为,这个市场是一个中度集中市场。在中度集中市场上,如果合并前后的 HHI 提高不到 100,则说明市场集中度的变化不大,而合并不具备市场垄断的效果。反之,如果 HHI 指数提高 100 以上,合并就可能会对竞争产生重大影响,反垄断当局可能会禁止该项合并。

(3) 如果合并后市场的 HHI 指数在 1 800 以上,反垄断当局就会认为,这个市场是一个高度集中市场。如果在该市场上,合并使 HHI 指数提高不到 50,说明合并对市场集中度影响不大,合并不具有反竞争的效果,因此,反垄断当局不会干预该项合并。如果在该市场上,合并使 HHI 提高了 50 以上,当局很可能认为该项合并会产生、加强市场势力[2]或推动行使企业势力,从而决定禁止合并。也就是说,在 HHI 指数超过 1 800 时,合并被禁止的可能性很大。

总之,在 1982 年的并购准则中,市场集中度和合并企业的市场份额仍然是评价一项合并是否具有反竞争效果的最重要的考虑因素。

2. 市场进入壁垒。司法部干预一项合并时,会根据 1982 年的并购准则,除了考虑市场集中度和合并对市场集中度的影响这两个因素外,还要对市场结构进行全面的分析,即考虑是否影响潜在的竞争者,同时也重点关注相关产品的同质性、市场的成熟度以及为进入市场而必备的资本和技术条件等市场具体情况。一般认为,进入市场的壁垒越高,该市场上现有的企业就越可能有意协调它们的市场行为。在考察一个市场是否存在进入壁垒时,司法部考虑的是:在该市场上的进入条件,即产

---

[1] 王晓晔:《竞争法研究》,中国发展出版社,1996 年版。
[2] 后面介绍美国 1992 年的并购准则时,对此有解释。

品的价格提高5%后,可预见两年内将会有多少新的生产者进入该市场。如果市场不存在实际的进入壁垒,或进入壁垒很低,司法部将会不考虑市场集中度这一标准而批准合并。

3. 其他因素。司法部除了考虑上述因素外,还考虑了市场上的企业相互协调其行为的便利性以及协调是否会扩大企业赢利的情况,因为企业相互协调它们的市场行为同样可以提高进入的市场壁垒。1982年的并购准则将这些与市场协调有关的因素分为以下三种情况。

(1)市场结果。如果相关市场的企业很难甚至不可能进行共谋,那么厂商几乎不可能通过协调来共同推动价格上涨。这里需要考虑的因素有:产品的差别化、产品质量、产品创新、技术进步以及涉及价格以外的其他因素等。

(2)市场透明度。市场透明度越高,企业就越有可能相互协调其市场行为。因此,如果通过企业合并行为使市场上的经营者之间可以相互交流有关合同的订立、产品的价格以及其他的市场信息,从而提高市场的透明度,司法部就可能禁止该项合并。

(3)市场行为。企业的市场行为可以直接影响市场结果。因此,如果相关市场上的竞争者已经就产品的价格、产品销售的场所或者客户划分达成某种非法的协议,而企业合并使这种协调性的行为方式更难以被识破,从而使之更易于实施,或者相关市场所有的企业都在很大程度上从事某些典型的限制性商业实践,或者被合并的企业在市场上具有相当大的竞争力,从而合并将会减弱竞争强度时,司法部很可能会禁止这些合并。

(三)1984年的并购准则

1984年的并购准则对1982年的并购准则进行了修改,但并没有改变1982年准则的基本原则,而只是为了适应当时国内和国际经济形势,对某些不完善和不确定之处进行了修改。与1982年的公司并购准则相比较,1984年的准则主要做了以下三个方面的修改:

1. 干预标准。在干预标准方面,美国司法部不仅要考虑市场份额和部门的集中程度等数据资料,而且还要考虑其他非数据资料。即使合并后市场的HHI指数超过了1 800,而且与合并前相比较,合并后的HHI指数提高了100,司法部也还要考虑与市场和合并企业有关的其他情况。因为即使在这种情况下,有些合并也不会显著地限制竞争。这些需要考虑的因素包括刚刚出现的或者刚察觉到的市场竞争条件方面的变化,例如新技术的开发,参与合并的企业的资产状况,外国企业参与竞争的情况以及合并后可能产生的协同效应。

2. 对外国竞争的处理。在审查企业合并时,外国企业与国内企业要适用同样的标准。外国企业向国内出口,应当被看作是该产品市场的竞争者。在计算市场份额和市场集中度时,应考虑外国企业进入市场的能力和限制竞争的情况。

3. 效率。1982 年的并购准则虽然也承认合并会提高合并企业的效率,并将提高效率作为豁免本应受禁止的企业合并的一个辩护理由,但当时的司法部认为,只能是在例外的情况下,提高企业的效率才可作为合并不受禁止的辩护理由。而 1984 年的并购准则明确改变了态度,指出在一般情况下,应当允许企业通过与其他企业合并的方式改善其效率。在合并本应被禁止的情况下,如果参与合并的企业能够提供明确且有说服力的证据——证明合并将会显著地提高企业的效率,该合并也可以不受司法部的干预。

1984 年的并购准则除了对提高效率的企业合并做了积极的评价外,还详细地论述了分析企业效率的方法。根据该准则,只要合并使企业在生产、服务或者销售活动中产生了以规模经济为条件的成本优势、生产设备合理的联合、经营管理中的专业化、运输费用的降低以及类似的成本节约,都可以看作提高了效率。

(四)1992 年的并购准则

1992 年,美国司法部和联邦贸易委员会首次共同颁布横向合并准则。该准则不涉及非横向合并,表明了美国政府没有改变其自 1984 年以来对纵向合并和混合合并基本上不干预的态度。新准则总结了此前几部并购准则的经验,反映了美国司法部和联邦贸易委员会在企业合并管制方面的立法进展。具体地说,该准则有以下几个特点:

1. 准则的主题是合并不得产生、增强市场势力或者推动行使市场势力。准则指出,企业合并是以扩大财产收益为动机的,而这些收益来自许多方面。该准则并不是要分析出合并所能获得收益的种种情况,而是旨在集中说明一种潜在收益,即市场势力。对卖方而言,市场势力是指在相当长的一段时期内将产品价格提高到竞争价格以上的能力。它表现为某些产品的独家生产者或卖方(即垄断者)将销售价格维持在竞争性的市场价格以上;或者在少数企业共同操纵市场的情况下,它们通过或公开或秘密的协调行为,像垄断者一样行使市场势力。不论在何种情况下,行使市场势力的后果就是使买方的财富不公平地转移到卖方手中,或者是导致资源的错误配置。

2. 新的准则淡化了市场份额指标,突出了企业效率指标。合并对经济的主要益处是使它们具有提高效率的潜力,而效率又可以提高企业的竞争力。新准则指出,它规范的只是严重危害竞争的合并。因此,大多数情况下,企业合并不受当局干预,以提高企业的效率。尽管有些效率难以被证实,例如在销售、管理以及一般日常费用开支等方面实现的效率,或者与合并企业的特定生产、服务和销售无关的效率,准则中也建议反垄断当局予以考虑。

3. 准则明确提出了评价横向合并是否具有反竞争效果的分析方法。大致有五个步骤。

(1)审查合并是否显著地提高了市场的集中度,从而导致市场集中化。

(2)当局将根据市场的集中度和其他有关的市场因素,评价合并是否会产生潜在的反竞争效果,使用的指标仍是 HHI 指数。

(3)考虑潜在的市场进入能否及时、充分地降低或者抵御合并后的反竞争市场势力,也就是说,要求该市场是容易进入的市场,不存在市场进入障碍。

(4)考虑合并企业的效率。

(5)考虑合并的企业中是否有一方面临破产的威胁。如果将要破产的企业从相关市场上退出,则合并不太可能产生或提高市场势力。

三、美国公司并购监管的发展趋势

总的来看,美国公司合并控制和反垄断法的发展趋势是从严厉走向宽松。例如,像波音公司与麦道公司(美国)以及迪士尼公司与美国广播公司这类并购大案,在过去是不可能的,但现在都得到了准许。这充分说明了美国的反垄断法对国内控制的日益弱化,它表现在以下五个方面。

(一)从全面干预到有选择干预

企业合并有横向合并、纵向合并和混合合并之分。在很长一段时间内,在企业合并反垄断实践中,对横向合并的控制一直较为严格,而纵向合并和混合合并也不同程度地遭到了禁止。美国司法部自 1964 年开始颁布并购准则,并于 1982 年、1984 年做了修改,1992 年又做了改进。在 1964 年的并购准则中,它对横向合并、纵向合并和混合合并都规定了合并企业和被合并企业所允许的最大的市场份额,一旦超过这一界限,合并企业就会受到司法部的指控。在 1984 年修订并购准则时,美国司法部对合并形式没有采取传统的横向合并、纵向合并和混合合并的"三分法",而是采取了横向合并和非横向合并的"两分法",以强调只有横向合并才是合并政策的关心重点,对于非横向合并,则采取了非常宽容的态度。而1992年的并购准则干脆就叫横向并购准则。这充分说明,美国对企业合并的控制已从全面干预转向有选择性地进行局部干预,即对纵向合并和混合合并一般不干预。

(二)从结构主义走向行为主义

反垄断法有结构主义和行为主义之分。依照结构主义的方法,在认定提议中的企业合并是否是垄断性合并时,仅要求审查市场集中度和参与合并企业的市场份额。如果市场集中度迅速上升或参与合并企业的市场份额过大,那么就认为它是垄断性合并而禁止该项合并。很明显,这种单纯的以结构主义方法认定垄断性合并是相当严格的。事实上,市场的高集中度和若干企业的高市场份额可能是企业通过技术创新和产品创新获得的暂时性垄断地位。竞争对手一旦开发出类似的产品,或掌握了同样的技术,或者利用本身的技术取而代之的话,这种暂时性垄断地位就可能会被打破。因此,单纯以市场结构为标准来控制企业合并,有相当大的缺陷。

美国司法部1984年颁布的并购准则彻底抛弃了单凭市场结构来认定垄断性合并的有罪推定原则。该准则认为,判断企业合并是否限制了竞争,除了市场份额和部门集中度外,还要考虑市场竞争条件的变化,包括新技术的开发、企业的资产状况以及合并后的经济效益等。1992年的横向并购准则进一步降低了市场集中度在判断垄断性合并中的地位,把它与潜在的反竞争效果、市场进入效果和破产一起列为判断垄断性合并的标准,行为主义的色彩更加浓厚。

(三)对效率从反对走向支持

过去,美国在处理合并案件时都持"效率过错"观点,而不是"效率抗辩"观点。最近10多年来,情况发生了变化。效率不仅成为考虑一项公司合并是否应被禁止的重要标准,而且成为竞争政策的一项目标。美国在1992年的横向并购准则中指出:"合并对经济的主要益处是它们具有提高效率的潜力,这可以提高公司的竞争力,并降低产品的价格。"在大多数情况下,允许企业不受当局干预进行合并以提高效率。然而,它们仅限于公司通过其他途径不可能获得的"效率"。1992年的并购准则中,有关"效率"的修正案进一步明确承认了公司合并的效率,同时也进一步放松了反垄断在这一问题上的政策。

(四)对相关市场的界定从封闭走向开放

在反垄断实践中,市场范围的界定非常重要,它不仅直接影响到市场集中度的高低和对一个行业垄断程度的判断,而且也对公司合并的合法性判断有着重要的影响。在相当长的时间内,美国反垄断法把地域市场仅限于本国的领土范围,甚至是国内某区域。但随着经济全球化的发展,地域市场呈现出超越国界的趋势。在进口占国内需求相当比例的情况下,国内总需求有必要考虑加上进口企业的销售量。因此,在确定市场范围时,也需要考虑对外贸易因素。美国司法部1984年的并购准则明确指出,在审查公司合并时,应考虑外国企业参与竞争的情况。在计算市场份额和市场集中度时,要求考虑外国公司进入市场的能力和限制竞争的情况。反垄断法在界定相关市场时从封闭走向开放,且合并公司所在的市场是对外开放的,这使得公司在国内合并变得更为容易。

(五)将国际竞争力问题作为公司合并中的主要豁免理由

从历史上看,美国在控制公司合并时没有考虑国际竞争力问题,但是,自20世纪80年代以来,美国的做法发生了大逆转。1987年提出的《合并现代化法》草案中,已经提及将美国国内的合并放在国际竞争环境中来考察。如今,为应对日益激烈的国际竞争,联邦政府不仅放松了反托拉斯法的执法力度,而且在某些领域中,还在某种程度上保护和鼓励公司合并。

第二节 英国公司并购的监管

在英国,并购问题已成为1965年以来实施的反托拉斯法的主题。在这一时期,英国政府的促进公平竞争的经济政策经历了一个独特的阶段。英国于1973年通过了《公平交易法》,也制定了类似于美国的公司并购专门立法——《伦敦城收购及兼并守则》,对上市公司收购问题做出了较为详尽的规定。另外,英国《公司法》(1989年)也对公司并购做了专编(第六编)规定。与美国不同的是,英国并没有专门的反垄断法,对公司并购中的反垄断规制包含在《1980年竞争法》之中。

一、英国公司并购的法律监管

(一)《公平交易法》

对兼并实行监管是英国政府有关竞争政策的一部分,旨在保持英国国内产品市场的有效竞争。1973年,英国通过《公平交易法》(Fair Trading Action 1973),建立了并购控制体制。这一法规采取由垄断和合并委员会(Monopolies and Mergers Commission, MMC)用行政方法对兼并活动进行控制的方式,对兼并活动进行调查。英国的兼并监管体制在对兼并的态度上是中立的,所以不应假定兼并本身不受欢迎。

根据公平交易法,英国对兼并案的调查分为两个阶段:第一阶段是由公平交易部(the Office of Fair Trade,OFT)进行初步考察;接着建议贸易大臣(以前称负责贸易与工业的国务臣)将此案交由 MMC 进行更为详细的调查,此时就进入了第二阶段。MMC 进行调查后,将调查报告呈交贸易大臣,再由贸易大臣裁决是否展开对此案的调查。

1. 公平交易部及其运作。根据公平交易法设立的公平交易部(OFT),是对有关竞争活动进行监管的独立机构,对英国所有的兼并方案和实际兼并活动进行监管。从对兼并或兼并计划进行初审开始,OFT 就要决定 MMC 是否"需要对兼并情况进行调查",兼并情况包括一家公司对另一家公司进行大部分或少部分控制的交易活动。虽然公平交易部是一个非政府部长级机构,但根据法律授权,它具有英国主要的竞争管理职能,其目标是维护和促进英国消费者的经济利益,实施英国的竞争策略。垄断和合并委员会是一个专司调查与报告职责的机构,它根据国务大臣关于对某一并购案做进一步调查的决定,就该并购案是否有损于英国公共利益进行调查,并将调查结果报告给国务大臣(同时也送一份给公平交易部)。根据公平交易法,只需同时符合下述条件,即可宣告兼并存在:①两家或更多的企业将不再保持其独立性;②其中至少有 1 家是英国的或受英国企业控制的公司;③这一兼并活动,如果兼并已完成,并已在提交裁决前 6 个月发生;④兼并后的公司所占的市场份额超过 25%,被收购企业的账面资产总值超过 7 000 万英镑。

尽管 OFT 负责确定一家公司是否存在兼并情况,但并不是所有此类情况都会提交给 MMC 去裁决。对于是否提交裁决,并没有现成的简单明确的规则。OFT 根据其法律依据进行判断,并且权衡是否有足够的理由要求进行调查。OFT 可以根据下列因素来评估所提出的兼并案的影响:①英国的市场竞争状况;②兼并公司的效率;③就业和产业的地区分布;④英国公司的国际竞争状况;⑤国家的战略利益;⑥并购公司的生存能力;⑦对目标公司改变的幅度。

在考虑上述因素时,OFT 还要考虑当时政府的有关政策。很多年来,在强调竞争因素和非竞争因素之间,曾出现多次反复。1965~1973 年,英国政府鼓励英国公司的联合与兼并,以增强其国际竞争力,旨在树立"国家冠军"。此举导致对兼并采取"温和中立"的政策,从而降低了英国政府对企业合并的监控力度。

2. 垄断和合并委员会。垄断和合并委员会(MMC)是一个独立的咨询顾问机构,由一位主席专职负责,该委员会包括许多兼职的委员,他们由商界人士、律师、经济学家、会计师和其他专家组成,其首要任务就是确定有关兼并是否应该接受调查。他们利用下述标准来确定兼并是否在整体上或部分地损害了公众利益：①在英国保持有效的竞争；②促进消费者的利益；③降低成本，促进新技术、新产品和新的竞争者发展；④平衡英国的产业和就业分布，促进英国公司的国际竞争力。

MMC 的评议是调查性而非建议性的，而且对有关证据、程序和公正性没有明确的规定。因而，其做法带有非正式性和灵活性。MMC 在调查后，可以就兼并问题达成下述三项结论：①兼并未违背公众利益，因而可以允许其继续进行或予以支持；②兼并违背了公众利益，因而应当禁止；③在对竞争产生的负面影响得到纠正的情况下，可以允许兼并。

国务大臣根据委员会的调查报告和建议，做出不同的决定：①停止拟定中的并购；②要求并购方对有表决权的股份进行重新处置；③要求并购方将相关附属机构进行剥离，以避免对公共利益造成损害；④通过禁止歧视或维持、降低产品价格的指令，控制并购后的企业行为。

3. OFT 和 MMC 的快速调查机制。英国政府于 1989 年颁布的《公司法》中，引入了一种快速程序，要求公司自觉地公开宣布要进行并购的消息，并事先通知 OFT，接受 OFT 对这一过程的限期监督。在这种快速程序之下，OFT 必须在 20 个工作日内做出裁决建议（考察期）。但是，如果公司不能提供相应的材料，OFT 可以将最长期限延长至 45 天。

潜在的收购者在正式公开出价时，可以和 OFT 就有关信心指导问题进行接触，这可以使收购当事人对这一并购行动的可能性进行评估。如果有必要的话，还可以修改他们的并购方案。信心指导并不是一张保证书，只是并购的一个不必要的程序。

加快并购方案通过的另一种办法，是贸易大臣同意接受兼并案以后，OFT 才会对该兼并案提交裁决建议，而且 OFT 还有机会从第三方寻求有关意见。OFT 向 MMC 提交裁决建议后，还要求根据公平交易法（FTA）的条款，对参与并购的企业所提出的并购方案中有关并购双方相互利益的安排做出某些限制，一般不允许兼并方增加其股权，或其在目标公司行使的表决权不超过 15%。

4. 相关的批评。MMC 裁决建议书所强调的竞争与非竞争因素，给反托拉斯制度带来了一些不确定和不可预期的因素。就算某一并购案应接受 MMC 的调查，建议书也不会事先做出结论。1965～1986 年间，共发生 3 540 宗兼并案，其中只有 107 宗（仅占总数的 3%）被提交裁决，而在这 107 宗案子中，又有 33 宗（占 31%）被竞价方放弃了。这样一来，实际上只有极少一部分兼并案接受了调查。

MMC 在设计竞争问题的标准以及在对决定市场份额的合适产品和区域市场进行定义时，并不是明确无误的，反而经常会前后理解不一。一旦相应的市场确定下来，MMC 就通过计算兼并双方的市场份额来评估这一市场的竞争。如此一来,就会出现模棱两可的情况,即把相应的市场份额作为竞争和市场份额门槛的标准,超过了这一标准,就会违背公共利益。以前,将市场不能接受的这一门槛设置在28%~71%。

市场份额并不是衡量竞争状况的理想指标,其他因素,包括购买力、供给力以及潜在竞争需求也经常使用。然而,从MMC的报告中看,这些标准是否始终适用,很难评估。贸易大臣否决OFT的裁决建议,事先取决于MMC在其中的作用,这就削弱了反托拉斯制度的严肃性,同时还存在一种猜测,即这一提交裁决的过程,不能完全避免政治上的权术斗争。

(二)《竞争法》

《竞争法》(1980)对《公平交易法》的功能和授权做了补充。根据《竞争法》规定,所谓垄断,是指某个人、公司或内部关联的企业集团在英国供应和购买1/4以上的某种产品或劳务,或者两个或两个以上能达到这一比例但不相关联的人或企业,以任何方式进行勾结,以阻碍、限制或扭曲竞争。

《公平交易法》中规定的审查,是指对被提交的在一个完整的市场层面提供商品或劳务的所有公司进行的审查,而在《竞争法》中的审查则只限于对那些阻碍、限制或扭曲竞争的公司的调查。这种只对某一方面的调查要比委员会从事的全面调查更可行,也更节省时间,特别是当调查只限于对竞争的影响方面时。

《竞争法》授权总监对是否存在反竞争行为进行初步调查,如果确实存在反竞争行为,总监可以把它提交给委员会,以便做进一步的调查。一旦提交给委员会,总监必须公布这一事实并通知国务大臣,因为国务大臣在两周内就可以决定调查是否进行下去。根据《竞争法》的规定,竞争是指某个人、公司或勾结其他人或公司,对在英国境内或仅在英国某一地区提供某种产品或劳务的供应或采购市场的竞争施加阻碍、限制或扭曲性的影响。垄断与兼并委员会的作用是进一步证实当事人是否有危害公众利益的反竞争行为。

根据《竞争法》的规定,下列三种情况不视为反竞争行为:

(1)《商业活动管制法》(1976)规定的特别行为;

(2)年销售额低于500万英镑和市场占有率低于25%的单个公司,并且这个公司不是年销售额超过500万英镑或市场占有率超过25%的集团公司的成员;

(3)诸如国际船运和国际民航等例外的行业。

一旦审查被提交给委员会,它必须对下面几个方面进行调查:

(1)在前12个月内,是否有从事指定的产品和劳务的生产和经营的行为；

（2）这种行为是否有反竞争的特点；

（3）如果被认为是反竞争的，它是否已经或可能危害公众利益。

这一调查必须在总监指定的时间内完成，一般不超过 6 个月。但如果需要，国务大臣有权再延长 3 个月。之后，委员会必须向国务大臣提交一份报告，说明反竞争行为存在于何处，这种行为对公众利益有何不利影响。此外，委员会可能给国务大臣提出处理意见。国务大臣把整理好的材料提交国会，他必须阐明该并购案可能危害公众利益的事实和提供可能"有严重危害和不利影响"的个人或公司的详细资料。假如最终报告的结论是该项并购是反竞争的和损害公众利益的，国务大臣可以直接下命令禁止这项兼并，也可以要求寻求其他的处理办法。

（三）《反投资舞弊法》

《反投资舞弊法》（1958）是英国反对欺诈、保护投资者利益的主要法规。在英国，任何人在未经许可的情况下从事营业性的证券交易都是非法的。目前，经贸易与工业部许可的交易商大约有 360 个，这不包括证券交易所及其他有组织的协会成员、英格兰银行、行业协会、营销公司、建筑协会和根据贸易与工业部第 6 号令许可的交易商。

就兼并与收购而言，《反投资舞弊法》的第 13 条和第 14 条最为重要。第 13 条规定，任何人为诱导他人买入或卖出证券而发布有误导或不诚实的信息的行为是非法的；第 14 条对有关信息的发布做了规定，定明整理、编写涉及这些信息的人员未经许可，不得披露有关信息，否则就属违法行为。

如果一个私人公司仅有很少的股东，收购出价通常不需要进行正式公告。在这种情况下，《反投资舞弊法》第 14 条就不再适用。但自 1983 年 6 月 1 日贸易与工业部第 3 号文件生效后，第 14 条不适用于私人公司的限制已经取消了。

二、英国公司并购的自律监管

（一）《证券法》

英国对兼并的管理除了法律管理外，还有自律管理——一种证券业的自我管理。自律管理具体由证券交易所和接管与兼并专门小组执行，两者都对证券业协会负责。根据《证券法》（1984）的规定，证券交易委员会为主管部门。《证券法》自 1985 年 1 月 1 日起生效，同时，英国证券业协会还公布了修订后的公司上市准入黄皮书。不管在证交所，还是在场外证券市场上交易，这些法规对兼并方、被兼并方或其母公司都适用。

一旦公司证券在证券交易所挂牌交易,公司就有义务与其他股东保持充分的联系,具体联系的内容在黄皮书的第 2 章做了规定。黄皮书的第 1 章将兼并划分为以下 5 种产权交易类型。

1. 第一类交易。根据分类标准,第一类交易是指下列 4 个指标都等于或大于 15% 的交易。它们是:

(1)被兼并公司与兼并公司的资产价值比;

(2)被兼并公司与兼并公司来自资产的正常税前利润之比;

(3)兼并公司的总回报与其总资产之比;

(4)为兼并而发行的股票价值与发行前的资产净值之比。

一旦某种兼并或收购被认为是第一类交易,兼并公司应把兼并的通知和公告一并送交新闻媒体公布,并及时把详细情况报送价格管理部门。修订后的黄皮书还增加了通知书的内容,规定需要披露负债和董事的权益以及过去 5 年内税前利润和税额的变化。假如兼并公司是已上市公司,那么,它的会计报表就不再需要一个营运资本的报告,否则则需要,因为现金往往是收购回报的重要组成部分。

2. 第二类交易。如果上述 4 个指标在 5%~15% 之间,那么这类兼并为第二类交易。在这类交易中,兼并公司只需要把有关的信息送交到价格管理部门即可,如果愿意,也可送至新闻媒体公布,但并非必须。这些信息包括:

(1)被兼并资产的价值及有关的详细情况;

(2)企业名称及有关说明;

(3)总回报及支付计划;

(4)被兼并公司的资产净值;

(5)由兼并引起的利益增加;

(6)公司董事服务合同的详细情况。

3. 第三类交易。这是指符合以下条件的兼并活动:

(1)被兼并公司的资产价值不到兼并公司的 5%;

(2)被兼并公司的资产净值不到兼并公司的 5%。

只要满足这两个条件,并且部分或全部的交易收益不是由求购的某一上市公司的证券产生的,那么兼并公司根本不需要发布公告。

4. 第四类交易。假如某兼并必须涉及某个董事、前任董事、大股东或前大股东,不论它是否可以归入前三类中的某一类,都把它称为第四类交易。根据《公司法》第 63 条,这里的"董事"包括"影子董事",公司被看作是一个由这些人组成的团体。若其中某个大股东拥有 30% 以上的表决权,就能直接或间接地控制董事会的构成。

修订后的黄皮书对这类交易中的通知准备和交易资料准备进行了

规范。此外,假如这类交易也可以归到第一类交易,那么第一类交易对通知的要求是适用的。

5. 大量收购或反向接管。当一个上市公司反向收购一个比自身规模大的非上市公司或通过大多数股东的加入而使原公司控制权产生变化时,就被认为是反向接管。确定某一交易是否属反向接管,需要对12个月内的所有有关的收购进行累计。

证券业协会通常要求这种交易需经股东同意,上市公司证券要求暂停交易,直到股东准许和所有有关信息生效后才恢复交易。但是,修订后的黄皮书有一个针对某些大量收购活动的特许条款,只要收购方符合某些条件,收购公司就可以作为一个新申请上市的公司,在有关详细资料公布后就恢复上市,而不必获得股东的同意。这些条件是:

(1) 收购双方规模相当;
(2) 双方从事同一业务;
(3) 新公司适宜上市;
(4) 管理层、董事会或表决权没有大的变化。

(二)《城市法规》

除证券交易所对兼并行为进行管理外,《城市法规》(1985)对此也有规定。城市法规是证券业协会授权颁布的,它对企业的兼并做了规范,由接管与兼并专门小组来执行,适用于公共公司、上市或非上市公司。但该法规通常对私人公司不适用,除非私人公司在兼并出价前的10年内有政府的出资或参与。城市法规的最新一个版本是在1985年4月19日公布的,并在当年4月29日生效。

作为一个行业协会自律管理的法规,城市法规并不等同于通常意义上的法律,它的许多条款可能转变为法令,应该说具有一定的严肃性,但它始终只是一种非正式的协定。尽管如此,一旦某个公司违反了城市法规,它的证券市场工具仍可能被取消。

城市法规分为两个部分:第一部分是一般原则,它基于股权平等的观点,其中一个重要的特点是兼并中的溢价收益应该根据股权同等地分配。第二部分是根据一般原则对有关的具体问题所做的规定,共有37条,由经理执行。公司股东或顾问若有异议,可以向接管与兼并专门小组申诉,要求仲裁。如果不涉及商业秘密,当事人各方都应出席专门小组的听证会。要是专门小组发现公司在并购中有违规行为,它可以决定给予私下的惩罚或公开的谴责。假如违反法规的行为比较严重,可以暂时或永久地取消其利用证券市场工具的资格。在执行惩戒决定前48个小时内,被认为有违规行为的,可以提出上诉。上诉仲裁委员会由1名主席和 3 名专门小组成员组成。委员会通常只在两种情况下接受上诉：一是专门小组可能超出了其管辖的范围，二是处罚可能会导致公司出现严重的困难。倘若上诉失败，就必须公布专门小组的裁决，惩戒也必须执行。

通常，专门小组的惩罚，尤其是公开的谴责，是相当有效的。但是，偶尔也有人无视城市法规，最为著名的案例是莱普—圣皮尔姆有限公司。根据专门小组报告，莱普先生应该按股票出价，以每股 85 便士的价格收购其余股份，但遭到莱普先生的拒绝。为此，专门小组就认为他作为一个公共公司的董事是不合适的，并暂停了圣皮尔姆有限公司的股票交易。在 1981 年 4 月，贸易与工业部完成了对圣皮尔姆有限公司的调查。调查报告宣称，公司董事们的行为并没有很好地从股东的最大利益出发，应该对公司做进一步调查。但国务大臣并没有采纳这个建议，他认为，承担诉讼费用的应该是股东而不是纳税人。最后，圣皮尔姆有限公司的其他股东以每股 60 便士的价格将其股份卖给了莱普先生。在这个案例中，一个重要的问题是，一旦股票停牌，公司就不能被人收购，当然也不可能被接管了。1983 年，莱普先生通过注册交易商购买了另一家公共公司 30% 的股份，再一次触犯了城市法规。专门小组裁决结果是反对其行为，并对其进行公开谴责。尽管莱普先生指责专门小组对其有偏见，但他仍服从了裁决。然而，从法律上说，莱普先生仍然能通过注册交易商持有这 30% 的股份。所以很清楚，在这种情况下，公开谴责不是绝对有效的。

城市法规推荐的整个兼并出价步骤的要点归纳如下：

(1) 出价方向目标公司的董事会或顾问出价，要绝对保密。

(2) 在第一次宣布出价后，目标公司要把详情通知股东，没有垄断与兼并专门小组准许，出价方不得撤销出价。

(3) 出价文件应在出价宣布后的 28 天内寄出。

(4) 提供给出价方的信息也应同等地提供给所有潜在的善意收购者。

(5) 所有事实应该精确和公正地通知股东。

(6) 出价文件应包括企业继续经营的意向、资产重新调整的意向、出价的长期商业目的、出价方已拥有目标公司的股份和出价条款等方面的内容。

(7) 在出价文件寄出后，至少在 21 天内，出价适用于所有目标公司股东，即出价是开放的，修改的出价文件寄出后的 14 天内，出价也同样如此。

(8) 出价 60 天后，未经专门小组同意，不能宣布此出价是无条件的。

(9)一旦宣布出价是无条件的,还必须再附加另 14 天的出价开放。

(10)出价方必须在一定的时间限度内通知证券交易所出价的结果。

(11)进行部分出价时必须经过专门小组的同意。

(12)若出价方实际支付了高于当前出价的价格购买股票,那么出价也应随之提高。

(13)内部人员,尤其是有利害关系的人员不得从事该种股票的交易。

(14)若出价方在 12 个月内已获得了 15% 以上有投票权的股票,出价支付时需用现金或现金的替代物。

(15)一旦某个公司有另一个公司 30% 的有表决权的股票,他必须出价收购其他股份。出价应不低于这 12 个月内购买这种股票的最高价。

三、英国公司并购监管的发展

很多资料表明,第二次世界大战后英国的产业集中度在日益提高。集中度的大小在很大程度上取决于所采用的比较指标,用大多数通用的指标比较,英国的产业集中度要超过任何其他欧洲或北美国家。毋庸置疑,兼并与收购对产业集中度的提高起了重要的作用。尽管英国有这样一个复杂的兼并与收购法律管理体系,从 20 世纪来看,与 70 年代初相比,80 年代中期英国公司兼并的数量少了将近一半,但从兼并的资产价值来看,则大大地超过了 70 年代初的水平。这说明,兼并倾向于在大公司之间进行,这无疑提高了产业的集中程度。

20 世纪 60 年代中期,证券业协会对某些兼并行为进行了强烈批评,成立了接管与兼并专门小组。其中的一个重要案例发生在 1967 年。当时,阿勃雷德和斯隆姆两家公司竞争收购金属工业公司。通过大量收购,阿勃雷德公司已获得金属工业公司 52% 的股份,于是在一个星期五宣布停止出价。由于金属工业公司的董事们更愿意接受斯隆姆公司的收购,所以他们在星期六决定发行 500 万股股票,以收购斯隆姆公司的一个子公司。这样,阿勃雷德拥有的股票份额立刻降低到 32%。于是,斯隆姆公司趁机出价将金属工业公司收购了。当时的英国首相哈罗德·维尔逊说,如果城市法规不能控制这种行为,他就只好帮助解决。正是这种批评,促进了英格兰银行总裁建立自律管理体系。

事实证明,关于接管与兼并的城市法规在规范这一领域的监管行为方面是极为成功的,很少有人对它的权威性提出异议。它的成功主要在于对市场环境变化的反应速度和灵活性。如果要说有什么缺点的话,那就是那些违规的人可能没有受到足够的惩罚,就算是公开的谴责也只用在违规比较严重的场合。例如,1984 年 12 月,接管与兼并专门小组注意到,彼茨尔建筑公司给股东发布误导性信息。根据法规,该种类型的信息必须以竞争法规定的格式发布;而且,《城市法规》第 17 条特别强调股东有权得到所有方面的准确和公正的信息。专门小组认为,该公司与其目标公司收益记录的统计图不精确,并责令其在被警告之日起 2 天内纠正不精确的信息。显然,这是一个很好的自律管理的佐证。

英国兼并管理发展中另一个重要的方面是对于内幕交易的管理。从 1980 年 6 月 23 日起,内幕交易在英国被认为是一种违法行为。一般来说,如果某人能直接或间接获得内部信息,他就不能在有组织的证券交易所或场外交易市场上进行证券交易。兼并和收购专门小组和证券交易所一直呼吁立法控制内幕交易,但由于政府的两度更迭,这一提案被搁置了。证券交易所特别关注内幕交易,因为它对证券交易所要给所有投资者提供一个公平竞争市场的目标构成了威胁。多年来,证券交易所一直鼓励对那些表面上证据确凿的内幕交易事件展开调查,当证券交易所调查部发现接管中有滥用其有利地位的情况时,就把这一情况反映给接管与兼并专门小组。专门小组被允许在自愿的基础上,对它认为违反了《城市法规》第 30 条的个人进行询问,因为《城市法规》第 30 条规定任何人均不得利用有关收购出价或有出价意向的价格敏感信息。确定某人是否滥用其特殊地位是个很困难的任务,因为他不大可能以他自己的名义购买证券,而更可能通过某个表面上跟他没有什么联系的人买卖证券。专门小组遇到的另一个困难是城市法规不适用于与接管参与方没有直接联系的人。但是,自 1980 年起,城市法规已得到了立法支持。遗憾的是,根据专门小组 1982 年的年度报告,在一个收购出价或可能的出价宣布之前,目标公司的股价有不适当波动的情况很多,特别是在出价宣布前 48 小时内,目标公司股价上涨的发生率相当高。调查的过程是在股价有较大的异常变动时,由证券交易所仔细检查交易情况,并把值得进一步调查的案件提交给贸易与工业部。

四、英国公司并购监管中存在的问题

英国兼并管理的总的政策取向是反对垄断和维持有效的市场竞争,但在具体的操作上,也暴露出一些问题,主要包括下面几个方面:

第一,贸易与工业国务大臣拥有过大的兼并处理权。

第二,由于公平交易法不能管理全国或地方的报业兼并,报业的垄断倾向没有被遏制。

第三,计划进行兼并的公司没有义务预先通知公平交易部,这给全面兼并管理带来了不便。

第四，衡量资产的基准随着会计制度的变化经常改变。在 1973 年，资产通常用账面的历史成本计价。20 世纪 80 年代中期，更常用的方法是修正的历史成本法，这样，资产可以定期重估。在英国，也有少数以现行重置成本来计价的资产。而政府在对兼并进行管理时，不同的资产规模适用不同的法律条款。鉴于资产准则的不一致，有人认为有必要对此做出说明，或者把资产基准改为收益回报，或像前联邦德国那样采用销售额基准。

第五，大多数提交公平交易部和垄断委员会的案件应主要限于竞争方面的问题，这样，垄断委员会才有可能进行更多的调查。从统计数字看，只有 3% 的兼并满足公平交易法规定的界限而提交给垄断委员会。这些对兼并的调查虽然对有关公司的决策很重要，但对整个英国经济的影响却微乎其微。

第六，随着调查数量的增加，应进一步明确衡量竞争的指标。美国所采用的赫芬达尔指数（HHI）被认为是一个较合理的指标。HHI 指数不同于其他集中度指标，它的特点是把每个企业的市场占有率的平方相加。而英国的秘密指导线制度使得企业界对政府如何进行兼并管理感到不明确，甚至有点令人捉摸不透。

第七，另外的一个所谓"公众利益"问题似乎改由诸如就业政策、地区政策等专门的计划来处理会更好一些。比如，假设某个集团公司决定关闭它下属的一个工厂，政府无权改变这一决定。但若某一集团公司接管了另一家公司，并关闭了其中的一个工厂，这就可能会被国务大臣所制止。如果国务大臣这样做了，那么他实际上可能无意地妨碍了产业的合理化。经过协商，国务大臣可以决定某项兼并是反竞争的，或决定只要满足某些条件，某项兼并可以进行，但受害方不能像美国那样提起诉讼。

第三节 其他国家和地区公司并购的监管

一、欧盟公司并购的监管

《罗马条约》（the Treaty of Rome）所体现的精神，特别强调要在欧共体内保持竞争。竞争规则旨在防止欧共体市场内由于卡特尔及其对市场垄断的滥用而造成的竞争扭曲。第 85 条旨在防止企业重组安排造成对市场竞争的扭曲效果，第 86 条则是防止公司滥用其在市场的统治地位限制竞争和国内贸易。

第85条和第86条由欧洲法院进行裁决,在所有兼并的地区都适用,但其适用的领域没有明确规定,因为这些条款最初并非用于兼并活动的监管。为了弥补这一不足,1990年9月建立了一种全新的兼并监管制度。然而,第85条、第86条对其他类型的合并活动如合资企业的合并活动仍有一定的效力。

(一)欧盟竞争条例

第85条是有关反卡特尔条例(Anti-Cartel Rule)。它禁止:
(1)承诺达成一致的协议;
(2)做出了与该承诺有关的决定,或采取一致行动,而这一行动会妨碍、限制和扭曲市场内部的竞争,影响欧盟成员国之间的贸易。

在第85条之下,并非所有的协议或安排都是被禁止的。实施这一条例的欧委会承认,某些协议或安排有助于产品的生产和分配,促进技术和经济进步。这样的一种安排如果使消费者拥有公平的利益份额,欧委会则会根据第85条第3款的规定,免除上述条件的限制。第85条还规定,这些安排要事先通知,以便使欧委会决定它是否与欧盟的共同市场保持一致。

第85条所禁止的任何协议,将会自动失去法律上的追溯效力。换句话说,第85条第3款的豁免权是有限期的,超出了这一期限,就要重新进行审查。

第86条是反控制条例(Anti-dominance Rule)。它禁止企业在共同市场内部滥用市场的控制地位,以至于影响到成员国之间的贸易,但控制地位本身是不被禁止的。然而,与第85条不同的是,第86条并没有要求事先通知或豁免权的条款。控制地位滥用的例证之一,就是拒绝提供令人信赖的承诺,以及采取掠夺式的定价。

(二)欧盟兼并政策的演变

在欧盟有关竞争的法律用语中,"集中"(Concentration)一词有点儿模棱两可,它包括兼并、收购、接收的意思,主要依据其是否包括有控制性收购,或在公司股份或资产中是否占大部分的利益。有些合资公司也被看作是集中。直到1990年新的兼并控制法颁布之前,欧委会一直采用第85条、第86条来对兼并活动进行预防和修正,没有建立专门的制度来监管和规范这些兼并活动,也没有专门设立单独的管理机构。但是,这些缺陷和不足使其退回到了《罗马条约》之前。

由欧洲法院判决的两宗标志性案件,在一定程度上扭转了这一状况,这就是1973年的大陆罐头案和1987年的菲利浦·莫里斯案(Philp Morris)。这两个案件的判决分别将第85条、第86条的适用范围延伸到了兼并领域。在菲利浦·莫里斯案之前,人们认为,第 85 条并不适用于诸如兼并和收购案中的购买股权的协议。同样,大陆罐头案的判决中规定了这样一条原则,即假定一家已在欧洲共同市场中取得控制地位的公司试图兼并其竞争对手,则被认为是滥用其控制地位,因而,要沿用第 86 条的规定。

(三)《兼并法》

欧盟新的监管体制确定了集中(包括兼并)所包括的范围和准则,集中必须服从欧委会兼并专责小组的监管。在下列情况下可能出现集中的情况:

1. 两家或两家以上独立的企业合并在一起。
2. 一家企业通过购买股权或其他方式进行收购,直接或间接控制另一家企业。
3. 已至少控制了一家企业的个人,又直接或间接地控制了另一家企业。直接或间接的控制来源于权力、合约或其他方式,它有可能对企业发挥决定性的影响作用。这意味着,一旦某人对企业发挥决定性的作用,那么一般来说就产生了集中。但是,如果只是在某一暂时阶段,则此举不一定被看作集中。构成这些决定性影响的因素是由欧委会来审查的。通常,在持股比例达到 20% 时,则被认为是产生了决定性影响。

此外,《兼并法》对某些类型的持股情况和控制网开一面,前者包括担保公司进行的投资,后者包括破产案中的管理人员。

(四)欧盟标准的集中

只有存在"欧盟标准"的情况下,"集中"才受到欧盟的司法管辖。因此,如果有一宗交易受《兼并法》约束,那么这宗交易必定存在"集中"的问题,而且必须用欧盟标准来衡量。欧盟标准的集中(Concentration with a Community Dimension,CCD)根据三种规模界限来定义——全球范围、欧盟范围和国家范围。此举针对的是那些不只限于单一成员国之内,而是对欧盟范围产生影响的大兼并案。根据兼并法,下述情况下出现 CCD:

1. 所有涉及的公司在世界范围内的营业额达到 50 亿欧元以上;
2. 至少两个公司中每个公司在欧盟的业务总额达 2.5 亿欧元以上;
3. 每个相关公司在同一成员国的营业总额占欧盟营业总额的 2/3 以上。

欧委会对 CCD 拥有唯一的司法管辖权,除非兼并法允许的某些情况另有规定,这就可以避免涉及 CCD 的公司要求接受不同国家的反托拉斯监管。正如我们所了解的,取消这种多重司法管辖的做法,就是众所周知的"一步到位"的原则。在欧盟范围内,参与兼并的公司必须在一周之内将兼并的声明告知欧委会,而且可以延长3个星期。在1个月的通知期内,欧委会必须决定该案是否和欧盟市场协调一致,这是第一步。如果不是,则需要展开调查,并在4个月内得出结论,这是第二步。如果欧委会展开诉讼,受《伦敦法则》(the City Code)管辖的并购则即时失效。如果兼并威胁到欧盟的竞争,欧委会将会完全禁止此类兼并。如果兼并的公司在遵循有关承诺的同时能消除兼并过程中的反竞争因素,则这一兼并允许继续进行。

(五)司法冲突

可以想象,兼并法在运作过程中,至少会出现两种司法冲突,一种是欧委会和成员国之间的冲突,另一种则是欧盟国家和诸如美日等非欧盟国家之间的冲突。尽管兼并法的目的是避免对同一兼并案例进行多重反托拉斯调查,但在实际过程中,欧委会和成员国的反托拉斯管理机构都声称对某一特定案子拥有司法管辖权,《兼并法》第9条和第21条允许成员国在某种情况下拥有司法管辖权。

根据第9条规定,欧委会可以将兼并案提交给声称拥有管辖权国家的管理当局,这一兼并可能会在成员国"独特的市场"产生或加强其统治地位,妨碍有效的竞争。上述条款的前提是,欧委会认为成员国提出的管辖要求是合理的。

根据第21条规定,成员国可以介入和要求司法管辖,以保护其已不隶属于欧盟管辖的"其他合法利益",这些利益包括公共安全等。如果兼并不属于CCD的范畴,欧委会就不能援用第85条、第86条,但是,它可以接受成员国的反托拉斯管理机构的调查。如果一家公司成为多方收购的对象,欧委会和成员国都可以对这种收购进行司法管辖。其结果是,接受调查所沿用的标准前后不一、大相径庭。当欧盟之外的公司之间试图提出兼并计划时,也会出现这种冲突。由于它们的营业额达到了《兼并法》的界限,这些公司必须接受欧委会的调查。这样一来,尽管最初提出兼并计划的公司所在国的国家反托拉斯管理机构批准了这一兼并案,但仍然可能会列入欧盟的禁止范围。比如,1991年,欧盟对电信巨头AT&T和计算机巨头NCR的兼并案展开了初步调查,这两家公司均为美国公司,这宗兼并案尽管得到了批准,但的确提出了欧盟兼并法的涉外法权问题。

(六)对兼并法的评估

与兼并稍有类似的集中型合资企业受兼并法的管理,而与卡特尔相似的合作型合资企业,则受《罗马条约》第85条的制约。要分清这两种类型的差异是很难的。两者对"控制行业""公司集团""市场"的定义仍然很不明确,前两者需要计算营业额界限,而这里所指的"市场",是指所提出的集中方案必然会妨碍有效的市场竞争的地方。兼并法中有一项对集中的审查条款,是以对"技术和经济进步"和"社会凝聚力"的贡献为基础的。这样一来,就像在英国所见到的那样,会存在这样一种可能,即由于对"公共利益"的考虑,影响到兼并调查的结果,这就给兼并法带来了更多的不确定性。从兼并法开始实施到1994年1月,欧委会共审查了197宗并购案。其中,只有1宗案例是遭到禁止的,即1991年宇航公司和阿莱尼公司(Alenia)联合并购加拿大的哈维兰公司(Haviliand);有8宗兼并案得到有条件的批准;另有8宗在接受第二阶段的调查后,无条件地得到批准。如此低的禁止率,给人以这样一种印象,即欧盟的法律过于宽松。然而,值得赞赏的是,欧委会已对每宗个案规定了明确的界限,从而赢得了公司的信赖。

二、法国公司并购的监管

法国是一个对公司并购管制相对较宽松的国家。1953年颁布的《53-704》号法令是法国最初的公开交易法。法国还分别于1967年和1977年对竞争法进行了修订。虽然这些修订使法律在内容上不断完善,但法律的执行情况却并不尽如人意。于是法国于1986年12月统一了所有的竞争法令,颁布了统一的《公平交易法》,其中包括对企业合并的管理控制。

(一)《公平交易法》对企业合并的规定

1. 对企业合并的定义。合并是指以任何方式的行为,导致企业全部或部分财产、权利及义务的所有权或使用权的转移,或指使一个企业直接或间接对一个或数个其他企业产生决定性影响的行为。

2. 合并案审查的规范。任何兼并计划或兼并,只要有危害竞争之虞(特别是取得或加强控制地位的合并),就可以由经济部长提交竞争委员会审查。其具体规定是:合并发生总额占全国市场或其重要部分超过25%,或其营业总额超过70亿法郎,且其中两个以上企业的营业额各为20亿法郎以上。

3. 如果某项兼并可能引起过度集中或垄断,经济部门可以采取以下措施:①禁止该项兼并;②恢复兼并前被兼并企业的合法地位;③改变兼并的性质;④采取措施确保适度的竞争存在;⑤如果兼并使竞争受到削弱,应采取增加社会福利或经济福利的措施。

4. 特点。公平交易法对企业合并的管理较为宽松,其特点在于:

①对企业的合并行为不采取禁止主义,重点在于监督、防范和矫治;②无事前强制申报制度,当事人也无事后报告义务。企业的申报或报告完全是任意的;③只有合并的规模达到一定程度,才予以管制,并以其可能妨害竞争为条件;④即使企业合并规模达到一定程度,但如果合并对社会、经济的进步有贡献,能够弥补其对竞争的损害,仍然可以得到批准。

(二)企业合并的监管机构

法国对企业合并的管理机构包括法国经济财政工业部及竞争委员会。经济财政工业部在旧法时期对不正当竞争行为的管制处于重要的地位,1986年新法制定后,为减少行政干预,促进经济自由,经济财政工业部的权限已逐渐削减,但其在不正当竞争行为管制方面仍起重要作用。而竞争委员会主要在公平交易法的执行方面发挥作用。它负责参与并提出兼并建议,也可以在某项合并行为发生之前通知政府对此发表看法。竞争委员会由一位国会议员任主席,数名各地方行政长官和司法长官为委员。

任何兼并计划或已完成3个月内的兼并,涉及的企业可以向经济部长申报,也可以直接向竞争委员会提交案件,申报可以附加承诺。经济部长在3个月内不表示同意,则视为默认此项兼并及其附加承诺。经济部长也可以将此案件移交给竞争委员会,委员会需在接到通知的8个月内做出裁决。经济部长及涉案经济部门的主管部长可以根据竞争委员会的评估意见对企业合并进行裁决。

(三)对滥用市场支配地位的管理

法国对滥用市场支配地位的管理是事后的,即事先不一定禁止这种行为,但需要由专家来调查每一个案例,再决定是否准许。法国不单纯禁止具有控制地位的企业合并,但对于滥用其市场支配地位,不正当运用其经济力量妨害市场不正当竞争的行为予以禁止。对于存在滥用市场支配地位的合并,竞争委员会可以请求经济部长及涉案经济部门的主管部长,命令其限期修正、补充,或终止该合并。

三、德国公司并购的监管

(一)德国公司并购立法的背景和概况

在德国,反垄断同样是公司并购立法的核心任务。和其他许多国家一样,德国的反垄断法(包含在《反限制竞争法》之中)对公司并购所产生的垄断问题的规制存在一个不断完善和发展的过程。1957年颁布的《反限制竞争法》并没有对公司并购实施控制的规定。1973年对该法的修改才较为系统地规定了公司并购的概念、对并购进行干预的规模标准、控制的程序、对受害人的法律救济以及例外情况等。1976年的修改强化了对出版、报纸、杂志发行诸公司并购的控制。1980年的修改扩大了公司并购前通知的要求，缩小了并购小企业的豁免范围和标准。1989年的最新修订强化了对商业公司并购的控制。总之，德国通过对《反限制竞争法》的不断修订，对公司并购的控制存在着一个不断强化的趋势。德国政府强调这种控制的必要性在于，企业合并会损害竞争，而且会阻碍企业提高生产效率和推动技术进步。如果竞争被损害，就不能保证大企业发挥其规模经济的优势，也就不能给消费者带来任何规模经济的好处。对于纵向合并与混合合并，虽然在1980年第4次修订中增加了新的法定推断，但迄今为止，卡特尔局实际上很少干预混合合并和纵向合并。近年来，德国为了鼓励它的企业成为有国际竞争力的大企业，并不按照绝对标准来干预并购，还会考虑其他一些因素，如国内的整体经济与社会公共利益，以及在国外的国际竞争力等。

（二）德国禁止公司并购的实质性标准

《反限制竞争法》第36条第1款规定：对于能够产生或者加强市场支配地位的合并，如果参与企业能够证明该合并同时还改善了市场竞争条件，且改善竞争的好处大于限制竞争的坏处，卡特尔局不得禁止其合并。禁止公司并购的核心在于，一个并购如果可以被预见将产生或加强公司在某个市场的支配地位，卡特尔局可以禁止该合并。此外，该法第42条还授权经济部长可以批准那些被卡特尔局禁止了的合并，其前提条件是，合并对整体经济或社会公共利益有着显著的好处，且这种限制竞争没有达到严重损害市场竞争的程度。《反限制竞争法》第19条对"市场支配地位"做出了规定。根据该条第2款，作为一定产品或者服务的供应商，如果符合以下条件，则可被视为占市场支配地位的企业：第一，企业在市场上没有竞争者，或者没有实质性的竞争者；第二，与其他竞争者相比，该企业有显著的市场地位，这里特别要考虑其市场份额、财力、进入采购或销售市场的渠道、与其他企业的联系、其他企业进入市场时在法律上或事实上受到的限制、该企业将其供应或需求转向其他商品或服务的能力，以及它的对手转向其他企业的可能性，另外，还应考虑德国境内外事实上或者潜在的竞争者。

（三）德国的横向并购控制

德国的横向并购不仅指相同产品市场上企业间的合并，而且还包括相近产品市场上企业间的合并。而横向合并一直是德国企业合并的主要形式。在对企业横向合并的控制中，反垄断机构基本上是依据合并企业的市场份额来推断合并是否加强了市场支配地位。《反限制竞争法》

第19条第3款规定,在以下几种情况下,卡特尔局可以干预企业的横向合并:

  1. 如果一个企业至少占据了1/3的市场份额,且在上一年度的营业额超过2.5亿马克,则可推断这个企业是一个占市场支配地位的企业。

  2. 如果市场上最大的3家或3家以下的企业共同占有1/2的市场份额,或者最大的5家或5家以下的企业共同达到2/3的市场份额,则可推断这些企业共同占据市场支配地位。

如果企业能够证明它们之间存在着实质性的竞争,或者在总体上与其他竞争者相比,没有显著的市场地位,则这些企业不能视为具有市场支配地位。上述对市场支配地位的推断,不具有民法意义上法定推断的效力,但它们是卡特尔局干预合并的前提条件。除了审查并购企业的市场份额,还要考虑许多其他因素,特别是合并企业与其竞争对手的差距和其他企业进入市场的障碍。另外,有的学者认为,随着欧洲内部大市场的建立和欧盟各国销售市场的扩大,作为推断市场支配地位的市场份额标准应降为20%~25%。

(四)德国的非横向并购控制

非横向并购包括纵向并购和混合并购。由于参与并购的企业彼此不是竞争对手,因此不能使用市场份额的标准来对合并进行控制,而是要考虑合并企业的所有情况,判定其具有支配市场地位的可能性。对于纵向并购,卡特尔局将其注意力放在合并企业的采购和销售渠道方面。因为通过这样的合并,企业间的买卖关系将转变为企业内部的关系。通过纵向合并,企业能改善它们的产品销售渠道和原材料采购渠道,这虽然在禁止合并中是重要的考虑因素,但并不是禁止企业合并的决定性因素。因为如果没有参与合并的企业已经在相关市场上取得了市场支配地位这个前提条件,即使合并后的企业在购买和销售方面存在着相互受惠的可能性,合并也不应受到禁止。而对于混合并购,激进派的代表依蒙伽认为它可以同时恶化几个市场的竞争,不应单单使用市场支配地位这个标准,而是应当综合分析合并的利弊。他还认为,除了考虑企业的财力资源外,还要考虑通过转移非财力资源来加强市场支配地位的可能性。然而,实际中这些因素在干预纵向和混合合并中并没有发挥很大的作用。1973~1980年,虽然纵向和混合合并在申报过的合并中已占到40%,但其中只有一个合并被禁止。其中很重要的原因是,控制非横向并购的规范不具有足够的可操作性,实践中难以据此来对非横向并购进行控制。于是,1980年《反限制竞争法》的第四次修订又增加了新的法定推断。在以下三种情况下,推断合并将会产生或者加强一个显著的市

场支配地位:

1. 大企业进入中小企业市场。这是指一家营业额达到 20 亿马克(或以上)的企业与另一家企业合并,而在后者所在的市场上中小型企业占有至少 2/3 的市场份额,且合并后企业在这个市场上的市场份额至少占 5%。

2. 财力强大的企业与占市场支配地位的企业合并。这是指一家营业额达到 20 亿马克(或以上)的企业与在一个或者几个市场上占有支配地位且年销售额至少达 1.5 亿马克的企业进行合并。

3. 大象联姻,即参与合并企业的营业额总共至少达 120 亿马克,且其中至少有两个企业的年营业额达 10 亿马克。

上述推断是以销售额为依据。这是因为销售额便于调查,且在对外说明企业的财力时是一个可信的尺度。

(五) 被禁止合并的豁免

对于本该禁止的合并,如果合并对整体经济或者社会公共利益有着显著的利益,且这种限制竞争没有达到严重损害市场竞争的程度,那么这些合并可以得到批准。根据实践情况,以下严重限制竞争的合并可以得到豁免:

1. 整顿合并。企业整顿合并即通过合并,使一些经营不善以致无法在市场上继续生存的企业能够保存实力,在竞争中继续生存下去。通过合并挽救濒临破产的企业不仅可以避免破产,保持企业的生产能力,而且在一定程度上可以保护企业的股东、债权人以及企业职工的利益。整顿合并可以改善被合并企业的经济地位,而且因为它能维护市场上现有的生产和市场结构,这就在一定程度上维护了国家整体经济的利益。因此,这种情况,经济部长有权批准。卡特尔局对于产业整顿合并有一个基本原则:如果并购企业依其市场份额或资源状况是市场上最强的竞争者,合并就不可能改善相关市场的竞争条件;在例外条件下,如果合并可能改善其他市场的竞争条件,还需要进一步审查竞争条件的好处是否超过产生或者加强市场支配地位这一不利因素。

2. 整体经济和社会公共利益。如果一项合并案对整体经济和社会公共利益有促进作用,则可以以此为由,要求对被禁止合并进行豁免。但是,《反限制竞争法》并没有对"整体经济的好处"和"社会公共利益"做出具体解释,因而,仅在例外情况下,才能以整体经济和社会公共利益为由批准被禁止的合并。

3. 国际竞争力。《反限制竞争法》第 42 条第 1 款中,特别强调了要考虑参与合并企业在国际市场上的竞争力。随着欧洲市场的一体化以及各个领域国际竞争的升级,考虑企业在国际市场上的竞争力也成为批准被禁止合并的一个理由。与美国相比较而言,德国对企业合并的控制更加严格,垄断管理当局依据市场份额标准推断企业的市场地位,从而有效地控制了企业的横向并购。但是,受到20世纪80年代以来国际化浪潮的强烈冲击,德国企业的国际竞争力对德国经济的发展变得日益重要。因此,有人认为德国的反垄断当局在控制企业合并中目光短浅,只是盯住了德国的国内市场,而没有充分考虑到国际竞争的影响,从而妨碍了德国企业成为具有竞争力的大企业。卡特尔局对这些批评做出了积极的反应,表示会考虑企业在国际市场中的竞争情况,并执行一种务实和灵活的竞争政策。

四、韩国公司并购的监管

进入20世纪70年代后,韩国在政府主导下的以行政调控为中心的经济运行方式带来了一系列问题,如市场机制的扭曲、财阀扩张、市场的垄断化等,还导致企业活动的僵化和对政府的依赖。为了发挥市场的功能,促进竞争,韩国于1980年12月制定了《公平交易法》。

(一) 对市场支配地位的规定

市场主导厂商滥用其市场支配地位,限制竞争、妨碍市场公正的行为或者其他具有实质上限制竞争或明显损害消费者利益的行为都将被禁止。而所谓市场主导厂商是根据市场占有率来判断的,即一家厂商的占有率达50%以上,或者3家以上厂商(不含市场占有率不足5%者)的占有率达70%以上。

(二) 对企业联合的管制

1. 禁止对一定交易领域中的竞争构成实质性限制的企业联合。联合的方式包括:获得或拥有股份、兼任公司领导、企业合并、业务的转让、参与组建新公司。适用对象为资本金或总资产达到一定规模标准的公司,即资本金50亿韩元或总资产200亿韩元以上的公司。若企业联合虽对一定交易领域中的竞争构成了实质性限制,但由于它是实现产业合理化或增强国际竞争力所必需的,且得到了公平交易委员会的认可,则仍是被允许的。

2. 禁止靠强制或其他不公正的方法进行企业联合。

(三) 其他经济力量集中的管制规定

1. 禁止设立控股公司。在韩国,任何个人均不允许设立控股公司。所谓控股公司,是指以依靠持股支配国内公司经营为主要业务的公司。但是,依据一定法律设立的控股公司,或者为与外资共同经营投资业务由引入外资设立的控股公司,在获得公平交易委员会批准后,企业被允许经营。

2. 禁止相互出资。禁止从属于大型企业集团的公司取得或持有作为其股东且从属于同一个企业集团的公司的股份。但是,因企业合并或业务转让而产生的相互出资,时间在 6 个月内的可以被批准。在此期间内,企业必须将股份全部出售,消除相互持股的状态。

3. 从属于大型企业集团的公司拥有其他公司股份的合计数(出资总额)不得超过该公司净资产额的 25%。

(四)韩国企业合并的管理机构

韩国对企业合并的管理机构是公平交易委员会。《公平交易法》第 35 条第 1 款规定,公平交易委员会"依据该法独立处理各项事务",这从法律上明确了公平交易委员会行使职权的独立性。

1. 委员会:

(1) 组成。公平交易委员会从属于国务总理,由 7 人组成,其中含委员长 1 人,副委员长 1 人及非常任委员 2 人。委员长代表公平交易委员会,同时有权出席国务会议并发言。

(2) 任期与身份保障。委员的任期是 3 年,可连任一次。除了被判处徒刑或因健康问题不能正常履行职务,否则不得违背委员本人意愿,免除其委员职务。

(3) 表决。委员会会议必须有过半数委员的赞成才能做出决定。委员会在就违法事件做出决定时,除了必须为厂商或厂商团体保守秘密的情况以外,都必须公开其决议过程。委员在审议和表决过程中,不得参与与自己或亲属有利害关系的事项。

2. 办事机构。为处理公平交易委员会的事务,设立了办事机构,该机构由政策局、垄断局、竞争局、调查一局、调查二局共 5 个局组成。

五、日本公司并购的监管

日本对企业合并进行规制的主要法律是《禁止私人垄断及确保公正交易法》,简称《禁止垄断法》。该法于 1947 年颁布,颁布后进行了数次修改。该法是在美国的帮助下制定的,但由于日本有自己的经济法理论,因而该《禁止垄断法》有其独特之处。

(一)日本对公司并购管制的主要内容

1. 具有优势地位的公司进行企业合并,可以责令其转让营业设施。

2. 禁止控股公司,原则上禁止股份保有,并禁止金融公司保有 5% 以上其他公司的股份。

3. 禁止保有其他公司超过资本额25%以上的公司债。

此外,《禁止垄断法》对"干部"兼任、合并和营业转让等也作了限制性规定。1949年和1953年,日本两次对《禁止垄断法》做了较大修改,删去了过度优势地位竞争者转让营业的规定以及禁止公司债保有的规定,并将金融公司股份保有的限额提高到了5%~10%。这两次修改,使企业的行为、产业结构、市场结构本身变得富有竞争性,其效果在20世纪50~60年代广泛体现出来,成为日本经济快速发展的原因之一。1977年日本对《禁止垄断法》又进行了修改,这次修改是在日本以大型企业为标志的产业垄断化倾向强烈,影响物价稳定、经济繁荣的背景下做出的,因而趋向于加强对公司并购的管理。其主要修改内容是:加强了对金融公司持有股份的限制和对"垄断状态"控制的制度,新设立了限制大型公司股份持有总额的制度。

(二)日本对跨国并购的管理

20世纪90年代末,日本经济衰退,许多大公司都进入了不景气的状态,兼并、破产现象严重。而这也为外国投资者进入日本市场打开了大门,以美国为首的国际资本乘机大举进入日本市场。对于跨国并购,日本作了以下规定:

1. 对跨国公司投资企业持有的股份比例进行限制。在较长一段时间内,跨国公司参与合营企业的股份必须在50%以下,而且必须引进先进技术。只有在特殊情况下,跨国公司才能取得半数或半数以上的股权。

2. 对于跨国公司进入开放行业的审批,实行自动生效制度。这适应了开放型经济体制和经济发展的需要,为外国投资进入日本消除了障碍。

3. 严厉禁止在日本成立控股公司。根据《禁止垄断法》的规定,设立控股公司本身即构成违法。并且,对跨国公司成立控股公司也进行限制,只允许成立1家。还规定,国外公司只要持有国内股票,就必须向公平交易委员会报告。

第四节 中国公司并购的监管

一、我国公司并购的立法现状

(一)我国公司并购市场的现状

改革开放特别是1992年以来,以社会主义市场经济体制为取向的经济体制改革推动了我国企业并购的蓬勃发展。我国企业合并方面具有操作性的规定基本是宽容型的,所以,我国现实的经济生活中已经出现了一大批具有垄断实力的企业集团。

目前我国正在掀起企业兼并收购的浪潮。自然资源、消费及制造业领域有望成为并购的新焦点。中国的并购走势确实令人充满信心,甚至可以说是令人鼓舞,中国的并购市场就其规模及增长速度而言,不仅已引起了外国企业的兴趣,同时也使中国企业对并购交易的认识不断增强。毫无疑问,由于外企对在中国开展业务的兴趣浓厚,对中国并购交易的兴趣自然水涨船高;而更多的中国企业同时亦将并购看成是扩展业务、增加市场份额的重要渠道。

(二)我国公司并购的立法现状

目前,《证券法》《公司法》和证监会的一些规章是我国调整并购活动的现有规范。但这些规范并不完善,主要表现在:

第一,《证券法》本身和现行法的实施并不完全一致。譬如,根据《证券法》第81条,通过证券交易所的证券交易,投资者持有一个上市公司已发行的股份达30%时,继续进行收购的,应当依法向该上市公司的所有股东发出收购要约,但经国务院证券监督管理机构免除发出要约的除外。该条源于英国的收购与合并守则,它的要点是,收购者如果在获得被收购公司的股份时给予了先退出的股东(更有可能是大股东)以溢价,那么也应该让被收购公司的其他小股东分享同样的溢价。假如有关收购的法律规定以分享(公正性)为价值目标,那么收购者无论是通过证券交易所累积购买还是以协议方式获得控制权,必须向被收购公司的其他股东发出收购要约。《证券法》有关协议收购的第89条的价值目标似乎是对被收购公司小股东的保护。然而,需要指出的是,如果立法的目的是保护小股东免受公开收购的不正常压力,显然,向经验丰富的机构投资者、董事或享有控制权的股票持有人收购股票并不需要法律的规范。所以,《证券法》第89条既没有要求收购者向被收购公司的其他股东发出强制收购要约,也没有要求收购者必须得到证监会的批准,而只要求收购者向证监会和证券交易所报告并予公告。《证券法》第78条中有关上市公司可以采取要约收购或者协议收购方式的规定也同样说明了这一点。可是在收购的实际操作中,收购者还是要向证监会申请,经过它的批准方可收购,而不需要发出收购要约。

第二,在我国的现行法律中,缺乏一个能统率公司并购所涉及的所有领域的公司并购基本法。这样,一旦某一单行法出现立法漏洞,无法可依的现象便不可避免。同时,诸法之间相互矛盾、冲突,缺乏协调性。例如,《兼并办法》规定:"全民所有制企业的兼并,由各级国有资产管理部门负责审批。"而《关于加强国有企业产权交易管理的通知》则指出:"地方管理的国有企业产权转让,要经过地级以上人民政府审批;中央管理的国有企业产权转让,由国务院有关部门报国务院审批;所有特大型、大型国有企业的产权转让,要报国务院审批。"这种法律冲突,使行为人(并购企业)无所适从。

从西方各国的立法来看,公司并购法主要由两大支柱构成,即反垄断法和上市公司收购法。前者以控制并购中产生的垄断为目的,后者则主要以对中小股东及债权人的保护为宗旨。可喜的是,2007年8月30日,我国全国人民代表大会常务委员会已经通过了《中华人民共和国反垄断法》,相信随着时间的推移,我国公司并购的法律体系会更加完善。

二、我国公司并购中存在的问题①

(一)并购中政府不适当干预的问题

我国公司并购是借助政府的行政行为兴起的。这就决定了在公司并购的过程中,政府的行政行为对并购的成败起着关键的作用。公司并购的实践中,由政府用"拉郎配"的方式强行包办公司并购,使得优胜劣汰的并购搞成了"均贫富"的手段。这种并购带来了许多弊端:

1. 政府的经济职能与非经济职能混同,导致公司并购的行政性垄断,削弱了优势企业的竞争实力和发展势头。
2. 违背市场规律,不利于资源的优化配置。
3. 政府实际上成为企业经营亏损的补贴者,不利于企业的自我约束。
4. 致使一些优势企业背上劣势企业的包袱,经济效益严重下降。
5. 优势企业害怕并购劣势企业,缺乏并购的动力。

(二)产权不明晰和无形资产的处置问题

就程序而言,公司并购的前提和难点是清产核资、界定产权和评估资产。我国企业的产权不明晰给公司并购增加了难度,并造成并购后各方的利益冲突。产权理论告诉我们:如果产权明晰,则合作的概率大;而如果产权模糊,则达成协议的可能小。我国全民所有制企业的财产在理论上和法律上归国家所有,而事实上由企业经营管理。从并购方看,由

---

① 薛爱娟:《企业并购中需要解决的问题》,《当代法学》,2000年第3期。

于所支付的产权转让费的资金来源比较复杂,其中既有企业自有资金、技术改造资金等,又有银行贷款与发行股票和债券募集的资金。按现行法律规定,这些资金的所有权属国家,但按经济理论,企业自有资金是分得的经营利润的一部分,如果把用这部分资金购买的产权等同于国有资金购买的产权,优势企业就不愿去并购劣势企业。此外,正确分析和界定企业资产,科学、准确地评估资产,公正合法地处置资产,对发挥公司并购对国家、社会、企业的作用有着重要的意义。但在资产评估和处置中,并购双方只重视实物形态的资产,工业产权和其他无形资产常常被忽略。

(三)外商大规模并购我国企业的问题

自20世纪90年代以来,外商直接投资并购中国企业已成为外商对华投资的一种新倾向。这一倾向对我国经济发展造成的影响既有正面的,也有负面的。从我国经济长期的发展来看,可能会产生以下负效应:

1. 外商挤占我国民族企业资产。随着外商直接投资并购我国企业数量的激增,我国部分产业已经出现为外商控制和垄断的趋势。尤其值得注意的是,相当一部分外商借并购国有企业之机,正在打入我国政府限制外资进入的重要行业,如商业、交通运输业、房地产开发服务业等。这种状况持续下去,会对我国民族产业的发展造成极大的冲击。

2. 国有资产的大量流失。由于我国资产评估缺乏制度保障,因而评估和处置难以做到科学化、规范化。外商并购国有企业时,有相当一部分企业未对国有资产进行评估,而有的则是高值低估。这极大地损害了国家的利益。

3. 阻碍我国获得国际先进技术。大多数国有企业引进外资的主要目的之一,是获得先进的设备与技术。但要获得先进技术,需要我国能吸收和掌握该技术和设备。如果该技术虽是随着外国企业生产规模的扩大而从该国进入我国,但仍为该国企业所控制,我国既不能掌握其核心系统,也不能自主地支配该技术,则该技术显然不能视为已被我国获得。

(四)被并购企业的职工安置问题

被并购企业职工的安置问题是公司并购发展的最大障碍。为了降低公司并购可能引起的社会震荡,维护社会的稳定,政府会对并购活动进行干预,要求并购方对被并购企业的职工进行妥善安置。公司并购双方在签订协议时,往往也会将职工安置作为谈判的首要条件。对于并购企业来说,被并购企业的亏损是有限的,但离退休职工的负担是无限的,尤其是对一些无技术、文化素质不高的工人进行安置,是一个很大的负担。这样,并购企业会觉得并购不如自己新办企业好,从而打消并购念头。此外,被并购企业的职工安置也加大了并购后劳动力资源优化组合的难度。

三、健全我国的公司并购法律体系

(一)我国公司并购立法的基本原则

1. 自愿与效益原则。自愿原则是指企业与企业之间是否进行并购以及采取何种方式进行并购,应由企业自主决定,任何第三人(包括政府)均不得横加干涉。但这并不意味着公司并购可以毫无限制,若并购的结果将导致(或事实上已导致)垄断的形成,政府则有权依法干预。自愿原则仅是对并购行为的过程而言,对于并购结果的评价(即是否导致垄断的形成),则适用反垄断原则。公司并购作为一种民事法律行为,必须遵循自愿原则。并且,追求效益的最大化是企业的永恒法则,公司并购本应是优胜劣汰的市场竞争机制作用的必然结果和表现,而绝非政府直接干预所致。在发达国家,政府一般不直接参与公司并购,但在我国,由于政企不分、政资不分的状况没有得到根本改变,在某种程度上,公司并购更多的是借助政府外部推动的结果。政府部门直接参与公司并购活动,必然导致以非经济目标代替经济目标。通过"劫富济贫"式的兼并和行政撮合,把劣势企业和亏损企业的人员、债务压到优势企业身上,使公司并购偏离了效益最大化的目标,违背了产权交易的市场规则。其结果是,尽管我国公司并购不断发展,企业亏损却有增无减。要改变这种状况,就必须首先在立法上确立自愿与效益原则,并以此原则为指导,正确界定政府在并购中的职权和职责。

2. 反垄断原则。公司并购作为一种资产重组的重要形式,对盘活存量资产、调整产业结构、推进当前我国进行的国有企业制度改革将产生积极的作用。当然,公司并购是一把"双刃剑",它在推动企业实现规模经济、增强市场竞争力的同时,也存在着自发的和不可避免的垄断倾向。因此,欧美等发达国家都把反垄断作为对公司并购控制的首要任务,并将其确定为公司并购立法的首要原则。保护竞争是市场经济的一般规律,它反映的是现代社会化大生产的要求。因为没有竞争就不能建立市场,没有竞争就不能激发企业创新的动力、调动企业经营管理的积极性。既然我国经济体制改革的目标是建立社会主义市场经济体制,在构建公司并购法律体系时,同样应遵循市场经济的一般规律,将反垄断原则确立为我国公司并购法律中的一项重要的基本原则,以促进和保护我国市场的有效竞争。

3. 保护中小股东及债权人利益原则。在我国上市公司中,由于股权相对集中,不公平的关联交易、损害广大中小股东利益的问题变得尤为突出,如公司上市后变更募集资金投向,收购大股东资产,大股东乘机占有上市公司资金,大股东利用垃圾资产向上市公司套现,上市公司在大股东操纵下为其提供担保或贷款等。所以,为了保证中小股东和公司债权人的利益,必须通过《公司法》来规制控股股东的民事赔偿责任,作为其违反诚信义务对公司造成损失的事后补偿,以保证中小股东的利益。我国《公司法》中没有规定关联股东回避表决制度,而中国证监会的《上市公司章程指引》和深交所的《股票上市规定》都只规定了关联股东对其自身有利害关系和关联交易决议的表决权排队制度,而对其作为其他股东的代理人行使表决权的情形则没有涉及。因此,证监会有必要考虑是否将后者纳入公司并购的法律体系中进行监管。

(二)我国公司并购法律体系的基本框架①

我国公司并购的法律体系至少应包括以下五项主要内容。

1. 制定全国统一的《公司并购基本法》。任何法律体系的建立,都必须有一部"母法"来统率。因此,要建立公司并购的法律体系,首先必须制定《公司并购基本法》,以此作为并购法律体系的统帅和核心以及公司并购相关法律制度的立法依据和基础。这也是克服我国现行并购立法散乱、不系统、不便操作的重要手段。《公司并购基本法》应包括以下八项主要内容。

(1)总则。规定:

A. 立法目的和依据;

B. 公司并购的含义;

C. 并购的构成要件;

D. 并购类型;

E. 不同性质的公司并购后的企业性质及产权归属;

F. 并购的限制与禁止;

G. 政府在并购中的职权和职责;

H. 本法的适用范围;

I. 国家对并购的政策导向。

(2)并购程序。主要规定如下程序:

A. 并购双方的董事会各自通过有关并购的决议;

B. 董事会将通过的决议提交股东大会讨论批准;

---

① 侯怀霞,钟瑞栋:《企业并购立法研究》,《中国法学》,1999年第2期。

C. 订立并购合同,并提交给董事会和股东大会批准;
D. 在法定期限内到政府有关部门审批、登记;
E. 公告。

(3)并购合同。主要规定:
A. 合同的成立要件和生效要件;
B. 合同的订立;
C. 合同的履行;
D. 合同的变更和解除;
E. 合同的终止;
F. 合同的管理;
G. 违约责任。

(4)中介机构的权利和义务。主要规定:
A. 资产评估机构所应具备的条件及其权利和义务以及资产评估办法;
B. 律师在并购中的权利和义务;
C. 公证机构在并购中的权利和义务。

(5)职工安置。主要包括:
A. 职工安置的基本原则;
B. 职工的就业和分流;
C. 职工的工资、福利、医疗保险、劳动保护;
D. 下岗职工的生活安置和再就业问题;
E. 职工的养老金和退休金。

(6)法律责任。主要包括民事责任、行政责任和刑事责任3种。

(7)涉外并购中的法律适用。

(8)附则。

2. 完善并购主体法。对并购主体的法律规制,除了在《公司并购基本法》中做出一般性规定外,还应在《企业法》《公司法》中做出具体规定。这不仅是并购主体法定化的需要,也是实现法制统一和法律体系化的内在要求。《全民所有制工业企业法》只对合并的批准、合并时的债权债务清理、合并登记等做出了笼统规定,实际操作性不强。而集体企业和民营企业有关并购方面的立法更几乎是一片空白。因此,在修订上述企业法时,应完善有关公司并购的法律规定,使之具体化,便于操作。

3. 完善并购行为法。对并购行为的规范是《合同法》《证券法》《产权交易法》《反垄断法》和《反不正当竞争法》的共同任务。而我国在这方面的法律很不完善,许多领域甚至处于无法可依的状态,因此,急需加强这方面的立法工作。

4. 对公司并购带来的垄断,大致可以从实体和程序两方面加以规制。

(1)实体方面的主要规定:

A. 公司并购的合理限度。可参照国外采用的资产价值标准、市场份额标准和市场集中度来判断公司并购后是否会形成垄断或实质上限制竞争,并以此确定并购是否具有经济合理性。

B. 除外条款。可采用列举式的方式规定某些可不适用反垄断法的并购。如出口创汇大的垄断企业、国际竞争较为激烈的民族工业通过并购所产生的垄断等。

(2)程序方面主要规定,包括:公司并购的申报、审批制度,设立专门的反垄断机构。并规定,公司并购须经反垄断机构审查合格后,方能发生法律效力。

5. 完善与并购相关的法律制度。除了制定和完善上述法律外,还需要配之以一整套相关的法律制度,才能为公司并购创造良好的外部条件。同时,公司并购涉及职工安置、社会保险、金融、税收、价格和资产评估等一系列法律问题。因此,在立法方面,必须尽快完善劳动法、社会保障法、金融法、税法、价格法以及资产评估方面的法律。同时,在政策上宜采取灵活措施,积极推进和完善再就业工程,对某些并购实行优惠措施,如税收减免等。

总之,只有创设一整套严格的法律制度,并使诸法之间协调配合,发挥法律的体系化功能,才能使公司并购真正步入规范化、法治化的轨道。

本章小结

本章介绍了美国、英国等几个国家和地区公司并购监管的发展状况,以及我国公司并购监管的情况。根据当今世界上几个主要国家和地区对公司并购监管的立法发展,叙述了我国公司并购监管中的不足以及健全我国公司并购法律体系的设想。

复习思考题

1. 美国公司并购监管中,确定某一公司是否构成垄断的衡量标准是什么?

2. 与美、英等发达国家相比,中国对公司并购的监管还存在哪些欠缺?

 案例

案例1：哈里伯顿和贝克休斯并购失败

2016年5月1日，哈里伯顿和贝克休斯联合宣布，放弃在2014年11月所宣布的合并交易，交易自2016年4月30日终止。这笔巨型并购在公布时的交易价值高达350亿美元，涉及全球第二大与第三大油服企业，因美国司法部将两家公司告上法庭阻止交易，加之欧盟的反对，交易终告破灭。

哈里伯顿公司成立于1919年，是美国油气业最大的服务商，在全世界超过80个国家运营，员工超过65 000名。2015年，哈里伯顿公司的营业收入达到236亿美元，在研发上投资4.87亿美元。贝克休斯成立于1987年，由历史均超过100年的贝克国际公司和休斯工具公司合并而成，该公司也在超过80个国家运营，员工超过43 000名。2015年，贝克休斯公司的营业收入达到157亿美元，在研发上投资4.83亿美元。

2014年11月17日，哈里伯顿与贝克休斯这两家分列世界油气服务领域第二位和第三位的公司联合宣布了惊世交易。

根据双方于2014年11月16日所签署的合并协议，贝克休斯将与哈里伯顿为本次交易所设立的并购子公司Red Tiger LLC合并，交易以股票加现金的方式进行。合并后，原有贝克休斯公司的股东将成为哈里伯顿公司的股东，贝克休斯公司股东所持股份的每股换取哈里伯顿公司的1.12股，同时获得19美元的现金，该价格比2014年10月10日（哈里伯顿向贝克休斯首次报价的前一日）贝克休斯的股权有40.8%的溢价。交易完成后，哈里伯顿将增发约4.88亿股的股票给原贝克休斯的股东，贝克休斯的股东将在合并后的公司中占约36%的股权。公司合并完成后，哈里伯顿将继续保持在纽约证券交易所（NYSE）的上市地位，原有的"HAL"代码不变。以2013年两家公司的财务数据为基础，在合并公司的预测财务报表中，营业收入将达到518亿美元，合并后的公司员工人数将超过13.6万，在全球超过80个国家进行作业。因此，交易双方对此交易的口号是"创立世界油服业领导者"（Creating a worldwide oilfield services leader）。

在交易开始之初，哈里伯顿和贝克休斯对政府的监管审批难度有足够的心理准备。由于合并交易的双方从体量上看都是世界级的油服公司，因而在多个司法领域下都会涉及反垄断审批的问题。除了需要获得美国政府的反垄断审批之外，也需要获得欧盟、澳大利亚、巴西、加拿大、中国、印度、哈萨克斯坦、墨西哥、俄罗斯、沙特阿拉伯等主要国家的反垄断审批。因此，双方对获得反垄断审批进行了如下准备。

首先是前期的说服工作。哈里伯顿在向贝克休斯发出的报价信中表示，已经请法律专家和经济学专家针对反垄断审批进行了研究，并初步识别了一些能并购其拟剥离资产的潜在买家。在哈里伯顿向贝克休斯提出合并交易之初，贝克休斯对潜在合并交易是否能够通过监管机构批准是存在疑虑的，但最终在哈里伯顿恶意收购的威胁和愿意给付高额的反向分手费的条款下同意了交易。

其次是时间上的充分准备。双方预计反垄断审批的通过将花费一年左右的时间,因此在合并协议中,双方将获得反垄断审批的最晚时间定于2016年4月30日,也就是说交易文件签署日之后的500多天为双方获取交易审批的时间。

最后是双方做了最大努力。双方在合并协议中均表示需要尽最大的合理努力(Reasonable Best Efforts)。哈里伯顿在交易文件中进一步表示,基于监管批准的需要,其准备剥离价值最高可达75亿美元营业收入的资产。如果该交易由于哈里伯顿未能按照合并协议所规定的义务去获得反垄断审批而终止(在其他先决条件均已满足的情况下)或者反垄断机构禁止该交易,哈里伯顿将向贝克休斯支付35亿美元现金的反垄断终止费(Antitrust Termination Fee)。

尽管哈里伯顿和贝克休斯为了获取监管审批而做了充分的准备,但始终未能与美国司法部以及其他司法领域的监管机构(例如欧盟)就资产剥离的范围、减轻对竞争损害的措施达成一致。

美国司法部将哈里伯顿和贝克休斯交易双方告上法庭,要求联邦法院阻止该交易,尽管哈里伯顿和贝克休斯在美国司法部起诉之后曾一起发布公告,表达了要和司法部在法庭上抗辩的决心,并表示:美国司法部低估了全球油服市场竞争的激烈程度,在当今全球油气价格如此低迷的情况下做出禁止这项并购交易的行为是不适当的;两者的合并交易将给全球油服市场带来更为高效、灵活且具有创新的企业,对竞争有利而非有害;同时,两者所提供的资产剥离计划有助于在市场上创造新的竞争态势。

美国司法部显然并不认可哈里伯顿和贝克休斯的说辞。司法部认为,以前是三大油服企业(斯伦贝谢、哈里伯顿、贝克休斯)在市场甚至每一个项目上进行竞争,对于大型而复杂的油气开发项目来说,斯伦贝谢、哈里伯顿、贝克休斯几乎是油服市场上仅有的选择,合并后三大油服企业将变成两家,市场竞争明显减弱。

美国司法部在诉讼中明确指出:①哈里伯顿和贝克休斯两者的合并将给上游石油公司带来更少的服务供应商选择,减少了竞争和创新;②哈里伯顿和贝克休斯两家至少在23个细分市场上减弱了竞争;③哈里伯顿90%以上的收入领域同时是贝克休斯提供服务的领域;④提供的资产剥离计划并不具有说服力,接受剥离资产的买方在很大程度上仍然需要依靠合并后的哈里伯顿提供服务,实际上并未将竞争降低的损害减轻;⑤哈里伯顿和贝克休斯提出的大量的资产分割和繁多的合同转让等降低竞争的补救方式将给未来监管执行带来难度。

美国司法部还使用了常见的假定垄断者测试和赫芬达尔—赫希曼指数来支持自己的结论。因此,美国司法部要求驻特拉华州的联邦法院判决:①哈里伯顿并购贝克休斯的交易违反了美国反垄断法;②禁止哈里伯顿继续并购贝克休斯的交易;③司法部的诉讼费用由哈里伯顿和贝克休斯承担。

针对美国司法部的诉讼,哈里伯顿和贝克休斯进行了抗辩,但在交易最终完成日到来之前显然无法推翻美国司法部的诉讼请求,更不用说欧盟、中国、巴西等司法领域的反垄断机构尚未审批。在综合评价政府审批的风险之后,哈里伯顿和贝克休斯最终决定终止双方的合并交易。美国司法部随后发布的公告称,阻止这起并购交易是美国经济和美国人民的胜利,油气业对美国非常重要,这笔非法交易的放弃是对美国消费者正当权益的保护。

2015年,全球的并购交易额高达5万亿美元,创历史新高,其中超过100亿美元的并购交易达65笔,数额刷新历史纪录。全球经济普遍不景气,刺激了许多公司通过并购这种外延式发展战略来推进自身的增长。随着并购热度的加强和世界级巨型合并交易的增多,各国交易的监管机构对并购交易尤其是巨型并购交易的审查也日趋严格。在此背景下,巨型交易的风险日益加大。与此同时,巨型交易双方对监管机构审批风险的分配日益看重,无论是交易的税务风险,还是如哈里伯顿和贝克休斯所面临的反垄断审批风险,或是国家安全审查的风险/外商投资审查风险等各类政府监管机构的风险,都需要进行明确的风险分配。毕竟交易双方为准备合并交易需要花费半年、一年甚至更长的时间,所带来的时间成本、交易未能完成对股价的冲击等风险都值得认真考虑和对待。

(资料来源:张伟华:《巨型并购交易政府审批风险分配实务研究》,《国际石油经济》2016年第24卷第8期,第24~30页。)

案例2:日本软银收购斯普林特

近三年来,日元汇率持续走低,使得日本企业特别是海外企业经营利润大幅提升,加上日本多年来出生率一直在低位徘徊,少子老龄化导致国内需求低迷,许多企业为追求规模效益,纷纷将目光投向海外,使得日本海外并购持续增加。日本咨询调查公司recof公布的数据显示,2015年日本企业海外并购的项目量为560件,金额达11.2585万亿日元,项目量、金额都创下历史最高水平。

软件银行(SoftBank)简称软银,是日本第三大无线网络运营商,仅次于NTT Docomo和KDDI。软银,1981年,由孙正义在东京创立,1994年上市,从此开始大步腾飞。2001年,软银开通Yahoo! BB业务,向日本用户提供宽带ADSL服务。2004年,软银收购日本第三大固网运营商日本电信,正式进军传统的电信业务领域。2006年,软银收购日本沃达丰,开始进入日本手机市场。2013年,软银以216亿美元收购美国第三大无线网络运营商斯普林特,开启了海外扩张历程。

斯普林特是美国第三大(2015年被T-mobile美国超过,现在在美国排名第四)无线网络运营商,仅次于韦里孙无线通信公司(Verizon)和美国电话电报公司(AT&T)。这两大公司占据了美国将近七成的市场份额,让排名三、四的斯普林特和T-mobile美国显得势单力薄。从2007年开始,斯普林特的高端客户大量流失,市场地位急速下滑。

对软银收购斯普林特的动因可做如下分析:

首先,软银是日本第三大无线网络运营商,但是日本国内少子老龄化程度日益严峻,国内市场不断缩小,国内通信市场成长空间有限,同时,软银在国内市场上也面临激烈竞争,包括NTTDocomo和KDDI在内的日本三大运营商都开始销售苹果的iPhone手机。所以软银急需拓展海外市场,开辟新的空间。通过收购斯普林特,软银可以进入美国市场,打造一个跨国无线网络运营商,实现以规模经济保障利益,以协同效应降低成本的目标。

其次,美国无线数据服务市场前景广阔,在未来10到20年将持续增长。互联网接入中有接近50%来自移动设备,这个数字还会继续增加。移动设备将会成为互联网接入的主要设备。

最后,在美国,该领域的市场竞争结构非常吸引人,会有诱人的价格和利润,无线网络行业的市场格局让Verizon和AT&T可以制定诱人的价格,产生丰厚的利润;斯普林特也可以从这个价格水平中获益。

软银的发展与它的创始人孙正义有很大的关系,软银所走的每一步都是孙正义企业发展战略与他个人野心的体现。海外并购不仅涉及处于不同国家的企业,而且有些行业的并购可能会危及国家利益,所以与国内并购相比,海外并购会面临诸多问题;就算并购成功,并购后的企业整合过程也是极其艰难的,很多并购都是因为整合失败,导致企业亏损严重,功亏一篑,不仅并购的战略目标难以实现,就连并购企业本身也因此饱受牵连。1989年,索尼收购哥伦比亚电影公司的失败就可以很好地阐释这一点。

从2012年10月15日宣布并购到2013年7月11日完成并购,软银并购斯普林特经历了将近九个月的时间,这一并购过程也是一波三折。

(1) 交易审批路程漫长。各国为保护本国企业和国家安全,海外并购需要经过层层审批。随着近年来中国企业海外并购的增多,美国等西方国家针对中国企业的并购审批也日渐频繁,特别是能源等涉及国家安全和发展战略的行业。

2013年1月,美国司法部和国土安全部要求美国联邦通信委员会(FCC)延缓软银以201亿美元收购斯普林特70%股份的交易,并提出要彻查该交易是否对国家安全构成威胁。

其实,美政府是担忧斯普林特大量引进华为、中兴等公司的通信设备。事实上,早在2012年12月,斯普林特和软银就与美国众议院情报委员会达成一项协议,协议规定斯普林特和软银不使用中国通信公司的设备,而斯普林特将在2016年年底之前将旗下科维(Clearwire)网络上的中国设备全部替换。

2013年5月29日,美国外国投资委员会批准软银并购斯普林特。6月9日,美国司法部和国土安全部批准了该并购交易。7月6日,美国联邦通信委员会(FCC)正式批准软银以216亿美元收购美国移动运营商斯普林特78%股份,标志着这笔通信领域备受瞩目的海外并购案在美国正式走完了交易审批之路。

(2) 美国迪什网络公司(Dish)参与竞购。竞购指多家企业争相并购同一家企业,这往往会抬高价格,增加交易成本。2013年4月,美国迪什网络公司以255亿美元的报价与软银竞购斯普林特,这迫使软银增加并购金额,以216亿美元并购斯普林特。这一并购完成后,日本评级公司JCR以"财务状况下降"为由将软银长期信用评级从"A"下调一档至"A-",评级展望界定为"稳定"。

(3) 并购融资。并购往往需要巨额资金的支持,海外并购更是如此,所以海外并购成功与否关乎企业生死存亡。尽管软银资金雄厚,但是216亿美元对软银来讲也不是完全没有问题。虽然孙正义表示收购斯普林特的资金不需要通过发行新股来筹集,但是对软银的债务状况也有很大影响。收购斯普林特后,软银的有息负债从2013年3月份财报发表的2.1万亿日元膨胀到6万亿日元。

(4) 并购后人员整合:高管离职。并购后的整合对并购能否成功影响深远。虽然软银的高管坚称，收购斯普林特后的首要任务是加强该公司的无线服务，不会推行大规模的人事变动，但自2013年软银对斯普特林的收购被批准后，已有众多高管离职。另外，由于斯普林特对网络进行了大规模改造，使得客户大量流失。为了削减成本，斯普林特已经进行了大规模裁员，并对管理层进行了调整。

（5）战略目标实现艰难，软银被拖累。无论企业采取什么样的发展策略，其最终目的只有一个，那就是盈利。软银并购斯普林特只是它进入美国市场的第一步，软银首席执行官孙正义曾多次表达其将软银打造为全球最大移动相关公司的愿望，并表示有必要对美国市场进行再次整合。

但是软银在异国他乡的生活并非想象的那样容易，在软银完成对斯普林特的收购后不久，就展开了有关收购T-mobile美国的谈判，希望能够把斯普林特与美国第四大移动通信运营商T-Mobile美国合并。但是由于美国政府对目前美国移动通信市场格局甚为满意，使得斯普利特收购T-Mobile美国的计划落空。同时，由于斯普林特客户不断流失，软银不得不下调利润预期。如何防止客户流失并且增加客户，是斯普林特面临的主要问题。

软银并购并购斯普林特会不会是一个成功的海外并购案例，还有待检验。但是，我们可以看到软银的海外发展策略。在国内发展受限的情况下，通过海外并购拓展市场份额，寻找新的发展空间，这为无线网络运营商树立了典范。有人认为，软银首席执行官孙正义正在运用其对通信行业的前瞻性思维为运营商们打开LTE时代全球资源整合的序幕。

由于海外企业不断进入我国国内市场，我国企业也面临激烈的竞争，如何在经济全球化时代生存发展，是每个企业都面临的现实问题。

（资料来源：马莉鑫，《日本企业海外并购问题研究——软银收购斯普林特》，《管理纵横》2016年第23期，第130～131页。）

第十章 上市公司并购

学习目标

- 了解上市公司并购的一般情况
- 掌握协议收购的特点、具体程序及信息披露的一般情况
- 掌握要约收购的程序、义务豁免等环节,了解收购要约公布的一般要求
- 掌握委托书收购的原理、特征、操作流程及优缺点

第一节 上市公司并购概述

上市公司收购,是指收购人通过各种方式取得对一家上市公司的实际控制权的行为。上市公司收购就其性质而言,实际上是一种股份买卖,是当事人(即收购者与目标公司股东)通过对目标公司股份的买卖而使目标公司控制权发生移转的一种买卖行为。但上市公司收购中的股份买卖是一种特殊的买卖,这主要表现为上市公司收购的标的是一种特殊的财产——股份。上市公司收购的标的既不是作为法律人格的公司,也不是公司自身所拥有的具体形态的财产,而是抽象的表示公司资本份额的股份。这是由上市公司收购的目的和股份的性质所决定的。上市公司收购直接的和根本的目的是获取目标公司的控制权,进而通过运作被收购的公司来获取收益,这一目只能通过收购目标公司股东持有的公司股份的方法来实现。上市公司收购是股权收购,不同于资产收购,也不同于普通的兼并。通过兼并,被兼并方失去原先的独立法律地位,由兼并方继承其债权债务;而上市公司收购的结果并不动摇目标公司的独立性,收购方不承担其债务,却掌握了目标公司的控股权。因此,上市公司收购已成为投资者乐于采用的企业外部成长的方式之一。

对上市公司收购首先应当有如下基本认识:

第一,收购方应当具备以获得目标公司的控股权为目的的主观意图。无论收购方采取何种方式收购,都是为了能够对目标公司的经营决策产生决定性的影响,否则,只能是一般性的投资行为或者投机行为。

第二,上市公司收购的主体是收购者和目标公司的股东。这种收购形成的是收购者与目标公司股东之间的直接法律关系,而非与目标公司之间的法律关系。

第三,上市公司收购的客体应当是该目标公司发行在外的有表决权的股票。无表决权的股票和其他证券对公司的控制权几乎不产生影响,对上市公司收购没有实质意义。

第四,上市公司收购的实质性活动是在证券交易场所之外进行的。尽管某些相关活动是通过证券交易场所的设施进行的,如重大信息的披露,但实质的收购交易并不是利用证交所的交易系统。

上市公司收购是市场经济发展到一定阶段的产物。自20世纪后半叶以来,在世界范围内不断掀起公司收购的浪潮,而我国的上市公司收购目前也正处于方兴未艾之时。

一、上市公司收购的基本方式

上市公司收购作为企业资产重组的主要手段之一,在世界各国的证券市场上有愈演愈烈之势,而且,在公司并购的运作中,不断有令人耳目一新的进攻技巧和防御手段出现。但无论收购的方式如何变化,收购上市公司的办法无外乎有三种:协议收购、要约收购和委托书收购。

所谓协议收购,就是收购者在证券交易所之外以协商的方式与被收购公司的股东签订收购其股份的协议,从而达到控制该上市公司的目的。此种收购方式较为简单,也是目前我国上市公司收购中较多采用的方式。

要约收购中的要约,是指收购方向目标公司的所有股东发出的公开通知,要约中标明收购方将以一定的价格在某一有效期之前买入全部或一定比例的目标公司的股票。依据收购者收购目标公司股份的数量,要约收购分为部分要约收购和全面要约收购。按依据收购是否出于法律义务划分,要约收购又可分为自愿要约收购和强制要约收购。要约收购主要发生在目标公司的股权相对分散、公司的控制权与股东相分离的情况下。要约收购最重要的特点是要约对象面向全体股东,市场化程度和透明度高,它是英美等证券市场发达国家的主要收购方式。

除了上述两种收购方式外,取得一家上市公司的控制权,还可以通过向其他投资者征求投票权委托书来获得足够的股东大会表决权,从而达到在股东大会上以足够多的表决权来控制董事会甚至改组董事会的收购目的,我们称此种收购方式为委托书收购。相对于股权收购而言,这种不以实质控股权占有为基础的收购可以极大地节约收购成本,也能避免股价的波动。但是,理想的运作并不一定带来成功的结果,许多失败的案例表明,这种收购方式并不如收购要约或协议转让在转移控制权方面来得有效。即使委托书收购获得了成功,新控股股东的地位也极不稳定。在一次股东大会成功地行使完表决权后,下次若不能继续获得相应股权的支持,收购方有可能马上失去对上市公司的控制。因此,这种收购一般只发生在大股东之间对不同方案争议的解决上,而非长治久安之计。

我国《证券法》规定,上市公司收购可以采用要约收购或者协议收购的方式。《证券法》同时还规定,通过证券交易所的证券交易,投资者持有一个上市公司已发行股份的30%时,继续进行收购的,应当依法向该上市公司所有股东发出收购要约(但经国务院证券监督管理机构免除发出要约收购的除外)。由此可见,按法律的规定,我国上市公司收购的方法有两种,即协议收购和要约收购。目前和以往我国证券市场的收购方式主要是协议收购,而将来的趋势必定是向要约收购方式过渡。

二、上市公司收购的特征

上市公司收购,是指为取得或巩固对某一上市公司的控制权而大量购买该公司发行在外的股份的行为。这种行为具有以下几个特征:

(一)上市公司收购不需要经过目标公司经营者的同意

上市公司收购的主体是收购者(包括法人和自然人)和目标公司股东,目标公司的经营者不是收购任何一方的当事人。收购者进行收购,只需与目标公司股东达成协议即可,无须征得目标公司经营者的同意。这是上市公司收购区别于其他并购形式的重要特征之一。

(二)上市公司收购的标的是目标公司发行在外的股份

上市公司收购并不是直接购买目标公司的资产,或以目标公司本身为交易对象实施吸收合并,而是在企业资产完全证券化的条件下,通过收购目标公司的股份来获取目标公司的控制权。因而,上市公司收购是一种更为市场化的法律行为。在一个良性运作的股票市场上,证券化的公司资产的价值会通过不断变动的股票价格得到持续不断的评估,企业资产转让过程中因人为评估的主观性和偶然性而出现的不应有的低价流失和高价虚增资产价值的弊端,在上市公司收购中能得以克服和避免。而且,收购方可以通过调整持股量来达到不同程度控股的目的,因此,相对于其他交易方式而言,这种收购方式显得更为灵活。

(三)上市公司收购的目的为是了获取目标公司的控制权

上市公司收购的目的不是为了转售公司的股份谋利,也不像一般的投资者那样是为了获得公司的股息、红利或通过证券交易来赚取差价,上市公司收购的根本目的是要获取目标公司的控制权。由于股东对公司的控制是通过在股东大会上行使投票权来实现的,因而一个股东能否真正实现他对公司的控制权,取决于他所掌握的股东大会的投票权能否左右公司董事会的人选。而投票权和股份是不可分离的,无论是大陆法系还是英美法系,都认为投票权依附于股份而存在,并严禁二者分离。因此,一个想获得股东大会投票权的人必须拥有该公司的股份,而且拥有的股份达到一定的数量,才可以获得公司的控制权。上市公司收购就是这样一种通过购买一个公司一定数量的股份而获得该公司控制权的法律行为。

三、上市公司收购的基本原则

收购人通过收购上市公司股份,不仅可以成为上市公司股票的持有者,享有上市公司股东的权利并履行相关的义务,而且可以实现其控制该公司或将该公司合并的目的。上市公司控制权的转移,对收购人、被收购公司(目标公司)、上市公司股东以及对公司的高级管理人员、雇员、债权人乃至证券市场都会产生重要影响。各国证券市场法律制度均将上市公司收购作为证券市场的一项重要活动加以调整和规范。在上市公司收购中,要贯彻以下这些基本原则。

(一)股东平等待遇原则

1. 股东平等待遇原则的含义与意义。在上市公司收购中,股东平等待遇原则是指目标公司的所有股东均须获得平等待遇,而属于同一类别的股东必须获得类似的待遇。所有股东,不论大小,也不论持股的先后,在收购中,他们在信息的获得、条件的适用、价格的提高以及出售股份的机会等方面均应一视同仁。股东平等待遇原则最重要的作用和意义在于防止公司收购中大股东操纵行情和私下交易行为。

2. 股东平等待遇原则的具体内容。股东平等待遇原则的基本内容具体体现在以下几个方面:

(1)全体持有人规则。在公开要约收购的情况下,收购者必须向所有持有其要约所欲购买股份的股东发出收购要约。有的国家的法律,如英国《伦敦城收购与合并守则》还规定,如果目标公司有不同类别的股份,则对不同类别的股份应做出条件类似的要约。在要约条件改变时,收购者还必须向所有要约人通知要约条件改变的情况。

(2)按比例接纳规则。进行部分收购时,当目标公司股东承诺出售的股票数量超过收购者计划购买的数量时,收购者必须按比例从所有同意出卖股份的股东那里购买,而不论股东做出同意出卖其股份的意思表示的先后,这与一般证券交易中遵循的"时间优先原则"明显不同。

(3)价格平等和最高价规则。目标公司股东在收购中平等地享有收购者向任何股东提出的最高价要约,这是股东平等待遇原则最具实质意义的内容。如果收购要约人在要约期间内提高收购价格,那么该价格也必须适用于所有的受要约人,不论受要约人在此之前是否已经做出了承诺,也不论承诺额是否已经达到了收购要约人所支付的价格。

(二)信息披露原则

1. 信息披露制度的含义与功能。信息披露制度是证券法的一项基本制度,它始于1845年英国公司法关于股章程的公开以及招股章程所载内容披露的规定,其目的在于使投资者在购买股票之前能充分了解发行公司的有关信息,然后自行决定是否购买。英国公司法中的公开制度被美国1933年的证券法和1934年的证券交易法采纳,目前已被各国接纳为证券法的一项基本原则。该原则在要约收购法中体现为与要约收购有关的重要信息均应充分披露,使面临要约收购的目标公司股东能够自行做出有根据的决定。因为只有这样,才能切实消除上市公司收购中的信息垄断,防止内幕交易和证券欺诈行为的发生,从而真正保护所有投资者的合法权益。

2. 信息披露制度的内容。从各国的规定来看,信息披露制度的内容主要体现在以下几个方面:

(1)大额持股披露。大额持股披露是指股东在持股达到一定比例时,有报告并披露其股份增减状况和持股意图的义务,并且在持股达到法定比例时,有强制收购的义务。大额持股往往是收购的前兆,大额持股披露一方面使广大投资者对迅速积累股票的行为及其可能引起公司控股权的变动情势有足够的警觉,另一方面又提醒其对所持有股票的真正价值重新加以评估,以保护投资公众在充分掌握信息的基础上自主地做出投资判断,防止大股东以逐步收购的方式形成事实上的信息垄断和对股权的操纵。

(2)收购要约和收购意图的披露。收购者收购要约的具体内容和收购意图是目标公司股东做出投资判断(保有或卖出)的主要依据,因此,为保护广大股东的合法权益,防止有关人士利用内幕信息从事股权交易,各国的上市公司收购立法都对此做出了相当严格的规定。这也是保障股东平等待遇原则得以贯彻的基本前提。

(3)目标公司董事会对收购所持意见及理由的披露。在上市公司收购中,虽然收购实际上是收购者与目标公司股东之间的股份交易,与目标公司的董事无关,但由于上市公司收购会导致目标公司控制权的转移,而控制权转移的后果则往往意味公司经营者的更换和公司经营策略的变化,这对目标公司原有经营者的利益、目标公司股东的利益都至关重要。实践中,目标公司的董事们为了维护自己的或公司的利益,经常利用自己经营公司的权力促成收购或采取各种措施来挫败收购。无论是哪一种情况,都直接关系到目标公司股东的合法权益。而且,目标公司股东在决定是否接受收购要约之际,目标公司经营者的态度往往是一项重要的参考。因此,信息披露制度要求目标公司董事会公开其对收购所持的意见和理由,这是防止董事会成员谋取私利的一种有效措施,也是对董事会成员的一种强有力的监督方式。

3. 信息披露制度中的一致行动问题。一致行动是指两个以上的人(包括自然人和法人)在收购过程中相互配合,以获取或巩固某家公司控制权的行动。大额持股披露规则要求大股东在持股达一定比例时有报告并披露其股份增减状况的义务,并且在持股达到法定比例时有强制收购的义务。有些收购者为了逃避这些法定义务的约束,往往采取联手共同行动来规避法律的强制性规定。如果收购立法对这种一致行动听之任之,那么信息披露制度在实际操作中将不能发挥任何作用。因此,各国的收购立法都将采取一致行动的股东所持有的股份看作一人持有,当持股达到法定比例时必须履行披露或强制收购等义务,这是上市公司收购立法中规范一致行动的基本原则,是上市公司收购制度中不可或缺的一部分。否则,信息披露制度所保证的公平、公开、公正原则就不能很好地实现。

(三)保护中小股东利益原则

上市公司收购活动中,目标公司中小股东的弱者地位应当得到重视,如果他们得不到收购立法强有力的保护,法律的公正性就很难体现。因此,各国的收购立法都对中小股东的利益给予了特别的关注。这主要体现在强制收购要约和强制购买剩余股票两个方面。

1. 强制收购要约。强制收购要约是指当收购者收购目标公司股份达到法定比例时(往往是法定控股比例),法律强制其向目标公司的剩余股份持有者发出全面收购要约。其目的在于防止收购者凭借其控股地位压迫中小股东,从而损害他们的合法权益。法律通过强制要约收购,将是否与新控股者合作的选择权交给中小股东,他们可以选择控股股东,也可以出售自己的股份去寻找新的合作者。

2. 强制购买剩余股票。这是指当要约期满,要约收购人持有股份达到目标公司股份总数的绝对优势比例时(一般为90%),目标公司的其余股东有权以同等条件向收购要约人强制出售其股票,该制度的初衷与强制收购要约制度的道理相同,目的也是在于给中小股东以最后选择的权利,以显示法律的公平。

四、我国的上市公司并购

1990年上海证券交易所和1991年深圳证券交易所的先后成立,标志着我国统一的证券市场开始形成。国有企业股份制改革的深化,使我国的股份制企业和上市公司的数量急速增长,证券市场的容量迅速增大。随着西方并购理论的普及和企业自身资本以及产业整合的需要,我国的上市公司并购不断发展(见表10-1)。

表10-1 近年来我国上市公司并购的数量

时间(年) 事项	1993~1996	1997	1998	1999	2000	2001	2002	2003	2004	2005
并购数量(家)	14	33	70	84	103	119	168	172	160	127
并购增长率(%)	—	—	112.1	20.0	22.62	15.53	41.18	2.38	-6.98	-20.63

资料来源:陈明键等,《中国并购评论》第四册,清华大学出版社,2005年版,第19页。

(一)上市公司并购的阶段划分

根据我国上市公司并购在不同时期的发展特点,我们可以把我国上市公司并购的历史大致分为两个阶段:

1. 探索阶段(1993~1998年)。这期间,统一的证券市场逐渐形成,上市公司的数量较少,国外的并购理论还没有普遍为人们所接受,企业也缺乏把并购作为战略手段的意识。由于国有股和公有性质的法人股的转让牵涉到非常敏感的政治问题,因此,上市公司并购的案例不多。1993年4月22日国务院颁布了《股票发行与交易管理暂行条例》,该《条例》在第四章专门规定了上市公司收购。1993年9月30日,深宝安收购了延中实业,这是我国第一例上市公司并购案例。

这个阶段的特点是:①缺乏可操作性的法律制度,使得并购行为很不规范;②并购的支付手段主要是股权无偿划拨、现金支付和以资产换股权;③并购对象从二级市场流通股逐渐过渡到国有股和法人股;④并购的动机主要是获取上市公司的壳资源。

2. 规范和发展阶段(1999年至今)。1999年7月1日《证券法》开始实施。针对上市公司并购问题,《证券法》专门在第四章对其进行了集中规定。《证券法》对上市公司并购起了很大的规范作用。2002年12月1日,中国证监会发布的《上市公司收购管理办法》和《上市公司股东持股变动信息披露管理办法》施行。这两个办法与《证券法》一起,架构了我国较为完整的上市公司并购法律体系。这对优化上市公司资源配置,促进国民经济结构调整,改善上市公司法人治理结构起了积极的推动作用。由于有了明确的法律依据,上市公司并购的数量大大增加。

这个阶段的特点是:①并购动机不再限于获取"壳资源",战略性并购不断涌现;②由于受到《证券法》等一系列并购法律制度的严格规制,并购过程中不规范的现象大大减少;③越来越多的绩优公司成为并购的对象;④政府在并购中的地位有所下降,但依旧占据主导地位;⑤新的并购方式不断涌现。通过收购母公司间接并购、司法拍卖、MBO收购、吸收合并整体上市、自然人收购上市公司等并购方式纷纷出现。

(二)我国上市公司并购的基本特点

1. 政府在上市公司并购中占绝对主导地位。我国许多上市公司的主要发起人是国有企业,这导致上市公司的第一大股东是国有企业。由于政企职能不分,政府便通过控制作为上市公司第一大股东的国有企业来控制上市公司,从而在上市公司并购中占有绝对主导地位。政府控制上市公司并购造成许多不利影响:

第一,使得上市公司并购带有浓厚的地方保护主义或行业保护主义色彩。上市公司并购不是为了最大限度地实现社会利益,而是为了地方利益或者部门利益。各级政府利益常常成为延缓或阻碍并购的决定因素,使得资本市场缺乏应有的公平和效率。

第二,政府在上市公司并购中经常采用优势企业并购亏损企业的战略,使得优势企业不仅承担沉重负债,还要承担沉重的社会包袱。这种行为严重违背了市场规律,削弱了优势企业的竞争力。

第三,政府充当上市公司并购活动的主体,这不但使得市场机制难以发挥作用,企业目标和利益无法表达,还导致一些政府腐败行为。

2. 上市公司并购的投机性较强。许多上市公司并购重组并不是为了资产正常组合的需要,而是出于短期的投机性目的。有些企业是为了享受国家和地方鼓励并购的信贷和税收优惠政策;还有一些公司为了获得配股资格,或是为了避免掉入亏损行列,以并购重组获取虚假利润,以此来保住上市公司的壳资源。这些投机性并购带来了一系列负面影响:第一,严重损害中小股东的利益;第二,损害产业整合的功能;第三,耗尽上市公司的壳资源,使其融资能力每况愈下。

3. 获取壳资源一直是并购的主题。在我国的上市公司并购中,获取壳资源一直是不变的主题。原因如下:

第一,由于很长一段时间我国公司上市实行的是审批制,造成上市公司的数量有限。而成为上市公司,就意味着可以通过增发新股或配

股,从资本市场上融资,这对融资困难的企业来说非常重要;

第二,上市公司本身具有很大的价值,如上市公司的资产价值、商标价值、商誉、广告效应、享有的税收优惠政策及其占有的市场份额等。

4. 协议收购非流通股的方式占主导地位。西方证券市场是要约收购流通股为主要并购方式,而我国占主导地位的并购方式是协议收购非流通股。原因有二:

第一,我国上市公司股权由于历史的原因,被分割成国有股、法人股和社会流通股。国有股和法人股占到股权结构的2/3,但又不能在证券市场上流通。通过要约收购控制占股权比例1/3的流通股,无法实现对上市公司的收购;

第二,《证券法》规定,每收购流通股的5%就要公告一次,这无疑会使要约收购流通股的成本增加。

总之,我国上市公司十几年的并购发展获得了许多成就,对股票市场的发展、上市公司的发展都做出了很大的贡献。上市公司并购的孕育、发展乃至逐步成熟,使并购市场发展成为资源重新配置的重要方式。但是,由于体制、监管、经验等方面的原因,中国上市公司并购存在许多局限和不足,虚假重组和二级市上借并购肆意炒作的事件屡有发生,上市公司并购行为还有待于进一步完善和规范。

第二节 协议收购

上市公司的协议收购,是指投资者在证券交易所之外与目标公司的股东就股票价格、数量等方面进行私下协商,购买目标公司的股票,以期达到对目标公司的控股或兼并目的。协议并购是股权经营的初级方式;在资本市场不完善的情况下,是股权经营的主要方式。对并购公司而言,具有节省并购成本的优点。在我国,由于上市公司股权结构的特殊性,协议收购实际上更为通行。

一、概述

协议收购是收购人与目标公司的股东之间以协议方式进行的股权转让行为。协议收购通常为友好式收购,即善意收购。各国法律对此均有规定,我国证券法也明确将其作为公司收购的重要方式加以规定。协议收购是公司收购的重要方式之一。

既然协议收购是投资者在证券交易所之外与目标公司的股东进行私下协商,购买目标公司的股票,对想控股或兼并目标公司的投资者来说,协议收购自然极为有利。一方面,协议收购灵活机动,有关价格、时间、份额、程序等问题均可由双方当事人协议变更,在不违反法定义务的前提下,交易人可以秘密进行磋商,获取商业先机。另一方面,协议收购可在证券交易所外进行,这对于我国存在的大量不可上市流通的国有股、法人股来说,不失为一种实现股票价值的好方法。投资者通过协议收购,可以采取各个击破的战术,在法律许可的情况下,还可以与要约收购同时采用,迅速取得目标公司的控制权。由于交易不经证券交易所直接进行,在一定意义上说,还有利于证券市场的稳定。

协议并购可分为投资控股并购、合资控股并购和股权转让并购三种类型。

(一)协议收购的特征

协议收购是我国证券法明确规定的上市公司两种收购形式之一。与要约收购相比,协议收购具有以下特征。

1. 不具有公开性。在协议收购中,收购人与目标公司股东进行私下协商股份转让事宜,这种私下协商通常是极为秘密的。

2. 与要约收购公平性的实现方式不同。要约收购面向目标公司的不特定股东,收购人在收购要约中提出的各项收购条件,适用于目标公司所有股票持有人,收购要约人不能区别对待目标公司的股东;协议收购则面向目标公司的特定股东,协议收购的双方当事人可以自由协商收购条件,协议收购人可以与目标公司的股东在意思表示真实的情况下达成不同的收购协议,各协议条款不必相同,而且都能成为有效的收购合同。两者实现公平性的方式不同。

3. 无法定期限。在协议收购中,双方当事人可以反复就协议内容进行磋商,协议进行的期限并无任何法律限制。

4. 不具有排他性。协议收购人在同目标公司股东秘密协商的同时,还可以在证券市场上通过集中竞价交易,秘密买卖目标公司的股票。

(二)协议收购的基本规则

根据我国《证券法》和《上市公司收购管理办法》的相关规定,协议收购的基本规则主要有:

1. 收购人以协议转让方式收购上市公司,导致该公司实际控制权发生变更的,收购人应在与上市公司股东达成协议后,立即通知该公司,公司应立即向证券交易所申请停牌;同时报告证监会和证交所,并予公告。

2. 被收购公司董事会必要时可以聘请独立财务顾问等机构,对收购事宜提出咨询意见,公司独立董事应当单独发表意见,这些意见应一并公告。

3.协议收购公司挂牌交易的股票可能导致对公司的实际控制权的,应按照特别程序进行。

4.上市公司股东通过公开征集方式出让其所持有的上市公司股份的,应当委托证券公司代为办理,并应遵守交易所的相关业务规则。

5.协议收购中,涉及国家授权机构持有的股份应当经过国家有关主管部门批准。

6.被收购公司应当对收购人的主体资格、财务资信及受让意图进行调查并予以披露。

7.采取协议收购方式的,协议双方可以临时委托证券登记结算机构保管协议转让的股票,并将资金存放于指定的银行。

8.经中国证监会和证交所同意,上市公司股东通过公开征集方式确定受让人的,应当委托证券公司代为办理。

9.收购行为结束后,收购人应在15日内将收购情况报告中国证监会和证券交易所,并予以公告。

(三)协议收购制度的弊端

从协议收购的特征来看,协议收购本身同时还具有许多弊端,不利于对公众投资者的保护。

首先,协议收购往往只针对部分大股东,大多数股东只能被动地接受股权发生的变化,或者选择消极地转让股票、退出被收购公司的方法避开股权变动给他们带来的压迫感。

其次,协议收购发生于个别交易人之间,通常不利于有效监管。在要约收购的情况下,由于要约涉及面相当广泛,证券法通常可以要求收购人负较重的披露义务;而协议收购只是个别交易人之间的行为,法律没有充分理由责令收购人负有与要约收购相同的披露义务。这样,大多数股东就无从了解收购是否损害了他们的利益,证券监督管理机关对协议收购的监管也带有滞后性。正因为协议收购一般是私下秘密进行的,不利于有效监管,有关信息在收购达成协议之前一般不公开,因此,不利于对其他股东利益的保护。即使是法律要求在收购协议达成之后及时披露有关信息,这种信息公开也是不全面、不充分的。

由于协议收购的负面效应很大,各国对协议收购制度都很慎重。目前,世界范围内只有英国、美国等发达国家允许协议收购上市公司。无论英国还是美国,证券市场都非常发达,监控措施较为完备,可以最大限度地发挥协议收购的长处,抑制协议收购的弊病。在英国,经证券管理机构批准,投资者在特定情况下可以协议收购上市公司,但不得在要约收购期间进行。这主要是为了防止投资者在要约收购期间以高于要约的价格另外购入目标公司的股份,损害其他受要约人的利益。在美国,法院的判例确定了下述规则:如果协议收购人在以某种方式公开其收购意图的情况下直接从证券交易所之外购进大量股份,则这种协议收购实际构成一个公开要约,协议收购人必须按照《威廉姆斯法案》的规定,向目标公司全体股东发出公开收购要约。

我国现阶段之所以允许协议收购存在,主要是为了给我国上市公司中的国有股、法人股流通找出一条好的出路。众所周知,我国目前的上市公司存在着国有股、法人股的历史遗留问题,这两种股份在上市公司总股本中所占比例都很大,但又不能和社会公众股一道上市流通。如何使国有股和法人股在不对二级证券市场产生剧烈冲击的情况下顺利流通,一直是人们思索的一个问题。而协议收购由于在场外进行,可以减轻对二级市场的冲击,正好能满足上述要求。事实上,我国出现的上市公司收购案例多为协议收购上市公司国有股、法人股的案例。

二、协议收购的具体程序

1. 收购双方协商收购事宜。尽管收购协议的当事人是收购方以及目标公司的股东,但在通常情况下,收购方进行收购之前,会向目标公司董事会提出收购意向,双方会就收购事项进行磋商和谈判,最终就收购事宜达成一致意见。在大多数情况下,这些工作是在收购方与目标公司之间秘密进行的。所以,协议收购一般都是善意收购。

2. 征得被收购股权所有人或其代表的同意,以及向有关主管部门申请批准转让。依据《上市公司收购管理办法》第 16 条的规定,涉及国家授权机构持有的股份的转让,或者须经行政审批方可进行股份转让的,协议收购相关当事人应当在获得有关主管部门批准后,方可履行收购协议。

所以,如果股权转让协议涉及国家股或者国有法人股,必须向相应的国有资产管理部门提出报告,申请批准。另外,有些特殊股份的转让还必须征得有关主管部门的批准。例如,在转让股份为外资股的情况下,必须获得外资管理部门的批准;如果上市公司为金融类公司,那么还必须获得中国人民银行总行的批准。如果出让的股份为非国有性质,那么股份持有人即为其所有人,只需征得持股股东的同意即可。

3. 收购方与拟被收购的股权人签订收购协议。股权转让协议是上市公司收购中最重要的法律文件,协议双方当事人应当在协议中约定收购股份的数量、价格和履行方式、期限、双方的权利义务。股权收购协议实行的是有限的意思自治原则,即协议双方只能在证券法律规范允许的范围内进行自由协商。如果双方的协议内容超出了有关证券法的强制

性内容,那么这些条款是无效的。我国法律对于上市公司协议收购的限制性规定包括:

(1)在上市公司的收购中,如果已经采取了要约收购方式进行收购,收购人在收购要约期限内,不能采取协议收购的方式进行收购。这是收购要约法律效力的必然要求。否则,如果收购人一方面对广大股民发出收购要约,同时又和控股股东进行协议收购,则很可能损害中小股东的利益。这是股东权一律平等的要求。

(2)发起人所持的股份在公司成立后3年内不得转让。股份一经发行,原则是可以自由转让的,但是法律对发起人自由转让其持有的股份设定了期限,这是为了维持公司财产的稳定,同时避免发起人利用手中掌握的信息进行内幕交易,损害其他股东和公司的利益。

(3)以协议收购方式进行上市公司收购,相关当事人应当委托证券登记结算机构临时保管拟转让的股票,并将用于支付的现金存放于证券登记结算机构指定的银行账户。这就是法律对于股权收购协议中关于协议涉及的股份和对价的支付方式的强制性要求。

(4)通过协议收购方式获取被收购公司股份并将该公司撤销的,属于公司合并,被撤销公司的原有股票由收购人依法更换。

(5)与要约收购一样,在上市公司协议收购中,收购人对所持有的被收购的上市公司股票,在收购行为完成后的6个月内不得转让。这也是为了防止内幕交易,维护证券市场稳定、保护中小股东和公司利益而设定的。

4.收购方以及目标公司必须履行的法定报告、公告义务。收购方以及目标公司在协议收购股权的过程中,双方签订收购协议以后,必须履行法定的报告、公告义务,这实际上是信息披露制度在协议收购程序的要求。

(1)收购方应当依法履行相应的报告、公告义务。收购方依法履行相应的报告、公告义务实际上是信息披露制度中关于收购协议和收购意图的披露。收购者收购要约的具体内容和收购意图是目标公司股东做出投资判断(保有或卖出股份)的主要依据,因此,为保护广大股东的合法权益,防止有关人士利用内幕信息从事股权交易,各国的上市公司收购立法都对此做出了相当严格的规定。这也是保障股东平等待遇原则得以贯彻的基本前提。我国对此也有相应的立法规定。

《中华人民共和国证券法》第89条规定:"以协议方式收购上市公司时,达成协议后,收购人必须在三日内将该收购协议向国务院证券监督管理机构及证券交易所作出书面报告,并予公告;在未做出公告前不得履行收购协议。"

这一点在《上市公司收购管理办法》第 12 条有更为详细的规定。以协议收购方式进行上市公司收购的，必须做到以下几点：①收购人在提出股份转让申请的次日，应当就转让协议事宜以及接受委托的证券公司名称做出公告，并通知该上市公司；②收购人应当在达成收购协议的次日向中国证监会报送上市公司收购报告书；③收购人应当同时将上市公司收购报告书抄报上市公司所在地的中国证监会派出机构，抄送证券交易所，通知被收购公司；④收购人还应当就上市公司收购报告书摘要做出提示性公告。

根据《证券法》第 82 条关于要约收购中收购人的上市公司收购报告书披露内容的规定，在协议收购中，收购人有关证券监管机构报送、抄送的上市公司收购报告书，应当载明下列事项：①收购人的名称、住所，②收购人关于收购的决定，③被收购的上市公司名称，④收购目的，⑤收购股份的详细名称和预定收购的股份数额，⑥收购的期限、收购的价格，⑦收购所需资金额及资金保证，⑧报送上市公司收购报告书时所持有被收购公司股份数占该公司已发行的股份总数的比例。

(2) 目标公司的公告义务。依据《上市公司收购管理办法》第 15 条的规定，目标公司要做到以下几点：

第一，被收购公司收到收购人的通知后，其董事会应当及时就收购可能对公司产生的影响发表意见，并附上理由；意见书中必须注明董事会是否与收购者就此次协议收购或行使目标公司表决权事项达成任何合意或谅解等情况；持有目标公司股份的董事是否应此次收购而计划售出或不售出其股份。

第二，独立董事在参与形成董事会意见的同时，还应当单独发表意见。

第三，被收购公司董事会认为有必要的，可以为公司聘请独立财务顾问等专业机构提供咨询意见。

第四，被收购公司董事会意见、独立董事意见和专业机构意见应当一并予以公告。

另外需要注意两点：

首先，如果是管理层、员工进行上市公司收购的，被收购公司的独立董事应当就收购可能对公司产生的影响发表意见。独立董事应当要求公司聘请独立财务顾问等专业机构提供咨询意见，咨询意见与独立董事意见一并予以公告。

其次，上市公司控股股东和其他实际控制人在转让其对一个上市公司的实际控制权时，未清偿其对公司的负债，未解除公司为其负债提供的担保，或者存在其损害公司利益的其他情形的，被收购公司董事会应当为公司聘请审计机构,就有关事项进行专项核查,并出具核查报告,要求该控股股东和其他实际控制人提出切实可行的解决方案;被收购公司董事会、独立董事应当就其解决方案是否切实可行分别发表意见;被收购公司应当将核查报告、解决方案与董事会和独立董事意见一并予以公告。

如果控股股东和其他实际控制人拒不提出解决方案的,董事会、独立董事应当采取充分有效的法律措施维护公司利益。

由于上市公司收购事宜的策划乃至确定,与信息披露的日期之间往往有一个较长的时间跨度,我国《证券法》等法律、法规规定,在有关信息披露之前,收购事项属于内幕信息,有关当事人必须严格保密,并不得进行内幕交易,违反法律义务者要承担相应的法律责任。

中国证监会在收到上市公司收购报告书后15日内未提出异议的,收购人可以公告上市公司收购报告书,履行收购协议。

5. 协议收购双方履行收购协议,办理股权转让过户等相关手续。协议收购相关当事人完成上述程序之后,进入协议履行阶段。双方应当按照协议中约定的关于拟转让的股份的数量、价格、支付方式、履行期限等规定履行收购协议。

当事人还应当按照证券交易所和证券登记结算机构的业务规则和要求,申请办理股份转让和过户登记手续:

(1)公告上市公司收购报告书后,相关当事人应当委托证券公司申请办理股份转让和过户登记手续;接受委托的证券公司应当向证券交易所和证券登记结算机构申请拟收购部分股份的暂停交易和临时保管;予以暂停交易和临时保管的,应当做出公告;

证券交易所可以根据证券市场管理的需要,做出被收购公司挂牌交易股票暂停交易的决定;证券交易所在收到股份转让申请后3个工作日内完成审核,对所申请的股份转让做出予以确认或者不予确认的决定。

(2)证券交易所对所申请的股份转让予以确认的,由接受委托的证券公司代表转让双方向证券登记结算机构申请办理股份过户登记手续,受让人在过户登记手续完成后3个工作日内做出公告。

证券交易所不予确认的,接受委托的证券公司应当在收到证券交易所通知的当日,将不予确认的决定通知转让双方和被收购公司,并代表转让双方向证券登记结算机构申请解除对该部分股票的临时保管;出让人应当在获悉不予确认决定后2个工作日内做出公告;

(3)股份转让过户登记手续完成后,由接受委托的证券公司代表受让人向证券登记结算机构申请解除该部分股票的临时保管,受让人在提出解除保管申请后的2个工作日内做出公告,该部分股票在证券交易所恢复交易。

三、协议收购的特别情况

上述五个阶段即为一般协议收购所应当遵循的法定程序。但是在法律规定的特殊情况下,其中可能还包括强制要约收购的程序。所谓强制要约收购,是指当一持股者持股比例达到法定数额时,强制其向目标公司同类股票的全体股东发出公开收购要约的法律制度。依据《上市公司收购管理办法》规定,以协议收购方式进行上市公司收购,收购人所持有、控制一个上市公司的股份达到该公司已发行股份的30%时,继续增持股份或者增加控制的;收购方应当以要约收购方式向该公司的所有股东发出收购其所持有的全部股份的要约。

这一制度的理论依据在于:在当今上市公司股权日益分散的情况下,持有一个上市公司30%股权的股东,已基本上取得了该公司的控制权。该股东不但可以依据公司章程自由选派高级管理人员,对公司的日常经营、管理做出决定,而且在市场上进一步购买该公司的股票以达到绝对控股地位也并不是一件难事。小股东因此被剥夺了应享有的权利,实际上处于任人支配的地位。从公平的角度说,小股东有权享有将其持有的股票以合理的价格卖给大股东的权利。所以,要求持股达到30%以上的大股东以合理价格做出全面收购的要约是完全必要的,可以保护小股东的利益。

但是,如果收购一个上市公司的股份额达不到30%,则无法掌握该上市公司的控制权,收购会失去意义;然而,如果达到30%并且想继续收购,或者超过30%,就不可避免进入强制要约收购程序。那么,对于收购方来说,即使抛开要约收购程序的高额成本不说,仅仅是收购剩余那些必须收购的股份,也是极为沉重的财务负担。这样一来,要约收购很可能会成为上市公司收购的绊脚石。

基于鼓励上市公司收购、搞活市场的目的,2002年9月颁布的《上市公司收购管理办法》第48条、第49条、第51规定,收购人在法定情形下可以向中国证监会申请下列豁免事项:①免于以要约收购方式增持股份;②免于向被收购公司的所有股东发出收购要约;③免于要约收购被收购公司的全部股份。

四、协议收购的信息披露制度

协议收购作为上市公司收购的一种形式,也应该确定其信息公开制度。尽管协议收购只是收购人和目标公司特定股东之间的交易,但是这种大宗交易对目标公司的股权构成产生了重大影响,必须让目标公司的其他股东以及公众投资者及时知晓。

我国《证券法》第89条第2款和第3款规定:"以协议方式收购上市公司时,达成协议后,收购人必须在3日内将其收购协议向国务院证券监督管理机构及证券交易所作出书面报告,并予公告。在未做出公告前不得履行收购协议。"也就是说,在当事人达成收购协议之后,收购人应做出书面报告并公告。收购协议只有公告后才能履行。

另外,根据我国《证券法》第90条规定:"采取协议收购方式的,协议双方可以临时委托证券登记结算机构保管协议转让的股票,并将资金存放于指定的银行"。为了使收购协议能够顺利履行,达成收购协议的双方当事人可以临时委托证券登记结算机构保管协议转让的股票,并将资金存放于指定的银行。

五、我国上市公司协议收购中存在的问题

由于我国上市公司股权结构的特殊性,协议转让作为一种简便、快速和低成本的重组方式被普遍采用。我国目前有关上市公司协议收购的立法还不够完善,远不能适应形势发展的需要。我国《证券法》虽对协议收购予以肯定,但仅仅限于原则性规定,存在诸多问题。

1. 收购行为不规范,有些尚无规范可循;有些虽有规范,却不够明确具体。如有关协议收购中如何履行披露义务,境外投资者直接购买上市公司的法人股,间接进入我国A股市场如何规范等。自1995年以来,我国证券市场上相继发生了几起成功的外资协议收购上市公司非流通国家股和法人股的事件。如日本五十铃等公司协议受让北京北旅公司非流通法人股,四川广汉市国资局将其所持的广华化纤部分国家股协议转让给美国凌龙公司。为此,国家主管部门做出规定:在国家有关上市公司国家股和法人股管理办法颁布之前,任何单位一律不准对外转让上市公司的国家股和法人股。但该上市公司国家股和法人股管理办法至今尚未出台。

2. 资产评估不规范,转让价格不合理,造成国有资产价值的低估和流失。在实际操作中,股权转让通常处于非公开状态,以较大幅度低于市场价格成交屡见不鲜,因为国有股的转让价格是一对一的协商谈判确定,转让价格高低往往取决于双方的议价能力,而非股权的内在价值;而收购公司一般在资金、技术上占有优势,他们往往会抓住上市公司的弱点极力压价,导致转让价格不合理。

3. 信息披露义务和收购要约义务的豁免缺乏公开性和透明度。在我国业已发生的场外协议收购中,由于大多数是一次性完成的,几乎无一例外地都获得了5%和2%的公告义务豁免;在持股比例达30%或以

上的案例中,也都获得了强制收购要约义务的豁免。

4. 协议收购中关联交易现象严重,却缺乏监管措施。如 1994 年恒通公司以协议方式受让棱光公司 35% 股份后取得了控股地位,随后棱光公司出资 116 亿元收购了恒通公司属下的一个全资子公司,这种连环控股行为,属典型的关联交易。而这种关联交易中,由于控股公司拥有对子公司的绝对控股权,极易在交易中以损害或牺牲子公司中小股东的利益来谋取本公司的利益。因为按资本多数表决原则,中小股东根本无力左右局面。

5. 政府职能不明,对公司并购中政府监管功能的规定尚不健全。我国的许多上市公司是由国有企业作为主要发起人设立的,原国有企业或国有资产管理部门理所当然成为上市公司的第一大股东,且占绝对控股地位,这种股权结构使企业间的重组不仅不能避免政府的行政干预,而且政府可以以股东身份充任决策人,根据《公司法》的规定,上市公司的董事长由股东大会按资本多数来表决产生,因此,董事长也就成了政府的代言人。这就使得资产重组的出发点不是社会效益和全局利益,而是从本位主义和地方或行业保护主义出发,人为因素的影响较大,市场机制作用的发挥受到较大限制。

第三节　要约收购

要约收购是指收购人通过向被收购公司所有股东发出要约,在要约期内按照要约条件购买其持有的股份,从而实现对上市公司的收购。其最大的特点是在所有股东平等获取信息的基础上,由股东自主做出选择;且向全体股东公开发出要约,提高了收购的效率。因此,要约收购被视为完全市场化的规范的收购模式,有利于防止各种内幕交易,保障全体股东尤其是中小股东的利益,体现了公平和效率原则。

一、概述

要约收购制度起源于 20 世纪 50 年代的英国,该制度为上市公司收购过程中维护广大中小投资者合法权益以及在现代企业制度下强化管理层约束机制提供了有效的制度保障。与协议收购相比,要约收购要经过较多的环节,操作程序比较繁杂,收购方的收购成本较高。但是,一般情况下,要约收购都是实质性资产重组,非市场化因素被尽可能淡化,重组的水分极少,有利于改善资产重组的整体质量,促进重组行为的规范化和市场化运作。要约收购是国外成熟证券市场中上市公司收购的主要方式,也是各国证券法调整的核心范畴之一。

依据要约收购的性质划分,要约收购分为自愿要约收购和强制要约收购。自愿要约收购是由收购人决定是否以要约方式收购公司股票的收购;强制要约收购是投资者及一致行动人直接或间接持有一个上市公司已发行的股份达到一定的比例时,依照法律规定,向上市公司全体股东发出收购要约,收购该上市公司股份的行为。强制要约收购是法律给收购者设定的义务,非经证券管理机构豁免,不得免除。

通常在收购比例较低(例如低于30%)的情况下,收购人发出的购要约均属自愿收购要约。但当收购比例超过一定比例(例如超过30%)时,一些国家规定收购人必须向全体股东发出收购要约,此即强制要约收购。

我国《证券法》规定,通过证券交易所的证券交易,投资者持有一个上市公司已发行股份的30%时,继续进行收购的,应当依法向该上市公司所有股东发出收购要约。

依据收购的股份的比例和数量划分,要约收购分为全部要约收购和部分要约收购。全部要约收购是收购人向目标公司全体股东发出收购要约,收购目标公司的全部股份的方式;部分要约收购是向全体股东发出要约,收购目标公司股份总数一定比例的方式。如果目标公司股东出售的股份超出部分收购要约预定的收购比例或数量,则收购者不予接收。

(一)主要国家和地区的要约收购制度

就世界范围而言,由于商业理念、价值取向以及公司治理等方面的差异,逐步形成了以英国和美国为主的两种模式的要约收购制度。

1. 英国要约收购制度。英国要约收购制度属于强制性的要约收购制度,规定收购人一旦持有目标公司的股份超过一定比例(30%),则收购人应当以特定的价格,在限定的时间内向目标公司的所有股东发出要约,从而使得目标公司中小股东能有机会将所持公司的股份按照与大股东相同的价格向收购人转让。英国要约收购制度一方面给予了中小股东自由退出的选择权(转让或继续持有股份),另一方面,也赋予了中小股东与大股东平等享有收购溢价(即控制权溢价)的权利。

规范英国要约收购制度的法规主要是由英格兰银行牵头成立的公司合并与收购委员会于1968年制定的《伦敦城市收购与兼并准则》。《伦敦城市收购与兼并准则》属于行业自律规范,没有法律强制执行力,其权威主要来源于成员的自觉遵守和对违反该准则的谴责,该准则的主要内容包括10条原则和37条法规。另外,为了弥补《伦敦城市收购与兼并准则》的不足,英国公司合并与收购委员会于1980年又颁布了《大宗股份买卖条例》,建立了上市公司收购的预警制度。

2. 美国要约收购制度。美国要约收购制度属于自愿性的要约收购。收购人可自主发出要约,自行确定要约比例,但收购人在收购过程中应不断地就收购人的背景、收购意图、收购计划等信息予以充分披露。美国的要约收购立法承认控制权股份转让的自由,因此未设定强制要约收购制度,而是通过强调收购有关当事人的信息公开义务和控股股东对其他小股东的诚信义务,来保护中小股东的利益。

美国的要约收购立法分为联邦立法和州立法,前者主要是由美国国会于1968年制定的《威廉姆斯法案》,该法案并不是一个单独的立法,它是对美国国会1933年制定的《联邦证券交易法》的修正案。《威廉姆斯法案》对要约收购保持一种中立的态度,不对一项公开收购要约进行价值判断,也不试图对有关的公司收购活动进行鼓励或限制,而是力图贯彻信息公开和公平对待各方当事人的原则,为目标公司股东做出明智的决策创造一个良好的环境。

3. 大陆法系国家要约收购制度。德国、日本、法国等大陆法系的国家,由于股权结构、融资方式、商业理念与英、美等海洋法系国家存在较大的差异,因此,要约收购较少发生,一般是通过协议收购的方式实现上市公司控制权的转移。但是,随着经济全球化和欧盟一体化进程的推进,德国、法国等大陆法系国家的要约收购案例逐渐增加,这些国家对上市公司收购涉及的要约收购逐渐予以规范。1989年,欧盟提出了《公司收购第13号指令规则》,并于1990年发布了经修订后的该规则,用于协调欧盟国家的上市公司收购,并规定一旦收购人持有目标公司的股份超过一定比例(33%),则收购人须履行全面要约收购义务。同样,随着资本市场的对外开放,日本为了保护国内上市公司,防范外国企业的收购,也于1971年对《证券与交易法》进行了修改,增加了要求实施公开要约收购的有关条款。

(二)我国上市公司要约收购制度

从1992年深圳市政府颁布的《深圳市上市公司监管暂行办法》,到中国证监会2002年和2003年先后颁布的《上市公司收购管理办法》(以下简称"《收购办法》")和《关于要约收购涉及的被收购公司股票上市交易条件有关问题的通知》,我国已逐步建立了较为完善的要约收购法律体系。在国家法律方面,包括《公司法》和《证券法》;在国家法规方面,包括国务院颁布的《股票发行与交易管理暂行条例》;在部门规章方面,主要包括由中国证监会颁布的《收购办法》及其配套的系列信息披露规则《上市公司股东持股变动报告书》《要约收购报告书》《豁免要约收购申请文件》以及《关于要约收购涉及的被收购公司股票下市交易条件有关问题的通知》等规范性文件；在行业自律方面，主要包括由上海、深圳证券交易所以及中国中央登记结算公司等机构颁布的《上市公司要约收购业务指南》《关于对存在股票终止上市风险的公司加强风险警示等有关问题的通知》《上市公司收购登记结算业务指南》等自律性文件。

我国要约收购制度采取了富有中国特色的要约收购制度设计，在保护广大中小股东权益的前提下，根据我国股权分割的现实，创造性地制定了挂牌交易股票和未挂牌交易股票的两种要约收购价格，以降低要约收购的成本。同时，允许收购人采用自愿要约收购的方式增持一定比例（不超过30%）的上市公司股份。另外，还规定了5项自动豁免和7项申请豁免。

二、要约收购的特征

要约收购具以下几个特征。

（一）公开性

收购要约是一种向不特定的全体股东发出的要约，收购人一旦公告其收购要约，目标公司的所有股东均可进行承诺。在要约收购中，收购人必须公告其收购要约。收购要约的内容不仅要让目标公司的股东知晓，而且还要让证券市场的其他所有参与人知晓。收购要约必须公告（通常以公告、广告、广播、信函等形式公开），这就是收购要约的公开性。

（二）公平性

在要约收购中，收购人在收购要约中提出的各项条件，适用于被收购公司的所有股票持有人。要约收购面向目标公司的不特定股东，收购要约人不能区别对待目标公司的股东，应该给予目标公司所有股东平等的待遇。而且，目标公司的股东在要约有效期内承诺要约的时间顺序不影响目标公司股东的权益。此即要约收购的公平性。

（三）期限法定性

为了维护证券市场的秩序，保护目标公司的中小股东，要约收购中，《证券法》将收购要约的期限既设定了上限，也规定了下限。这是因为目标公司股东必须有充足的时间研究收购要约，以在信息充分的情况下做出投资决定。而在要约收购中，目标公司股东处于被动地位，如果不规定下限，要约期限过短，容易给目标公司的股东带来压迫性的影响，股东将不得不在很短的时间内做出是否承诺该要约的决定，这显然不利于其利益的保护。

但另一方面,如果不规定上限,收购要约期限过长,容易给证券市场带来消极的影响。例如,收购人在要约有效期内,自己所持有的目标公司股票实际被冻结;而目标公司股东一旦承诺了收购要约,其股票也将被冻结。收购要约有效期过长,目标公司股票的交易就可能会萎缩。收购要约的期限受到各国证券法的限制,此即要约收购期限的法定性。

(四)排他性

根据《证券法》第88条规定:"采取要约收购方式的,收购人在要约收购期限内,不得采取要约收购以外的形式和超出要约的条件买卖被收购公司的股票"。也就是说,在上市公司收购中,收购人一旦发出了收购要约,就不能通过其他方式买卖被收购公司的股票,而只能采取要约收购方式买卖被收购公司的股票。此即要约收购的排他性。

三、上市公司要约收购的程序

(一)持股披露

根据我国《证券法》的规定,收购人如果要发出收购要约,他必须通过证券交易所的证券交易持有目标公司已发行在外股份的30%。为了保护中小股东的利益,法律要求在收购人持股达到30%以前对其持股比例予以披露,披露的程序包括:

1. 当一个投资者持有一个上市公司已发行在外的股份的5%时,应当在该事实发生后3日内,向国务院证券管理机构、证券交易所作出书面报告,通知该上市公司,并予以公告;这不包括因公司发行在外的普通股数量减少,致使法人持有该公司5%以上的发行在外普通股的情况。在做出此报告并公告之日起2个工作日内和做出报告前,不得再直接或间接买入或卖出该种股票。

2. 在已经持有一个上市公司发行在外的股份的5%之后,持有目标公司股票的增减变化每达该种股票发行在外总额的2%时,应当自该事实发生之日起3个工作日内,向目标公司、证券交易所和证监会做出书面报告并公告。在做出此报告并公告之日起2个工作日内和做出报告前,不得再直接或间接买入或卖出该种股票。

(二)做出公告

通过证券交易所的证券交易,投资者持有一个上市公司已发行股份的30%时,继续进行收购的,应当依法向该上市公司的所有股东发出收购要约。在发出收购要约之前,收购人必须事先向国务院证券监督管理机构报送上市公司收购报告书,并将该报告书同时提交目标公司股票挂牌的证券交易所。

(三) 发出要约并进行公告

当收购人持有目标公司发行在外的普通股达到30%时,自该事实发生之日起45个工作日内,向目标公司所有股票持有者发出收购要约。购买价格取在收购要约发出前12个月内收购要约人购买该种股票所支付的最高价格与在收购要约发出前30个工作日内该种股票的平均市场价格中较高的一种价格。在发出收购要约前,不能再行购买该种股票。

在发出收购要约的同时,向受要约人、证券交易所提供本身情况的说明和与该要约有关的全部信息,并保证材料真实、准确、完整、不产生误导。收购要约的有效期不得少于30个工作日,自收购要约发出之日起计算。自收购要约发出之日起30个工作日内,收购要约人不得撤回其收购要约。而且,收购要约的全部条件适用于同种股票的所有持有人。收购要约发出后,主要要约条件改变的,收购要约人应当立即通知所有受要约人,通知可以采用新闻发布会、登报或者其他传播方式。收购要约人在要约期满后30个工作日内,不得以要约规定以外的任何条件购买该种股票。预受收购要约的受要约人有权在收购要约失效前撤回对该要约的预受。

(四) 做出承诺

收购人在发出要约并公告之后,受要约人应当在要约期限内做出是否同意以收购要约的全部条件向收购要约人出售证券的意思表示。要约一旦经过承诺,双方当事人之间的股票买卖合同就成立了。

(五) 履行合同

收购人按照要约规定的期限、价格支付股票价款,受要约人向要约人交付股票。收购要约人要约购买股票的总数低于预受收购要约的总数时,收购要约人应当按照比例从所有预受收购要约的受要约人中购买该股票。收购要约期满,收购要约人持有的普通股未达到目标公司发行在外普通股总数的50%的,为收购失败。

(六) 收购结束后的报告及公告

根据《证券法》第93条的规定:"收购上市公司的行为结束之后,收购人应当在15日内将收购情况报告国务院证券监督管理机构和证券交易所,并予以公告。"

(七) 对收购人某些行为的限制

在上市公司收购中,收购人对所持有的被收购的上市公司的股票,在收购行为完成后6个月内不得转让。收购要约人除发出新的收购要约外,其后每年购买的该种公司发行在外普通股不得超过该公司发行在外普通股总数的5%。

(八) 终止上市交易

收购要约期满,收购要约人持有的普通股达到该公司发行在外普通股总数的75%以上的,该公司应当在证券交易所终止交易。

(九) 强制出售

收购要约期满,收购要约人持有的股票达到该公司股票总数的90%时,其余股东有权以同等条件向收购要约人强制出售其股票。

(十) 收购后的管理

收购后的管理是指办理完各种必需的手续后,对目标公司进行重组或改造,或任何其他合法的处置。收购行为完成后,被收购公司不再具有公司法规定的条件的,应当依法变更其企业形式。

四、要约完成后的法律规制

(一) 要约收购失败的法律规制

要约收购失败,一般来说是指收购要约期满,要约人持有的普通股未超过该公司发行在外的普通股总数的50%。法律对收购失败的规制主要体现在以下两个方面:

1. 收购失败者有义务返还受要约人已承诺售出的股票,承诺人有权撤销承诺。英国《伦敦城收购与合并守则》规定,在这种情况下,受要约人有权撤销其承诺;香港《收购与合并守则》也有类似的规定,不过更加完善,该《守则》第17规定:"如果要约在首个截止日期计21日后仍未成为无条件,接纳者有权撤回该项接纳,这个撤回接纳的权利在该项要约成为无条件之前都可以行使。"这种规定的目的是想赋予受要约人在要约失败的情况下一个重新考虑是否出卖自己股票的机会。我国《股票条例》第51条借鉴英国的做法,规定"收购要约期满,收购要约人持有的普通股未达到该公司发行在外的普通股总数50%时,为收购失败。"但对收购失败后收购双方当事人间的权利和义务却没有明确界定。我们认为,收购失败后,收购者应负有返还受要约人股票的义务,但是否要求返还(撤销承诺)则是受要约人的权利。

2. 禁止收购失败者在一定时间内再次发起收购。收购失败说明收购人资金不足、缺乏实力,或表明了目标公司股东对收购者的不信任,因此,大多数国家都规定收购失败者在一定时间内不得再次发起收购。如英国《收购与合并守则》规定,如果收购要约被撤销或失败的,则除非经City Panel同意,收购人在要约撤销或失败之日起12个月内不得进行以下活动:①向目标公司再进行要约收购;②购买目标公司股份从而使自己负有强制要约义务;③购买目标公司股份,从而持有目标公司40%~50%的表决权股份。如果收购要约人通过部分要约收购持有目标公司30%~50%表决权股份的,则上述要约收购或购买限制也同样适用。我国目前的收购立法未有此种限制,应当予以完善。

(二)要约收购成功后的法律规制

为了保护目标公司股东的合法权益,很多国家的收购立法对收购要约成功后收购者的某些行为施加限制。主要体现在以下几个方面:

1. 限制收购人再次收购(或购买)目标公司的股份。有些国家为防止目标公司受到频繁的要约收购的威胁,保护目标公司股东,往往限制收购人在收购成功后一定期间内再次收购或购买目标公司股份。如英国《收购与合并守则》规定,如果收购成功,收购人已持有目标公司50%以上表决权股份的,则除非专门小组同意,在该要约收购完成后的6个月时间内,不得以比以前收购要约价格更高的价格向目标公司任何股东做出进一步的要约。如果收购人的部分要约收购成功,则除非专门小组同意,收购人在该收购完成后的12个月内不得再购买目标公司的股份。我国《证券法》对这一方面的问题没有涉及,《股票条例》第51条规定:收购失败后,"收购要约人除发出新的收购要约外,其以后每年购买的该公司发行在外的普通股,不得超过该公司发行在外的普通股总数的5%。"

2. 限制收购人转让目标公司股份。为了防止收购人事前举债收购,收购成功后通过转让目标公司股份的方式从中渔利,从而损害目标公司股东的利益,各国收购立法大多对收购人在收购成功后转让目标公司股份作了限制。我国《证券法》第91条规定:"在上市公司收购中,收购人对所持有的被收购的上市公司的股票,在收购行为完成后的六个月内不得转让。"

3. 强制收购制度。这种强制收购制度不同于前文的强制要约收购,是指收购人在收购要约期满后,因接纳或持有目标公司股份达法定比例(通常为90%)时,法律规定收购人可以在一定条件和程序下,按收购要约的价格强制购买目标公司的剩余股份,有关国家在立法上通常也允许目标公司少数股东可以将其股份以与要约价格相同的价格出售给收购人。比如根据英国1948年《公司法》第209条第(1)款的规定,如果要约人的要约已为受要约股份的90%的持有者所接纳,在4个月内,要约人有权向未接纳要约的股东发出希望收购其股份的通知,该通知必须在接纳要约达到90%后的2个月内做出。收购公司有权利也有义务以要约之相同条件收购剩余少数股东的股份,但是,这种对少数股份的强行征购必须是公平的。少数股东应能在享有充分信息的基础上对收购要约做出适当的评估,必须不为董事会所误导。而且,根据未接纳要约股东的请求,如果法院认为适当,可做出不允许收购的裁决。与要约人享有的权利相对应,第209条第(2)款规定少数股东亦有权要求要约人收购其股份。要约人在办理其90%或以上的持股登记转让后1个月内,应向其余每一位股东通告其持股已达90%的事实。任何余下股东有权在3个月内以上述形式通知要约人以给予与办理转让登记之股东相同的条件,收购其股份。

这种强制收购制度具有两个方面的作用:首先,从收购人方面看,该制度实际上是允许收购人排除目标公司少数派股东,从而获得对目标公司100%的控股权。由于现代公司法和证券法注重对公司少数派股东利益的保护,为免受有关少数派股东利益保护规制的限制,收购人往往具有获得对目标公司100%控股权的强烈愿望。其次,从目标公司少数派股东方面看,该制度实际上允许其以公正的价格退出目标公司。这对目标公司中不能行使经营管理权,又可能受大股东侵害的中小股东来说,是一种比较有力的救济手段。

我国《股票条例》第51条,《证券法》第87条都规定,收购要约的期限届满,收购人持有的被收购公司的股份数达到该公司已发行的股份总数的90%以上的,其余仍持有被收购公司股票的股东有权向收购人以收购要约的同等条件出售其股票,收购人应当收购。值得注意的是,我国的强制收购制度是单方面的,即只从目标公司中小股东权利的角度规定了收购方的强制受让义务,对收购方持股达法定比例时是否享有强制收购剩余股份的权利却未作规定。从各国的立法来看,强制收购既是绝对控股股东的一项义务,也是一项权利,我国也应在立法中确认此项权利。

五、要约收购的义务豁免

我国2002年9月颁布的《上市公司收购管理办法》规定,收购人在法定情形下可以向中国证监会申请下列豁免事项:①免于以要约收购方式增持股份,②免于向被收购公司的所有股东发出收购要约,③免于要约收购被收购公司的全部股份。

收购人在下列情况下,可以向中国证监会提出豁免申请:

第一,上市公司股份转让在受同一实际控制人控制的不同主体之间进行,股份转让完成后上市公司实际控制人未发生变化,且受让人承诺履行发起人义务的;

第二,上市公司面临严重财务困难,收购人为挽救该公司而进行收购,且提出切实可行的重组方案的;

第三，上市公司根据股东大会决议发行新股，导致收购人持有、控制该公司股份比例超过30%的；

第四，依法院裁决申请办理股份转让手续，导致收购人持有、控制一个上市公司已发行股份超过30%的；

第五，中国证监会为适应证券市场发展变化和保护投资者合法权益的需要而认定的其他情形。

中国证监会在受理豁免申请后3个月内，就收购人所申请的具体事项做出是否予以豁免的决定；获得豁免的，收购人可以继续增持股份或者增加控制。

相关当事人在下列情况下，可以向中国证监会报送豁免申请文件：

第一，合法持有、控制一个上市公司50%以上股份的股东，继续增持股份、增加控制后不超过该公司已发行股份的75%的；

第二，因上市公司减少股本导致其持有、控制一个上市公司已发行股份超过30%的；

第三，证券公司因开展正常的股票承销业务导致其持有一个上市公司已发行股份超过30%，但无实际控制该公司的行为或者意图，并且提出在合理期限内向非关联方转让超出部分的解决方案的；

第四，银行因开展正常的银行业务导致其持有一个上市公司已发行股份超过30%，但无实际控制该公司的行为或者意图，并且提出在合理期限内向非关联方转让超出部分的解决方案的；

第五，当事人因国有资产行政划转导致其持有、控制一个上市公司已发行股份超过30%的；

第六，当事人因合法继承导致其持有、控制一个上市公司已发行股份超过30%的；

第七，中国证监会为适应证券市场发展变化和保护投资者合法权益的需要认定的其他情形。

六、收购要约公布的要求与程序

（一）收购要约公布的一般要求

收购要约的公布是指要约人依法定的方式将收购要约向目标公司股东公布。发出收购要约进行收购，是收购人的一项权利，除非法律有特别限制，任何人只要有足够的资金实力，并遵守法律规定的程序，在任何持股比例情况下（甚至在还没有持有目标公司股票时）都可以选择适当的时机发出部分或全部收购的要约（自愿要约）。但由于收购要约的公布标志着收购这一重大交易行为的开始，因此要约人应经过审慎及以负责任的态度做出考虑之后才公布要约,要约人及其财务顾问都应信赖要约人现实能够及以后亦有能力完全履行该项要约,这是各国及一些地区收购立法关于收购要约公布的一般要求。

(二)收购要约公布的时间

收购要约应当何时公布,一般来说,应由要约人自行决定,但为了减少内幕交易的空隙和证券市场的波动,各国收购立法都要求收购要约的公布要"及时"。比如《香港收购与合并守则》规则3.1规定,在下列情况下,要约人必须公布收购要约:①当做出要约的确实意图由可靠方面通知受要约公司的董事局(不论董事局对该项要约的态度如何);②当因取得股份而产生规则第26规定的要做出强制要约的义务时,便必须立刻公布。有关已产生该义务的公布,不应因正在收取全部资料而遭阻滞。额外资料可在稍后的补充公布中提供;③当受要约公司在未被接触前成为谣言及投机活动的对象,或其股价出现不正常波动而有合理理由可推断该情况是由于有意要约人的行动(不论是由于保密不足,购买受要约公司股份或其他原因)所致;④当谈判或讨论将由极少数人(即有关公司内需要知悉有关谈判或讨论的人及其即时的顾问)扩展至其他人。

我国关于收购要约公布的时间,只有强制收购要约方面的规定,即发起人以外的任何人直接或间接持有一个上市公司发行在外的普通股达到30%时,应当自该事实发生之日起45个工作日内,向该公司所有股票持有人发出收购要约。但未对自愿收购要约的公布时间做出任何规定。《证券法》第90条关于收购人在向国务院证券监督管理机构报送上市公司收购报告书之日起15日后公告其收购要约的规定,也应当认为是只针对强制收购要约。但即便是这条只针对强制收购要约的规定,也并不令人满意,该条规定对收购者到底在"15日后"的多长时间内应该公布其收购要约并没有一个上限,这无疑为内幕交易留下了一个可乘的空间。众所周知,内幕人员之所以能够进行内幕交易,并不仅仅在于其有掌握更多信息的途径,更重要的是由于其能够比投资者抢先一步提前掌握那些利害攸关的信息,而这种内幕人员与公众投资者在掌握信息上的时间差,正是内幕交易得以存在的一个重要条件。因此,我国收购立法应当借鉴英美及我国香港等地的立法经验,对收购要约的公布时间做出严格的限定,且这种限定不应仅限于强制收购要约的公布,因为自愿收购要约的公布时间也同样需要法律的规范。

(三)收购要约公布的程序

关于收购要约公布的程序,各国收购立法的规定不尽相同。《香港收购与合并守则》要求收购要约应当首先向目标公司的董事局或其顾问做出,然后才会向公众公布,而不能直接向目标公司的股东提出;澳大利亚《公司法》也要求收购人先将含有法定资料的收购意向通知书(该法称"先期声明")送交目标公司,然后再向目标公司所有的股东发送收购要约,而且该意向通知书和收购要约的副本均应呈送给目标公司进行登记的公司事务委员会和公司股票挂牌上市的证券交易所。这种规定的目的是为了尽量减少收购的敌意性,争取目标公司管理层的合作,同时也为了保证目标公司管理层有时间就收购要约发表意见。但从收购人的立场考虑,这种做法难免对其造成不利影响,因为愈早通知目标公司,目标公司愈能在时间较充裕的情况下拟制各种反收购措施,以制止收购成功。

我国关于收购要约的公布程序,根据《证券法》的规定,收购要约可直接向目标公司股东发出,但在此之前,应当向国务院证券监督管理机构报送上市公司收购报告书,并在此后15日后方可公告其收购行为。需要说明的是,收购要约的发出并不以证券监督管理机构的批准为前提。我国《证券法》关于收购要约公布程序的规定比较切合实际,对我国很需要严格监管的证券市场来说非常必要。遗憾的是,这些规定也是只针对强制收购要约,对自愿收购要约未予规范。

七、要约收购制度的中外比较

我国现行的要约收购制度与国外发达的资本市场成熟的要约收购制度相比有很大的不同,主要体现在以下几个方面。

(一)要约收购目的的差异

我国的强制要约收购主要是收购人依法履行程序,尽"义务",而不以终止目标公司上市地位为目的。若目标公司因全面要约而不再具备继续上市的资格,收购人将采取谋求其恢复上市的整合措施。而在国外,要约收购主要针对两类公司:一是目标公司价值被低估,市场交易不活跃;二是目标公司与收购人之间存在较强的产业关联度,收购人收购目标公司,期冀通过资源的整合,创造出新的价值。收购人通过要约收购,将终止目标公司的上市地位作为收购的重要目标。

(二)要约收购价格的差异

首先,我国的要约收购价格根据要约股票的流动性,按挂牌交易股票和未挂牌交易股票两类分别设定要约价格。

其次,对于挂牌交易股票的要约价格,以"不低于下列价格中较高者:①在提示性公告日前六个月内,收购人买入被收购公司挂牌交易的该种股票所支付的最高价格;②在提示性公告日前三十个交易日内,被收购公司挂牌交易的该种股票的每日加权平均价格的算术平均值的百分之九十"确定。在我国已实施的几例强制性要约收购中,对挂牌交易股票的要约收购价格均较刊登要约公告前一交易日的价格低。在国外,由于要约收购的目的是为了终止目标公司的上市地位,一般要约价格均比刊登公告时要约股票的市场交易价格高20%~300%。另外,国外要约收购经常伴随竞争性的要约收购出现,收购人的要约收购价格也因出现竞争要约而不断提高。

(三)要约收购支付方式的差异

我国已实施的几例强制性要约收购中,收购人在刊登要约公告的同时,均将全面要约所需现金足额冻结于银行。而国外,上市公司收购中,运用股票、债券等有价证券支付日益增多,单纯用现金支付逐渐减少。据统计,2000年美国上市公司收购中,以股票和股票加现金方式进行支付的占并购总金额的72%。

第四节 委托书收购

委托书收购,是指收购者以大量征集股东委托书的方式,取得表决权,在代理股东出席股东大会时,集中行使这些表决权,以便于通过改变经营策略、改选公司董事会等股东大会决议,从而实际控制上市公司经营权这一公司收购的特殊方式。委托书收购的核心在于收购者可以借助第三方力量,以低成本取得对目标公司的实际控制权。

一般而言,对目标公司的收购方式可以分为两大类:一类是股权式收购,其特点是收购者实际掌握目标公司足够比例的股权(成为目标公司的控股股东),从而控制目标公司;另一类是收购者通过大量征集股东委托书的方式,直接取得目标公司的股东委托书,代理股东出席股东大会,行使优势的表决权,以通过改组董事会决议等方式达到收购目标公司的目的,此即委托书收购。典型的委托书争夺通常有两种形式:一种是对董事会席位的争夺,即收购方通过占据董事会一定数量的席位,以进一步更换管理层;另一种直接对企业经营决策强行实施影响。如果目标企业的管理层反对收购,收购方可以通过征求委托书的方式强迫管理层接受并购建议。

委托书收购在市场经济发达的国家和地区已有较长时间的发展历史,近年来在并购活动中被越来越多地采用,成为与传统股权收购同样重要的并购手段。

发达国家的公司发展史表明,公司愈趋于大型化,股权就愈分散,代理投票制度就愈发达,愈不可少。随着代理投票制度的产生,作为代理人出席股东大会重要凭证的授权委托书愈来愈被经营管理者或其他股东看中,公司控制权争夺日益激烈。授权委托书具有以下多重功能:①是代理出席股东大会的凭证,②是现代大型公司召开股东大会的主要方式,③是公司经营权的争夺工具,④是管理层控制公司的形式等。

自19世纪末以来,美国率先发展了一种由现任公司管理层主动发起的投票委托劝诱制度(the Proxy Solicitations System),这一制度后来引发了20世纪60年代以来经久不息的投票劝诱大战(Proxy Fighting)。

"委托书收购"最早源于股权分散的美国等国家的投票委托书劝诱。19世纪30年代以来,美国等国家股份公司的股权越来越分散,每一个小股东持有的股份占公司股份总数的比例微不足道,使其难以通过行使表决权对公司事务产生影响,或者说对公司事务的影响甚微,造成了小股东从影响公司事务中获得的利益与其所付出的努力不成比例,导致股东只关心股利分红和股票价格,而对通过投票来影响公司事务、监督公司经营则不感兴趣,这种现象被称为"理性的冷漠"(Rational Apathy)。"理性的冷漠"的结果是,出席股东大会的股东越来越少,甚至使股东大会难以达到法定的人数。为确保股东大会正常召开,公司经营管理层开始使用投票委托劝诱的方法,这种方法也称"委托书劝诱",又称"表决权代理行使的劝诱",是指当股东不能或不愿出席股东大会,亦未选任适当代理人行使其表决权时,公司或公司外的人(通常是经营管理者之外的股东)将记载必要事项的空白授权委托书交付公司股东,劝说股东选任自己或第三人代理行使其表决权的民事行为。投票委托书劝诱通常表现为两种形态:

一是公司为使股东大会召开具备法律规定之足额人数,或者使董事会提出的方案得以被股东大会通过而向公司股东进行委托书之劝诱,在此场合下,由于公司自己不能代理行使表决权,故一般由第三人特别是公司的经营管理人员代为行使表决权。其目的通常也是为了能使现任董事争取连任,保持原有的经营班子,而劝说股东选任现任的董事或其他管理层人员为投票代理人,为现任董事投赞成票,因此,这种形态也叫经营管理者之请求。

二是公司之外的人(通常是现任经营管理者之外的股东)为争夺公司的经营权而竞相进行委托书之劝诱或征集。如果在选任董事或管理层问题上,公司的现任董事、管理层与公司的其他股东同时向股东发出投票委托劝诱,就被称为"投票委托争夺战"(Proxy Fighting)。这是以"两权分离"为特征的上市公司高度分散的股东行使其投票权所遇到的特殊问题。

出席股东大会、行使表决权是公司股东的重要权利。但是，随着经济的快速发展，上市公司组织日渐庞大，股权高度分散，中小股东众多。而表现出"理性冷漠"的股东往往怠于行使其作为公司的最终持有人所具有的"最终控制权"，不亲自出席股东大会，而经常委托代理人出席股东大会，在一定范围内授权代理人行使表决权。股东大会以投票的方式来表决议案，这样就有更大的可能使议案获得通过。在美国，每次遇到改选董事，常常会出现争相征集投票委托书的"争夺战"，代理权争夺是不同的公司股东组成的不同利益集团，通过争夺股东的委托表决权以获得董事会的控制权，从而达到更换管理者或改变公司战略的目的。代理权争夺的特征在于它是争夺股东的委托表决权，其中，向上市公司的广大中小股东公开征集授权委托书是代理权争夺达到白热化的标志。显然，我们不能把代理权争夺理解为所有争夺代理权的行为。因为涉及公司控制权及经营权的重大问题，现任的管理层会极力争取委托书以维护他们的地位，其他股东(也称在野股东)或第三人则设法拉票来争取公司的控制权及经营权，这样就可能形成"委托书收购战"。委托书收购在国外曾非常盛行。2000年3月，我国证券市场上也首次出现了颇具影响的"委托书收购案"。

委托书收购具有成本低、程序简便等优点，对于实现经济民主、完善资本市场功能、维护中小股东利益具有现实意义。

一、委托书收购制度的原理

在现代企业所有者与经营者之间存在的委托代理关系中，委托人(所有者)与代理人(经营者)利益并不一致，委托人与代理人之间的信息不对称。在所有者(外部人)与经营者(内部人)签约之前，存在着"逆向选择"问题，即经营者知道自己的工作努力程度和能力水平，所有者不知道；在所有者(外部人)与经营者(内部人)签约之后，又存在着"道德风险"问题，即经营者知道自己是否尽了力，是否按所有者的利益谋划和决策，但所有者不知道。所有者要获取这些信息，必须支付很高的监督信息成本，外部人难以实施有效的监督。在这种情况下，经营者在自身利益的驱动下，利用自己的信息优势，获取了企业相当大部分的剩余控制权和剩余索取权，在公司战略决策中充分体现自身利益，甚至往往和职工联手谋取各自的利益，从而架空所有者的控制和监督，使所有者的权益受到侵害，这就是所谓的"内部人控制"。

而解决经理人渎职所滋生的代理问题，固然可以通过董事会的监督功能来制约，但董事们基于利益动机，从理论上讲，选择与经理人勾结可能更为有利。所以,解决代理问题单靠企业内部力量是不够的,股票市场的并购功能就发挥了控制代理问题发生的作用。一般来讲,并购有三种途径:一是经由董事会来进行并购案谈判;二是通过二级股票市场来进行股权收购;三就是通过大量征集委托书,以求在股东大会上控制董事会、监事会人选以及公司经营权。

这三种并购方式的成本与收益也各不相同:通过董事会来谈判并购案,除非双方互有需求,一般不易成功,而范围也受到局限;二级市场股权收购需要庞大的资金投入,甚至可能造成两败俱伤的结果;而利用委托书收购来掌控董事会、监事会人选,取得经营权,是一种相对节约成本的做法。

委托书制度源于股东的代理权,其发挥作用的法律原理如下:

1. 股东出席股东大会是其权利而非义务,因此,股东可以不亲自出席而委托他人代为出席,即将表决权授予他人代为行使。这一法理基础已为各国所确立,亦为我国《公司法》所认同。

2. 任何收购上市公司的行为,均无法避开股东大会(此处包括临时股东大会)这一必经程序。对于股权式收购而言,当收购者掌握了目标公司控股比例的股权之后,必须要通过股东大会改组董事会、修改公司章程,以在法律上实现对目标公司的控制。

3. 对股东大会的主导权——表决权,各国的公司法都对股东大会所做的决议进行了严格的规范。一般来说,改组董事会的决议属于普通决议,需要出席股东大会的股东所持表决权的半数以上通过;修改公司章程的决议属于特别决议,需要出席股东大会的股东所持2/3以上的表决权通过。可见,获得或实际掌握表决权的优势,即可左右股东大会所做的决议,也可以说,所持表决权的数量决定了对公司的影响和控制程度。

4. 表决权的取得——代理行使。表决权是基于股权而产生的权利,股东所持有的每一股份享有一份表决权。所以,只有获得公司的股权(即成为公司股东)才能获得相应的表决权。但是,各国的公司法都有这样的规定,即股东可以委托他人代理其出席股东大会,行使表决权。这样,有意收购公司者即可通过征集股东委托书的方式,获得对股东所持的表决权的代理权(由于授权一般为全权代理,故其实际运用的效用已相当于实际掌握了表决权)。

二、委托书收购的特征

委托书收购为广大中小股东出席股东大会提供了一条重要的合法渠道,同时也为股东大会提供了一种重要的监督机制。委托书收购这一公司收购的特殊方式有其本身的特征。

第一,委托书收购产生的前提条件是公司股权比较分散,流通股所占比例较大。很显然,委托书收购产生的一个不可缺少的条件是要有持有表决权股份的股东的存在,且他们不愿或不能出席股东大会,而这一情况通常出现在那些股权较为分散的股份公司中,特别是上市公司。可以试想,如果股份公司的股权较为集中,股东(包括中小股东)行使表决权也较为方便。在方便的情况下,股东从自身的利益出发,一般也愿出席股东大会亲自行使表决权,无需要委托他人代理,因此就失去了产生委托书收购的土壤。从国外已经发生的"委托书收购"案、"委托代理权争夺"案来看,这类收购案无一不发生在那些股权较为分散、流通股比例较大的目标公司中。

第二,收购者与被收购之间的关系是委托代理关系。被收购者是持有表决权股份的股东,收购者是代为出席股东大会行使表决权的人,收购者是以被收购者(股东)的名义在授权范围内代理行使表决权,产生的是委托代理关系。它与普通的委托代理关系不同的是,收购者(代理人)主动向股东提出要约,而一般的投票权代理是股东为了自己的利益,由股东向代理人主动提出要约。

第三,委托书收购产生的原因通常是收购者对公司的管理现状不满或是收购者与管理者矛盾激化的结果。作为目标公司有影响力的在野大股东,对公司的管理现状或发展战略不满,从而提出一系列方案与管理者协商,但分歧太多,双方无法调和,因此便谋求入主董事会取得公司控制权。因其所控制的股份与当权的管理者股东存在一定的差距,在已没有足够的资源来购买股份或为减少收购成本的情况下,只好转向通过其他股东的支持来取得控制权。而向广大股东尤其是中小股东公开征集委托书的方式,以其程序简便、成本低的优点,得到了收购者的青睐。

第四,委托书收购的目的在于获取目标公司的实际控制权。收购者为获得足够多的广大股东的支持,常常编织各种理由,诸如公司资产收益率下降、债务负担过重、股票价格下跌、经营体制不健全、激励机制扭曲、公司发展战略需要调整等,并做出种种承诺,认为自己完全有能力改善公司的经营状况,并推荐一些董事会人选,劝说股东委托自己为投票代理人,对他所推荐的董事候选人投赞成票,其目的在于改选董事会,获得公司的实际控制权。

第五,从委托书收购行为产生的后果来看,它和股权式收购一样,都可能导致目标公司控制权的掌握具有阶段性。作为收购者,股东以委托书的方式来公开征集其他股东的表决权,往往争取到的是宝贵的时间和一次股东大会的控制权,若其本身不具有持股优势,收购者股东仅凭一次股东大会不能决定其胜负,尤其是当收购者股东承诺推行的公司战略未获成功,就自然会失去中小股东的支持,由委托书收购所引发的剧烈的"争夺战"将会再次发生,即管理者或对手(其他在野大股东)可以依照公司法等的规定,通过召开临时股东大会将失去的控制权重新夺回,或使控制权再次发生转移。

三、委托书收购的操作过程

委托书收购的操作过程如下①:

第一,收购时机选择。委托书收购的实现必须通过股东大会,因此,收购方通常选择在目标公司召开股东大会之前进入实质性收购阶段。如果不在年会集中召开的时间段,则需要收购者具有法定的引发临时股东大会的能力。各国法律对临时股东大会的召开有着极相似的规定。一般来说,如果占有总股本10%以上的股东提议召开临时股东大会,则必须在一定期间(我国公司法规定是2个月)内召开。当然,这并不意味着收购者必须直接购买10%以上的股份才能引发临时股东大会,收购者可以购买少量的股份,也可以征集其他股东的委托,代理占总股本10%以上的股东提出召开临时股东大会,仍可达到引发临时股东大会的目的。

第二,确认征集者的合法身份。各国法律对代理行使股东表决权的代理人的资格问题做了不同的规定,有些国家规定只有股东或股东配偶才能成为股东的代理人,有些国家则对代理人是否为公司股东未做规定。我国的法律、法规对出席股东大会的代理人资格未做任何规定,对征集委托书的主体资格也未做任何限制,在这种法律背景下,股东与非股东均可征集委托书,也就是说,收购者不必先成为公司股东而后再进行委托书收购。

第三,征集委托书。收购者在公司股东大会召开的消息公布之后,就可以通过新闻媒介以公告、广告的方式征集目标公司的委托书,也可以通过查询目标公司的股东名册向股东直接征集。

收购者至少应该向股东发送两份文件:

1. 授权委托书——其格式应遵循目标公司制定的格式,内容是关于股东授权某人代理其参加股东大会并行使表决权,由股东亲笔签字或盖章(法人股东);

2. 委托代理协议——收购者应当与授权的股东签订书面的委托代理协议,约定代理权限、期限和具体事项。需要注意的是,这种委托代理协议应当具备这样的条款,即如果代理人在协议规定的范围内行使代理

---

① 高磊:《委托书收购怎么操作》,转引自天道并购网。

权,则委托人不得随意撤销对代理人的委托。在英美国家实务中,要征集委托书,一般采取下列方式:其一,与股东直接接触;其二,向证券经纪商、银行征求;其三,通过媒体广告的方式征求;其四,取得专业委托书征求公司的协助。

第四,报告与信息披露。依美国1934年《证券法》规定,征集委托书应当在向股东发送有关的征集文件之前向证监会申报。我国的《股票交易与管理暂行条例》规定,"任何人在征集25人以上的同意权或者投票权时,应当遵守证监会有关信息披露和做出报告的规定。"因此,收购者必须履行向证监会做出报告和公开披露有关情况的义务。

第五,送达委托书。收购者应按目标公司关于召开股东大会公告的要求,将有效代理委托书按时送达指定地点。

第六,提出议案。收购者可以在股东大会召开前向目标公司提交书面的议案,要求在股东大会上进行审议。主要包括改组董事会及推荐董事候选人,修改公司章程等以便控制公司的议案。

第七,出席股东大会。收购者所征集的授权委托书,最终要在股东大会上发挥作用,即发挥表决权的优势,使涉及目标公司控制权的关键性议案以符合收购者意图的结果获得通过。关键性议案中最重要的是,改组董事会的议案(选派收购者的代表入主董事会),修改公司章程的议案(修改公司章程中不利于收购者巩固其控制地位的规定)。

第八,召开董事会,选派经理人员,完成对目标公司的实际控制,最终完成"委托书收购"。

四、委托书收购的优缺点

通过对委托书收购特征的分析,我们不难看出,通过委托书收购,可以使具有经营事业心的善意在野大股东能够有机会淘汰不适任的现任经营者,使公司扭亏为盈,给公司的外部监督力量再添利器,此举对完善公司治理结构具有重要意义。然而,委托书收购也不是十全十美的。在委托书收购的运用过程中,也不可避免地会存在个别别有用心的投机收购者,他们钻委托书收购的空子,利用委托书收购掌握公司经营权,然后违背委托人的意志,恶意进行经营舞弊行为,谋取其个人私利。这种行为严重扰乱证券市场秩序,给公司及股东的权益造成极大损害。因此,有必要对委托书收购的利弊进行深入分析,以便对它进行全面了解和掌握。

(一)委托书收购的优点

1.有利于完善公司法人治理结构。委托书收购是股东参与公司治理的工具,有利于推动上市公司法人治理结构的完善。公司治理结构又叫法人治理结构,它是以实现公司最佳利益为目的,由股东大会、董事会、经理和监事会构成,通过指挥、控制和激励等活动来协调股东、债权人、职工、政府、顾客、供应商以及社会公众等利益相关者之间关系的一种制度安排。为提高公司的运作质量,保护投资者的利益,降低公司的经营风险,必须培育良好的公司治理环境。

公司治理结构的重点是如何设计和实施激励机制,其本质是一种现代企业的组织管理制度,是科学管理的一种模式。但通常认为,常态中的公司治理结构存在以下重大缺陷:①由于集体行动中的"搭便车"问题,股东没有积极监督管理层的动力;②股权分散化的结果,使股东纵然有监督的激励,也往往没有监督和贯彻监督结果的能力;③由于管理层团队中也存在"搭便车"现象,个别管理层人员的经营绩效不易观察,故只能对管理层团队从整体上进行监督。而委托书收购的运用却克服了上述缺陷,股东可以不亲自出席股东大会,只要委托他人代为行使就行,为股东对股东大会决议充分表达自己意愿提供了方便。中小股东的力量受到重视,收购者可以通过集中投票权的行使改选董事会,以获取公司的控制权,对管理层形成制衡和压力,有利于改变由于公司的董事、经理人并非公司资金的所有者,而在所有权与经营权分离的情况下,公司的经营者玩忽职守、奢侈浪费的状况。现实经济生活中,董事、监事朋比为奸、擅权专断、肆意损害股东利益而谋取私利的行为时有发生,虽然许多已暴露于公众之下,但经营者的"内部控制"力,使得"只要公司能够继续经营,要改组一个董事会比改组政府的一个部还难"。而外部人员通过委托书收购,可以夺取公司控制权,淘汰低效无能的现任管理层,给在任者形成巨大压力,这种表决权的监督制约机制能深入到目标公司的内部,极大地激发了中小股东参与公司治理的热情,迫使在任的公司管理层不断改进经营方法,提高经营效率,有力地推动公司法人治理结构的完善。

2. 程序简单,成本低廉。委托书收购是与股权收购并列的一种特殊的公司收购方式,与直接收购股权相比,这种表决权代理制度大大降低了并购成本,代表了一种新颖的非现金收购方式,摆脱了对现金的强烈偏好和依赖,是公司并购的一种有效手段,有利于公司的发展。如今的上市公司规模都很大,如果用现金收购公司,使公司的经营权发生转移,资金量的需求相当庞大;即使收购成功,也因耗费了大量财力,而使新控制股东在进行公司重组时心有余而力不足。另外,委托书收购只需要股东授权委托就行,其程序不像股份转让那样复杂,与股权收购相比,具有程序简单的优点。

3. 有利于股东自由行使表决权,提高中小股东的地位和作用。在一般的情况下,中小股东由于其持股少,且股东分散,故中小股东出席股东大会与否以及在股东大会上的表决对股东大会的决议无实质性影响。基于此,中小股东通常对股东大会的召开持观望态度。委托书收购制度为股东提供了一个自由行使表决权的机会,股东可以通过委托书的方式,自主、自愿、自由地决定如何行使表决权、授权哪一方代为行使。由于通过这一手段可能将现任的管理层赶下台,代理人为了获得更多的中小股东的支持,不得不提出有利于中小股东利益的政策,重视中小股东的作用,尤其是对持有股份实力接近的竞争双方来说,中小股东把表决权委托于哪一方行使,将是双方乃至公司命运决策天平上的重要砝码。中小股东的地位和作用由此凸显出来。

4. 有利于提高公司的运作效率。公司的主权者是股东,由股东组成的股东大会为公司的最高决策机关。为确保股东大会的胜利召开,确保所通过的决议能体现大多数股东的意志,各国公司立法都明确规定出席股东大会必须达到一定的人数。如我国台湾地区《公司法》还有"假决议"的规定。其第175条规定,当出席股东大会的股东不足以代表已发行股份总数过半数股东之定额,而有代表已发行股份总数1/3以上股东出席时,得以出席股东表决权过半数之同意,为假决议。假决议通过后应通知各股东,如有异议,公司在一个月内再行召集股东会,重新做出表决。意大利《公司法》也有类似规定:"股东大会的法定人数是代表股东的二分之一,若未达到此数,须召开第二次会议,第二次会议对法定人数则未有要求。"然而,实践中,由于主客观的原因,许多股东不能或不愿出席股东大会,委托书收购的运用克服了这一矛盾,方便了股东行使表决权,可以避免公司股东大会流会现象的发生,使股东大会的召开容易达到法定出席人数而有效进行,重要方案得以顺利通过,提高了公司的运作效率。此外,表决权代理制度作为一种独特的代理制度,其独特的优点主要是通过委托书收购表现出来,对持股分散的大型上市公司来说,大部分中小股东对行使表决权失去兴趣,他们的注意力主要集中在二级市场的股份转让上,而公司的经营管理者作为"自我永存体"的地位越来越固定。通过委托书收购代理行使表决权,对现行管理层施加压力和影响,可以防止能力欠佳的管理层人员长期控制、统治公司,有利于提高公司的经营效率。

5. 有利于增加股东及社会财富。委托书收购通常会引发委托书收购大战,或称代理权争夺战,在争夺战中,伴随着竞争过程中的信息披露,对有利于使公司价值获得最大限度提高的方案往往是收购者提出来的,这样,收购者代理权争夺的成功就增加了公司战略调整的可能性,因而使市场预期公司兼重组的可能性也大大提高,这种预期有积极的市场反应,导致股价上升,使公司股东的财富增加。退一步讲,即使是收购者的方案被否决,或是收购者与管理者在争夺代理权中最终达成妥协,管理者也会采取改良政策,以提高公司的生产经营效率。这是因为管理者明白了自己已受到威胁,即使是在这次代理权争夺战中取得了胜利,若不改变管理现状或调整战略,也将会导致收购者继续寻找理由来争夺公司控制权。因此,尽管收购者失败,从长远来看,也将会使股东的财富增加。通过委托书收购,可以替换原有的令人不满的管理者,改变原来公司内部控制体系不能有效提高公司资源利用率的现状,有利于从微观上提高公司资源的利用价值,从宏观上增加全社会的财富。

6.有利于收购者提高自己声誉,减少投资风险。为了寻求广大中小股东的支持,获得足够多的委托表决权,收购者通常通过电话、信函、网站和报纸、广播、电视等公共传媒公开征求表决权,而且此类事件又往往备受媒体关注,有利于提高自己的商业名声,增加企业的无形资产,这是用广告所难以替代的,是用金钱所难以衡量的。同时,委托书收购代表了一种非现金的收购方式,具有成本低、所付代价较少的特点。因此,即使股东大会的最终决议与收购者事与愿违,其损失也不致太大。相对于耗费巨额资产收购目标公司股份的股权式收购方式来说,有利于大大降低财务风险。收购者无形资产的增加和收购,风险的减少,在收购者收购成功以后,对目标公司的发展前景无疑将起积极作用。

(二)委托书收购的缺点

1.容易导致公司经营管理层的不稳定,影响公司的正常生产经营活动。委托书收购容易激发"委托书收购争夺战"。由于收购者本身不具备持股优势,因此成功的概率偏低,即使成功,也难以长期掌握控制权,因为对手可采用同样的手段将失去的地位夺回。尤其是我国《公司法》规定,持有公司发行在外股份10%以上的股东有权提议召开公司临时股东大会,这就使召开临时股东大会及新一轮表决权征集大战在较短的时间内重新开始成为可能,容易造成委托书收购频繁使用和轮流提议召开临时股东大会的现象,导致公司经营管理层的不稳定,有可能出现经营管理的一段"真空",使公司在一段时间内的生产经营乃至长期发展受到影响。显然,这种委托书收购的功能被严重扭曲,这种股东大会的机能严重畸形,这种控制权的频繁易手,十分不利于公司的经营管理,委托书收购则成为干扰公司正常营运的工具。

2.容易导致收购者牺牲公司及股东的利益而谋取私利。在委托书收购机制中,收购者与被收购者(股东)之间隐含着三重不对称关系:

一是表决事项和董事候选人是由收购者决定,授权人(股东)则处于被动地位;

二是收购者对于表决事项了如指掌,而授权人则如雾里看花;

三是收购者对于授权的后果十分清楚,授权人本人则对收购者(代理人)的行为缺乏有效的控制。

如果收购者的目的仅是为了掠夺上市公司的资源而不是为了公司的长远发展,在收购者与股东之间信息严重不对称的情况下,收购者往往不向广大股东充分披露其在公司中的利益,解释其所追求的经营政策,说明委托书将用于何种目的,有可能隐瞒自己的真实意图,诱骗广大中小股东的支持,从不明真相的股东手里取得委托书,然后为了个人利益而与公司的当权者展开激烈的选举与表决大战。当收购者赢得了公司的经营大权后,由于其动机不纯、私欲膨胀,很难保证其经营行为能对其曾经劝诱过的广大中小股东们的利益负责。收购者自身股份所占的份额虽小,却通过控制公司的董事会掌握了公司的全部资源,持有的股份与拥有的权力不对称,往往会违背自己的诺言,甚至有可能牺牲公司利益而谋取自己的私利,严重侵犯股东的合法权益。

3. 容易出现利己交易。采用委托书收购的方式,收购者能把具有相同愿望的中小股东联合起来集中行使表决权,形成合力与大股东抗衡。这使得收购者容易与广大中小股东串通,并在获得控制权后进行利己交易。如收购者在取得董事会控制权后,立即用目标公司资金超高价购买自己或被收购者旗下的不良资产,从而套取上市公司的优质资产和现金,损公肥私,严重损害上市公司的利益,甚至可能会葬送一个具有良好发展前景的上市公司。

4. 容易使代理表决权沦为一种商品而成为市场买卖的标的,助长资本多数决原则的滥用行为,使委托书收购变得毫无意义。资本多数决原则是股份有限公司法律制度中的一项基本原则,根据资本多数决原则,股东具有的表决权与其所持股份成正比,股东持股愈多,表决力愈大,法律正是将股东大会中持股最多的股东的意思视为公司的意思。但是,一旦资本多数决之运作逾越了必要限度,即构成资本多数决之滥用。所谓资本多数决之滥用,是指多数派股东为实现自己或第三人所追求的某种利益,损害、限制其他股东或公司利益,而行使表决权或运用其基于多数派股东之资格所具有的影响力。资本多数决之滥用具有以下几个特征:①主体为多数派股东;②主观上必须是故意,而非过失;③手段既可以通过行使表决权,也可以不通过行使表决权;④产生的后果是损害或限制了其他股东或公司的利益,挫伤了股东的投资热情。

委托书收购与股权收购、资产收购一样,容易沦为公司经营权争夺的工具,也容易引发"委托书收购战"。收购者为了争取更多股东的支持,除了在征求资料上做文章外,还有用金钱购买,或以其他利益交换征求委托书。这如同竞选中的贿选,大多数股东出于金钱的诱惑,愿意与之做这笔短线交易,即使违背自己的投票意愿也罢。把众多的表决权委任于一身,实际上是把众多的中小股东联合起来集中行使表决权,委托书收购的滥用,势必助长资本多数决原则的滥用,损害或限制其他股东、公司及公司债权人权益,破坏市场经济所需要的法律和道德秩序。

5. 容易被敌意收购者借用,成为掠夺上市公司资源的工具。委托书收购模式可能被敌意收购者借用,作为低成本"阶段性"控制上市公司的有效途径,来实现其短期内掠夺上市公司资源(主要是资金)的目标。其具体的操作过程表现为:选择资金充裕(如刚上市或完成配股)而投向不明确,股权相对分散,流通股比例较大的上市公司作为目标,在购入少量法人股的同时购入大量流通股,精心制作一份对中小股东有巨大吸引力的"企业重组计划书",骗取中小股东的支持,征集中小股东的委托表决权。在取得公司控制权后,立即用所控制公司的资金超高价购买自己旗下的不良资产,以达到攫取上市公司资源之目的。

由此可见,委托书收购制度利弊俱存,是一把"双刃剑",在完善法人治理结构与损伤公司及股东利益之间游弋。在现代企业所有权和经营权分离的原则下,委托书是必然的产物,只能因势利导,不可一律禁止。西方大多数国家对委托书的管理进行了缜密立法,对委托书收购制定了大量具体详细的法律规章,以防止其消极影响,发挥其积极作用,其中许多成功的经验值得我们借鉴。

本章小结

本章主要介绍上市公司并购的一般情况和并购的三种方式。上市公司并购是指收购人通过各种方式,取得对一家上市公司的实际控制权的行为。上市公司并购是资本市场优化资源配置的一种重要机制,可以实现产业结构调整,健全优胜劣汰的市场机制,促进资源合理配置,推动技术进步和经济发展。

上市公司并购可以在证券交易所之外,以协商的方式与被收购公司的股东签订收购其股份的协议完成;也可以通过在证券市场上向目标公司的所有股东发出收购要约来完成。此外,取得一家上市公司控制权,还可以通过向其他投资者征求投票权委托书来获得足够的股东大会表决权,从而达到在股东大会上以足够多的表决权来控制董事会甚至改组董事会完成收购的目的。

 **复习思考题**

1. 上市公司收购有哪些特征？其基本原则是什么？
2. 什么是协议收购？其基本规则是什么？协议收购应遵循什么样的具体程序？
3. 简述要约收购的基本特征及要约收购的义务豁免条款。
4. 简述委托书收购的基本原理及特征。
5. 委托书收购有什么优缺点？

 **案例**

案例1：阿里巴巴并购高德地图

阿里巴巴集团由马云等18人于1999年在中国杭州创立，它经营多个领先的网上及移动平台，业务覆盖零售和批发贸易及云计算等，每天促进数以百万计的商业和社交互动，旨在构建未来的商务生态系统。2014年9月19日，阿里巴巴成功登陆纽约证券交易所，成为当时美国融资额最大的IPO。高德于2002年成立，2010年登陆美国纳斯达克，是中国领先的数字地图内容、导航和位置服务解决方案提供商，能够为客户提供丰富多彩的服务和应用，公司的核心竞争力是优质的电子地图数据库。

2013年5月10日，阿里巴巴以2.94亿元战略投资高德地图，持有高德公司28%的股份，成为其第一大股东。有了阿里的注资，高德备受关注。2014年1月9日，高德地图与阿里旗下的淘点点深度整合，创新产品应用和商户数据，首推地图点菜功能，"天猫1111专区"则首次将线上用户通过地图导流至线下商户，截至2014年10月18日，超过40万用户成为高德地图"天猫1111专区"服务的见证者和受益者，由此可见，阿里与高德的首次合作就取得了不错的成绩。

在地图行业，虽然参与角色众多，其主线依然可以看作是高德地图与百度地图两强相争；但随着腾讯收购科菱航睿，腾讯地图的市场占有份额足以与高德、百度抗衡。地图业务一直是BAT(百度、阿里巴巴、腾讯)三大巨头重点方向和大力投入的领域，而百度、腾讯相继有了自己的地图产业链条，于是阿里毫不犹豫地选择收购高德，填补在这一块业务上的空缺，意在阻击竞争对手，谨防被弯道超车。这体现出阿里集团适时收购资源和市场优势互补的同类企业，及具有紧密业务联系的上下游企业，以实现快速、稳健、低成本的扩张和跨越式发展。阿里巴巴集团成功牵手文化中国、银泰商业、优酷土豆、恒生集团、高德和恒大足球俱乐部等不同领域的企业，揭示了阿里巴巴集团的全覆盖业务布局，纵横驰骋于无边界的生活消费领域，兑现"电子商务+网上支付+互联网金融+智能物流"的全方位立体化的发展模式。互联网企业重点布局移动即时通信、电子地图位置服务等生活服务应用入口领域的竞争，吹响了互联网企业跨界竞争的号角,开启了全行业角力的帷幕。

阿里对高德地图实行了纵向收购,实现了阿里集团产业的多元化和立体化。互联网巨头以并购方式涉足"软接口"应用领域,能够精准锁定目标用户群,提供个性化的客户体验,培育新的利润增长点。此项并购的效果分析如下:

(1)进一步优化阿里巴巴集团的竞争资源配置。阿里巴巴并购高德地图,是市场竞争和双向选择的结果,体现了市场在资源配置中发挥决定性作用,是牢牢把握行业竞争主导权的主动出击。在移动互联网时代,地图作为入口的作用正在不断被强化,成为基于用户位置与线下商户之间关联的各种O2O应用的联络站。阿里巴巴收购高德后,相互打通技术后台,夯实O2O的快捷入口资源,为阿里巴巴的O2O竞争赢得含金量较重的筹码,可以让高德的传统地图优势嫁接阿里的互联网优势,以便积累更多基于地理位置的数据。阿里巴巴利用高德地图推送位置定位服务、淘点点开展地图增值服务、支付宝作为快捷支付工具,充分释放"交叉网络效应",构建了较为完善的闭环产业链生态体系。通过企业并购行为所带来积极的协同效应,可以实现资源配置不断优化、带动行业效率改善、促进竞争效率提高。

(2)重建行业价值观体系和商业伦理体系。互联网企业并购须进行行业价值观、发展战略等多方面的深度融合,实现战略统一和业务互补。行业价值观体系和商业伦理体系要充分体现对客户的尊重,丰富客户体验。一项调查研究显示,有89%的客户在经历了一次低劣的客户体验之后会立即转向竞争对手的品牌,高达86%的顾客愿意为更佳的客户体验支付更高的费用。同时要关注高频打低频的现象,即用户经常打开的服务,比较容易战胜用户不常打开的服务。但高频服务本身不会成为利润来源,而低频服务会产生商业上的收入价值。移动世界中的商业逻辑是大量的高频用户中总有人会成为低频服务的使用者,并为公司贡献利润。阿里集团努力打造的商业生态系统,就是让包括消费者、商家、第三方服务供应商和其他人士在内的所有参与者,都享有成长或获益的机会。

(3)降低了代理成本,优化了公司的股权结构。阿里对高德地图的收购,使得阿里的管理层融入高德公司的管理中,取得了对高德公司的决策控制权,实现董事会和管理层重组。这使得在原来运营模式下的管理者们为立足岗位,开始限制自己的行为并且不再一味追求自身利益,因而更加积极主动地从公司利益出发,为公司做贡献,从而降低委托人对代理人行为进行监督和控制的成本,也降低了保证委托人由于遭受次优决策的后果而得到赔偿的保证成本,同时降低了由于代理人的决策和委托人福利最大化的决策间发生偏差而使委托人所遭受的福利损失,通过内部组织安排方面的机制,降低了代理成本。

(4)深度文化融合是并购成功的基因。阿里集团从成立以来秉持"客户是衣食父母、迎接变化、勇于创新、诚实正直、言行坦荡、乐观向上、永不放弃、专业执着、精益求精"的企业文化,而高德的企业文化核心则是"客户至上",正是因为它们都是为顾客服务,有着相似的公司文化并且相互认同,所以并购后的阿里公司绩效才越来越好,直到上市。由于企业文化底蕴和价值观的互不认同,国内外许多企业并购重组失败的案例不胜枚举。

(5)强化阿里集团的内部控制机制,有效规避行业投资风险。并购是公司内部控制失效时的灭火剂和防火墙。按传统西方控制权理论的观点,并购是公司防范内部控制失效的一剂良药。诚信信誉应该是阿里集团的重大风险防控点。阿里集团应引入客户信用诚信管理系统,建立健全有效的内部制衡和约束机制,搭建多层次内部控制体系,制定内控管理的职责,以不相容职务岗位分离控制为原则,以预防性控制与反馈性控制相结合的方法,营造重点控制的制度和流程,改善内部控制环境,建立风险监测和预警应急处置机制,建立内部控制的绩效评价,提高内控管理的针对性和有效性,织密和扎牢风险防控的大网,为阿里集团的经营管理和良好商业生态构建提供基本的制度保障。阿里集团应把握行业细分市场投资机会,避免产品和服务结构的趋同,加强网络品牌保护,有效规避行业投资风险。

(资料来源:苏亚民:《互联网企业并购效果分析》,《财政监督》2015年第32期,第3~7页。)

案例2:创业板公司并购推高股价,高管减持套现

2009年10月30日,首批28家创业板公司在深交所正式挂牌上市交易。创业板市场大多都是科技含量较高、成长潜力较大的中小企业,无数的投资者对创业板市场抱有较高预期。但是创业板市场发展几年来,从深交所公布的创业板上市公司季报、年报显示,创业板上市公司后期增长乏力,业绩出现疲软下滑,普遍面临着成长性的巨大压力。近年来,创业板上市公司的并购交易活动日趋增多,对于运营规模尚小又手持充裕募集资金的创业板上市公司而言,并购逐渐成为创业板上市公司新的业绩增长路径。

华谊兄弟(300027.SZ)是集影视制作、发行、院线和影城为一体的综合性民营娱乐集团,在娱乐板块方面,华谊兄弟的版图已经覆盖电影、电视剧、音乐及衍生全产业链,有"中国娱乐第一股"之称,是国内影视娱乐集团中产业链整合能力最强的公司之一。公司上市以来,通过不断发展与扩张,艺人经纪业务、电影电视剧业务、音乐制作发行、网游影视旅游等衍生业务几大业务板块互相促进,形成了良性的循环。几大业务板块之间的协同效应使业务制作内容的商业价值趋于最大化。

近年来,华谊兄弟一直秉承全产业链扩张战略,进军音乐、电影院、游戏、主题公园、旅游等产业,通过并购游戏公司、经纪公司、视觉传媒等公司,形成集影视创意、影视拍摄、前后期制作、产品发布、产权交易等于一体的完整产业链布局,打造综合性影视娱乐帝国,先后实施了对掌趣科技、华谊巨人、银汉科技、浙江常升、江苏耀莱等企业的并购重组,逐步形成多元化的经营格局。无论是经营模式、票房排名还是影院建设、资本投资都暗含着激进的扩张战略,2013年以来股价更是上涨了300%以上。

2009年10月,华谊兄弟作为首批上市的28家公司之一在创业板市场上市时,公司的总市值为119亿元,时隔几年后,这家公司从355家创业板企业中脱颖而出,成为创业板第一大文化权重股,股票已经累计上涨了820.67%。华谊兄弟股价之所以一路上涨飙升,除了公司制作的几部影片质量叫好又叫座之外,最重要的是华谊兄弟接连持续的并购手游、影视公司等一系列资本运作。

华谊兄弟披露历年的年报信息显示,自2009年在创业板上市以来,公司投资极

为激进,2009~2013年华谊兄弟参控股的公司数量分别是7,16,30,43,50家,数量激增7倍多,每年新增10多家参控股企业。眼花缭乱的参股、控股行为背后,11亿元的超募资金悄无声息地消失了。大规模的参控股行为和股权交易已经逼近了华谊兄弟在二级市场上募集的资金规模。华谊兄弟除了IPO募集资金11.48亿元之外,还分别于2011年和2012年前后四次发行短期融资券,共募集资金12亿元。华谊兄弟用于股权投资的17.71亿元占上市以来总募集资金23.48亿元的75%。华谊兄弟2012年的《持续督导期间募集资金存放与使用专项核查报告》显示:华谊兄弟存放的超募资金已经所剩无几。如此持续大手笔的操作股权投资,不能不使人怀疑其盲目投资的真实目的。

华谊兄弟2012年并购的金额和幅度较小,股价波动性不大、比较平稳,而2013年参控股的力度无论是成交金额还是成交价格都急速飙升。2013年7月24日并购银汉科技的消息公布,几天内华谊兄弟股价飙涨50%;9月份宣告并购"浙江常升"和"江苏耀莱"后,华谊兄弟的股价一直上涨,10月8日公司股价竟达到82.1元/股。在票房大卖、并购手游概念、并购影视公司等一系列利好因素刺激下,华谊兄弟的股价从2012年12月3日的最低点12.3元一飞冲天涨到2013年10月8日的最高点82.1元。

从被并购公司的注册时间来看,80%的被并购公司都是并购前成立不久的公司。如"浙江常升"注册成立日期为2013年5月23日,也就是说,这家公司被并购时仅成立3个多月。华谊兄弟的并购方案是投资设立新公司,将原公司的业务全部转入新公司的法律结构。被并购公司有可能是为了并购而专门成立的空壳公司,并购公告模糊不清,存在利益输送的嫌疑,这其中公司的大股东受益明显,中小股东的权益却难以保障。

华谊兄弟通过不断的参股并购制造热点,打造高成长的幻象,进而推高股价进行高管套现。公司在并购与套现之间频繁循环,激进的资本运作让华谊兄弟的高管完成数轮减持套现行为。

2010年11月1日华谊兄弟限售股股票解禁首日,公司股票便遭到了高管及高管家属的大幅抛售减持。根据深交所上市公司诚信档案,华谊兄弟监事会主席谭智之妻孙晓璐、董事虞锋之母王育莲解禁当日分别减持套现2 162.8万元、160万元。公司监事赵莹随后在5日、8日分两次共减持1.3万股。孙晓璐、王育莲两人于解禁首月分别紧锣密鼓地减持达10次、16次。限售股解禁首月高层及其亲属就疯狂累计减持套现金额3.99亿元;2010年12月和2011年1月初,王育莲继续减持所持股票。"亲友团"的大手笔减持,将华谊兄弟推上了当时的创业板高层减持量榜首。

华谊兄弟这样大规模的内部人套现,无疑是股价被大幅高估的强烈信号。在并购和减持参控股、高管涉嫌变相减持的同时,华谊兄弟持续不断地在不同业务领域层面大肆进行资本运作,前后分别并购了"银汉科技""浙江常升""江苏耀莱"50.88%,70%,20%的股权。几大热点集于一身,华谊兄弟股价和市值连创新高,以总市值超过374.55亿元登上创业板榜首。就在公司限售股解禁后的不到三年时间里,大股东通过并购制造热点来帮助自己以较高股价套现,华谊兄弟的高管及其亲属累计减持套现金额高达15.39亿元。

减持参股公司掌趣科技的股份,有套现之嫌。2010年6月18日,华谊兄弟宣布以收购股权及增资的方式参股投资掌趣科技22%的股权。2012年12月至股票解禁日,掌趣科技股价上涨两倍,在5月13日股票解禁日创下新高。2013年5月13日、5月15日和6月17日,华谊兄弟分别以58元/股、55元/股和31元/股的价格减持掌趣科技160万股、350万股和300万股,套现金额分别为9 280万元、1.92亿元、9 300万元,华谊兄弟在资本市场的三次减持共获利3.778亿元。减持卖出的股票体现在公司损益表的投资收益中,2013年上半年实现的4.03亿元盈利中,来自出售部分掌趣科技股份获得的投资收益占比高达82%。获得的投资收益给华谊兄弟充足的现金进行横向和垂直整合,从而巩固行业领先地位。

(资料来源:王贤丽:《创业板上市公司并购行为研究——基于华谊兄弟案例的视角》,《商业会计》2014年第23期,第39~41页。)

第十一章　管理层收购

- 了解管理层收购的概念、产生的原因和特点
- 掌握进行管理层收购应该具备的必要条件
- 熟悉管理层收购的基本程序
- 掌握管理层收购如何定价

第一节　管理层收购概述

一、管理层收购的含义

管理层收购(Management Buy-out,简称 MBO)是指管理层利用杠杆融资对目标企业进行收购。具体来说,是指目标公司管理者或者经理层利用借贷所融资本或股权交易收购本公司股份,从而改变公司所有者结构、相应的控制权格局以及公司资产结构,达到重组本公司目的并获取相应收益的一种收购行为。

管理层收购是杠杆收购(Leveraged-Buyout,简称 LBO)的一种。利用杠杆收购重组目标公司的经济实体,可以是其他公司或机构投资者等外部人,也可以是目标公司管理层这样的内部人。只有当运用杠杆收购的主体是目标公司管理层时,一般的 LBO 才变成了特别的 MBO。我们将在下一章重点介绍 LBO。

二、管理层收购的产生与发展

一般认为,管理层收购起源于 20 世纪六七十年代的英国,尤其盛行于 20 世纪 80 年代的并购浪潮中。英国经济学家麦克·莱特于 1980 年研究公司的分立和剥离时发现了这种奇特的现象:在被分立或剥离的企业中,有相当一部分被出售给了原先管理该企业的管理层。当时人们并不知道如何称谓这一现象。后来,在英国工商金融公司(Industrial and Commercial Finance Corporation)主持对此现象的学术讨论中,管理层收购这一概念才开始被人们使用。麦克·莱特(Mike Wright)在英国诺丁汉大学成立了管理层收购研究中心(CMBOR),该中心因建立了欧洲各国管理层收购的大型数据库、开展了大量的研究工作并定期出版刊物,成为研究管理层收购的重要学术阵地。此后,在美国和欧洲大陆,这种新的收购方式得到了迅速的发展。20世纪80年代,美国出现了最初的管理层收购案例。20世纪90年代初,在中东欧、俄罗斯等经济转型国家,管理层收购也开始大量涌现,并在相关国家企业并购活动中发挥了重要作用。

三、管理层收购产生的原因

企业作为一种能够有效降低交易成本的组织形态,其有效性发挥的基础是企业所有权和经营管理权之间的分离。但企业所有人和管理层之间利益趋向的偏离,必然会产生一定的利益冲突。当该冲突发展到一定阶段时,所有权与经营权的分离状态必然因无法继续维持而发生变化。管理层收购的出现与兴起正是这种冲突与冲突缓解过程的一种反映。因此,企业所有权与经营管理权分离状态下二者之间冲突的客观存在,是管理层收购在世界范围内兴起的根本原因。具体来说,管理层收购产生的原因包括以下几种情形。

(一)多元化企业集团整合企业资源

多元化经营的大企业集团由于过度扩张,往往会出现诸如机构臃肿、效率低下、竞争力下滑的现象。为了提高企业效率,重新整合企业资源,提高企业竞争力和影响力,众多企业开始了核心业务的回归或重新定位,大量的企业将与自身核心业务关系不大的边缘性业务(如子企业和分支机构)剥离出去。在此过程中,因企业管理层(包括子企业或分支机构的管理者)相对于外部收购者具有明显的优势,故往往成为剥离部分资产的成功收购者,并多能在收购完成后实现剥离部分业务业绩的显著改善,管理层收购因此悄然兴起。

(二)国有企业的民营化

为了改变国有企业运行效率低下、缺乏竞争力的现象,将其进行民营化改革是解决办法之一。在20世纪90年代初的中东欧、俄罗斯等经济转型国家,国有企业民营化更为普遍。当时中东欧、俄罗斯等国家在由计划经济向市场经济转型的过程中,大规模出售国有企业,推行国有企业的民营化,原企业职工和经理阶层成为购买国有企业的重要主体。由于管理层收购能够有效改变国有企业原来单一的产权结构,有助于实现国有企业股份的多元化,有利于国有企业经营中市场机制的引入,从而推动国有企业经营机制的转变,它在相关国家的国有企业民营化过程中展露出了蓬勃的生机。

(三)实现管理者地位的转变和创业尝试

管理层通过收购企业,使自己成为企业的所有人,既可避免原管理职位随时可能被取代的危险,又可以充分实现自己的人力资本投资在企业发展中的作用及回报,极大地发挥自己的积极性和创造性。20世纪80年代,随着敢于冒险、勇于承担责任、富于变革和创新的企业家精神的兴起,人们意识到管理者才能在企业发展中的重要作用。与此同时,风险资本的兴起和市场融资工具的多样化,则为管理层通过收购所经营的企业,实现自己的企业家梦想提供了有力的支持。

(四)降低上市公司的经营成本,防御敌意收购

公司维持上市资格本身,需要付出较大的成本,如上市公司信息披露规则在一定程度上是对管理层才能的束缚,在公众股东对短期利润和高回报要求的压力下,公司很难进行长期规划,这些都不利于公司的健康发展;同时,股权的分散又容易使公司遭受来自外部的敌意收购。因此,部分公司的管理层希望以自己购进公司股份的方式实现公司的下市,降低公司的运营成本,解放自己的手脚,从而实现公司的快速发展。在公司面临敌意收购时,通过管理层收购,可以提供有效而不具破坏性的保护性防御,使企业顺利渡过难关。因此,管理层收购也常常被管理层用作抵御敌意收购的措施。

(五)管理层希望拥有企业的潜在价值

由于信息不完全畅通,市场并不总是反映企业的真实价值,企业的真实价值可能因为很多原因被低估,如宏观经济形势不景气、企业所处行业的前景不被看好、企业的治理结构和发展潜力未能被人们充分认识等。因此,企业的市场价值可能会远远偏离企业的真实价值,但企业市场价值又具有向企业真实价值回归的本性。当管理层认为企业价值被市场严重低估、并相信未来价值会回归时,为避免该潜在价值流失,管理层即希望通过收购企业的方式来占有该潜在价值。

四、管理层收购的特点

1. 管理层收购的主体一般是目标公司的经理层。由于他们对目标公司非常了解,并有很强的经营、管理和融资能力,因而能够顺利进行收购,并使目标公司快速完成企业整合,以便获得预期效益。管理层通常是设立一家新的公司,并以新公司的名义来收购目标公司。通过管理层收购,他们的身份从公司的管理者变成了公司的所有者和经营者合一的

身份。

2. 由于自身资金有限,管理层往往利用财务杠杆,通过债务融资来完成收购。管理层通常会以目标公司的资产为抵押,通过向银行借款、发行债券来获得收购资金,并往往会在专门从事杠杆收购的投资机构提供金融支持的合作下进行。因此,管理层收购的财务结构由优先债(先偿债务)、次级债(后偿债务)与股权三者构成。这样,目标公司的管理者要有较强的组织运作资本的能力,融资方案必须满足贷款者的要求,也必须为权益持有人带来预期的价值,同时这种借贷具有一定的融资风险。

3. 管理层收购的目标公司具有巨大资产潜力、利润潜力,管理效率存在较大的提升空间,通过对目标公司股权、控制权、资产结构以及业务的重组和对公司治理结构的完善来达到节约代理成本、提高企业经营效率、获得巨额现金流入并给投资者带来收益回报的目的。通过管理层收购,将上市公司过于集中的股权有偿转让给公司管理者,引起公司股权结构的变化,使上市公司管理者通过产权制度的这一重新安排,获得所管理的公司由于经营业绩提高带来的使公司二级市场股价升值的好处和参与公司剩余分配的权利,有助于公司股东和经营者之间的利益平衡。

4. 管理层收购后,目标公司一般会从一个上市公司转变为一个非上市公司。这种公司在重组整合取得一定的经营业绩后,又会寻求通过IPO的途径,再次成为一家公众持股公司,并且上市套现。

五、管理层收购的理论基础

(一)代理成本理论

现代公司制企业的一个显著特点就是所有权与经营权的分离,委托人和代理人目标和利益的非一致性及他们之间的信息不对称,导致公司治理结构中的代理成本问题。早在1930年,美国经济学家伯利(A. A. Berle)和米恩斯(Means)就已指出:"事实上,从所有权中分离出来的经济权利的集中,已创造出许多经济帝国,并将这些经济帝国送到新式的专制主义者手中,而将所有者贬到单纯出资人的地位",这已经成为对市场经济条件下企业所有权和经营权的著名论述。管理层收购使管理权和所有权形成联盟,实现了所有者和经营者的合一,即建立了公司股东和管理层利益共享的激励机制,同时也加强了所有者和管理者互相制约的责任机制。从本质上看,管理层收购是利用股权安排来实现降低代理成本的目的。通过实施管理层收购获得企业的控制权,使企业利益与管理层利益达到高度统一,管理层才会更有动力为企业服务,并且以企业的长远发展为目标,致力于长期的改革目标。从某种意义上说,管理层收购是对现代企业制度两权分离所导致的代理成本过高的一种矫正。

(二)公司治理结构理论

公司制企业的出现和所有权与经营权的分离,产生了公司治理结构的问题。从一个广泛的意义上讲,所谓公司治理结构,是用以处理不同利益相关者之间的关系,以实现经济目标的一整套制度安排,其核心是作为外部人的投资者如何监督约束和激励作为内部人的管理人员。

公司治理结构存在着多种模式。所有权与经营权分离的股东控制模式既能获得基于分工基础上的委托代理关系所带来的效率或效益,又较好地解决了企业发展所需要的资金问题。但这种治理结构存在的缺陷也有目共睹,国内外很多公司财务造假等违规行为就是治理结构失效的产物,这也充分印证了"信息不对称""所有者缺位""代理成本巨大"等问题。通过实施管理层收购,使经营者获得企业的控制权和剩余索取权,实现所有者和经营者的统一。这种治理结构理顺了公司内在的利益关系和股权结构,从而规范了公司的行为动机,进而有助于从根本上规范公司的行为。可以说,管理层收购是对公司法人治理结构的一种有益补充。

(三)企业家理论

企业家是企业最重要和最有活力的生产要素,是先进生产方式的开拓者和创造者,是社会化大生产的组织者。受传统经济学的影响,企业家是生产要素这一论断起初没有受到人们的重视,曾出现物质资本支配人力资本的现象。但是,物质经济发展到一定阶段后,人们普遍不再为物质匮乏所困,特别是知识经济、信息经济的迅速发展,更突出了人力资本的地位,人力资本开始支配物质资本,人力资本所有者拥有企业所有权已成为一种趋势。

古典经济学认为,每一种生产要素都对应一种投入,每一种投入都对应一种产出。企业家的价值应当是企业价值增值的一部分,他除了拿正常工资外,还应享有剩余索取权。工资和奖金只是满足企业家低层级的需要,而拥有控制权和剩余索取权可以满足企业家的成就需要、权力需要、归属需要。无疑,实施管理层收购不但能更好地激励企业家,而且能体现企业家才能的价值。

第二节 管理层收购的基本条件

并不是所有的企业都适合进行 MBO,总体来说,计划进行 MBO 的企业应该满足下列一些条件:适当的融资结构;企业经营管理层在企业管理岗位上工作年限比较长,经验丰富;具有潜在的提升企业利润的空间。

一、适当的融资结构

是否具有稳定的现金流生产能力是进行 MBO 的最基本条件之一。MBO 后管理层首先面临的是巨大的偿债压力,这就要求 MBO 后企业能够创造出源源不断的还债资金。因此,管理层在确定融资结构时,应努力保持还债资金和业务周转资金之间的平衡。融资结构中债务融资的比例越高,财务杠杆的作用就越大,对于融资企业来说,就意味着较高的融资风险。而如果以较高比例的股数融资来减少融资的财务风险,融资成本就会升高,并且由于股权数额的增加,又可能会导致控制权被稀释。由此可以看出,MBO 融资结构的设计一方面要在降低杠杆比例带来的利益和股权价值稀释的代价之间进行权衡,另一方面又要在财务杠杆作用的发挥与债务资本的比重之间进行权衡。管理层要根据目标公司的评估结果和市场实现条件规划合理的资本结构,以达到使 MBO 总体融资成本与风险的最小化。

MBO 的融资结构就像一个倒金字塔。倒金字塔的最上层是优先债,中间层是次级债,最下层是优先股和普通股。融资成本从优先债到普通股越来越大,融资风险由普通股到优先债越来越大。因此,不同融资方式所占的比重也是由优先债到普通股逐渐减少。这样的融资安排,对于整个融资项目而言是比较稳健的,会使得资金成本尽量减少,融资风险得到合理的控制。而如果是在一些大型的 MBO 并购项目中,就具有更为复杂的融资结构与更多层次的融资来源。关于 MBO 的融资结构,我们还将在第四节中做进一步讨论。

二、管理层经验丰富

管理层必须在经营管理岗位上工作年限很长,经验丰富,而他们的能力又获得了内部人、外部投资者和借款人的认可,这样,实施管理层收购才能获得各方利益相关者的支持。管理层必须熟悉行业状况,精于管理,能有效地激励员工。另外,管理团队应该是一个团结的团队,领导者之间目标一致,有很好的合作心态,这样才能保证管理层收购的顺利进行,并获得预期收益。

三、企业经营利润具有潜在提升空间

作为内部人的经理人对目标公司比较了解,相对外部人又有一定的信息优势,只有当目标企业具有潜在的管理效益空间的情况下,管理层才有动力实施收购,以便收购后对该企业进行重组、整合,实现获得预期收益的目的。因此,具有潜在管理效益空间的公司才具有收购的价值。

第三节 管理层收购的程序

一、意向阶段

在这一阶段,要通过对目标公司的经营状况及未来收益情况进行 MBO 的可行性分析,组建收购团队,进行 MBO 策划。

在进行 MBO 可行性评估时,应重点考察以下几个方面:

第一,财务分析。其中包括:①未来现金流情况,并考察利润空间是否有提升的可能;②公司负债情况、资本结构、净资产情况以及收入、成本的真实情况,考察公司长短期偿债能力和赢利能力;③公司内部控制情况,考察公司内部管理、办公成本费用是否有改进的余地。

第二,经营状况分析。其中包括:①目标公司的公司背景、营运情况、市场环境和研究开发情况等;②供应商、客户以及分销商的稳定性。

第三,法律调查与评价。考察收购存在的法律障碍和解决途径,与收购有关的税收问题;考察公司过去的相关法律事项,确定公司过去的法律问题不会影响收购后新公司的发展。

第四,公司治理结构调查。①控制权分配调查,其中包括组织结构、产权调查和信息传播体系调查等;②激励安排调查,其中包括报酬体系、职位晋升制度等。

第五,咨询相应主管部门的意见。

二、准备阶段

评估结束后,便进入准备阶段。这一阶段的工作重点在于组建收购主体,安排中介机构(包括财务顾问、律师、会计师、资产评估师等)入场。如果需要,寻找战略投资者共同完成对目标公司的收购。管理层在这一阶段需要决定收购的基本方式:是自行完成还是采用信托方式,或是寻求风险基金及战略同盟的参与。此阶段最为重要的问题是对融资的安排问题。

(一)组建收购管理团队

收购管理团队应以目标公司现有管理人员为基础,由各职能部门的高级管理人员和职员组成。在进行股权分配方案设计时,应兼顾各方利益,防止因分配不公而导致管理层分裂,影响公司长远发展。通常情况下,收购管理团队以自有积蓄或自筹资金作为收购资金,构成新公司的权益基础。

(二) 设立收购主体

由收购管理团队作为发起人注册成立一家壳公司,作为拟收购目标公司的主体。设立新公司的原因是,作为一群自然人的管理层要实现对目标企业资产的收购,必须借助于法人形式。因此,管理层在组建管理团队后,首先要在分析目标公司经营业务的基础上设计公司框架,制定公司章程,确定公司股份认购原则,发起设立有限责任公司,并按照公司法的规定,选出新公司的董事长、总经理及董事会成员。

(三) 选聘中介机构

管理团队应根据收购目标公司的规模、特点以及收购工作的复杂程度,选聘专业中介机构如投资银行、律师事务所、会计师事务所和评估事务所指导业务操作,以提高并购成功的可能性。

(四) 融资结构安排

MBO成功与否,在很大程度上取决于其融资安排是否科学、可行。融资结构安排主要包括两部分内容:一是融资渠道的选择,二是收购进度的合理安排。一般情况下,管理层只付出收购价格中很小一部分,其他资金通过债务融资筹措。这部分资金也可以由保险公司或专门进行风险资本投资或杠杆收购的有限责任公司来提供。其他资金以各种级别的次级债券形式,通过私募或公开发行高收益率债券来筹措。

由于MBO所需资金量较大,因此,合理安排收购进度也是收购融资安排的重要内容。

三、执行阶段

(一) 评估和收购定价

完成准备工作后,收购团队就可以委托聘请的专业评估机构对目标公司进行价值评估,确定可接受的最高收购限价。在确定收购价格时,需要综合考虑目标公司的赢利水平、资产账面价值、企业改造后的预期价值、可能承担的债务以及与外部买主的竞争等因素,把握和利用与原公司决策者的感情因素和公司内幕消息,争取竞争条件下的最可能争取的价格优惠。

(二) 收购谈判,签订合同

在这一阶段,管理团队就收购条件和价格等条款同目标公司董事会进行谈判。收购条款一经确定,MBO便进入实质性阶段,管理层与目标公司正式签订收购协议书(或收购合同)。收购协议书应明确双方享有的权利和义务,其主要内容如下:

1. 收购双方的名称、住所、法定代表人,企业收购的性质和法律形式,收购完成后,被收购企业的名称及相关法律手续的变更。

2. 收购的价格和折算标准,收购涉及的所有资本、债务的总金额,收购方支付收购资金的来源、性质、方式和支付期限。

3. 被收购目标公司的债权、债务及各类合同的处理方式以及被收购目标公司人员的安置及福利待遇等。

(三)收购合同的履行

收购管理团队按照收购目标或合同约定,完成收购目标公司的所有资产或购买目标公司所有发行在外的股票,使其转为非上市公司。收购完成后,根据收购的具体情况办理下列手续:

1. 审批和公证。协议签订后,经双方法定代表人签字,报请有关部门审批,然后,根据需要和双方意愿申请法律公证,使收购协议具有法律约束力,成为以后解决相关纠纷的依据。

2. 办理变更手续。收购完成以后,意味着被收购方的法人资格发生了变化。协议书生效后,收购双方要向工商等有关部门办理企业登记、企业注销、房产变更及土地使用权转让手续,以保证收购方的利益和权利。

3. 产权交接。收购双方的资产交接,须在律师现场见证、银行和中介机构等有关部门的监督下,按照协议办理移交手续,经过验收、造册、双方签证后,会计据此入账。收购目标公司的债权、债务,按协议进行清理,并据此调整账户,办理更换合同、债据等手续。

(四)发布收购公告

这是执行阶段最后一道程序,可以在公开发行的报刊上刊登,也可由有关机构发布,将收购信息公之于众,并开始调整与之相关的业务。

四、整合阶段

MBO仅仅是改变了产权关系,好与不好的关键还在于其后的经营整合,经营者成为所有者之后,对公司管理层实现了长期激励,但也会使公司失去一些原有的优势,能否实现资产结构的有效调整及业务的重新整合,调动全体员工的工作积极性,开拓市场、促进销售,进而提高企业效益,这些都是管理层需要直接面对的问题。

实施MBO后,企业必须建立起一套动态的股权调整策略,这是MBO

完成后企业员工积极性发挥和企业激励约束机制活力的关键所在。对于刚刚完成 MBO 的公司来说,生存问题是第一位的,比发展更具现实意义。企业需要有一段时间的调整和整合,以稳定局面,度过充满变数和风险的调整期。在这期间,内部经营管理的整合以及外部资本市场的调整是管理者必须努力攻克的两道难关。取得控制权后,管理层需采取有力措施削减经营成本,改变市场战略,改进生产设施,提高产品质量等。在加强管理、改善经营的同时,管理层有必要进行逆向杠杆操作,对公司进行资产重组,通过上市、增发股票或其他方式筹措资本,降低财务风险。

第四节 管理层收购的关键问题

一、管理层收购的定价问题

一般而言,管理层收购价格的确定,依据收购对象的不同而有所区别。一个合理的交易价格能反映出 MBO 本身是否公平,决定了对管理层历史贡献的认可和补偿的标准,也决定了交易是否可行。这主要是因为:在市场环境下,交易价格是交易各方博弈的结果,价格形成机制如果建立在交易各方可以接受的基础上,就是双方自愿选择的结果,这就反映出 MBO 的公平性;相对于按照交易标的进行评估作价而言,MBO 要充分考虑管理层的历史贡献,在定价中应给予管理人员一定的补偿,这也是定价过程中讨价还价的一个重要因素。根据国外的经验,管理层收购定价可以借鉴的方法和考虑的因素主要包括以下几方面。

(一)以净资产为基础并作必要的调整

净资产是公司在某时点上的实际价值,是从会计角度对公司财产的账面记录。以净资产作为管理层收购定价的基本依据,从目前来看,是我国 MBO 的主要参考方法。但这一方法的关键是确认净资产的真实性,避免故意压低净资产的价值。从目前国内已实施的 MBO 案例看,上市公司股权转让低于净资产情况的屡见不鲜,粤美的、深方大、佛塑股份、特变电工的收购价格均低于每股净资产。在某些情况下,净资产并不表明实质资产的优劣和公司未来的赢利能力。因此,还应该考虑品牌和营销网络、多年的企业信用并由此形成的稳定成熟的供应渠道、无效或低效的固定资产、存货的呆滞和潜亏等。

(二)以未来收益为重点,综合考察目标公司资产的市场价值

由于净资产是一种静态的估价标准,它既不反映某时期资产市价的

波动,也不考虑其收益状况。因此,还需综合考察资产的市场价值、续营价值。市场价值是把资产作为一种商品在市场上公开竞争,在供求均衡时确立的价值;续营价值是将公司作为整体,在被管理层收购后保持继续经营的情况下,以未来收益能力为基础来评估的价值。由于未来收益需要借助于预测,而预测不可能能完全准确,因此可以借用目前欧美国家广泛采纳的定价模型:

1.拉巴波特模型。该模型由美国西北大学教授阿尔弗雷德·拉巴波特创立,又称贴现现金流量法。该模型认为,收购对象的价格主要取决于对收购公司现金流量的贡献以及增量临界利润率。贴现现金流量法必须考虑以下三个要素:

(1)现金流量。该现金流量应是目标公司在被收购后对收购公司现金流量的贡献。该会计结果显然不同于目标公司作为一家独立公司时的现金流量。这主要是由于,一方面,收购公司可能获得目标公司独自所不可能获得的经济利益;另一方面,收购一般会带来新的投资机会。

(2)预测期。一般是逐期预测现金流量,直到其不确定的程度增大到使管理部门难以做出更进一步的预测。一种公认较佳的方法认为,现金流量的预测只持续到追加投资的预期报酬率等于资本成本时为止,也就是说,如果公司的投资报酬率等于资本成本或等于市场要求的基准报酬率,则公司价值将不受企业成长的影响。

(3)资金成本。如果未来目标公司的风险被认为与收购公司总的风险相同,那么目标公司现金流量的贴现率即为收购公司的资本成本。

确定这三个要素后,将预测期内的现金流量以资本成本为折现率进行折现,即可得到目标公司的价值。可以看出,这一方法思维严密,科学性强,但计算复杂。

2.市场竞价法。市场竞价法主张把目标企业少部分股权拿出来拍卖,以拍卖价格为另外拟转让给管理层的股权定价。这一方法希望通过拍卖,为管理层收购引入竞争机制,变单边交易为多边交易,以实现公平定价。不足之处在于,拍卖价格不一定绝对公允:竞拍者与卖方合谋,可使拍卖价格偏高,损害买方利益;竞拍者与管理层合谋,可使拍卖价格偏低,损害卖方利益。

为了兼顾流通股股东利益,增加管理层收购的竞争性和透明性,首先应破除管理层收购过程中的单边交易局面,增加买方数量。即将目标公司推向市场,在公开交易的基础上进行竞买竞卖。参与竞价拍卖的不仅包括管理层或由内部职工发起的投资公司,而且还应包括公司股东、公司的外部力量等其他购买者。竞价的结果也许最终仍然是管理层夺标,但增加了透明度和竞争性,减少了信息不对称所带来的影响,从而形成了保证财产所有人最大利益的重要机制。确定目标企业基础竞价的方法一般有以下几种：

（1）在严格审计的基础上，以企业近3年净资产的加权平均值作为基础竞价；

（2）根据公开数据，与同行业企业数据比较，参考与目标企业相似的企业并购价格的情况，以决定目标公司的基础竞价；

（3）选择信誉度较高的中介机构对目标公司价值进行评估。

（三）合理评估无形资产的价值

无形资产，如专利、商标、商誉等没有独立的市场价值，但能对公司经营产生重大影响。不管对收购对象的何种资产定价，均应由管理部门认可的、权威的、无不良记录的资产评估事务所或会计师事务所主持。

（四）管理层的历史贡献对MBO定价的影响

管理层的历史贡献迄今仍是一个难于量化的问题，如果我们在给MBO定价时考虑到的仅仅是对中小股东利益的保护，而对管理层的合理权益没有给予充分注意，那么定价就不可能合理。如果理性地考虑管理层在标的企业资产形成过程中的贡献，那么好的管理层无疑应该享有较高的出让折扣率。

二、管理层收购的融资问题

融资结构的选择对企业来说至关重要，选择时，既要在未来预期收益和成本之间进行比较，又必须注重融资带来的风险。在各种融资方式之间进行适当的选择，对企业来说至关重要。由于受不同国家和地区金融监管、融资体制的影响，MBO过程中的融资来源及其比例、金融工具的运用、融资成本和运作方式都存在一定的差别。企业可以选择的融资方式主要有债务融资、权益融资和混合融资。

（一）债务融资

债务融资分为优先级债务和次级债务两种形式，是MBO资金的主要来源。债务工具一般比较复杂，具有不同的优先受偿顺序、回收时间、预期报酬率、担保状况等。

1. 优先债。优先债可以优先受偿，债权清偿的风险较小。有优先权的周转债务和定期债务统称为优先债。

有优先权的周转债务是具有抵押担保的短期债务，包括抵押短期贷款、质押短期贷款、优先票据等。担保物可以是固定资产、流动资产、股权，主要用于补充流动资金。由于一般为短期债务，通常期限不超过6个月，因此在所有债务中，要求的收益率最低。

有优先权的定期债务,主要包括抵押中长期贷款、质押中长期贷款、优先票据等,需要债务人提供抵押或质押等担保,且贷款期限较长,一般为1到5年,最长的可以达到15年。这种债务长期、稳定,要求的收益率高于有优先权的周转债务,是支付MBO资金的重要来源。

优先债的提供者一般为商业银行、保险公司、储蓄及贷款协会、商业金融公司等金融机构,其中商业银行是这类债务的最大提供者。优先债务在国外MBO融资中占最大比例,达50%～70%,其融资成本和风险最低。

此外,在优先债借贷双方的信贷协议中,还需要设计一些限制性契约,以保护优先债贷款人的投资权益,一般包括下列条款:

第一,借款人只有在满足优先债务本息偿还后,才能考虑次级债务和其他贷款的本金偿还;

第二,对目标公司收购后的资本支出、投资数量和支付股息加以限制,以保证公司用超额现金流清偿债务;

第三,借款人必须预先将不能立即履行债务清偿的可能性通知贷款人,并规定公司必须达到的最低水平的财务业绩。

2. 次级债。次级债受偿等级低于优先债,预期收益率较高,在MBO中的融资比例一般为15%～30%。次级债的本金在优先债清偿之后才能偿付,而且没有目标公司资产或股权作为抵押,融资成本和风险较高。优先次级票据和次级票据都属于次级债。

优先次级票据主要是一些无抵押的次级债务,其债权人一般可选择获得部分股东权益,或选择得到并购融资中为优先债作担保的资产的次级留置权。优先次级票据一般为投资银行家安排,由保险公司、养老金、投资基金持有,其债务清偿顺序优于次级票据,而预期收益率比优先债高。

次级票据最典型的是垃圾债券(Junk Bond),即信用等级低,难以在公开市场上发行的企业债券。发行人以未来收益作为发债的基础,以高利率为吸引力,发行债券为并购筹措资金。这类债券常常无足够的担保,风险较大。

归还债务融资有4个方面的资金来源:①出售业务部门,获得短期现金流量,偿还有优先权的周转债务;②企业经营利润分配;③二次融资;④破产清算中优先受偿等。

(二)权益融资

权益融资分为普通股融资和优先股融资两种形式。普通股和优先股统称为权益证券,代表了证券所有者在公司中的所有权。当公司利润以股利形式分配时,权益证券的所有者有权分享公司的利润;当公司破产清算时,他们也有权分享公司的剩余权益。

普通股融资是企业最基本的融资方式。普通股的基本特点是投资收益(股息和分红)不是在购买时确定,而是事后根据股票发行公司的经营业绩来确定。持有普通股的股东,享有参与经营权、收益分配权、资产分配权、优先股购买权和股份转让权等。普通股融资的特点在于企业无须承担固定的股利负担,也不必在固定期限内偿还股本,因此可以提升企业的举债能力。然而普通股融资也会给企业带来一些不利因素,如融资成本较高,容易分散公司的控制权等。

优先股是相对普通股而言的,是较普通股具有某些优先权利,同时也受到一定限制的股票。一般来说,优先股分得固定股利,并且在普通股分得股利之前;当公司破产清算时,优先股股东优先于普通股股东分配公司的剩余财产。但是,由于优先股融资的资本成本较高,融资限制也较多,因而在发行效果上不如债券。

在发达的市场经济国家,MBO权益资本主要有5种退出方式:①发行上市,②出售股份,③二次MBO(Second MBO),④股份回购,⑤破产。除破产清算等特殊原因,权益投资者通过各种方式退出MBO目标公司,一般能够获得25%~30%的报酬率,远远高于债务融资的预期收益率。

(三)混合融资

纯粹的债务融资是一种无条件的偿还本金和利息的义务,纯粹的权益融资则代表了对公司股份的所有权。混合融资则是处于这两者之间带有权益特征的债务工具和带有债务特征的权益工具。混合融资在国外MBO融资中扮演了非常重要的角色,主要包括证券化信贷、可转换债券、可转换优先股和认股权证等形式。

1. 证券化信贷。证券化信贷是指贷款人在发放贷款之后,将贷款转化成有价证券向投资者出售,贷款人可以用出售这笔贷款的收益安排更多的贷款,一般仅限于有资产作抵押的贷款。这种方式对借款人没有影响,但是却可以增加贷款人的资金流动性,使贷款人可以在需要的时候把贷款转化为现金,不必等到期时才收回贷款。可见,证券化给贷款人一种期权,使得他们更愿意贷出款项,包括MBO交易的款项,使得MBO融资更加容易。

2. 可转换证券。可转换债券和可转换优先股统称为可转换证券,是一种带有可购买发行人普通股的买入期权的公司证券,发行时一般事先确定转换为普通股的期限和兑换价格。当可转换证券被持有人转换成普通股之后,公司虽然不能得到现金,但由于公司的资本结构得到调整,负债比率得到降低,所以公司在未来的资本运作中将更容易筹措到新的资金,其资本结构也将更为健全。

3. 认股权证。认股权证是一种合约,给予持有人在规定的日期前以一定的价格购买一定数量股票的权利而非义务。认股权证实质上是一种看涨期权,其持有者在认购股份之前,对发行公司既不拥有债权也不拥有股权,而只是拥有股票认购权。认股权证可单独发行,也可随公司的长期债券或优先股一同发行。单独发行的认股权证有利于将来发售股票,附带发行的认股权证可促进所依附的证券的发行,并可降低融资成本。

在性质上,认股权证与可转换证券有某些相似之处,但两者又有很大区别。当可转换证券被转换时,企业的普通股虽然有所增加,但并没有导致新的现金流入。这是因为在可转换证券转换时,只是一种证券(债券或优先股)转化为另一种证券(普通股),即债务资本转化为权益资本,而认股权证的发行与行使都有新的现金流入。

由于受不同国家和地区金融监管、融资体制的影响,MBO 过程中的融资来源及其比例、金融工具的运用、融资成本和运作方式都存在一定的差别。

三、管理层收购的信息披露问题

我国《证券法》《上市公司收购管理办法》和《上市公司股东持股变动信息披露管理办法》以及交易所的《股票上市规则》等法律法规都对有关上市公司收购的信息披露问题做出了相当严格的规定。

2002 年 10 月证监会发布的《上市公司收购管理办法》中对信息披露做出了规定,如第一章总则第 5 条规定:上市公司收购活动相关当事人所报告、公告的信息,必须真实、准确、完整,不得有虚假记载、误导性陈述或者重大遗漏。任何人不得利用上市公司收购散布虚假信息、扰乱市场秩序或者进行其他欺诈活动。同时发布的《上市公司股东持股变动信息披露管理办法》对有关信息披露也做出了比较详细的规定,包括通过集中竞价持有股份、要约收购和已公布报告的基本内容发生变更的信息披露。

《上市公司收购管理办法》规定,对于管理层、员工收购,独立董事应当要求公司聘请独立财务顾问等专业机构提供咨询意见,咨询意见与独立董事意见一并予以公告。

中国证监会 2001 年 3 月颁布的《公开发行证券的公司信息披露内容与格式准则第 1 号——招股说明书》第 122 条规定,"发行人应披露公司管理层对内部控制制度完整性、合理性及有效性的自我评估意见。注册会计师指出以上'三性'存在重大缺陷的,应披露并说明改进措施"。2001年4月颁布的《公开发行证券的公司信息披露内容与格式准则第11号——上市公司发行新股招股说明书》第59条规定:"发行人应披露管理层对内部控制制度的完整性、合理性及有效性的自我评估意见,同时应披露注册会计师关于发行人内部控制评价报告的结论性意见。"

第五节 中国企业的管理层收购

一、我国管理层收购的特点

作为新兴市场和转轨市场,中国证券市场与发达国家证券市场有明显不同的特征,这种不同的特征对于管理层收购的整个运作过程产生了深远的影响,并使得管理层收购在中国的市场环境下形成了独特的发展路径。

(一)政策背景不同

由于我国经济体制改革的特殊背景,管理层收购在产业调整、国有资本退出一般竞争性行业以及国有企业"抓大放小"的战略环境下,表现为不同的类别。

第一类是基于历史贡献考虑的MBO方案。考虑到一些国企领导在企业长期发展中做出的巨大贡献,为了体现管理层的历史贡献并保持企业的持续发展,在"国退民进"的调整中,地方政府将国有股权通过管理层收购的方式转让给管理层。

第二类是因"摘帽子"而实施的MBO方案。随着经济体制改革的深入,原来戴"红帽子"的民营企业和集体企业的创业者团队逐步明晰产权,通过管理层的收购途径,摘去"红帽子",实现了真正的所有者回归;

第三类是提高管理型的MBO方案。在发展股票市场的探索中,通过管理层收购改善股权结构并强化对管理层的激励,加强公司治理。

这三类不同的MBO方案,都是由于我国特殊的经济政策背景而产生的。

(二)市场条件不同,行政色彩浓厚

发达国家股票市场全流通,资本市场竞争激烈,上市公司存在控制权市场争夺和敌意收购的威胁。我国企业改制中的管理层持股,主要是来自企业股权多元化的需要,而不是来自敌意收购的威胁。有专家基于此原因,认为在建立和健全有效的公司治理结构之时,国有企业特别是大型国有企业如果实行MBO，则意味着要将所有权与经营权合一，不利于建立市场化配置经营者的机制，与建立现代企业制度、推进股份制改革的方向不符，甚至背道而驰。在实施管理层收购时，除管理层之外，管理层收购最为关键的因素往往不是"市场"，而是"市长"。行政因素的介入，使得有的环节（如定价）变得相当简单，而有的环节（如人员的安排）则相当复杂。实际上，由于中国特殊的股权结构，使得管理层收购大多数都需要通过协议转让非流通股的方式来实现，而目前非流通国有股须经行政审批方可进行转让。

（三）管理层收购的目的多样化

按照不同的实施目标，我国的管理层收购可以分为三种：第一种是以明晰产权为目的的MBO，如早期以明晰集体产权为目标的四通MBO和春兰集团的员工收购等。中国有大量的国有、集体企业，因此，这类MBO在相当长的时期内将是MBO的主流。第二种是以非主营业务剥离为目标的MBO，也可以叫反向MBO，它是站在原股东的角度，分离其非核心资产，以达到公司紧缩之目的，最著名的案例当属荣正于在上海策划的"恒源祥"项目。第三种是以提升管理效率为目标的MBO，这也是所有MBO的一个基本前提。

二、我国管理层收购存在的问题

从管理层收购的各个环节看，与成熟的市场化国家相比，我国都存在相当显著的差异。因而也产生了我国特有的一些问题。

（一）收购主体的合法性欠缺

1. 资产出售主体不清。我国国有资产产权在理论上是清晰的，但在现实经济生活中，国有企业产权代表并未实现人格化，国有企业出资人实际上没有到位，决定出卖国有资产的只是政府官员或企业中国有资产的代理人，MBO是在出资人缺位的情况下出现的。由于出卖者并非资产所有者，MBO不但没有激励管理层去关心资产价值的最大化，反而会走向反面，即利用出售国有资产的机会去寻租。一些地方人为地设定国有经济退出的时间表，抢在国有资产监督管理体制明朗前突击变卖国有资产，更是加剧了这种倾向。这就很难保证国有资产不会被低价转让。

2. 收购主体不具合法性。在我国现行法律法规中，MBO收购主体并不是完全合法的。一是国内上市公司MBO大多进行的是间接性收购，管理层需要首先注册成立一家壳公司作为收购主体，然后再行收购。但《公司法》对外累计投资额不得超过公司净资产50%的规定，给这种壳公司收购行为设置了法律障碍。二是由管理层和职工共同组成的职工持股会虽说也是一种收购主体,但由于它属于非营利性机构,投资收购活动也受到法律限制。

3. 现有的管理层收购企业受到质疑。在市场经济成熟的国家,因为有经理人市场做支撑,更多的是用实施 MBO 激发经理人的企业家精神,淘汰落后的管理层。但目前我国企业管理者尚未走上职业化道路,国有企业大部分管理者还都是由有关部门指派任职,并非通过市场竞争上岗。在这种情况下,鼓励企业进行管理层收购,社会公众不能不持怀疑态度。再者,许多企业在发展过程中,没有历届管理者几乎不计成本的管理投入,没有有关部门在项目、资金、人才等方面进行的大量扶持,没有几代工人的辛苦劳动,也是难以健康发展的,而将这些历史的、长期的、多方面的、综合的隐性投入完全归功于现有管理层,显然有失公允。一些地方管理层收购失败的案例提醒人们,如果管理层放弃自己的历史责任,MBO 将不可能成功。

(二)交易价格确定存在严重的问题

在以往上市公司的 MBO 中,存在严重的定价问题。国内管理层收购的股份为非流通股,由于非流通股的市场价格难以确定,也缺乏科学反映其内在价值的价格发现机制,在定价时,一般采取协议转让方式,即以每股净资产作为基准参考价,在此基础上给予一定的折让,折让的幅度主要依净资产状况而定,同时兼顾考虑管理层的历史贡献,对于公司内在价值等其他因素则很少考虑,管理层收购带有一定的股权激励的手段。由此可见,我国管理层收购的定价具有非市场化的特点。

国有企业赢利状况的隐瞒和技术处理,是国有企业的一个惯常做法。即使不上市,管理层为控制的方便和应对上级考核,也会在收益上进行"处理"。管理层收购涉及管理层、大股东和中小股东,涉及股权结构变动,内部人完全有可能利用内幕信息等侵犯中小股东的利益。一个典型的操作是,由于信息不对称,管理层有可能先做亏公司,做小净资产,然后以相当低廉的价格实现收购的目的。如果地方政府不同意,则继续操纵利润,扩大账面亏损,直至上市公司被 ST,PT 后,再以更低的价格收购。一旦 MBO 完成,管理层再通过调账等方式,使隐藏的利润合法地出现,从而实现年底大量现金分红,以缓解管理层融资收购带来的巨大财务压力。

在讨论具体的定价方法时,不同机构的分歧很大。实际上,在行政机构大规模介入的情况下,转让价格往往或者是少数领导行政决策的结果,或是内部高管、员工与地方领导单边谈判的结果。要保证交易价格的合理性,应当引入市场化竞争,破除管理层收购过程中单边交易的局面,增加买方数量,将管理层或内部员工发起的投资公司作为收购公司股权的买方之一参与竞价拍卖。

在成熟的市场经济条件下,管理层收购的谈判双方都是理性的市场经济主体,双方的交易可以市场化运作。但是,当前中国各地实施的管理层收购方案基本上都是收购国有股或国有法人股,这类股份本身就存在所有者缺位、内部人控制等问题,在这个条件下进行交易,要保证交易的公平和公正,并不是一个容易的问题。

(三)融资渠道狭窄

在西方发达市场经济国家,MBO 资金的 10%～20% 来源于管理层的自有资金;50%～60% 来源于银行辛迪加、保险公司或风险投资机构;20%～40% 通常采用发行垃圾债券或资金信托计划的方式来筹措。在我国,由于资本市场不发达,融资工具较少,一般情况下,MBO 资金大部分来源于银行抵押贷款,只有 5%～10% 来源于收购者个人出资或民间借贷,资金信托计划和风险投资在我国 MBO 中运用较少。

由于政策限制,我国 MBO 外部融资比较困难。中国人民银行发布的《贷款通则》规定"贷款不得用于股本权益性投资";《商业银行法》也规定,禁止商业银行将贷款用于股权性质的投资。这一系列规定在很大程度上切断了企业管理层向银行融资的渠道。在实际操作中,我国 MBO 融资实际上采取了一种"迂回"战术,即管理层主要通过"壳公司"向银行取得股权质押贷款,然后以协议收购的方式受让国有股,实现间接控股目标公司的目的。例如,收购粤美的的美托、开联公司进行了股权质押,其中,美托公司股权质押贷款 3.2 亿元,与收购所需资金缺口相差无几。严格来说,这种方式违反了上述法律规定,存在法律风险。同时,《证券法》规定证券公司在开展业务过程中不能直接为企业提供融资,保险公司既不允许也没有能力介入 MBO 融资业务。2005 年《企业国有产权向管理层转让暂行规定》明确规定管理层不得采取信托或委托等方式间接受让企业国有产权。因此,通过中介进行融资非常困难。

(四)信息披露不充分

这是我国证券市场普遍存在的问题。一方面是因为法律法规本身不完善,二是企业为了掩盖自身的问题,千方百计地不履行信息披露义务。从已公布实施 MBO 的上市公司来看,多数公司对收购原因的阐述过于简单,没有针对具体情况说明收购活动的直接动因;多数公司没有披露定价依据和交易价格;多数公司对 MBO 资金来源方面的信息披露不充分。

随着《公开发行证券的公司信息披露内容与格式准则第 15 号——

上市公司股东持股变动报告书》开始实施，MBO进入了强制信息披露阶段。该准则明确规定，"属于上市公司管理层（包括董事、监事、高级管理人员）及员工收购的，应当就收购定价依据、支付方式、资金来源、实行管理层收购的目的及后续计划等履行信息披露义务。"《上市公司收购管理办法》和《上市公司股东持股变动信息披露管理办法》也明确要求上市公司详细披露收购原因、收购价格、定价依据、融资来源等问题。然而，大量的公司仍在暗地里从事或筹备MBO，却没有及时予以公告，这既不利于相关部门的监管，同时也为内部人交易和暗箱操作留下了空间。

（五）国有资产流失问题

这是国有企业管理层收购面临的首要问题，也是最为关键的问题。在国有企业管理层收购过程中，极有可能引起国有资产流失：①在管理层计划进行管理层融资收购前，企业高层管理人员通过资产不入账的方式，隐藏企业所有的资产，致使企业账面国有资产减少；在完成管理层收购后，再将这部分隐藏的资产调回，坐享其成。这在内部人控制特别严重的企业最容易发生。②通过企业高层管理人员操纵的关联交易，包括高价采购原材料、低价代销产品等手段，将国有资产应得收益转移到管理层实际控制的实体中，使国有资产增值率下降，造成国企账面赢利能力下降，甚至出现亏损，以此达到既攫取国企应得利益又压低国企资产出让价格的目的。③企业高层管理人员在收购过程中徇私舞弊，首先与所聘请的资产评估机构相互勾结，压低资产价格，使评估出来的国企转让价格名不副实，大大低于实际价值；然后通过权钱交易，买通上级审批部门主管官员，使得低价处理资产的方案得以通过。

所有这些违法违规行为，不但会导致大量国有资产流失，引发巨大的社会财富分配不公，而且会因为简单的一个收购过程转瞬即可给高层管理人员带来巨额利润，使得他们无意继续经营下去，有可能在短期内将收购的股份套现脱手。这样不但会使当初实施管理层融资收购欲借助高层管理人员管理能力提高企业经营效益的初衷落空，而且有可能进一步恶化企业经营状况。虽然在实施MBO涉及对国有资产的存量部分进行收购时必须向国有资产管理部门报批，但这种报批政策并不能杜绝上述导致国有资产流失的原因。

（六）企业员工的参与问题

在成熟的市场上，大规模的管理层收购往往要得到劳工组织的同意。另外，为了缓解管理层收购过程中可能出现的管理层与企业员工之间的矛盾，ESOP（员工持股计划）与MBO并行不悖。ESOP使全体员工都有机会成为公司股东，从而削弱了MBO可能引发的矛盾。同时，员工组织的投票权还保证了员工在发生 MBO 或其他的并购后,有关权益可以得到保护。

但这样的制度在我国也基本上是缺失的。我国传统的低工资制使公司权益中有大量员工劳动的价值凝结,实施管理层收购之后,可能会使以前国有企业对员工在医疗、失业、住房等方面的隐性承诺全部丧失。在企业所有者变更、性质变更的过程中,领导和员工之间,主管部门和企业领导之间的隐形承诺也将丧失。而隐形承诺已经成为一个单位对员工的最有吸引力、同时也阻碍人员流动的一个制度性问题。

本章小结

本章主要讨论了管理层收购的定义、来源和发展,并从理论(代理成本理论、公司治理理论和企业家理论)入手,分析了管理层收购产生的现实必要性。同时,简要介绍了管理层收购的基本程序,对意向阶段、准备阶段、执行阶段和整合阶段的工作进行了简要叙述。探究了作为 LBO 特殊形式的 MBO 的特点。最后对我国管理层收购的现状与问题进行了简要的梳理。

复习思考题

1. 什么是管理层收购?
2. 管理层收购有哪些程序?
3. 管理层收购的条件是什么?

案例 1:2009 年新浪 MBO 收购案例

新浪是一家服务于中国及全球华人社群的领先在线媒体及增值咨询服务提供商,2009 年与搜狐、腾讯、网易并成为中国的四大门户网站。受 2008 年金融危机的影响,新浪增长缓慢。2009 年 9 月 28 日,新浪管理层在英属维尔金群岛注册了一家投资公司,由新浪公司总裁兼首席执行官曹国伟以及其他管理层成员控制,以约 1.8 亿美元的价格向新浪投资控股增发 560 万普通股,于 11 月 27 日完成交易。增发结束后的新浪有大约 9.4% 由新浪投资公司控股占据,并且成为新浪第一大股东。新浪这次实施的管理层收购,使得长期股权分散、没有大股东的问题得以解决。新浪的管理层收购成为中国互联网业内首例管理层收购。

(1)融资过程。"新浪"的管理层没有通过银行借贷资金的方法进行股权收购，而是充分利用资本市场，通过多种途径吸引外部投资者。为了降低收购带来的风险，曹国伟和新浪管理层引入了三家不同私募资金作为控制公司的股东。以曹国伟为首的新浪六人管理团队自筹资金5 000万美元，三家私募基金作为优先股股东出资7 500万美元，美林证券提供一年期保证金贷款5 800万美元。

以曹国伟为首的"新浪"管理层设在英属维尔京群岛的新浪投资控股公司是专门为此次收购建立的壳公司。根据我国的税收法规的相关规定，此壳公司将会面临双重税收问题，缴纳企业所得税的同时还要缴纳个人所得税，在一定程度上加大了新浪管理层收购的成本。

(2)案例评价。新浪MBO是近些年来中国成功的MBO案例之一。新浪MBO的成功可能归于以下几个因素：第一，发起该MBO的新浪管理层已经在新浪工作了很多年并且很有经验，由曹国伟领导的管理层团队很团结并有共同的目标；第二，在MBO之前，新浪的股权已经被稀释，包括第一股东普莱斯基金拥有的9.84%的股权，这使得管理层更容易实施该次MBO交易；第三，合理的融资安排是该MBO成功的最主要原因之一。管理层对该MBO收购所需的资金，主要通过以下三种方式获得：①管理层个人财产：在此次MBO中，管理层团队共出资5 000万美元；②证券公司的贷款：管理层从美林证券获得5 800万美金的短期贷款；③私募股权投资基金：三家私募股权基金公司提供了7 500万美金的股权投资。

(3)暴露的问题：一是法律制度不健全。目前仅证监发布会的《上市公司收购管理办法》对管理层收购进行了简单规制。管理收购受到《公司法》、《证券法》、《商业银行法》和《国有资产法》等法律的规范，而有关法律规定与之也存在诸多冲突。二是中国当前对公司管理层收购没有合理、公允的定价方式。国家规定管理层收购定价不得低于每股净资产，排除资产在未来的收益后进行定价。而我国上市公司的管理层收购收购价格往往比公司每股净资产价格低。三是融资渠道狭窄。我国资本市场尚未发展成熟，金融产品缺乏，交易规模总量不大；过于单一的融资渠道，使得企业从银行贷款成功与否直接决定了公司能否成功进行管理层收购。我国银行不介入企业的经营管理又使得企业缺乏积极的战略投资者。例如，双汇集团的第一次MBO尝试时，没有及时充分披露与海汇投资的关联关系，被责令整改，最终，海汇投资旗下多家企业的股权被迫进行转让。在海汇投资掘金于双汇的上下游企业的同时，万隆和他的团队同样试图从资本的角度寻求MBO的解决路径。渠道的狭窄使得第一次管理层收购失败。

(4)解决方案：

第一，完善相关的法律法规。我国关于管理层收购的立法过于简略，还存在法律冲突，不能正常实施。《企业国有产权向管理层转让暂行规定》《中小型国有企业向管理层转让股权的暂行规定》等相关法律也逐渐实施，从对审批过程、操作程序等方面的规定渐渐向收购过程转移。2007年3月16日全国十届人大第五次会议通过的《物权法》、2009年就《国有资产法》制定、颁布的相关细则，已经明确实施管理层收购的条件，规范收购主体、收购资金的来源和价格，完善信息披露和加强监督等，使得我国的管理层收购能更加制度化、规范化、透明化。

第二,规范 MBO 股权定价。西方国家主要是经理层、目标企业的所有者阶层和管理层收购中介机构参与收购定价,中国管理层收购的实施有强烈的国有企业改革性质,地方政府和企业职工也是定价的两个重要方面。我们可以根据国外的丰富经验,结合中国的实际情况借鉴国外推崇和使用的定价模式,如贴现现金流量折现法、公司评估法、市盈率法等,根据不同的企业和市场条件选择适合的定价方法。

第三,优化管理层收购融资渠道。由于管理层收购的标的金额较大,远超过管理层个人的支付能力,缺乏合适的融资渠道和融资机构。要拓宽管理层收购融资渠道,引入外部投资者竞价;发展各类金融机构和中介组织,进行制度创新和金融工具创新;推进信用评级,促进信用贷款发展;慢慢放宽商业银行贷款和企业债券发行的相关限制,建立、完善优先股融资等;建立完善的市场机制,尽快建立完善的公允价值机制。

(资料来源:张玮:《管理层收购问题的初步分析》,《商情》2014 年第 43 期,第 13~14 页。)

案例 2:湖北宜化集团 MBO 三部曲

早在 2002 年,国企改革的序幕拉开,宜化集团就进入宜昌市国企改革的名单之中。之后,宜化集团向当地政府提交改制方案,但是,经过多次修改后,方案才得以公布,此时已是 2003 年 11 月了。

第一次方案的内容:管理层先收购宜化集团的参股公司——湖北楚星公司,将其民营化。然后用民营化后的湖北楚星公司收购宜化集团下属的其他子公司,再逐步收购宜化集团的部分国有股权。

但是,在 2003 年 3 月,财政部就紧急通知暂缓各地的 MBO。上述方案在 2003 年 11 月才公布,此时的时机对宜化集团 MBO 方案不利。果不其然,这一改革方案并没有得到宜昌市政府的批准。

宜化集团没有放弃 MBO 的尝试。2004 年,宜化集团又将新的方案提交给宜昌市政府,最终还是未能获得政府批准。

直到第三次.管理层吸取前两次失败的教训,分三步走,使得宜化集团 MBO 最终得以成功。

第一步,成立合资公司,收购集团子公司股权。宜化集团及其子公司的 31 名高管出资 1 亿元,设立宜昌财富投资管理有限公司(以下简称财富公司)。接着,财富公司分别收购贵州宜化有限责任公司(以下简称贵州宜化)50% 股权、湖北宜化肥业有限公司(以下简称宜化肥业)50% 股权、重庆宜化化工有限公司(以下简称重庆宜化)55% 股权以及湖北双环科技碱业(重庆)有限公司(以下简称双环碱业)49% 股权。

据湖北宜化 2009 年年报披露,这 4 家子公司是宜化集团下属两家上市公司湖北宜化以及湖北双环科技股份有限公司(以下简称双环科技,股票代码 000707.sz)的并表子公司。其中,贵州宜化在 2009 年年末净资产 5.47 亿元,实现净利润 8 834 万元;宜化肥业年末净资产3.2亿元,实现净利润1 603万元。而双环科技的年报同样显示,旗下重庆宜化2009年底净资产4.81亿元,年内实现净利润2 119万元;双环碱业则披露不详。2009年,湖北宜化的净利润分别为3.8亿元、2.48亿元和2.37亿元,双环科技为9 607万元、1.67亿元以及426万元。由此得知,这四家公司分别是两家上市公司利润的主要来源。在受让股份后,管理层间接持有湖北宜化约8%的股份,间接持有双环科技6.3%的股份。

第二步,用子公司作价向集团增资扩股。换购股权收购了上述公司的股权后,财富公司又将受让的四家宜化集团子公司股权作价向宜化集团增资扩股,包括贵州宜化50%的股权、宜化肥业50%的股权、重庆宜化55%的股权、双环碱业49%的股权;分别作价3.42亿元、1.72亿元、3.52亿元、1.57亿元,合计10.23亿元。

相关数据显示,这四家公司的资产价格并没有达到增资扩股时的作价。截至2009年12月31日。贵州宜化净资产54 674.44万元,50%的股权的净资产约为2~7亿元;宜化肥业净资产31 806.19万元,50%的股权的净资产约为1.6亿元;重庆宜化的净资产为48.148万~7万元,55%的股权的净资产约为2.7亿元。而据了解,双环碱业属于壳资源公司,双环科技的主要资产集中在重庆宜化。据此,宜化集团由原来国有独资变更为国有控股,达到了宜化集团改革方案的目的。

第三步,转让子公司股权,实现控股上市公司的子公司。为了消除公众疑虑,宜化集团在增资扩股之初做出承诺;2010年12月31日前将4家公司的上述股权分别以不高于上述价格转让给湖北宜化和双环科技;其中,贵州宜化50%的股权、宜化肥业50%的股权转让给湖北宜化,重庆宜化55%的股权口、双环碱业49%的股权转让给双环科技。实质上.这是管理层为了MBO而做出的铺垫。

上述4家公司的其余股权为湖北宜化、双环科技持有,因此,转让后.就分别成为两家上市公司的全资子公司。

俗话说"事不过三",直到这次,管理层"取其精华。去其糟粕",宜化集团MBO终得成行。

湖北宜化集团MBO过程中产生的问题也值得重视。

在我国,由于政治、经济、法律等自身的缺陷,造成我国MBO在实践中发展存在诸多问题。

(1)资金来源问题。根据公开资料,财富公司是由宜化集团的31位高管出资成立,而出资最多的就是宜化集团董事长蒋长远,达到5 595万元,占整个出资额的55.95%。众所周知,湖北宜化集团是国企,相对私企而言,国企本身的工资不高,蒋长远每年从宜化集团领取年薪,从2005年的42万元到2007年变为69万元,至今仍旧是这个数字。另外,蒋远华还因公积金转股,目前持有湖北宜化20 384股股份。按照4月20日当日湖北宜化每股21.47元的价格,蒋远华所持有的股票价值超过40万元。

如果按照每年最高年薪69万元计算,并加上其所持有的股份,5 595万元的出资额对于蒋远华来说,都应该是个天文数字。这一数字达到他目前年薪的80多倍,何况2007年之前年薪还并未达到69万元。对于其资金来源,不得不令人怀疑。同

时，其资金来源也未进行披露。

（2）信息公开不充分。湖北宜化集团对财务数据及指标都披露不够及时。例如，据2009年宜化集团年报，双环碱业的净利润未披露，对MBO中管理层的资金来源没有详细披露，这会导致管理层利用信息不对称，逼迫大股东转让股权。如果宜化集团通过盈余操纵来扩大亏损，使企业ST、PT后，再来以低价购买，就会造成部分国有资产流失。

（3）有关融资的障碍。实施MBO所需资金非常大，往往是远超过管理层的支付能力。故通过融资来满足MBO的资金需求，既是MBO的特点之一，也是管理层必须做的选择。随着我国MBO实践的不断发展，管理层收购融资的方式也多种多样。但由于我国金融体制不够完善、融资难等问题，在收购过程中，一些基金公司担心，财富公司通过增资扩股方式将资产注入宜化集团后不再注入上市公司，要求宜化集团做出承诺。基于我国国情，这些基金公司的担心是必要的，然而这些又阻碍了我国MBO的发展。

（4）损害小股东利益。为了融资，湖北宜化集团直接给一些基金公司做出承诺。2010年12月31日前，将财富公司受让的四家子公司的股权分别以不高于其原有作价转让给湖北宜化和双环科技。这一行为只顾顺利完成宜化集团的MBO，但是置小股东利益于不顾，这样的定价也是不合理的。

（资料来源：杨柳：《湖北宜化集团管理层收购研究》，《商场现代化》2012年6月下旬刊，第46~48页。）

第十二章 杠杆收购

学习目标

- 了解杠杆收购的概念和产生的原因
- 掌握杠杆收购的基本操作程序
- 了解垃圾债券是如何产生的,它与杠杆收购有哪些联系
- 了解杠杆收购的经济效益

第一节 杠杆收购的起源与发展

一、杠杆收购的定义和特点

杠杆收购(Leverage Buy-out,简称LBO)是指某一企业拟收购其他企业并进行结构调整和资产重组时,以被收购企业的资产和将来的收益能力作为抵押,通过大量举债筹资,向股东购买企业股权的行为。收购公司不必拥有巨额资金,只需以目标公司的资产及营运所得作为融资担保或还款来源,所贷得的金额即可兼并任何规模的公司,实现"以小搏大"。

与其他资本运营方式相比,杠杆收购具有以下特点:

第一,高负债。杠杆收购中,收购企业的自有资本很少,一般占目标企业股份购买价格的10%左右。一般而言,在收购所需全部资本构成中,LBO是以高负债取代股本在目标公司中的资产负债地位,一旦公司全部收益率低于所借资本的全部成本,公司将不得不考虑减少一些部门,或者变卖资产偿还债务。因此,LBO的特点之一就是使目标公司由一家财务结构较健康的公司变成一家高负债比率的公司。

第二,高风险。杠杆收购具有很高的风险性,杠杆收购所需要的大量资本是靠借贷得到的。在杠杆收购中,收购所需资金的构成一般为投资银行贷款占60%,垃圾债券占30%,收购方自有资金占10%,并购后的公司面对极沉重的债务压力。一旦经济形势出现不利于公司发展的变化,则将进一步增加收购公司的债务负担。20世纪80年代末,西方国家企业因发行垃圾债券而破产倒闭的例子比比皆是。有关垃圾债券的

知识我们将在第三节讨论。

第三,高收益。"杠杆"一词的本质在财务上就是"以小搏大""蛇吞象"。因此,对于提供贷款的金融机构来说,他们能获得更高的收益。同时,由于被收购企业在收购交易中的交易价格一般低于实际价格,因此,收购企业来可以得到额外的收益。另一方面,杠杆收购由于其"债务融资"的性质,债权人只要求偿还利息和本金,而不会分享其利润,所以当杠杆收购后,如果企业的资产利润大于借款利息,收购者将获得高额收益。

第四,高难度。在实际操作过程中,由于收购双方信息不对称、目标企业的选择比较难以把握、资金来源有限、垃圾债券的发行受阻、担保方式的可行性值得怀疑等原因,使得杠杆收购在具体操作过程中显得尤其复杂,表现出相当的高难度。

二、杠杆收购的发展

杠杆收购始于20世纪60年代的美国,最初被称为"靴攀交易",并且仅仅是在小型私有公司的并购中偶尔被采用。在那时,实施杠杆收购通常以并购公司的固定资产和自有流动资金作为抵押来申请贷款,收购需要的其他资金,则由收购方的股东以股权形式提供。

20世纪60年代末,一种既有高收益又有股东参与的高利率高风险的融资形式——"垃圾债券"的出现,使得以借债融资来进行收购的企业逐步采用发行这种不需要资产抵押的债券来融资,杠杆收购逐步发展起来。

随后投资银行逐步成为杠杆收购主要的财务中介,杠杆收购得到了空前的发展。这期间,相继成立了一些专门以从事杠杆收购为目的的袖珍公司。1979年是杠杆收购发展的划时代的一年,这一年,由杰里·科尔伯格(Jerry Kohlberg)、亨利·克莱维(Henry Kravis)和乔治·罗伯茨(George Roberts)组成的KKR投资公司,以四种债券和两种股票为融资手段,顺利完成了对豪达里实业有限公司高达37 000万美元的巨额杠杆收购。当时,对豪达里实业公司这样一个著名上市公司的收购证明了:杠杆收购不仅适用于小型私有公司的并购,也同样适用于较大型的上市公司(公众公司)的并购。

20世纪80年代,随着金融不断创新和新型融资工具——高利风险债券的出现,杠杆收购的花样层出不穷,并逐步流行起来。后来,一些金融投机家在华尔街套利专家麦克尔·米尔肯(Michael Milkon)的指挥下,将这种高利风险债券改造成所谓的"绝密备用信贷"。根据这种"绝密备用信贷"的安排,杠杆收购中所需要的资金由金融套利者为并购者提供,这就极大地缩短了筹集资金所需的时间,甚至在一个相当短的时期内,杠杆收购专家就能获得巨额融资。这使得杠杆收购交易计划能够顺利进行。因此,从某种程度上来说,正是这种"绝密备用信贷"才真正推动了杠杆收购的流行。

80年代后期,杠杆收购市场达到空前的繁荣,专门为杠杆收购而设立的私人股权投资基金和息票债券出现了,这两种无息债券通常在3~5年内不要求发行人还本付息。1987年以后,投资银行认识到,为了诱使大众更多地购买专为杠杆收购发行的各类债券,其自身也必须为杠杆收购贡献一定的资金,由此,"过渡性贷款"被发明了出来。

从杠杆收购的兴起和发展状况来看,杠杆收购的迅速发展得力于金融创新和新型融资工具的不断出现。杠杆收购在其发展的30年进程中,呈现出了以下几个特点:①规模由小到大,从最初的小型公司发展为几十亿元的大公司;②影响力越来越大,使用面也日益广泛,目标公司从最初的私有公司发展到上市公司;③投资银行等金融中介参与越来越多,程度也越来越深;④杠杆收购中金融投机的程度日益加深,风险也越来越大,信用成为很重要的砝码;⑤企业在进行收购的过程中,对投资银行等中介和新型融资方式的依赖越来越大;⑥在杠杆收购发展的进程中,逐步形成了一个专家阶层,为各杠杆收购提供专业化的策划和指导,使杠杆收购向专业化方向发展。

三、杠杆收购产生的原因

(一)来自企业方面的原因

同管理层收购一样,杠杆收购产生的根本原因也是企业管理层与股东利益的不一致,这也就是经济学上所说的委托代理问题,企业经理们存在机会主义和道德风险问题。这主要是因为:

1. 委托人(股东)和代理人(经理)之间利益相互冲突。股东们和经理层都是经济人,行为目标都是为了实现自身效用的最大化。经理层投入更多的努力或付出,就可能有更好的结果,而股东们最关心的结果经理层却不感兴趣;经理层最关心付出的努力,股东们却没有直接兴趣。股东们的收益直接取决于经理层的成本(付出的努力),而经理层的收益就是股东们的成本(支付的报酬)。因而,股东们与经理层相互之间的利益不一致,甚至相互冲突。由于利益的相互冲突,经理层便可能利用股东们委托的资源决策权谋取自己的利益,即可能产生委托代理问题。

2. 股东们和经理层之间信息不对称。股东们并不能直接观察到经理层的努力工作程度,即使能够观察到,也不可能被第三方证实;而经理层自己却很清楚付出的努力水平。但代理结果是与经理层努力水平直接相关的,且具有可观察性和可证实性。由于股东们无法知道经理层的努力水平,经理层便可能利用自己拥有的信息优势,谋取自身效用最大化,从而可能产生委托代理问题。

当20世纪初现代大型企业逐渐成为现代经济支柱,特别是当经理资本主义在美国经济的各个行业与部门占统治地位时,企业经理与股东的利益冲突越来越明显。在规模巨大的上市公司里,对企业经理的职业技术要求越高,这迫使股东逐渐退出企业日常管理工作,对经理们的影响力越来越小。由于脱离了企业的日常管理工作,因此股东们非常容易被经理们所欺骗。这样,一方面,很容易造成公司经理们与董事们相互勾结,或者利用各种条件来收买他们,使企业经理们的决定权不断扩大;另一方面,现代企业股权分布相当分散,容易形成所谓的"内部人控制"问题,即企业实际被内部经理所控制。由于企业的收益与经理的收益没有直接的关系,而经理们为了扩大业绩,追求名利,大量并购其他企业,而不考虑这种行为对公司本身利益的影响。

例如,在20世纪六七十年代的混合兼并浪潮中,企业经理们滥用资金,无限制地扩张企业规模,组建庞大的企业集团,以便延伸他们的权力,而不顾公司是否有足够的管理能力去经营这些被收购的企业,反而导致企业规模不经济,赢利大幅下降,引起股东们"用脚投票",使其市场价格大为减少。当企业控制权市场发展起来后,外部投资者发现,如果控制这些企业集团后,再加以分拆和整合,然后出售,最终会获得丰厚的利润。其结果是,这些企业集团成为80年代杠杆收购的重点对象。

(二) 来自外部环境因素的影响

1. 经济因素的影响:

(1)通货膨胀。如果某企业市场价格低于其重置价格,企业价值被低估,就会有人愿意收购这家企业。当经济处于一段较高的通货膨胀时期,由于企业的市场价格一般是以其账面价值为标准,而通行的会计准则都是以历史成本为依据,所以此时有很多企业的市场价值都被大大低估,企业的托宾q值很小。此时购买企业比重建相似企业更为经济:一方面价格较低,另一方面省去了建设时间和员工的培训成本。第二次世界大战后,美国历届政府受凯恩斯主义影响,普遍使用积极财政政策。在经历越南战争与两次石油危机后,美国从60年代末至80年代初经历了10多年的较高通货膨胀。如果用消费者物价指数(CPI)来衡量,14年中有6年的通货膨胀率达到或接近两位数,这使得托宾q值大幅下降,从1965年的1.3下降到1981年的0.52。这意味着,从资本场上购买企业只需要重建这个企业所需成本的一半。

为了降低通货膨胀,20世纪70年代末,美国联邦储备委员会开始大幅提高联邦基准利率,使股票市场在80年代初遭到沉重打击。低迷的股市使许多企业的市场价值远低于其账面价值,加上高通货膨胀导致的低托宾q值,这些都刺激了投资者进行收购的欲望,从而促进了80年代杠杆收购的繁荣。

(2)融资技术的创新。20世纪70年代以来,大量的金融创新不断涌现。在融资技术的创新方面,最引起人们关注的要数垃圾债券(Junk bond),或称为高收益债券。垃圾债券最初主要是指一些开始属于投资等级而后来等级下降的债券(在标准普尔的评级体系中指BBB-以下级别的债券;在穆迪评级体系中,则是指Baa以下的债券),还有很少一部分是一些小公司或不知名公司发行的债券。这些债券的投资收益回报率很高,但是风险极大。60年代末,麦克尔·米尔肯(Michael Milken)发现了垃圾债券的价值,70年代初,他加入德莱克塞尔公司(Drexel)后,就开始劝说许多机构投资者和富人投资于垃圾债券,并保证它们的流动性;同时极力促成公司成立垃圾债券部,并亲自负责管理为垃圾债券创造二级交易市场,从而促使垃圾债券大量发行。当时垃圾债券发行人主要有两类人,一类是一些富有创新精神,但资金紧张的企业家,如MCI,麦考蜂窝电话公司等;另一类就是进行杠杆收购的金融买主。80年代初,在德莱克塞尔公司和米尔肯的帮助下,金融买主们可以买下任何他们想买的公司而不用担心资金不足。因此,垃圾债券又被人们称为"金融核弹",这足以证明当时它的影响力。垃圾债券对20世纪80年代后期掀起的杠杆收购狂潮起了不可忽视的作用。

20世纪80年代投资银行在做并购业务时发现,为了赢得收购顾问业务和垃圾债券发行业务,他们也有必要提供资金支持,因此发明了"桥式贷款"(Bridge Loan),也称为"过渡性贷款",即自己提供大额短期贷款或开出有保障的信用证保证交易时及时提供所需资金的方法,以迅速增强金融买主在交易谈判中的报价实力,从而赢得交易。由于这些贷款利率很高,交易完成后,金融买主都会迅速用其他更便宜的债务来替代过渡性贷款。这对于提供过渡性贷款的金融机构来说,贷款的风险相对较小,收益却相当高,而且又可以获得发行替代债券的业务,从而得到发行佣金,因此,投资银行和商业银行等金融机构都乐于提供这类贷款。

(3)高投资回报的吸引。由于杠杆收购使用大量债务,自有资金比例很低,这就大大提高了自有资金的回报率。但是任何投资都有风险,杠杆收购的风险相对一般的投资而言更大。为了降低交易风险,金融买主必须比较频繁地进行杠杆收购交易,将他的自有资金分散到这些交易中,即类似于建立了一个投资资产组合,这样,从成功交易中获得的收益将大大超过因交易失败而损失的资本金,从而获得高额的平均回报,这也是80年代杠杆收购交易频繁发生的主要原因。例如,KKR公司自1976年成立到1993年为止,其进行交易58次,投入资金109.06亿美元,到1997年,实现的和未实现的投资为400.76亿美元,扣除管理费后的平均回报率为23.7%。由此可以看出,只要收购价格合理且管理得当,杠杆收购交易的风险能得到有效的控制,并且可以从交易中获得非常可观的收益。

(4) 经济规模与结构调整的影响。当企业规模达到一定限度,超过了企业管理层管理能力的极限后,就会形成大企业病,即规模不经济,引起企业运行效率的降低。此时的资本市场会低估企业价值,如果将企业分拆出售,其个体价值之和会大于总体价值。60年代组建的企业集团有许多就处于这种状态,属于各种互不相干行业的企业被组合在一起,使得资本市场无法判断其主营业务到底是什么,企业的核心竞争力是什么,并且,运行良好的企业的业绩被集团中其他经营不善的企业所掩盖,打击了优秀经理的积极性。因此,有不少金融买主热衷于企业集团的杠杆收购交易,而企业集团管理层一旦意识到这一问题,为了避免整个集团遭到金融买主杠杆收购的袭击,就事先进行集团业务重组,将某个或某几个对集团的主营业务没有很大贡献的部门,即业务之间没有所谓"协同效应"的企业剥离出去,或者主动将这些部门由其管理人员进行MBO或所有职工进行ESOP,以降低金融买主的兴趣。

2. 法律与政府管制方面的影响。由于战后美国历届政府普遍信奉凯恩斯主义,强化了对经济的管制,影响了私有部门的发展。20世纪70年代主要西方国家陷入"滞胀"后,美国企业界和政界要求放松经济管制的呼声相当高,并且提出对国家经济进行重组。从1980年起,联邦贸易委员会与司法部反垄断局通过公开声明与行动,明确了新的反垄断理念,过去严厉禁止的横向兼并与纵向兼并的做法被放弃了,并且放松了对企业并购案的反垄断审查,使金融买主们减少了许多法律上的顾忌和障碍。

20世纪80年代初美国的法律为杠杆收购的繁荣提供了资金上的保障。首先,允许退休养老基金投资于杠杆收购基金,大大增加了杠杆收购的权益性资本来源;其次,从70年代末期到80年代中期,大量"石油美元"的涌入美国各主要货币中心银行,日本银行大举进入美国市场,商业银行传统信贷业务不断萎缩(主要是80年代第二世界国家债务危机以及放松金融管制导致的更加激烈的行业竞争的影响),美联储放松了对商业银行有关证券投资资产比率的限制,加上杠杆收购活动可以带来非常高的收益,使得大量资金纷纷涌入这一市场。

第二节 杠杆收购的操作程序

一、财务杠杆与杠杆收购

财务杠杆系数(DFL)是指每股收益对公司经营收益的敏感程度,即公司经营收益增减所引起每股收益增减的幅度。其值越大,股东收益易变程度就越大。公司赢利增加,会引起每股收益更大幅度的增加;反之,会引起每股收益更大幅度的减少。

财务杠杆系数 $DFL=$

每股收益变动百分比/付息及纳税前收益变动百分比 $=$

$(\Delta EPS/EPS)/(\Delta EBIT/EBIT)$

式中:

EPS 为每股收益;

$EBIT$ 为付息及纳税前收益;

ΔEPS 为每股收益变动额;

$\Delta EBIT$ 为付息及纳税前收益变动额。

令 I 为债务利息,T 为所得税率,N 为普通股数。当公司资本中包括普通股及负债时,每股收益的大小由以下公式计算:

$EPS=(EBIT-I)\cdot(1-T)/N$

$\Delta EPS=\Delta EBIT\cdot(1-T)/N$

由于 I 是固定费用,在计算 EPS 时已被扣除,因此求其增量 ΔEPS 时,不再重复扣除。

带入公式,有

$DFL=(\Delta EPS/\Delta EPS)/(\Delta EBIT/EBIT)=EBIT/(EBIT-I)$

此即为财务杠杆系数。

从该等式我们可以看出,公司资本中负债的比率越大,公司每年支付的利息 I 就越大,从而使财务杠杆率加大,股东收益易变程度加大。只有在 $EBIT>I$ 时,才能考虑举债筹资进行收购兼并。我们应该清醒地看到:如果企业经营不善,财务杠杆会加速企业净收益的减少,给企业带来极大的风险。所以,在进行杠杆收购时,要对未来收益有一个明确而清醒的认识。

二、杠杆收购的程序

(一)准备阶段

准备阶段又可以被称为设计阶段,它包括发起人的确定、杠杆收购方案的制订和一些具体细节的规划。概括地说,在准备阶段的方案中,应包括调查和选择目标公司;制定收购策略与战术,根据市场条件和自身实力选择适当的杠杆收购模式;确定收购中交易价格的范围;对目标公司具有潜在利害关系和影响力的团体与个人进行公关;选择投标方式;草拟收购合同;收购时机的选择以及时间安排。可以说,收购方案的制订是整个收购工作的基础,离开了它,杠杆收购就会如一场失去将领的战斗,以失败而告终。

1. 发起人的选择。通常,发起人是公司的收购者,他们会先组织投资家,选择投资银行等顾问。有时,投资银行和专门为收购而成立的"精品公司"也可能成为发起人。无论谁作为杠杆收购的发起人,能胜任该工作的企业必须具有相当强的筹资能力(包括直接和间接方式),扩充自有资金的实力,善于管理各类资金的能力;与融资机构有良好的关系和信誉;能够吸引被收购企业管理人员的兴趣,调动其积极性和敬业精神;有很强的自律能力。这一切都是保证收购成功的基本条件。

发起人确定后,通常是注册一家"模拟公司"或"纸上公司",并以此公司的名义举债,从目标公司股东手中收购股票。表面上这家"虚拟公司"是杠杆收购的主体,但它实际上并非真正的发起人。特别是当买方由多方投资人组成,或者由管理者收购本公司股票时,由这样一家有少量自有资金注册的公司出面,利用目标公司的资产作担保来贷款,不仅可为融资提供方便,也可以避免法律上的麻烦。

2. 目标公司的选择。在设计准备阶段,主要对拟收购的目标企业进行评价,可以由企业自己进行,也可以聘请财务公司、金融机构的财务专家一起进行。一般情况下,买方在选择目标公司时比较注重以下条件:

(1)目标企业所处行业环境。分析行业所处的发展阶段、行业在社会经济中的地位和作用以及行业的基本状况。通过认识行业及其竞争状况,判断以并购方式进入该行业是否比内部成长方式进入该行业有利。

(2)目标企业财务状况。依照会计准则和财务通则,对目标企业的年终报表、中期业绩等报告所揭示的内容进行分析,计算分析各财务指标,包括:流动性比率、赢利能力比率、投资收益比率、资本结构比率以及杠杆系数。通过以上分析,判断目标企业的财务成效,决定并购后的财务管理决策,以合理规避风险,实现更大经济效益。

(3)目标企业的经营能力。首先,评价分析目标企业的生产技术能力和销售能力。其次,根据目标企业目前产品特点、市场需求、市场占有率和销售网络,预测其未来的经营能力。

(4)目标企业的管理能力。对目标企业领导层的心理、阅历、作风、综合管理方式、决策方式及市场运作能力以及效率等进行详尽的分析，这将有助于杠杆收购的成功。

目标公司的选择是成功的前提。理想的收购对象一般是那些拥有较好的组织管理层、长期负债不多、市场占有率高、流动资金较充足稳定、企业实际价值超过账面价值，但经营业绩暂时不景气、股价偏低的企业。

（二）筹资阶段

杠杆收购与一般收购的最大差异，在于它是通过大量的债务融资来完成的。一般来说，由杠杆收购者自筹收购所需资金总额的10%，然后以公司的资产作为抵押品，向银行借入收购所需资金的50%~70%。银行根据目标公司的财务及经营状况进行信用分析，并决定是否提供融资。

筹资阶段是杠杆收购活动的重头戏，它直接关系到杠杆收购的成败及风险、收益。在收购阶段，对所需资金来源进行合理安排（即杠杆结构规划）相当重要，因为杠杆收购的融资结构最后会演变为合并后公司的资本结构，它对收购后公司价值能否在数年内迅速增加，股票能否顺利上市或转让具有决定性的影响。

杠杆收购资本结构规划的关键就是确定一个合理的负债比例。实质上，杠杆收购可视为目标公司减少股本、增加负债形式的资本结构重组。其中，债务形式的调整、普通股所占的比率、管理者所持的股权比例是结构设计中最为关键的部分。

一般资本结构稳健的公司，债务资本不超过总资本的2/3。而杠杆收购企业由于上述原因，债务资本超过了自有资本，甚至往往占企业全部资本的90%~95%。由于投资银行独具匠心，创造出了许多新的融资方式，因而这些债务资本的形式并不是单一的，而是呈现为一种多层次的投资体系，各种资本在期限、利率上形成一定的交叉，相互补充，从而降低了融资风险。这其中主要包括：

1. 优先债。优先债又被称为一级银行贷款。其主要特征是债权人对公司资产拥有一级优先权。如果公司破产清算，他们可以优先从现金及资产出售的回款中受偿。为杠杆收购提供该类资金的人称为优先债权人，包括不愿承担财务风险的商业银行；有要求担保品的信用机构，如保险公司。

2. 从属债。从属债又称为次级债或夹层债券，是指在资产求偿权上从属于优先等级债务，仅在具有优先权的债务偿还后才予以支付的债务。它在杠杆收购的融资体系中拥有较多的数量，显得最为丰富。

从属债一般没有担保,或者是可以在某种情况下转换为普通股的可转换债券。根据不同持有人对利率的要求,从属债又分为优先从属债和次级从属债。优先从属债是指持有人接受较低的利率但要求债务的求偿权优先;次级从属债是指持有人要求较高的利率而求偿权次之。从属债持有人的收益中,利息所占的比重较小,其大部分一般来源于新公司日后股票的升值收益。从属债的持有人即从属债权人主要包括保险公司、投资基金和社会公众投资者。

3. 股本资本。股本资本是企业的自由资本,与债务资本相比,其风险最大。它没有日常稳定的利息收入,只有当企业在收购完成之后经营有方,业绩优良,还清债务后有剩余收益时,投资者才能获得收益。

这是一种高风险的融资方式。通常杠杆收购的股权资本不向其他投资者直接出售,而只供应给在收购中发挥重要作用的金融机构或个人,如股权基金、经理人员、投资银行或专业投资公司等。

(三)执行阶段

执行阶段就是指购入阶段。收购者在筹得资金以后,就要开始执行收购。对上市公司而言,收购者出价购进市场上流通的股份,完成收购后,上市公司由公众公司变为私人公司,此即所谓的上市公司私有化。

由于杠杆收购的目的并不仅在于通过改善经营功能来获利,并且高比例的负债、大量的利息又迫使收购者急于获取现金还债以减轻债务负担。因此,大多数杠杆收购完成后,都有一个拆卖、重组、再上市的过程。这就需要进入下面两个阶段。

(四)整改阶段

在实行了杠杆收购后,企业负担较重,一般会采取合理措施以提高经营效率,增加企业利润。

在这一阶段,企业一般会对目标企业作适度的拆卖,出售部分非核心资产以提高效率,降低成本,同时还可以减抵负债。在投资银行提供了过渡性贷款的情况下,收购完成后一般需安排"再融资",以长期债务替代过渡性贷款,并募集资金认购优先股及普通股。同时,整顿优化目标企业的管理经营,使之按收购企业的经营规模方向发展,尽快取得较高的经济效益。在运营期间,企业应尽量做到用所收购企业创造的收益偿还金融机构的杠杆贷款。偿还方式与偿还办法按贷款合同执行,同时还要做到一定的赢利。有时重整成功后,收购企业会在保留控制权的前提下出售部分已升值的被收购企业的股份(俗称弹出股票),以达到迅速偿还负债的目的,同时赚取收购收益。若整改后还不够偿还收购时形成的债务,则由被收购企业发行债券用于清偿。只要被收购企业的总资产收益率高于借入资金的资金成本,收购企业仍可获得财务杠杆收益。

收购之后的首要工作是组织机构的重组,以便提高工作效率、改进工作技能、增加透明度。这些工作包括新的汇报制度、新的战略定位、新的激励机制等。企业会设计好激励机制,使管理层发挥出最佳水平。通常的做法包括向管理层提供股票期权或认股权,根据其在公司的表现提供与公司的绩效紧密联系的退休金计划等。

(五)重组上市阶段

杠杆收购后,下一步的问题是决定重新上市还是在非上市状态下经营。管理层通过减低营运成本和改善营销等途径,致力于提高利润率,收回现金。当公司逐步强大,投资目标已经达到,投资者可能将公司再次上市,即逆向杠杆收购。再次上市的目的主要有三:首先,使现有股东的股票能够变现;其次,降低企业的杠杆比率;再次,有部分企业希望借此筹款用于资本支出。

杠杆收购者一般采取两种方法退出:

一是再次公开上市,通过向外界发行股票的方式,稀释自己在公司中的股权比例,逐渐退出。这样,杠杆收购方在获得部分资金的同时,还能继续保持对企业的控制权。缺点是杠杆收购方还要继续经营企业或聘请管理人员经营企业,不知道在杠杆收购中的最终赢利是多少。

二是直接出售企业,将它的控制权转售给战略型买主。这种方法比公开上市要简便迅捷,但在出售时,出售价格的谈判非常关键,关系到杠杆收购者的最终收益。

第三节 垃圾债券与杠杆

一、垃圾债券的特点

在西方证券市场上,垃圾债券(Junk bond)通常是指资信评级低于投资级或未被评级的高收益债券,一般来说,从 BB 级到 CCC 级的公司债券都属于垃圾债券。因为垃圾债券的发行主体通常为新创业企业和中小企业,其资力薄弱,信用等级较低,在利用债券融资时,一般需要以较高的收益来补偿其潜在的巨大风险,由此带来了垃圾债券一大特点:高收益性。因此,垃圾债券又被称为"高收益债券"。据美国著名基金评估机构晨星公司透露,进入 2003 年以来,垃圾债券的收益率已经达到 5.3%,除低于新兴债券市场的 7.5% 外,远远超过任何品种的共同基金。

但"高收益"也意味着"高风险",垃圾债券又被称为"非投资级债券",也被评级机构称为"投机级"债券,对投资者而言是"不建议持有的"。垃圾债券的"垃圾"二字主要是来源于垃圾债券较高的到期赎回不能和高额利息支付不能的高风险。

二、垃圾债券的发展历史

垃圾债券20世纪70年代兴起于美国的债券市场。一方面,当时美国较高的通货膨胀率迫使越来越多的美国企业寻求外部融资,企业管理人员开始努力寻求高效率利用外部资金的契机,而随着经济的全球化和竞争的国际化,产业竞争日趋激烈,大量新兴创业企业和原有的中小型公司迫切需要融资来开拓新业务,扩大生产规模,提高竞争力。另一方面,随着经济环境的变化,兼并和收购以及多种形式的公司重组出现,为了适应新的机遇和挑战,很多企业需要大量的收购和重组资金。但由于这些新兴企业和很多原有的中小企业资力薄弱、信用等级较低,获得商业银行等金融机构的贷款支持较为困难,而通过证券市场融资,在成千上万家公众公司中,只有6%的公司能够获得投资等级的资信评级,传统的融资渠道已经远远不能满足这些新兴创业企业和原有的中小企业融资的需要。

与此同时,为了刺激经济的增长,监管部门逐渐放松了对金融机构和证券市场的管制,金融创新者们迅速对新的市场机会做出了反应。在1977年以前,高收益债券主要是一些原来被评为投资等级,后来等级下降的债券——"堕落天使";1977年莱曼兄弟公司发行了第一笔从一开始就低于投资等级的债券——初次发行垃圾债券,从此,垃圾债券市场的性质开始改变,垃圾债券也逐渐成为投资者狂热追求的投资工具。尽管债券的发行不断扩大,但却时常供不应求,结果债券价格节节上升,大家争先涌入垃圾债券市场。

到了20世纪80年代中期,垃圾债券市场已经急剧膨胀,迅速走红并鼎盛一时,整个80年代,美国各公司共发行垃圾债券1 700多亿美元。到1988年,垃圾债券的总市值已经达到2 000多亿美元。同时,垃圾债券的用途也从拓展业务发展到公司的兼并重组上来。垃圾债券的出现,为小企业吞并大企业得提供了很好的手段,很多极有发展眼光的中小企业管理者纷纷利用垃圾债券市场赋予的良机,以自己小额的自有资金从事超大规模的并购,其中最著名的例子就是1998年亨利·克莱斯对雷诺烟草公司的收购。当时,该笔收购的价格高达250亿美元,但克莱斯动用的资金仅1 500万美元,剩下的99.5%的收购资金都是通过垃圾债券市场筹得的,这种模式就是我们现在讨论的杠杆收购。

由垃圾债券所引起新一轮公司并购高潮,对西方金融市场与社会经济形成了巨大的冲击。据美国联邦储备委员会公布的数字,仅在80年代,全美的举债收购次数就达1万多次,金额达上万亿美元。但在垃圾债券短暂的繁荣之后,由于放松和缺乏必要的管制,导致债券发行质量下降,许多债务无法偿还,大量的"投机分子"混入债券市场,使垃圾债券良莠难辨,同时,受美国经济增长速度缓慢和股市泡沫的影响,投资者逐渐对垃圾债券失去了信心和兴趣,垃圾债券市场也在美国经历了由盛而衰的转变。但即便如此,美国2004年售出的新的垃圾债券也为1 360亿美元。由此可见,即使垃圾债券市场在美国已经走向衰落,但其市场和潜力仍然不可小视。

三、垃圾债券对金融市场的作用

垃圾债券作为一种金融创新产品,具有很多不可替代的优势。

(一)拓宽企业尤其是中小企业的融资渠道

以美国为例,垃圾债券市场的兴起和繁荣将公司的融资渠道从较为单一的商业银行贷款融资扩大到了公开市场,尤其是各类机构投资者。在垃圾债券市场得以发展之前,不能在公开债券市场上发行证券的公司,或者向商业银行和财务公司筹借短期或中期资金,或者被贷款机构拒之门外。垃圾债券市场通过向大量缺乏足够资信条件的创业者和没有足够融资历史而不能进入资本市场的企业提供了从商业银行、投资银行、各种储蓄机构、保险公司、各种基金和个人那里筹集资本的机会,向那些以往与信贷无缘的企业,尤其是新兴创业企业敞开了希望的大门。垃圾债券的出现,拓宽了企业的融资渠道,在刺激证券市场发展的同时,也刺激了经济的发展。相比其他融资工具或者融资渠道而言,垃圾债券的发展增加了企业的融资工具,同时也是让企业能够根据企业的需要和特点以及风险偏好,安排和组合不同的融资工具。相对于银行融资而言,垃圾债券作为信用级别较低的债券,在使用用途上有更少的限制。

(二)为杠杆收购提供了资金来源,推动企业并购重组

垃圾债券的出现,为企业的收购提供了有效的途径和手段,使得杠杆收购的运用成为可能。在垃圾债券出现以前,资本市场的并购通常都是大企业兼并小企业;垃圾债券的出现,为"蛇吞大象"提供了更为有效的途径。在"杠杆收购"情形中,除了企业自有的股本金外,大约30%的收购资金往往来源于发行垃圾债券。发行垃圾债券所获得的资金除可运用于杠杆收购,还可以运用于控制权争夺、接管和企业重组业务中。例如,公司股东或者管理层可以通过垃圾债券融得的资金回购公司股

份,改变公司股权结构,从而夺回对公司的控制权。正是由于垃圾债券的盛行,为公司的并购和重组等提供了迅捷的资金来源,增加了公司收购、兼并和重组的范围,加速了企业竞争,促进了企业革新,改变了企业布局,从而促进了经济发展。

(三)促进金融机构竞争,繁荣证券市场

垃圾债券作为一种金融产品,是伴随着金融管制的放松而产生的。随着时代的发展,世界各国金融监管当局都在对本国金融体系不断进行变革,而这种变革经常以放松金融管制和倡导自由金融市场为核心内容。事实上,金融管制的放松一方面带来了金融工具的推陈出新,另一方面也使金融机构之间的竞争愈演愈烈。而上述结果的出现,不仅对中小企业融资扩大起到了巨大的推动作用,而且对于繁荣金融证券市场具有重要意义。同时,垃圾债券的发行分担了商业银行的风险,即将原来风险较大的对中小企业和新兴企业的贷款风险通过发行垃圾债券的方式分担给了大众。此外,由于垃圾债券在公开市场上交易时,决定利率的是投资大众,这使得垃圾债券市场融资比商业银行贷款更加灵活地适应市场需求,这就对商业银行构成了一定的竞争和冲击,促使商业银行的不断革新与进步。可以说,垃圾债券市场的迅速发展,同时也为证券公司、基金公司、商业银行的竞争、发展和繁荣开辟了广阔空间。

四、垃圾债券的缺陷

尽管垃圾债券具有种种优势,并且仍然具有良好的市场前景,但从美国大起大落的垃圾债券市场发展历程,我们也看到了垃圾债券所具有的种种缺陷。比如,在放松金融管制的背景下,可能会导致大量劣质企业涌入垃圾债券市场,造成债券泡沫,影响证券市场的稳定;再如,由于垃圾债券的高收益性,吸引了大量投机者,也使债券市场鱼目混珠,良莠难辨,打击了投资者的信心和兴趣;同时,垃圾债券市场的繁荣也为恶性"收购"和恶性"接管"打开了方便之门。如果说以上问题都可以通过适当的市场监管来加以防范或者加以控制的话,那么高风险性则是垃圾债券永远无法回避的"硬伤",与高收益性相伴的高风险性,决定了垃圾债券的违约率较高。垃圾债券在增加投资者的风险的同时,也给发行者带来了高利率的压力,许多垃圾债券的发行带有重置条款,或是属于延期支付的金融工具。重置条款迫使债券发行人在债券规定日期前未能平价或溢价买卖的情况下,提高利率,从而增加企业破产的可能性。例如,1989年2月13日,发行了800多亿美元垃圾债券的"垃圾债券之王"——德崇公司就终因负债累累,在无法偿还到期贷款又求贷无门的

情况下,被迫向法院申请破产保护。这一事件,也标志着美国垃圾债券市场的衰落。

五、垃圾债券与杠杆收购

一般而言,垃圾债券的充分运用能够促进杠杆收购活动的增长。美国在 20 世纪 80 年代早期,对许多不知名、身处高风险或刚刚起步的行业或由于多种原因而无法通过公开市场融资的公司来说,垃圾债券主要充当银行债务的替代品。80 年代后期,以前曾经拥有很高信用等级的公司开始发行这类评级较低但具有高收益的债券为公司收购融资。根据摩根士丹利的报告,高收益债券市场在 1970 年的平均规模为 70 亿美元,到了 1985 年,平均规模增长为 590 亿美元,1988 年增长为 1 460 亿美元。而由 Drexel Burnham Lambert 公司提供的数据表明,1982 年只有 3% 的高收益债券发行是和杠杆融资联系在一起的;到了 1985 年,这一数字上升到 50%,并且还在不断增长。

第四节 杠杆收购效应的经济分析

如前所述,杠杆收购过程中几乎没有任何价值创造过程,但是每个参与者都有收获,目标公司的价值也有所增加。有理论指出,杠杆收购主要从三个方面来增加目标公司的价值:一是可以避免公开上市的成本干扰;二是更高风险的财务结构连同管理者持股比例的增加,使管理者的利益同减轻公司债务压力、节约成本、增加现金净流量的目标相联系,而这正是增加公司净值的根本途径;三是相对于低风险公司,高风险及增长潜力大的公司拥有为市场认可的较高的收益乘数。

在没有新价值产生和排除市场溢价因素的情况下,利益的增加只能通过对原有利益格局的调节,将利益从参与者之外转移到参与者之间。因此,我们还可以进行杠杆收购的收益分配效应分析。以下是几种关于杠杆收购收益来源的理论,从中我们可以看出杠杆收购对各主体利益的影响。

一、税收收益

杠杆收购的收益主要是源于税收,即国家的一部分税收让利。税收收益在杠杆收购中很明显,这一点毋庸置疑,只是由于税法规定各不相同,在不同国家,通过杠杆收购所获得的税收收益在数量上肯定不相等。

杠杆收购中的税收收益主要来自以下几方面:一是高的财务杠杆比

率,使企业有更多的可在税前扣除的利息,能为公司带来相当数额的节税收益;二是杠杆收购使公司资产数量扩大,其结果是公司折旧额增加,为公司带来数额相当于税率×折旧额的税收收益;三是未使用的负债能力,它为企业带来的是潜在的税收收益。

二、管理激励与代理成本效应

首先,收购完成后公司业绩的好转、价值的上升源于对管理层采用了新的激励机制,即增大了管理人员在公司中的持股比例。应该说,杠杆收购活动是为了减少原来股东与管理层之间利益的冲突,竭力使二者的利益达到平衡,以降低代理成本。在公众公司中,某些赢利项目需要经理付出某种比例的努力,那么只有当经理能得到与该种比例相应的收入时,经理才会着手做该项目,但给予经理相应报酬的安排会遭到外部股东的反对。因此,将上市公司变成非上市公司便可使这种安排得以实现,从而保证经理获得相应报酬。

其次,对董事会的内部股东来说,他们必须在全面了解管理绩效、平衡其代理人与外部股东利益方面付出相当大的代价,否则就会造成错误的任免,并降低决策的执行效率。通过杠杆收购使公司非上市化,可大大减少这类成本。具体地说,就是发起人在收购中,会保留一大部分股票在董事会中,这部分股票利益为他们提供了努力监督好收购后的管理层的激励,减少了经理与股东之间信息的非对称性。

最后,一般情况下,经理面对各种可自由支配的现金流量,会用于有利于自我扩张的支出,而不会作为股息派发给股东。通过杠杆收购增加负债,会使得管理层将那些现金用于支付债务。这样,增加负债减小了经理支配现金流量的相机处置权,从而使得杠杆收购中可自由支配现金流量的代理成本降低。最后,从另外一个角度看,对于风险厌恶型经理,由于收购后自身持股比例升高,公司债务增多,为防止破产,他会尽力去改善公司业绩。因此,杠杆收购还产生了一种债务约束机制。

三、财富转移

在杠杆收购中,收购者支付给对方的价款一般会高于其账面价值,这被称为支付溢价。财富转移效应观点认为,这部分溢价是将财富从债权人、优先股股东、职工和政府等利益相关者身上转移到股东身上的结果。股票价格的上升,并不能直接推断为效率提高的结果。由于杠杆收购之后债务大量增加,所以股价的一部分上涨幅度是由公司发行的债券和优先股价值的下降作补偿的。从债券发行和债权人利益保护的角度来说,许多债券合约均保护现有债权人在公司控制权转移和新发行债券条件下的利益,也有一些合约没有相应的规定。在实际操作中,债券的优先受偿权在公司破产时也很难满足。

财富转移自员工的现象主要出现在敌意收购中。敌意收购可能会通过裁员或降低工资的办法,将那些本属于员工以往对公司专用技能的投资所得的准租金取走,从而破坏公司与员工之间的隐性合约。虽然在杠杆收购中,职工人数的减少多由收购公司提高劳动生产率所致,但这种因素也混杂在其中。

本章小结

本章主要探讨杠杆收购的定义和起源,简要列举了杠杆收购的高负债、高风险、高收益和高难度四个特点,并从企业内部和外部环境方面分析了杠杆收购产生的原因。同时,对杠杆收购的一般程序进行了简单的叙述,并介绍了财务杠杆在杠杆收购中所起的作用。对于与杠杆收购息息相关的垃圾债券,本章用大量篇幅对其产生、发展和与杠杆收购的关系给予了详细的介绍。本章最后还从税收效益、代理成本效应和财富转移三个方面对杠杆收购的效应进行了分析。

复习思考题

1. 什么是杠杆收购?
2. 杠杆收购的程序是什么?
3. 什么是"垃圾债券"?
4. 杠杆收购有哪些经济效应?

案例1:吉利"蛇吞象"收购沃尔沃

2010年3月28日21时,浙江吉利控股集团有限公司与美国福特汽车公司正式签署了对沃尔沃汽车公司的股权收购协议,进驻汽车行业不过十年的中国民营企业吉利以18亿美元成功收购了拥有将近90年历史的豪华汽车品牌沃尔沃轿车公司100%的股权以及相关资产(包括知识产权),这是中国跨国并购历史上重要的里程碑。

沃尔沃是瑞典最大的轿车公司,即使在金融危机严重的2008年,仍保持了147亿美元(约合1 000亿元人民币)的销售收入;而吉利集团进入汽车行业不过十余年,总资产只有230亿元人民币,利润不过十几亿。吉利是如何凭借一己之力完成这样庞大的海外并购的呢?

吉利收购沃尔沃是杠杆收购的范例。吉利以18亿美元收购沃尔沃100%股权,后续运营资金大约9亿美元。如图12-1所示,收购以及后续业务发展地区,国内的资金来源50%是吉利的自有资金,另外50%来自银行贷款、地方政府资金。吉利与中国进出口银行、中国银行等都签订了贷款协议。被业界惊呼"蛇吞象"的吉利,此次成功收购的主要方式就是杠杆收购,外界融资在其中发挥了重要的作用。

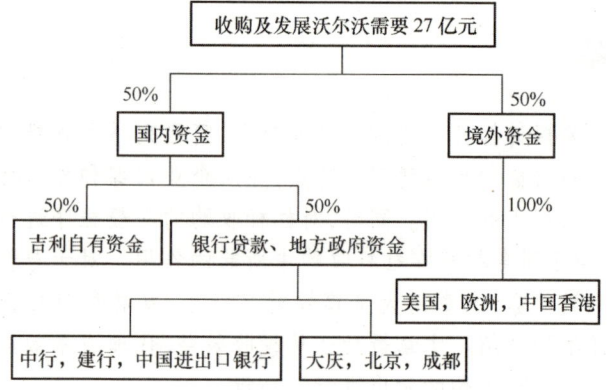

图12-1 吉利杠杆收购资金来源

金融危机使得许多海外资产被低估,通过海外并购,吉利用较低的成本,获取到梦寐以求的汽车国际品牌、核心技术和国际营销渠道,这是中国汽车产业实现技术跨越的一个捷径,可以迅速提高中国汽车产业的软实力。吉利收购沃尔沃成为中国企业成功进行跨国并购具有里程碑意义的事件。

但成功收购只是第一步,在众多的杠杆收购案例中,大多数杠杆收购的失败最终都归因于杠杆收购背后所隐藏的巨大的风险。作为一种以小博大的收购方式,在成功收购目标企业后,收购方仍然面临着巨大的运营风险与财务风险。吉利集团同样也面临着巨大的不确定因素,杠杆收购后在经营方面和财务方面存在着不可避免的风险。只有充分认识与分析,采取正确的防范控制措施,才能使这次鼓舞人心的杠杆收购最终取得真正的成功。

吉利杠杆收购背后的风险主要是:

第一,运营风险,表现在:

(1)运营资金困境。作为以小博大的收购方式,杠杆收购的收购方往往资本实力比较弱小,而收购目标企业后需要进行产业调整,品牌与生产线建设以及一系列的后续投入都需要大量的营运资金。事实上,对运营资金困境带来的风险,2011年7月已在一定程度上得到了印证:吉利集团宣布启动一项10亿元的企业债券融资计划,其中将有3亿元用于补充集团营运所需资金。可见,资金链紧张带来的风险对杠杆收购后的吉利是不容忽视的。

(2)销售业绩风险。目标企业的未来经营现金流量是企业进行杠杆收购后偿还巨额借款的保障。杠杆收购的对象往往是发展相对成熟稳定的企业,但是其收购后的经营仍然面临着很大的不确定性。

(3)品牌风险。诸多不确定性因素会影响并购后实现协同效应,如品牌的保持与融合。低端产品目前仍是吉利的主销产品,例如自由舰、远景、熊猫等,沃尔沃并不能解决吉利所面临的整体品牌定位不明确的问题,吉利的整体品牌文化形成仍需一段路要走。而在吉利"蛇吞象"的收购之后,品牌若不能实现正确的定位,沃尔沃作为豪华汽车的品牌定位将遭到损害,很可能使其脱离包括奔驰、宝马和奥迪在内的豪华汽车阵营。定位的降低非但不会提升沃尔沃轿车的销量,反而会加速沃尔沃品牌的衰败。

(4)质量风险。为使沃尔沃快速实现扭亏,吉利充分利用中国国内的低价格原材料降低成本,让沃尔沃轿车取得价格上的优势,但中国化采购带来无法回避的质量风险,这一风险在其后的一年里已经在某种程度上从人们的心中转变为现实。沃尔沃向来以"最安全的汽车"闻名世界,但仅在2011年上半年就发布了4次召回公告,中国汽车召回网召回公报信息显示,从2010年到2011年1月21日期间,沃尔沃召回案例为10起,位居豪华车品牌召回案例之首,品牌形象大打折扣。

(5)文化冲突。中西方文化的差异会直接影响到沃尔沃被收购后的经营战略与发展路线,协调好两者之间的关系非常关键。吉利与沃尔沃分别作为中西方经营思想的典型代表,文化冲突首先表现在对产品的偏好上,如在生产中国人偏好的大车还是西方人推崇的环保经济的小车问题上所产生的分歧,在产品系列快速发展与稳步发展之间的争论等。这些问题将在很大程度上影响到并购企业协同效应的产生效果。其他则表现在工会方面,沃尔沃轿车出身于北欧高福利国家,北欧社会高福利带来的必将是高成本,这也是沃尔沃轿车连年亏损的主要原因之一。

第二,财务风险。财务风险是指因融资方式不合理或财务结构偏差而使得企业财务成果受到影响的现象。进行杠杆收购的企业资本应呈现倒置的金字塔结构:顶端是以企业资产为抵押借到的一级银行贷款,约占其全部资金的30%~70%;中间层是次级债,约占杠杆收购资金的10%~20%;最下一层是收购者自己投入的股权资本,仅占收购资金的5%~10%。杠杆收购的结果是使收购方企业的负债比率急剧上升,进而引发一系列财务风险。

(1)偿债风险。收购沃尔沃以来,吉利集团的偿债压力十分明显。据统计,由于沃尔沃本身负担着35亿美元的债务,吉利收购的同时也接管了这一债务,这使得吉利集团的负债总额由2009年的160.5亿元攀升至2010年的710.7亿元。2010年吉利集团的资本负债率达到了73.47%,相比之下,同行业最高的也不过60%;可见吉利集团将面对长期的偿债压力。

(2)高息债券偿还风险。在吉利杠杆收购沃尔沃的资金中,约有13亿元的境外资金,而高利息是这些国外资金这么愿意支持一家中国民营车企的主要原因。大量的高息债券为吉利带来的是极大的财务压力,并且,当出现高息债券偿还危机时,往往会由于承载的风险过大而偿债能力有限,难于快速寻得资金来源,从而造成违约,面临无法偿还到期高息债务的风险。

(3)再筹资风险。由于在杠杆收购中大举借债,势必会影响到目标企业的财务状况，企业的资产负债率、流动比率、速动比率、销售利润率等经济指标变差，这些都会降低企业的信用评级水平，影响企业的再融资能力，增加其再筹资成本。

(4) 汇率风险。在我国资本市场不够发达的情形下，企业杠杆收购融资，大都是通过跨国银行和财团进行长期外币融资。由于借款和还款之间存在时间差，企业的偿债规模或因货币增值和贬值而增大或缩小。吉利集团的资金来源业已依赖国际融资，2009年9月份，通过与高盛资本合伙人(GSCP)的合作，GSCP认购可转债以及认股权证，对吉利的总投资达3.3亿美元。在可转换债券未兑换成股票前，吉利需以3%的年息支付给GSCP利息。吉利收购沃尔沃的50%的资金来源于国外，美元、欧元、港币等的汇率变动严重影响着吉利的经营稳定和财务安全。可见汇率风险将给吉利带来巨大的财务负担。

从吉利成功完成对沃尔沃的杠杆收购，我们在看到杠杆收购为中国民营企业带来的无限发展潜力的同时，也逐渐感受到了其背后隐藏的风险。在收购活动中充分认识和防范杠杆收购背后的风险，将可以为中国企业实现走出去奠定坚实的基础。

(资料来源：卜繁莉：《杠杆收购背后的风险》，《济南大学学报(社会科学版)》2013年第23卷第5期，第76~79页。)

案例2：三一重工跨国并购德国普茨迈斯特

三一集团是中国最大的工程机械制造商和全球第六大工程机械制造企业。三一重工主要从事工程机械的研发、制造、销售，产品包括建筑机械、筑路机械、起重机械等25大类120多个品种，主导产品有液压砖机、制砖机、免烧砖机设备，混凝土输送泵、混凝土输送泵车、混凝土搅拌站、沥青搅拌站、压路机、摊铺机、平地机、履带起重机、汽车起重机、港口机械等。

中信产业基金管理有限公司是中国中信集团公司和中信证券股份有限公司从事投资业务的专业公司，经国家发展和改革委员会批准于2008年6月设立。中信产业基金致力于成为立足中国的世界级PE基金管理公司，旨在通过深入的研究分析、卓越的执行能力、准确的投资决策，发现和提升被投资企业的价值，实现多方共赢。

成立于1958年的德国普茨迈斯特有限公司是一家拥有全球销售网络的集团公司。普茨迈斯特集团从事开发、生产和销售各类混凝土输送泵、工业泵及其辅助设备，这些设备主要用于搅拌和输送水泥、砂浆、脱水污泥、固体废物和替代燃料等黏稠性大的物质。公司产品包括：安装于拖车或卡车上的各种混凝土泵、拌浆机，用于隧道建设和煤矿工业的特种泵，以及最新研制的机械手装置等。

2011年11月20日，"大象"访问三一并表达了竞购邀请；2011年12月21日，"大象"访问中联重科表达了竞购邀请；2011年12月22日，中联重科向湖南省发改委提交了正式文件进行申报；2011年12月23日，"大象"向各家企业发出了正式的竞购邀请标函；2011年12月30日，中联重科先于三一收到了国家发改委关于收购普茨迈斯特的批复；2012年1月，三一重工董事长向"大象"创始人是莱希特寄出了一封"情书"，信中表达了合作意愿，随后定下收购初步意向；2012年1月30日，三一重工发布公告，称联合中信产业投资基金收购普茨迈斯特公司100%股权。

2012年4月17日，三一重工与德国大象正式宣布收购完成交割；整合成功后，将显著提升三一重工的技术水平、丰富公司的产品组合。4月27日,三一重工公布了2012年第一季度报告。公司一季度销售收入146.8亿元,同比增长4.9%;归属于上市公司股东的净利润28.04亿元,同比增长5.3%;均位居国内行业第一。

这次并购对三一重工来说意义极为重大。介于中联重科于2008年联手弘毅投资、高盛和曼达林基金以总额5.11亿欧元全资收购全球混凝土机械行业排名第三的意大利CIFA公司,这一件震动全球工程机械行业的并购案例使得一直是行业老二的三一重工在规模上被中联重科反超。借鉴徐工、中联重科高速扩张路径的经验,三一重工要实现国际化,充分抢占全球市场,如此的跨国并购发展势在必行。这次并购,三一重工在产品技术和质量上都将得到显著提升,并因收获"大象"分布于全球110多个国家和地区的市场,可以充分利用其已有的全球销售网络迅速完成国际化布局,对三一的国际化发展,全球竞争力的提升具有重要的战略意义。

其次,"大象"全球顶尖的质量控制、声场流程、制造技术和工艺有助于三一重工在短时间内提升自有品牌产品的技术制造、稳定性和可靠性。"大象"具有高品牌、高价格、单个产品高毛利特征,其品质与技术领先将给三一重工带来研发与技术上的新突破。同时,三一重工将100%获得德方在全球约200项相关专利技术专利,可以节约10%左右钢材用量。并购普茨迈斯特不仅将三一的技术一下提升到国际领先,同时在国际市场上也减少了一个强劲的竞争对手,极大地节省了企业参与竞争的成本,实现了互补多赢。

对于普茨迈斯特来说,2008年以来,因过度依赖欧美市场,受金融危机影响,业绩下滑,并购能充分利用三一重工雄厚的资金支持继续保持其技术和品牌的领先优势。

文化融合被普遍认为是跨国并购的一大难点,对此,三一以之前成立的三一德国公司为主体并购"大象",一定程度上减少了并购的障碍,公司前期在德国的耕耘,有利于消除水土不服并降低文化融合的难度。

跨国并购是企业在世界范围内实现超常规扩张的有效手段。特别是在跨国扩张时,新建项目不仅周期长,而且会遇到政府审批、市场培育等诸多现实困难,而在合适的时机实施并购,则可能会事半功倍。金融危机爆发给中国带来了海外扩张并购的契机,充分利用合适时机,以合适代价并购合适目标,不仅能不断促进企业的发展,还能充分吸收先进的技术、管理理念、广泛的销售网络渠道等。在如此良好且难得的并购机遇下,企业需要格外庆幸,在并购目标选择、并购调查咨询、并购融资等方面充分做好功课,避免并购成为企业发展的"滑铁卢"。

(资料来源:江雪:《三一重工收购德国普茨迈斯特案例分析》,《商情》2014年第12期,第33页。)

第十三章 跨国并购

- 了解跨国并购的概念和产生的原因,掌握跨国并购的效应
- 熟悉跨国并购的法律环境和基本操作程序
- 了解我国外资并购的特点以及我国企业海外并购的特点

第一节 跨国并购概述

一、跨国并购的含义及类型

(一)跨国并购的含义

跨国并购(Cross-border Mergers & Acquisitions 或 Transnational M&A)又称为跨境并购或国际并购,其基本含义是,一国投资者通过兼并或收购的形式取得另一国企业的控制权,它是企业并购在海外的延伸。跨国并购是跨国兼并(Cross-border Mergers)和跨国收购(Cross-border Acquisitions)的合称。跨国兼并是指在当地或国外企业的资产或运营活动被融入一个新的实体或并入已经存在的企业;跨国收购是指一国企业收购另一国企业的部分或全部资产或股权,并实际获得目标企业资产和经营的控制权。

跨国并购是跨国公司进行直接投资的一种方式,另外一种方式为绿地投资(Green Field Investment),也称新建投资。随着经济全球化和贸易投资自由化进程的加快,跨国并购已经成为国际投资的主要形式,并仍将成为今后外国直接投资(FDI)迅速增长的主要动力。

(二)跨国并购的类型

跨国并购从不同的角度划分,可以有多种分类方式。

1. 依被并购对象所在行业、部门来划分,跨国并购可分为横向并购、纵向并购和混合并购。横向并购是指同一类生产部门或同一类产品部门之间的企业发生的并购行为,并购的目的是扩大市场规模,提高市场占有率;纵向并购是指生产过程或经营环节相互衔接、密切联系的企业之间,或者具有纵向协作关系的专业化企业之间的并购;混合并购是指前两者相结合的并购,其规模一般都比较大,不仅具有横向并购的优点,而且有利于经营多样化并减轻危机对企业的影响。混合并购于20世纪50年代前后逐渐成为并购的主要形式。

2. 根据目标企业经营者与收购者的合作态度,可以分为善意收购和敌意收购两类。前者指收购者首先征得了目标企业经营者的同意,双方达成共识,密切合作,促使本企业的股东向收购者出售股份的并购;后者指目标企业的经营者拒绝与收购者合作,并且经常采用反收购等措施来阻碍收购者的收购行为的并购。

3. 从并购方式来看,跨国并购可以分为股权并购和资产并购。股权并购是指外国投资者协议购买境内非外商投资企业股东的股权或认购境内公司增资,使该境内公司变更设立为外商投资企业;资产并购指外国投资者设立外商投资企业,并通过该企业协议购买境内企业资产且运营该资产,或外国投资者协议购买境内企业资产,并以该资产投资设立外商投资企业运营该资产。

4. 按照并购的融资渠道,跨国并购可以分为杠杆收购和管理者收购。杠杆收购(LBO)指收购企业先成立一家空壳企业,以此空壳企业及其资本以及未来买下的目标企业的资产与收益为担保进行举债,以举债借来的资本完成收购的方式;管理者收购(MBO)指一个企业的管理层人员收购该企业的行为。

二、跨国并购的动因

现代西方经济发展的历程,也是企业市场规模不断扩大的过程,而企业规模扩大最有效的途径就是并购。当今西方国家的大型企业几乎都是通过不断的并购活动而发展起来的。分析跨国并购的动因,可以了解跨国公司如何通过跨国并购成长壮大,这对我国企业的并购活动也有较大的现实指导意义。

(一)跨国并购的外在动因

1. 经济全球化。经济全球化的实质是市场机制在全球范围内配置资源,它使世界各国在经济上日益成为一个有机整体,相互促进也相互制约,是推动跨国并购发展的主要宏观动因。近年来,经济全球化的迅速发展,使各国经济对国际贸易和国际投资的依存程度普遍提高,国际市场的相互开放程度相应也大大提高。在经济全球化的趋势下,企业面临的竞争和市场都是全球性的,跨国公司面临着更多的机遇与挑战。要提高自身的竞争力,最佳选择就是进行跨国并购,因为经济全球化保证了有效的资源供给,这为跨国并购提供了有利条件。经济全球化和逐渐开放统一的世界市场,一方面使跨国公司面临着更为广阔的市场容量,使他们更有必要和可能展开更大规模的生产和销售,以充分实现规模效益;另一方面,也使跨国公司面临着全球范围的激烈竞争,原有的市场份额及垄断格局将不可避免地受到挑战。目前,跨国并购已经成为跨国公司对外扩张的主要途径,越来越多的公司通过跨国并购成长为规模庞大、实力雄厚的跨国公司,如美国的思科公司。

2. 科技进步。20世纪90年代以来,计算机技术和信息技术的迅猛发展为跨国公司并购提供了强大的技术支撑。例如,以网络技术为基础的电子商务的普及,不但大大缩短了产品供应和销售的时间,更突破了空间的限制,使跨国公司不论生产还是销售都得以更加高效的运营。再如,通信技术的发展已使得全球各地的人们可以通过电话、传真、网络方便快捷地在第一时间传递信息,交流沟通,这使得在空间上跨度很大的跨国公司管理起来并无太大困难,母子公司之间可以随时随地互传信息。

同时,未来的经济竞争在很大程度上是技术水平的竞争,跨国公司只有掌握先进技术和新型产品,才能建立技术优势,确保有利的竞争地位,而技术水平落后的跨国公司则会遭到排挤和淘汰。因此,跨国公司无不花费巨额资金投入科学研究,以图抢占未来科技与经济竞争的制高点。然而,现代高技术产业投资额巨大,投资回收期长,而技术生命周期则越来越短,这使跨国公司一贯非常重视的高科技开发与投资面临着很大的困难和风险。于是,共同投资、联合开发、共担风险、分享成果的技术及经营联姻便成为在跨国公司中相当流行的发展模式。技术与投资的联合密切了跨国公司间的利益关系,并最终促进了人事与股权的融合。美国的IBM公司是计算机行业的巨头;Lotus公司是软件生产大户,1987年前一直居美国个人计算机软件公司之首,市场份额曾高达85%。但20世纪90年代以后,这两家公司却受到Microsoft公司的严重挑战,市场份额被步步蚕食,而Microsoft公司软件的市场份额已达90%。迫于形势,1995年IBM与Lotus实施了合并。这一案例正反映了跨国公司联合起来争夺高技术领先地位的大趋势。

3. 政策调整。近年来,人们对垄断有了新的认识,不再认为垄断绝对损害效率,各国政府也开始对原有的政策、法规进行调整,放松了对跨国并购的管制。据统计,1991~2000年,世界各国对外国直接投资(FDI)制度进行了共1 185项修改,其中1 121项有利于FDI。政府不但直接调整跨国并购投资方面的政策,还在金融、电力、运输、电信基础服务行业放松了管制,为跨国并购营造了更加宽松的环境。

世界各国为加强本国产业资本和金融资本的实力,提高其国际竞争能力与战略地位,均对本国跨国公司的战略性并购给予一定程度的支持和鼓励。像迪士尼并购美国广播公司,通用汽车公司并购休斯公司,威斯汀豪斯公司并购哥伦比亚广播公司及美国无线电公司这样的并购大案,在过去是绝不可能的。但在当前的国际经济形势下,无论在美国还是在欧洲,无论是在商界或政府,均表现出异乎寻常的宽容和积极。这一现象表明,西方各国政府在经济全球化的形势下,正改变其产业组织政策,支持大型跨国公司的战略性并购和超大规模经济的发展,以保证其在国际经济竞争中的垄断优势地位。

4.资本市场自由化的推动。任何并购都涉及产权的重组,都是资本的重新组合。经历了国际金本位制、布雷顿森林体系和牙买加体系之后,资本和外汇的流动壁垒在大多数市场经济国家都已被破除。从20世纪80年代开始,大多数发达国家已经实现了资本账户的开放,对跨国借贷和证券投资不再进行限制。20世纪90年代中期以来,很多发展中国家和转型经济国家也逐渐放开资本账户。资本市场自由化为跨国并购解除了制度障碍,从而促进了跨国并购活动更加广泛地进行。此外,金融衍生工具的创新为跨国并购提供了技术上的保证。通过发行股票和债券进行跨国并购的比重越来越高,公司基金和风险投资成为中小企业跨国并购的主要融资渠道。

5.金融市场的波动。金融市场的发展和剧烈波动,为并购提供了机会和充裕的资本。1999年3月29日美国股票市场指数突破1万点大关,股市资本总额达17万亿美元,为美国国内企业并购和大举收购国外企业提供了充足的资本。纳斯达克市场共有近5 000家上市公司,市值高达5万多亿美元,从而使这些高科技企业有足够的资源成为收购者,甚至一掷千金地进行企业并购活动,从而大大推动了美国和欧洲的并购风潮。相比之下,日本经济由于长期不景气,股市长期陷入徘徊不前的状态,使本国企业并购难以产生20世纪80年代末收购美国企业时的反响,反而成为被收购的对象。1997年金融危机期间,东亚和东南亚各国的股市下跌惨重,股价无力回升,企业资产、金融资产普遍贬值,政府无力挽救危机中的企业、银行等国家重要部门,于是纷纷打开市场大门,为外国企业收购本国企业提供方便,从而为跨国并购提供了更多的机会。资料表明,以跨国并购方式流入东亚地区的资本规模在金融危机前后发生了很大变化,1994～1996年年均流入只有70亿美元,而1997～1999年则达到了200亿美元。

(二)跨国并购的内在动因

1.规模经济扩张需求。企业为了寻求自身的发展,希望通过跨国并购获得规模报酬递增的好处（即企业的生产规模扩大后，收益增加的幅度要大于生产规模扩大的幅度；或者说，随着生产能力和产量的扩大，单位产品的成本会随之下降）。并购之所以能促进规模报酬递增，主要是因为：①并购带来的大规模生产可以使用更加先进、高效的专用设备，从而提高生产效率；②大规模生产有利于提高企业内部分工的专业化及作业的标准化水平，从而提高员工的劳动熟练程度，降低成本；③大规模生产和先进技术设备的使用，可以减少管理人员和生产员工，提高劳动效率；④大规模生产需要大批量地采购原料，有利于节省原材料的开支。追逐规模报酬递增的跨国并购为实现规模经济效益创造了条件。

2. 整合资源优势。各个国家的企业拥有的资源优势有所不同，如自然资源、技术资源和人力资源。不同的跨国公司所稀缺的资源也有所差异。通过跨国并购，具有先进技术、科学管理理念、知名品牌等优势的投资者可以把这些优势注入目标企业。并且，在当今的国际竞争中，技术和人才越来越成为关键因素。随着知识和技术的更新及转化为现实生产力的时间越来越短，一个企业如果不能拥有创新技术与人才优势，必然会在激烈的竞争中处于劣势。如果企业完全依靠自己的力量独立开发创新技术，不但风险高、代价大，而且周期长，因此，要在短时间内迅速获得创新技术与人才优势，并购是更便捷的方式。当今跨国公司的并购已从传统并购中对被并购企业实物产品和市场的关注转向对创新技术和人才的关注。并且，当今跨国公司日益意识到，目标企业的关键人才甚至是比新技术更为重要的因素，他们往往是企业经营成败的关键。美国通用电气公司(GE)通过600多次并购，才最终将其全球化战略定位在网罗优秀人才上。

3. 降低交易费用。市场与计划相比，有着不可替代的优点，但它也有难以避免的缺点。由于不完全竞争、信息不对称、机会主义行为等因素的存在，市场的交易费用较高。并购就是使几个经营主体的交易活动内部化，从而有效避免了市场搜寻费用、谈判费用、拟订合同费用等，从而大大降低了交易费用。

4. 规避经济周期风险。不同的国家，其产业结构、经济制度、生产力水平、市场成熟度等各不相同，其经济周期以及产品生命周期也相应地有所差异。一个国家处于经济上升的波峰，而另一个国家可能正处于衰退的波谷。某种产品在一个国家已经到达成熟期甚至衰退期，而在其他国家可能还处于成长期。跨国公司可以利用这种差异进行跨国并购，当本国经济衰退时，并购经济处于上升期国家的企业，规避经济周期风险，当本国的某种产品已经走向衰退，市场开始萎缩，即将被淘汰时，可以选择该产品仍处于成长期甚至还未开发的国家实施并购，从而延长产品的生命周期,降低对某一个地区经济发展程度的依赖,同时也降低投资风险。

5. 寻求价值被低估的公司。托宾比率即托宾 q 值表明,目标企业的股票市值与重置成本之比小于 1 时,该企业的价值被低估,此时实施并购非常有利,比投资新建企业划算得多。由于种种原因,常常有股票价值被低估的情况,例如,通货膨胀率较高的国家,企业价值会被低估,受投资者冷落的一些产业,企业的价值也往往会被低估。

6. 获得财务协同效应。当跨国公司并购亏损企业时,母公司的赢利可以和目标企业的亏损相抵,从而减少纳税额,实现避税;当跨国公司并购赢利企业时,可以通过股权和现金收购结合或者股权互换的方式减少开办费、投资收益所得税等,这样也能实现避税。跨国公司在并购时综合考虑目标企业所在国家的税收制度和会计制度,往往能获得财务上的协同效应。

三、跨国并购的效应分析

跨国并购作为全球化条件下企业扩大海外投资、推进跨国经营的一种主要方式,具有许多与"绿地投资"不同的效应。在这些效应的影响下,跨国并购对各国经济发展产生了积极的推动作用,同时也造成了一定的负面影响。因此,对跨国并购的效应,需要进行全面、客观的分析和评价。

(一)跨国并购对并购方的积极效应

1. 时差效应。通过跨国并购,能更加快捷地向另一国市场渗透。投资新建一家企业往往涉及谈判、审批、动工建设、安装调试等多个阶段,手续繁杂,耗时较多,而并购由于是购买一个现成的企业,所需的时间相对来说要短得多。据日本某公司的测算,在亚洲地区投资办一个亿元销售额的电子企业,从考察洽谈到拍板签约,至少需要 1 年时间;从奠基动工到正常投产至少需要 1 年半时间;真正达到设计能力,前后共需要 3~4 年。而并购一家企业,只需 1 年就可达到预期生产能力。也就是说,两种方式存在 2~3 年的"时差"。这种"时差"在风云多变的国际市场,不仅仅意味着投入产出期的缩短,而且有可能正是这种"时差"使自己比竞争者"领先一步",使自己在竞争中胜出。

2. 成本效应。通过跨国并购,能以更低的成本进入另一国市场。这种效应表现为能降低进入壁垒及因环境生疏所造成的进入成本和经营成本。

(1) 企业在国外投资新建企业,势必面临当地已有企业的激烈反抗。

应付这些反抗竞争,要耗费企业的大量资金,提高了进入的成本。而跨国并购并没有给东道国市场增添新的生产能力,不会招致激烈反抗而导致进入成本的提高。

(2)企业跨国并购较多的是采用在国外证券市场上买"壳"上市的方式,这种方式在成本方面的优势表现在:第一,国外企业股份流通性强,股权分散,能以较少的资金控制较大的资本。第二,国外资本市场发达,杠杆收购等并购方式能够得以实施,可以充分利用该国资本市场融资,降低并购成本。第三,在证券市场收购时机的选择上,往往是股市比较低迷的时候,对象往往是资产被低估、市值偏低的企业,这两个因素使得并购很划算。

(3)企业跨国并购在获得一个企业的同时,也获得了很多别的东西,包括原企业的生产和市场经验及原有的销售渠道、原料来源、市场及品牌。这些不仅仅意味着不必花大量资金去获得,而且能有效减少经营的不确定性,降低风险和成本。

3. 竞争效应。跨国并购能更有效地减少竞争,提高自身的竞争力。横向的并购等于消灭了一个竞争对手,纵向的并购就是控制国外上游的原材料、零部件生产厂商或者是下游的销售渠道,实现了市场内部化,减少了交易的不确定性,能更好地实现全球战略,实现企业利益最大化。此外,跨国并购的另一目的是获得先进的技术。通过并购一家拥有自己希望得到的技术的企业,无疑是一条快速有效地获得技术、形成技术优势的途径。因此,通过并购,可以使企业确立在资金、技术、市场等各方面的优势,在竞争中处于有利地位。

4. 窗口效应。通过跨国并购,能更加深入地了解东道国的投资环境,为以后的投资做好准备。跨国并购过程中要咨询投资银行、律师、会计师、资产评估师等专业人士的意见,这种咨询过程也就是对东道国环境全面系统地进行了解的过程。并购的对象是一家已有的企业,企业不同于商品之处在于它是该国社会的缩影,并且是该国社会网络中的一个结点。并购一个已有企业,等于抓住了一个结点,直接跨入了东道国的社会网络,以此去了解一国的各种环境是直接调查方式无法比拟的,能够更深入地了解东道国的各种情况。因此,跨国并购为企业以后在东道国市场的再投资、再并购创造了很好的窗口效应。

综上所述,跨国并购的时差效应、成本效应使得企业进入国外市场时可以实现高效率、低成本;竞争效应使企业在东道国经营时减少了竞争阻力,提高了竞争力;而窗口效应则为企业进一步扩大在东道国的投资创造了条件。因此,跨国并购在企业跨国经营的进入、运营和发展诸阶段都为企业创造了有利条件,是企业扩大海外投资、推进跨国经营的有效方式。

(二)跨国并购对东道国产生的消极效应

1. 经济安全受到影响。与新建投资不同,跨国并购涉及当地生产活动和资产所有权的转移。如果外资并购的当地资产(如技术)具有军事用途,或者外资通过对当地企业的并购造成了行业垄断,或者外资通过并购进入了东道国禁止进入的行业或关键行业,在某些特定条件下,就会产生国家安全问题。因此,许多国家的政府、当地企业和民间团体都认为某些产业(如军工、原子能、新闻广播业等产业)对保护国家安全和民族传统具有关键意义,应当完全或主要掌握在本国人手中。

2. 宏观管理能力减弱。跨国并购还会造成东道国宏观管理能力的减弱。东道国对本国企业的国家强制力要大于对外国企业,政府往往可以采用诱导或强制的手段使得本国企业服从国家的整体安排,实现某些特定的政策,但后一种手段在对待外国企业时会受到极大的限制。许多事实也证明,东道国政府的各项政策(特别是发展中国家常用的产业政策)对外资企业没有太大的约束作用,跨国公司的生产和经营首先服从其利润最大化的考虑,他们从全球生产布局的角度安排在东道国的生产体系。匈牙利在私有化过程中,大部分资产被外国企业所购买,随之而来的是政府对经济调控能力的大幅度降低。①

3. 可能带来社会稳定问题。跨国并购可能对东道国的社会稳定产生影响。一般而言,跨国并购的发展伴随着劳动生产率的提高和雇佣人数的相对减少。如果跨国并购产生的就业效应大大低于所造成的失业效应,就会对东道国政府的社会保障形成巨大压力,特别是在一些社会保障体系不健全的发展中国家。

对东道国而言,跨国并购是一柄双刃剑,它在带动东道国经济发展的同时,也产生了诸多负面影响。当东道国主要企业或战略性产业被国外企业并购和控制,或当外国公司以"火灾后受损物品大甩卖"的价格收购东道国处于困境中的民族企业时,许多国家都从更广阔的范围和视角审慎地看待跨国并购。在一些发展中国家和转轨国家,对外资的迫切需求往往伴随着对跨国并购侵害国家经济主权,削弱民族企业以及影响政府对国家发展方向和社会、文化、政治目标控制的忧虑。特别是在全球化的背景下,大型跨国公司急剧扩张的巨大能量,更强化了发展中东道国的这种看法。目前,各国纷纷实行自由化的外资政策,以进一步吸引外资,但在对待跨国并购问题上,却不约而同地加强了竞争规制,完善了

---

① 纪军:《匈牙利的市场社会主义之路》,中国社会科学出版社,2000年版。

审查制度。实际上,每个国家都需要根据本国的经济背景和发展状况,清醒地分析和权衡跨国并购对效率提高、产出增长、国民收入分配、市场结构和各种非经济目标的影响,制定合理的政策框架和规制体系,以有效地利用外资,同时抑制跨国并购的负面效应。

第二节 跨国并购的法律环境

跨国并购作为市场经济下一种优胜劣汰的机制,具有在全球范围内调节生产、优化资源配置、增强公司实力与竞争力、推动经济和技术发展的巨大积极作用。但同时,跨国并购是一把双刃剑,它可能因加速推动经济的集中从而形成垄断,损害东道国的社会公共利益和自由竞争秩序,甚至影响社会稳定。为有效防止跨国并购可能产生的负面影响,并尽可能减少并购中不规范现象的产生,各国无不通过一系列的立法来加以规制,将跨国并购这一复杂的市场运作行为置于健全的法律控制之下,以充分发挥其积极效果。

一、跨国并购立法的指导原则

(一)反垄断原则

跨国并购在推动国内企业实现规模经营、制度创新、增加市场竞争力的同时,也存在挤占国内市场、排斥压制民族工业发展的弊端,这不仅会对本国自由竞争的市场秩序产生影响,而且可能会损害他国自由竞争的市场秩序,甚至损害自由竞争的国际市场秩序。因此,无论是发达国家还是发展中国家,都把反垄断作为政府管制跨国并购的首要任务,并将其作为跨国并购立法的基本原则。反垄断问题也日益为各国政府所关注,并成为一个国际化的议题。

(二)自愿平等原则

所谓自愿是指企业与企业之间是否进行并购,何时进行并购以及采取何种方式进行并购,应由企业自主决定。除法律有明文规定外,任何第三人(包括政府)均不得横加干涉。跨国并购作为企业并购的一种特殊形式,是平等法律地位的外国投资者与国内企业自愿参与的国际投资法律行为,必须遵循意思自治原则。在发达国家,政府一般不直接参与跨国并购,因为产权交易市场本身就意味着政府行为的弱化,并以市场的基础作用取而代之。即便是在跨国公司并购国有企业时,政府一般也以分级委托的方式,将国有产权交由国有产权经营机构去运作,由国有产权经营机构作为国有产权的代表和交易主体,与外国投资者依照公平、自愿的原则进行产权交易。这时的国有产权经营机构已不再是政府一级的组织,而是与外国投资者法律地位平等的市场参与者。总之,政府不介入市场交易是市场经济下的通行原则,政府的行为被限定在这一原则下。也只有这样,跨国并购的效益最大化原则才能顺利实现。

(三)公平效率原则

西方经济理论认为,公平与效率这两个政府规制目标是相互抵触、相互矛盾的。其逻辑关系是:市场愈起作用,收入差距相应拉得愈大,效率也会愈高;相反,市场作用愈小,政府管制的作用愈大,收入分配愈平均,效率当然也就愈低。[①] 公平有效的竞争固然可以维护优化资源配置的市场机制,然而公平的衡量标准相当宽泛,不易量化,相比之下,效率更具有可度量性。公平与效率如何合理界定,是反垄断法要解决的一个难题。任何反垄断法的目的都不仅是为了遏制外国的垄断势力,而是要运用有效的竞争机制促进社会资源的合理分配。也就是说,公平是反垄断立法的前提,效率是在公平基础上追求的方向。

在市场经济体制下,社会资源的分配主要由市场来调节,资源配置过程是市场机制发挥调控作用的过程。市场机制发挥调控作用的基础是有效竞争的存在。外资并购必然形成生产的集中从而导致垄断,垄断企业不仅会操纵市场和价格,而且还会阻碍生产和技术的进步。因此,为了保护有效竞争,维护优化资源配置的市场机制,跨国并购立法在遵循促进公平有效竞争原则的基础上,力图通过对并购进行规制,来规范企业的并购行为,平衡和协调不同经济主体之间的冲突和矛盾。

(四)保护中小股东利益的原则

在跨国并购的产权交易过程中,由于大股东掌握着原企业的控制权,他们往往代表全体股东与外国投资者直接交锋,在并购活动中,他们完全有可能凭借其在产权交易中的地位和信息优势牟取自身利益(如选择有利于自己的交易条件出售企业股份或资产),而消息闭塞、缺乏经验的中小股东极易成为外国投资者与大股东私下交易的牺牲品。在交易过程中,分散的中小股东既缺乏与收购者讨价还价的能力,其意志也难以有适当的途径体现,这种弱者劣势在外资收购国内上市公司中表现得尤为明显。鉴于以上原因,许多国家的外资并购立法都通过设立强制性要约收购制度、信息披露制度或其他方式,对中小股东和债权人实行特殊保护。英、美两国的立法以及各国的实践都说明,保护中小股东利益、目标公

---

① 刘恒:《外资并购行为与政府规制》,法律出版社,2000年版,第179页。

司股东机会均等这些原则已成为国际惯例。

二、跨国并购的主要法律问题

(一)跨国并购构成垄断的界定标准

1. 市场界定问题。从企业的角度看,其经营无非是在一定的地理范围内向其客户提供一定品质的产品和服务,因此市场界定有两个基本方面:一是产品市场,即成为一类的产品;二是地理市场,即一类产品的地理区域。市场界定是跨国并购规制的第一步,产品市场和地理市场的界定,对于并购案件的评价具有决定性的影响。在此基础上,才能计算市场份额或市场集中度,并依据有关市场份额或市场集中度的信息进行跨国并购规制的分析。

2. 市场集中度的判断。市场集中度在一定程度上可以说明企业在相关市场上的地位,以及具有该地位是否已经足以限制竞争。它是判断一项并购是否构成垄断的重要标准。市场集中度可以用市场份额来判断。对于横向并购,如果企业并购以后,一个大企业或几个大企业共同占到绝大多数的市场份额,则这个或这些企业就可能被认为取得了市场支配地位,除非它们能证明在市场上或者这些企业之间还存在实质性竞争,否则将被予以限制。德国采用这种方法进行判定。而美国采用赫芬达尔指数判断,即以同一行业中各企业市场份额的平方之和(赫芬达尔指数)来衡量市场集中度。

对于横向并购,由于并购与被并购双方处于同一行业,产品属于同一市场,其并购的主要经济目的就在于消除竞争,增加并购企业的市场份额。通常认为,横向并购即便没有导致垄断的出现,其形成垄断的趋势也是明显的,所以,各国的垄断法都对其严加规制。规制一般从以下几方面考虑:①外资并购是否明显导致市场集中化;②外资并购是否使进入该行业更加困难;③外资并购是否产生潜在的反竞争效果;④外资并购是否违反国家的产业政策等。

与横向并购相比,纵向并购造成的限制竞争程度没有那么严重,但这种可能性一样存在。其规制一般从以下几方面考虑:①并购的对象是否是竞争性供给者;②是否图谋取消被并购方所拥有的那部分市场;③是否进行掠夺性定价;④是否易形成行业进入障碍;⑤是否存在价格歧视;⑥并购规模对相关产业的影响程度如何。

混合并购造成控制或垄断现象的可能性与前两者相比较是最小的,但其仍然可能对有效竞争产生损害,主要表现在减少竞争、促成垄断、引致不正当商业行为等方面。其规制一般从以下几方面考虑:①混合并购的规模是否对相关产业产生举足轻重的影响;②混合并购是否涉及潜在竞争者;③混合并购是否引致价格歧视和市场进入堡垒;④混合并购是否造成集中性市场。

(二)规制跨国并购的外资政策

跨国并购,特别是大型跨国公司规模巨大的跨国并购,强化了跨国公司所有权优势和控制权优势在全球的扩张。东道国出于维护本国市场和竞争,促进民族产业发展以及实现对本国社会、文化及政治目标有效控制的诸多考虑,往往会对跨国并购进行相应的限制性规制。与此同时,跨国并购作为国际直接投资的一种主要方式,对东道国的经济发展和福利增进也会有积极的影响,因此,大多数国家往往也制定了许多鼓励性的措施,促进外资在本国的发展。

1. 限制性措施。大多数国家一般对准许外资进入的产业领域、出资比例和经营活动实行不同程度的限制,以保护本国产业结构和产业安全,防止本国经济过度依赖外资,维护国家经济主权。东道国往往对外国投资方向和进入程度加以规定。一方面,这有利于将关系到国家安全和国计民生的行业和部门保留在政府和本国国民手中;另一方面,有利于将外资引导到本国亟待发展的行业和部门,使外国投资和本国经济发展目标保持一致。对跨国并购最重要的限制性措施主要体现在对跨国并购的市场准入限制和所有权限制两个方面。

(1)市场准入限制。市场准入限制是指东道国政府在外资企业进入时所实行的限制措施。为了使外商投资符合东道国的经济发展目标,发展中国家一般运用产业政策对外资的投资方向进行指引,确定鼓励和限制外商投资的部门,以此来把握外商投资的方向,引导外资投入本国的重点发展行业,限制外资可能造成的消极影响。

根据联合国贸易和发展会议的归纳,东道国在市场准入方面对外国投资企业的限制性措施主要有以下一些做法:①不对外国直接投资开放某些部门、行业或活动领域;②特定部门、行业或活动领域外国企业准入或开业数量限制;③最低投资数额要求;④追加投资或利润再投资要求;⑤投资审查、授权与登记;⑥发展或环境保护等其他要求的有条件准入;⑦投资的特定法律形式(按当地公司法组建);⑧进入方式限制(如不允许兼并与收购或必须符合某些附加条件等);⑨分股权投资特殊要求(BOT协议、技术转让要求);⑩投资区域限制等。

(2)所有权与控制权方面的限制。所有权与控制权方面的限制是指东道国政府对外资企业中外方的所有权与控制权进行的限制。对于允许外国投资的行业,东道国往往进行一定的所有权和控制权限制。这种限制并非出于对外国投资者的排斥,而是为了在外资企业中增加当地资本的参与,从而有助于促进外资企业融入东道国的本地经济。

对外国投资的所有权比例的限制,各国的规定不同。但一般可分为两大类:一是在对外资立法中规定一个适用于国内一切行业的比例;二是在不同行业适用不同的比例。目前,不分具体行业笼统地进行所有权和控制权限制的国家越来越少,多数国家都根据具体行业确定外资进入的所有权和控制权比例。根据不同行业在本国的重要性和行业特征的不同,东道国对外国投资的所有权和控制权的限制程度也有所不同。对于某些鼓励外国投资的行业,外资的所有权比例往往可达到100%;对于某些行业,如自然资源行业和服务行业,外国投资的所有权和控制权可能会受到一定限制。特别是在一些国家私有化计划的实施过程中,东道国通常都会对外资并购的所有权和控制权进行限制。

2. 鼓励措施。鼓励措施主要包括三个方面。

(1) 财政鼓励措施。为了吸引外国投资,东道国最常采用的鼓励措施就是财政鼓励措施,即各种税收减免和奖励。根据联合国贸易和发展会议的归纳,东道国所采取的财政鼓励措施主要有以下一些做法:①降低标准公司所得税率;②一定期限内免缴所得税;③免税期内亏损以未来利润抵消;④加速折旧资本的税收减免奖励;⑤投资或利润再投资奖励;⑥社会安全费上缴减免;⑦根据雇员人数或其他劳工支出对应税收入予以减免;⑧根据营销或促销开支减免公司所得税;⑨附加值提高奖励,包括根据产出净当地成分比重给予公司所得税减免或奖励和根据净增加值给予所得税奖励;⑩进口方面的奖励,包括资本品、设备或与生产过程相关的原材料、零部件和其他投入品免征进口关税,以及进口原材料退税等。

(2) 金融鼓励措施。除了财政鼓励措施外,许多国家还采用一些金融措施鼓励外资进入。根据联合国贸易和发展会议的归纳,东道国所采取的金融鼓励措施主要有以下一些做法:①政府对投资项目的投资、生产或营销予以补贴;②补贴性贷款;③政府对外国投资企业的贷款进行担保;④政府对外国投资企业的出口信贷进行担保;⑤公共机构参与外国投资企业的高商业风险投资;⑥对汇率变动、货币贬值等商业风险或外国投资企业被政府征收、政治骚动等非商业风险实行政府优惠费率保险(政治骚动风险通常由国际机构承保)。

(3) 其他鼓励措施。为了吸引外资,一些东道国除了采取财政措施和金融措施外,还采取一些其他的鼓励措施。根据联合国贸易和发展会议的归纳,东道国所采取的其他鼓励措施主要有以下一些做法:①补贴性基础设施建设;②提供补贴性服务,包括为寻找融资渠道、实施和管理项目及投资可行性研究提供帮助,提供市场信息,供应原材料和基础设施,提供生产工艺和营销技术顾问咨询,为开发新技术或提高质量控制的培训和再培训提供帮助等;③优惠的政府合同;④不再给后来者开放市场或给予垄断权;⑤不引进进口竞争;⑥外汇优惠待遇,如特殊汇率、特殊外债股权转让率、消除国外贷款汇率风险、出口收入外汇特许、收益和资本汇出特许。

三、发展中国家对跨国公司并购的法律管制

发展中国家和地区占世界人口总数的3/4,幅员辽阔,资源丰富,劳动力充足,是世界最大的投资市场。这些国家为了改变历史上遗留下来的落后的经济面貌,都积极利用外国资金和技术来发展本国经济,力争经济独立。但鉴于过去长期受国际垄断势力掠夺、剥削和控制的惨痛教训,这些国家对外国资本势力又保持着高度警惕,为防止其对国民经济的再度渗透和控制,对外国投资又规定了不同程度的限制措施。各国对外资并购行为进行的规制也体现在这些限制措施当中,这里着重从其外资立法中找出这些对并购的管制措施。

(一)引导外商的投资方向

为了使外国直接投资符合东道国的经济发展目标,发展中国家一般运用产业政策对外资的投资方向进行引导,确定鼓励和限制外商投资的部门。为此,对外国投资都实行严格的审批制度,以此来把握外商投资的方向和重点发展行业,并限制外资可能造成的消极影响。

发展中国家对外资控制的范围一般有以下两种设定方式:一是明确规定不对外开放的行业;二是规定鼓励外商投资的行业。鼓励外商投资的行业具体可分为两种:①确定重点和目标,设定一个大致的范围,而不列举具体的行业;②以规定具体的行业为主,同时也定期发布优先的行业,并随时进行调整。

尽管不同的发展中国家限制外国直接投资的领域各不相同,但是,一般来讲,发展中国家限制外商投资的领域主要有以下几类:①涉及国家安全的行业;②有战略意义的敏感行业;③公用事业;④本国已有能力生产或已经饱和的行业。

(二)逐步开放外商直接投资市场

发展中国家政府为避免民族经济受到外资强有力的冲击,避免一些重要的工业部门被外资控制,防止国家的经济命脉被外资控制,一般都采取分阶段、有步骤地对外商开放直接投资市场的方式。

(三)对股权控制加以管制

关于内、外投资比例的规定及其限制,各国的立法规定不同。这些规定主要有两大类:一是在外国投资立法中规定一个适用于国内一切行业的比例;二是不同行业适用不同的比例。一般来说,行业的重要性与外资所占的比例成反比,对本国越重要的行业,对外资持股的比例就规定得很低,反之则会较高。

第三节 跨国并购的风险及其控制

兼并与收购作为最富效率的扩张方式,虽然能给企业带来巨大的收益,但其风险也很大。而跨国并购由于其投资环境的高度复杂性,并购的结果更具有很强的不确定性。因此,跨国并购具有极大的风险性,并且风险贯穿于并购的整个过程。

一、跨国并购的风险

(一)跨国并购各阶段的风险分析

按跨国并购的运行程序,可将其分为三个阶段:并购决策阶段、交易执行阶段和并购后的整合经营阶段。

第一阶段即并购决策阶段。并购主体对并购目标是否有足够的驾驭能力(包括对目标企业和并购价格的评估确定)、并购所需资金是否充足等因素,构成了第一步的风险(决策风险)。

第二阶段即交易执行阶段。谈判策略的失误,保护意识的薄弱,对相关谈判的陷阱不了解,忽视潜在法律及财务和融资风险等,构成了第二轮风险(交易执行风险)。在整个过程中,企业如果贸然进入,都会加大收购成本或者经营成本。

第三阶段即整合经营阶段。其风险主要是并购后的重组和整合风险(并购整合风险)。许多并购就是由于并购后产品链重叠,无法形成协同效应,甚至失去了原来的竞争优势而失败的;或者是由于目标公司管理人员大规模流失,造成并购后整合的失败。当今,对并购后整合风险的控制越来越引起人们的重视。

跨国并购三个阶段的风险构成了一条内部的并购"风险链"。跨国并购的决策风险对交易执行风险和整合风险等其他运行风险都有一定的诱发作用,是风险发生的起始点,后续环节的风险受到前面环节的直接影响,风险具有链式传递性。而作为外部风险的政府政策、法律和自然环境等风险对跨国并购的各个环节都会产生影响,如果处理不好,甚至会使得整个并购计划失败(见图 13-1)。

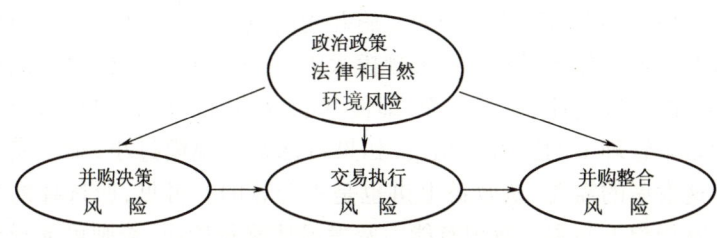

图 13-1 跨国并购的风险链

(二)跨国并购风险的分类

风险链中的各个风险是从并购过程的各阶段来划分的。综合整个过程的风险来看,跨国并购的风险大致可分为经济风险、文化风险和政治风险等几类。

1. 经济风险。它包括汇率风险、利率风险、资本风险、通货膨胀风险、企业经营管理风险、市场风险、信息风险和违约风险等。

2. 文化风险。它是由国家、民族间文化差异带来的影响企业生产和经营的风险。

3. 政治风险。它是由于东道国政策、法律、政局稳定情况和国家间外交关系的变化造成的投资环境的变化而带来的风险。

二、跨国并购的风险控制和管理

跨国并购是一项异常复杂的工作,需要经过精心的策划和周密的设计才有可能获得成功。为了防止并购失败给企业造成不利和损失,并购企业在跨国并购的过程中应把握好以下五个方面。

(一)选择好目标企业,加强对目标企业的审查

对并购目标的选择是一个科学、严密的分析过程。并购企业要在自我评估及对备选目标企业基本情况充分了解的基础上,进行并购的依据性分析和可行性论证,并在分析并购所能带来的经济效益和社会效益的基础上选择目标企业。为了降低目标企业选择的风险,并购时应注意考虑以下几点:

1. 客观环境的优劣。客观环境主要指目标企业所处的地理位置,企业所在地的供水、供电、交通条件及劳动力、土地价格等。目标企业的客观环境越好,企业的发展潜力与机会就越大。

2. 经营范围是否相似。企业间生产经营范围相同或相近,就意味着在实施并购之后不需要对目标企业进行大的调整和改造,能很快地对之进行有效的管理和控制。

3. 规模大小是否适中。企业实施并购的过程中,必然要考虑目标企业的现有规模。如果目标企业的规模太大,一方面可能会给兼并的成功带来很大的不确定性,另一方面,即使并购成功,也难以控制,这会给并购企业带来管理上的困难。相反,如果目标企业规模过小,难以满足本企业迅速发展的需要,从效益上讲也是不合算的。可见,所选择的目标企业应在规模上与本企业现有能力及发展战略相适应,否则可能导致劳而无功的结果。

4. 是否具有一定的发展潜力。分析被并购企业的发展前景,选择资源潜力大和行业发展前景较好的目标企业,也就是说,在选择目标企业时要有前瞻性。

5. 是否具有可融合性。如果目标企业的可融合性强,善于合作,将有利于促进并购过程的顺利完成和兼并后的管理;反之,如果目标企业一向具有较强的排外性,那么就会给并购企业带来困难。企业在制定并购计划时,要从本企业并购的目的出发,综合权衡,适当处理,把风险降到最低。

在基本圈定目标企业之后,还要对其进行审查,避免因信息不对称引发的并购风险。对目标企业的审查主要包括:财务调查、法律审查、公司管理状况调研、业务调研及其他方面的调研。

(二)选择有利的并购方式,防范融资风险

跨国并购投资数额较大,在确定并购目标企业价值之后,双方应该协商约定付款方式。付款方式一般有现金支付、股票支付和混合支付三种,企业应该根据并购的目的来确定支付方式,从而进一步确定并购所需资金的筹措方式。其中,现金支付的筹资压力最大,应该尽可能少用现金。如果企业并购是为了短期拥有目标企业,适当改造后便出售,则可以适当选择融资成本相对较低的短期借款来满足并购需要;如果企业并购是为了长期拥有目标企业,则应该根据负债偿还期限的长短和维持正常经营所需资金的大小,使投资回收期与还款计划相匹配,合理安排资本结构。

在并购中应充分发挥投资银行的作用。投资银行在企业并购业务中主要扮演收购经纪人和财务顾问的角色,主要为并购方代理策划或为被并购方代理实施反收购措施,参与并购合同的谈判,确立并购条件,协助并购方筹集必要的资金。在大型跨国并购中,如果离开投资银行的参

与,并购方的并购活动将缺乏有效的资金支持,无力运作并购重组。

同时,跨国并购还要注意防范汇率风险。汇率风险不但表现在外币支付并购价格方面,而且也表现在企业并购后以外币方式结算收入、清偿债务方面。因此,在融资之前,要对汇率的变动趋势进行预测分析,对于金额巨大的,应进行相应的套期保值。

(三)避免控制权的丧失

为防止企业在并购筹资过程中出现被反向并购的风险,并购企业在选择目标企业、进行并购筹资时,一定要注意目标企业的股权结构及其集中程度,以保持并购后并购方原股东在经营控制权方面占主导地位。为了防止控制权的丧失,必要时,并购企业可以选择发行有条件的普通股等反并购措施。

(四)完善并购流程

设计一个完善的并购流程,是保证并购成功并尽可能降低风险的措施之一。协商期间,应进行前期考察、资产评估审计以及并购协议协商。在签订协议前,并购方要了解目标企业的基本情况,被并购方也要了解并购方的经营能力及交易的诚意,从而确定并购协议的条款和成交价格。此外,从草签协议到正式签约这段时间,也是并购双方进行调查、防范风险的良好时机。

此外,在并购协议中应尽可能加入双方相互保证、承诺和保密等防止风险的重要条款,需要卖方尽可能多地披露有关目标企业的信息并留下相关证据,以减少可能产生的并购风险。

(五)加强并购后的整合管理

1. 合理安排人员。企业并购后的人员安排是一个极其重要的问题,因为它直接涉及被并购企业员工的切身利益,稍有不慎就会引发矛盾与冲突。首先要解除被并购企业内部人员的后顾之忧,制定出稳定人才的政策,以激励员工在并购后的企业里勤奋工作。

2. 加快生产经营整合。企业完成并购后,生产经营资源的整合是企业的首要任务。生产经营资源的整合可以降低企业的生产成本、存货成本、销售成本等。从短期来看,生产销售资源的整合对于提高企业的市场竞争力、实现利润增长起着关键性作用。从长期来看,对企业整体利益的增长也是重要的保障。因企业并购目的的不同,企业在具体的操作过程中对某些资源整合的程度和方式也会不同。并购后双方的生产经营资源进行调整和重新组合,会产生 $1+1>2$ 的协同效应。生产协同效应和供销协同效应是两个重要的方面。并购后的生产整合主要是生产技术、生产设备、生产管理的整合。新的企业将会把企业内部的生产资源重新分配,达到最佳的生产状态。供销整合首先要重新制定供销策略,从整体利益出发重新安排销售渠道。然后通过委派主管的方式进行管理,把供销资源纳入统一管理,对原来目标企业的供应商和客户,通过有效途径向其说明公司的经营思想和政策的稳定性,使他们消除顾虑,满怀信心地与公司合作。

3. 促进企业文化融合。并购成功与否,不仅依靠被收购企业创造价值的能力,而且在很大程度上依靠并购后的整合。其中,企业文化融合是非常重要的一个方面,忽视企业文化差异是导致企业并购失败的重要原因。企业并购完成后则开始了文化整合的过程。首先,企业应该营造浓厚的文化环境。在企业中建立以人为本的企业制度、和谐的人际关系和畅通的文化网络。加强企业变革宣传力度,大力灌输危机意识,使得企业员工感到压力,被迫放弃原有的陈旧思想观念。在此基础上,开展以传播新企业价值观念为目的的多种多样的活动,使企业员工切身感受并改变对企业文化的认识,强化企业价值观念。其次,加强企业培训,使员工接受新文化,进一步强化员工的归属感和认同感。通过培训,可以让员工充分、细致地了解文化制度,使员工明白为什么要实施文化建设以及现有文化与目标文化的差异。这对于稳定组织内良好的人际关系,改善文化环境,增强企业的凝聚力与创造力能起很大作用。最后,通过非正式沟通推进企业文化的融合。企业要与非正式组织在企业经营和管理方面进行深入的文化沟通,双方通过变通、妥协、让步,尽可能化解原先的矛盾,实现求大同存小异。

在跨国并购的过程中,加强对风险的防范,能够有效降低风险。但是,风险是不能完全消除的。随着跨国并购过程的进一步推进,市场环境、经营状况等风险因素可能会随时发生变化,原先采用的风险防范策略如果继续实施,也许不能有效地解决风险问题。因此,跨国并购者必须认真分析变化了的风险因素,根据具体的情况调整风险防范的策略。

第四节 国外企业之间的跨国并购

一、国外跨国并购的发展

20世纪50年代美国跨国公司的对外扩张和20世纪60年代欧洲、日本跨国公司的崛起,带来了跨国并购活动的繁荣。第二次世界大战后,国外的跨国并购呈现出如下的阶段性特点:

第一阶段,20世纪60年代以前。这一阶段是以美国企业作为并购方,以对其他发达国家企业进行并购的单向流动为主。

第二阶段,20世纪七八十年代。日本及欧洲的一些工业化国家更多地加入跨国并购行列,跨国并购呈现发达国家之间的交互流动。为摆脱20世纪70年代中期严重的经济衰退,在20世纪70年代末的科技革命和技术产业化的推动下,美国与其他工业国掀起了第四次并购浪潮。与以往主要是美国企业进入海外并购市场不同,由于美元对其他货币的贬值,使得美国成为对日本或欧洲公司具有吸引力的投资目标,外国企业并购美国企业的数量大量增加,如1987年英国石化并购标准石油公司(金额为78亿美元),1988年日本索尼用34亿美元收购哥伦比亚公司,1990年松下用62亿美元收购MCA两个好莱坞公司等,都是当时引人注目的个案。

第三阶段,20世纪90年代以后。这一时期新兴工业化国家开始加入跨国并购活动的行列,并呈现良好的发展势头,发达国家在这类国家的并购投资比重也呈上升趋势。国际竞争的日益激烈,迫使发达国家企业在选择并购目标时,将更多的目光放在外商投资政策日益自由化的新兴工业化国家。

二、当前跨国并购的特征

20世纪90年代以来,跨国并购迅猛发展,兴起了新一轮的跨国并购浪潮。跨国并购金额从1987年的不到1 000亿美元增至2000年的1.14万亿美元,跨国并购占世界GDP的比率从1987年的不到1%上升到2000年的3.6%,跨国并购在对外直接投资中所占份额也从1987年的52%上升到2000年的90%。跨国并购已成为对外直接投资快速增长的主要动力。[①]

当前的跨国并购呈现出以下七个特征。

(一)发达国家之间的跨国并购出现了新的变化

在新一轮并购浪潮下,跨国并购活动在发达国家内部也发生了重大变化。欧洲企业在世界企业并购市场上异常活跃,而美国企业则成为欧洲大企业的猎取目标。这是因为持续10年之久的经济增长使美国成为世界上最具吸引力的投资地区,许多大企业都希望通过兼并活动来分享美国经济增长的好处。据英国《经济学家》杂志报道,1999年上半年英国公司用于兼并和收购外国公司的开支估计达到1 500亿美元,居世界首位。美国公司用于并购外国公司的开支约为英国公司的一半,排名世

---

① UNCTAD: 2001 World Investment Report. UN, 2001.

界第二。法国公司位于第三位。在被并购的目标公司中,美国公司最受欢迎。1999年上半年外国公司收购美国公司的金额总共约为1 830亿美元。外国用于购买瑞典公司和英国公司的金额分别为500亿美元和400亿美元,分别居第二和第三位。美国是全球跨国并购的中心,而欧美之间则通过金融资本这个纽带使双方的跨国公司得到了跨越式的发展。

(二)跨国并购规模空前,强强联合打造竞争优势

20世纪90年代以来,跨国公司并购日益活跃,1990～1999年期间,世界范围内的企业并购数量增长了近3倍,在规模扩大的同时,交易额也不断上升,同期并购值增长了8倍。2000年,跨国并购再次被推向一个高峰,当年西方发达国家企业跨国并购金额总计超过1万亿美元,比1999年增长50%以上;全球金额在10亿美元以上的大型企业跨国并购总数由1999年的114个上升到2000年的175个。随着跨国并购规模的迅速扩大,形成了一批世界级超大型跨国公司。在2000年发生的几个巨型并购中,"美国在线"收购"时代华纳"动用了近1 600亿美元,英国无线通信企业沃达丰公司收购德国曼内斯曼公司一案,涉及金额高达近2 000亿美元。巨型跨国并购案的频繁发生,表明跨国公司越来越成为全球经济的主导力量,它们对世界政治、经济以及军事都将产生深刻影响。

当前跨国公司大规模的跨国界并购活动,大多着眼于全球范围的资源配置和整合,以构造全球生产体系,这种战略驱动型经济活动是要为长期竞争打下基础。通过强强并购和战略性并购,跨国公司旨在实现全球范围内的优势互补,从而扩大规模,降低成本,提高市场占有率,增强企业综合竞争能力,谋求长远发展,使企业获得竞争优势。

(三)跨国并购的行业领域分布相对集中

近年来,跨国并购行业分布十分广泛,几乎涉及所有行业。同时,随着科技革命的发展和全球经济一体化进程的加快,跨国并购由传统制造业向服务业和高科技产业转移的倾向也日益增强。从产业划分的角度看,第三产业占跨国并购交易总额的比重大幅上升;从具体行业上看,跨国并购更加集中于呈现明显全球寡占特征的产业和部门。1990～1999年间,排在全球跨国并购交易总金额前四位的行业分别是:通信(3 040亿美元)、石油天然气(2 540亿美元)、化学工业(2 630亿美元)、金融银行业(2 260亿美元)。制造业中并购交易金额较高的行业有汽车、医药化工、食品、饮料和烟草行业。另外,广播电视业、房地产业等也是跨国并购较为集中的行业。

(四)横向并购是跨国并购的主要并购方式

无论从并购企业数量还是从并购金额看,横向并购均占跨国并购的

首位。横向并购兴起的原因是,20世纪90年代后期,随着国际市场竞争的日益激烈,跨国公司改变了经营策略,更加突出企业的核心竞争优势,导致以多元化经营为目的的混合并购的比重开始下降。例如汽车行业,1998年德国戴姆勒—奔驰公司与美国克莱斯勒公司合并,成立戴姆勒—克莱斯勒公司;1999年,美国福特收购瑞士沃尔沃,法国雷诺收购日本日产;2000年,通用汽车收购菲亚特,戴姆勒—克莱斯勒公司收购日本三菱汽车,德国大众收购瑞典著名载重汽车"斯堪尼亚"。

(五)股权置换是跨国并购的主要交易方式

20世纪90年代以来,随着国际金融环境的日趋宽松,特别是金融服务贸易自由化的发展,以股权置换进行跨国并购交易的方式逐渐风靡全球,成为跨国并购特别是大型跨国并购普遍采用的融资方式。并购方可以通过增发新股换取被并购企业股份的方式,或合并双方折换新公司股票的方式达成跨国并购。在1998年发生的德国戴姆勒—奔驰公司与美国克莱斯勒公司的跨国合并案中,克莱斯勒的股东每股换取新公司戴姆勒—克莱斯勒0.62股的股票,奔驰公司的股东以1:1的比例换取新公司的股票,从而完成了这起交易额达400亿美元的跨国并购案。

股权置换方式兴起的原因是,股票互换方式不仅比现金并购节约交易成本,而且在财务上也可合理避税,并产生股票预期增长效应。此外,股权置换式跨国并购不涉及巨额现金的国际流动,不会对并购参与国的国际收支造成直接影响。因此,在发达国家,以换股方式进行的并购交易越来越多。1990年股权置换交易占全球跨国并购交易总额的比例约为9%,而到了1999年,这一比例已上升至36%。

(六)合作型并购增多,恶意并购减少

与以往四次并购浪潮中敌意并购层出不穷的特点有所不同,20世纪90年代中期以来的跨国并购主要是基于合作和战略发展的需要,违背并购对象意愿的敌意收购并不多见。

汤姆逊金融数据公司的调查结果显示,1999年全球发生的17 000件并购中,仅有30件属于恶意收购;而同年的跨国并购中,带有敌意性质的事件仅占全部并购的0.2%,其交易额也仅占并购总额的不足5%。

这种变化,一方面是因为全球性公司治理结构的趋同性导致了信息对称性和透明度的改善,从而降低了敌意收购的获利空间;另一方面也显示了并购双方基于在全球范围内发展竞争优势的战略性考虑。非敌意性的并购大大降低了并购成本,缩短了并购企业的磨合期,为并购企业的后续运营打下了良好基础。

(七)跨国并购仍主要在发达国家间进行

从数量和规模来看,跨国并购仍主要发生在发达国家之间。统计显示,1996年发达国家间的并购金额占全球并购总额的90%,1999年更是高达92%。只有在1996、1997两年,发达国家和发展中国家、发展中国家之间的跨国并购额才有所上升,但发达国家间的跨国并购始终占据主导地位。

第五节　外资企业在我国的并购

20世纪90年代以来,跨国并购发展迅速,成为各国引进外资的一条主渠道。而在我国,新设投资仍然是我国吸引外资的主要方式,在外商直接投资结构中,90%以上都是通过新建方式实现的。2001年以前,外资并购占中国吸引外商直接投资的比例最高才为5.94%,不仅大大低于全球跨国并购占FDI的比例,甚至远远低于发展中国家的平均水平。但从2000年起,外资并购在直接投资中的比例开始上升,从2000年的5.51%激增至2002年的30%左右。可见,外资在我国的并购虽然还处于起步阶段,但随着我国进一步开放和引资战略的调整,外资并购在金额和数量上都将呈现出快速增长的态势。

一、外资并购的发展概况

外资并购在中国的发展,在很大程度上取决于我国政府外资并购政策的变化。从20世纪90年代开始,中国政府对外资并购的态度经历了一个由默许到限制再到鼓励的过程,外资并购也因此经历了由发展到停滞,再到飞速发展的三个阶段。

(一)探索阶段(1992~1995年上半年)

我国的外资并购始于20世纪90年代初。1990年外资并购的案例很少,交易金额只有约800万美元。随着中国对外开放的发展,尤其是在1992年确立了建立社会主义市场经济体制的改革目标后,外资对进入中国市场的信心进一步增强,外资并购大幅增加,1994年外资并购的成交额为7.15亿美元,比1990年增长了近8倍,达到了第一个高峰。

(二)停滞阶段(1995年下半年~1999年)

第二阶段起始于1995年中期,其主要标志就是外资开始控股国内上市公司。在这一阶段初期,我国对外资收购国内上市公司提供了比较宽松的环境。但由于当时外资并购法律操作程序的不可控性、市场监督手段的有限性等因素,为避免国有资产流失并保证证券市场的健康发展,国务院暂停了外国企业通过协议收购公司股权方式并购国内上市公司的做法,外资并购进入停滞阶段。

(三)飞速发展阶段(1999年至今)

从1999年开始,我国对外资并购的政策开始松动,并相继出台了一些鼓励外资并购的政策,外资并购开始迅速发展。在这一阶段,外资并购金额、数量、单体并购规模都急速扩大,并购行业更为广泛,并购支付手段也日益多样化。而且,跨国公司的并购活动呈现出明显的战略并购动机。

二、外资并购在我国的特点

(一)跨国公司在华并购的产业集中于垄断性行业和基础工业

汽车等产业是受国家重点扶持、政策重点倾斜的产业,20世纪90年代以来,这些重点行业也都受到了跨国公司并购的冲击。"北京北旅""江铃汽车"被跨国公司并购案都是外资对这一产业并购的例证。同时,外资也注重选择处于市场垄断地位的或者前景广阔的基础工业企业,如制造业、信息技术业、零售业、电信业、金融业等[①]。

(二)跨国公司在华并购的对象集中于效益较好的企业和政策扶持的企业

在全球化进程加速的今天,跨国公司为配合其全球战略,追逐高额利润,把并购重点指向各行业内的龙头企业和效益较好、具有资源或核心竞争力的大中型国有企业和受国家重点扶持和政策支持产业的企业。如格林柯尔收购科龙,美国航空LDC公司控股海南航空,美泰克控股荣事达等。

(三)外资在华并购的企业集中于东部沿海地区,并逐步具有集群效应的特点

受我国对外开放模式的影响,东部沿海地区经济发展较为迅速,并且在吸收外资中实施了地区倾斜政策,加上东南沿海的地理优势以及人文环境优势,外资以及外资并购在很大程度上集中于该地区,投向中西部地区所占的比重较小。1992年,中国开始开放内陆城市并实行与沿海地区相同的优惠政策,推动了中西部地区的对外开放,外资对中西部地区的投资明显增长。

[①] 黄百成:《论外资并购国有企业的对策与立法》,《湖北大学学报(哲学社会科学版)》,2000年第5期。

同时，一些投资环境较好的地区，外资并购呈现出集群特点，跨国公司有目的、有针对性地并购同一地区的很多企业或不同地区同一行业的骨干企业。如1992年，香港中策公司开始并购山西太原橡胶厂，随后两年的时间里，又先后投资11亿元人民币，与泉州37家国有企业、大连轻工系统101家企业合资。与此同时，还与杭州橡胶总厂、啤酒厂、电缆厂等合资，把国内不同行业的180家企业成批改造成35家合资公司。这些公司均由中策公司控股51%以上，从而引发了轰动全国的"中策现象"。

（四）外资并购由一般性合资转向间接并购为主

跨国公司通常采用整体或部分购买上市公司的母公司或控股企业，从而通过迂回的方式间接控股上市公司。法国的阿尔卡特公司就是通过这种方式完成对上海贝尔的并购的。由于我国A股市场尚未对外资开放，直接并购主要以协议收购方式实现，如通过协议方式获得国有股和非流通的法人股的转让等。例如，以并购企业发展壮大而闻名的德国汉高公司，通过内部收购股份的方法，成功地控制了两家合资企业；美国柯达公司历经四年的准备和谈判，完成了对汕头公元、厦门福达、无锡阿尔梅等国有感光企业的并购。

（五）跨国公司通过控股公司进行并购成为新趋势

1995年，原对外贸易经济合作部颁布实施《关于外商投资举办投资性公司的暂行规定》以来，跨国公司开始倾向于设立自己控股的投资性公司，并以其作为并购的发起人，收购、参股并进而控股国有企业，占据市场，它们一改往日的一般性合资的方式，大量采用间接控股的方式进行合资，使得在一段时间内出现了一批通过控股投资性公司（或称为伞型公司）来实施领导和管理的集团企业。在这种气氛影响下，跨国公司纷纷申请在华设立控股公司，如美国通用电气、柯达公司，日本松下电器公司和德国的西门子等，大型跨国公司通过控股投资公司进行并购成为外国投资者对华直接投资发展新阶段的标志，它意味着大型跨国公司在我国开始了系统化的投资，并对投资企业开始了系统的管理。

三、外资并购我国企业对我国经济的影响

（一）积极影响

1. 有助公司治理结构的完善和管理体制的改革。跨国并购投资与其他形式的外商直接投资的主要区别在于大多数并购强调对企业控制权的要求，在外方通过并购掌握了企业决策控制权后，将按照国际规范进行企业制度的改革。外资对我国上市公司的并购，在一定程度上也可

以分散上市公司的股权,从而弥补上市公司股权结构的缺陷,完善上市公司的法人治理结构。另外,跨国投资者在进行跨国并购时,往往伴随着管理技术和组织方法等内部知识向被并购企业的转移。具有完善公司治理体系的跨国公司的这种软技术传递,对大多数发展中国家和转轨国家的企业尤其是国有企业具有非常重要的意义。

2. 创造了新的就业机会,促进了技术转移。跨国新建和跨国并购存在着一个根本的不同,即跨国并购对东道国濒临破产企业具有就业保留效应。如果并购的是东道国一家濒临破产的企业,跨国并购后的重组整合虽然可能会造成被并购企业就业的减少,但相对濒临破产企业的整体退出而言,实际上是增加了就业,这是跨国新建投资所无法达到的。通过外资并购的方式重组濒临破产企业,本身会实现对破产企业的部分就业保留,如果并购后经营得当,使得生产扩大或带动国内关联企业的发展,还会产生新的就业机会。1998年柯达公司收购了国内感光行业的亏损企业汕头公元和厦门福达后,当即解决了部分职工就业问题,实现了2 000人的再就业。随着柯达后续投资的注入,就业人数进一步增加。同时,为外商投资企业配套的企业还吸纳了相当一部分劳动力。

中国产业整体技术水平不高,与国外先进技术差距较大,通过引进外资引进国外先进的、比较先进的和多样化的技术,缩短了中国企业的技术差距,获得了技术扩散的积极效应。外资并购的技术转移效应更明显地表现在对我国被并购企业软技术的转移上。我国大多数企业的技术落后不仅体现在生产技术上,在管理水平和经营运作上同样也与跨国公司存在较大差距。通过外资并购的方式,国内被并购企业能够很快实现跨国公司先进组织与管理技能的移植,可以迅速在不改变生产技术水平和生产设备的条件下提高企业的竞争力。

3. 促进了产业结构升级和产业组织优化。跨国并购在促进经济增长的同时,也能促进产业结构升级和产业组织优化。20世纪90年代以后,跨国公司并购我国企业的规模不断扩大,在一些规模经济显著的行业中,外资并购企业已占据企业规模排名的前几名。跨国公司的大型投资项目,明显提高了所有行业的生产集中度,改善了中国产业组织结构。跨国并购对产业组织结构改善的另一个积极作用,是带动零部件等相关配套产业的发展。大型跨国公司都是生产全球化程度很高的公司,在全球有多家技术水平相当、产品质量符合要求的协作企业。当跨国公司前来中国投资时,为了降低生产成本,提高当地化程度,就会带动外协作企业到中国进行投资。一些大型外商投资企业在这方面已经发挥了显著作用,例如,为了给上海大众汽车公司配套,德国大众在全球的配套企业中,已有100多家前来中国投资。美国通用汽车公司投资于上海浦东,吸引了44个相关的汽车零部件配套项目前来投资,投资额高达22.3亿美元。

(二)消极影响

1. 出现了对我国企业进行市场垄断和产业控制的问题。跨国并购带来的市场垄断和产业控制程度加深,可能会威胁我国的经济自主权和国家的经济安全。目前,虽然在中国大多数行业中未出现垄断性的市场结构,但在全球性产业中,外资整体在我国的垄断状况却是不争的事实。在微电子、移动通信设备、轿车、制药、工程机械等行业排名前10位的大企业中,2/3以上的席位由跨国公司投资企业所占据。20世纪90年代后期,外商投资企业的产品占据手机市场九成的份额,占据着轿车市场2/3的份额[①]。随着中国市场开放程度的提高、并购企业的增加和其产品内销率的逐渐增大,其对中国的经济自主权和国家经济安全的影响也将进一步增大。

2. 产生了技术转让依赖问题。外资并购可能会使我国对跨国公司产生技术转让依赖。跨国公司在华并购的对象一般是具有一定实力和规模的国内企业,其大多具有一定的技术开发实力。但并购后,跨国公司一般对被并购企业的科研力量进行分解或重组,使之服务于母公司的战略意图,或完全依赖跨国公司自身的研发部门来提供技术支持,致使我国自我开发新技术、发展新产业的能力受到制约,并可能出现萎缩。

3. 加剧资源配置的不平衡。由于跨国公司在我国的并购呈现出地域和产业集中的特点,即在地域上大部分集中于东南沿海地区,内陆地区较少,造成资源空间配置的失衡;在产业分布上,外资并购较多集中在第二产业,造成产业间配置失衡。空间配置失衡使地区间发展差距进一步扩大,客观上加大了中国实现区域经济均衡发展的成本;产业间配置失衡,也增加了中国优化产业结构、促进各产业协调发展的产业配置成本。

4. 带来了污染产业进入问题。西方国家跨国公司并购发展中国家企业的一个重要倾向是将污染性产业和企业转移到发展中国家。投资到中国的外资企业也存在这个倾向。这些高污染企业主要分布在橡胶、塑料、印染制革、电镀、造纸、电池、制鞋以及五金矿产等行业。跨国公司转移污染严重的产业,直接危害了中国居民、动植物生命或健康,促使环境恶化,影响生态平衡,同时也加大了中国环境保护的成本。

---

① 江小娟:《中国的外资经济——对增长、结构升级和竞争力的贡献》,中国人民大学出版社,2002年版。

第六节 中国企业的跨国并购

一、中国企业跨国并购的发展历程和现状

（一）中国企业跨国并购的发展历程

我国企业的跨国并购起步较晚,始于20世纪80年代。当时,投资规模极为有限,20世纪90年代,投资规模开始小幅增长。一直到加入WTO之前,中国企业海外并购仍处于起步发展阶段。初期主要以大型国有企业为主,且大多是基于政治动因的政府行为。在这一阶段,参与并购的主体主要是大型国有外贸、工业企业和综合性金融企业,如首钢、中华、中信等,民营企业因能力有限,很少涉入。投资领域主要集中于石油、化工、机电、冶金、交通运输等少数垄断性行业,范围较窄。并购的目标市场主要集中在美国、加拿大、印度以及我国香港地区,对发达国家的投资比重较低。

2001年以来,中国企业的跨国并购有了新的发展,海外投资开始出现第二次高峰。联合国贸易和发展会议公布的数据显示,从1988年到2003年,中国企业累计跨国并购总金额为81.39亿美元,其中绝大部分发生在2000年之后。跨国并购额从2001年的4.52亿美元,一跃成为2003年的23亿美元,2004年又攀升至47亿美元,并购交易额呈高速增长态势。

这一时期的跨国并购虽然规模仍较小,但并购主体开始出现多元化的特点,不再局限于有强大财务实力的大型国有企业如网通、中石油等,包括联想、新浪、盛大、TCL等在内的高科技企业也开始以并购的方式获取资源,进入国际市场。同时,投资领域也进一步扩大。TCL斥资5 500万欧元收购阿尔卡特电子产品部门,联想收购IBM的PC业务,网通入主电讯盈科等,这些并购案例显示,除了石化、冶金、运输等行业,中国企业开始把目标投向家电、通信和IT等高技术行业。在投资地区方面,中国企业并购逐步由美国、加拿大、印度以及我国香港地区拓展到欧洲等地区。2001年,海尔集团并购意大利一家工厂,成为第一家到欧洲并购工厂的中国企业;华立集团收购美国两家控制技术公司58%和33%的股份,收购飞利浦公司手机核心技术CDMA研发中心;中石化集团收购了欧洲部分海洋石油开采股权等较大项目。这些案例,都显示了我国企业海外并购地区的拓展。

(二)中国企业跨国并购的现状及特点

跨国并购在我国对外直接投资中一直占有较高比重。从 2004 年开始,中国企业的跨国并购开始引起全球注意。2005 年中国企业通过收购兼并方式实现的直接投资为 65 亿美元,占当年对外直接投资流量的 53%;2006 年则为 82.5 亿美元,占当年对外直接投资流量的 39%。从行业分布看,企业跨国并购高度集中在能源矿产领域,其次是银行业、IT 业和制造业。

2008 年金融危机以来,中国企业跨国并购主要集中于采矿、制造业和能源类行业;以国有企业为主,民营企业为辅;并购数量多,并购金额增长迅速。2008 年的跨国并购额高达 302 亿美元,同比增长 379.4%。2014 年,跨国并购金额为 569 亿美元,占当年 FDI 流量金额的 26.4%。2014 年,发生在采矿业的并购有 40 起,总金额为 179.1 亿美元,占当年跨国并购金额的 31.4%;发生在制造业的并购共 167 起,总金额为 118.8 亿美元,占当年并购总额的 20.9%;发生在能源行业的并购 18 起,共计 93.1 亿美元,占当年并购总额的 16.4%。继 2015 年中国企业海外并购突破 1 180 亿美元之后,2016 年上半年,中国企业跨国并购交易的总规模达到了 1 353 亿美元,超过了 2015 年全年的总和。

我国企业跨国并购主要有以下特点:

第一,尽管我国企业收购的目标企业包括美国、英国、西班牙等西方国家公司,但其主营业务主要集中在我国周边国家和地区,如东南亚地区的菲律宾、印度尼西亚、新加坡,中亚的哈萨克斯坦等。

第二,从事跨国并购的主要是国有能源矿产资源企业,主要有中海油、中石化、中石油等企业。并购资产主要集中在石油和天然气领域,其他金属矿产领域的并购案例并不多。

第三,并购主要体现为少数股权收购。尽管个别案例中方企业取得了控股权,但大多数案例企业只是购并部分股权。一方面,可能是财力难以支持更多股权的收购,另一方面,可能是国内企业尚不具备整合的经验和能力。因此,获取部分权益成为大多数企业跨国并购的选择。

第四,并购数额巨大,成本高昂。尤其是石油、天然气和矿产资源都属于不可再生资源,伴随近年来的连续开采,其产出潜力逐渐下降,有些油气田已濒临枯竭,新矿产的勘探和开发难度不断加大,石油价格大幅上升,矿产品价格也节节攀升,致使并购成本一路上升。

第五,国内企业跨国并购的支付方式主要采用现金支付,尽管企业并购中已出现多种支付方式。例如,TCL 并购汤姆逊彩电业务过程中采取了注入资产的方式,只是向合资公司转移全部电视及 DVD 业务和资产,对方也注入相应电视及 DVD 业务及资产,双方合资成立 TCL-汤姆逊合资公司(简称 TTE)。其中,TCL 国际持 67% 股份,汤姆逊公司持33% 股份。联想并购 IBM 的 PC 业务采取了股票+现金的方式。但是,总的来看,现金支付仍是我国企业跨国并购的主要方式,资金来源主要是购汇、自有外汇资金、国内外银团贷款、股权融资等。

第六,企业采取多种并购方式。除了单打独斗外,企业还采取联合收购方式以降低风险。不仅国内企业强强联合,如中石油、中石化联手海外收购,而且采取与国外企业联合收购的方式,如中国与印度两国石油公司的合作收购不能简单地看作"1+1=2"的关系,更应将它看作"1+1>2"的战略合作关系。由于两国石油公司的合作,提高了要价能力,减少了收购的溢价,两国公司还因此降低了经营风险。这一模式将会为中国企业与其他国家企业在更多领域的合作提供良好的模板,使更多的中外企业双方达到合作共赢的目的。

二、中国企业跨国并购的优势

目前我国企业在国际分工中相对而言位于中游:相对于更低阶梯的发展中国家企业而言,我国企业拥有易于接受的技术及管理经验;相对于更高阶梯的发达国家投资来说,我国企业的并购行为并不是单纯以追求利润为目标,往往本着战略的动因,意在扩大企业的海外市场,并努力打入发达国家的技术中心。而且,制造和管理成本的低廉,使得我国产品价格相对较低,有一定的价格优势,便于打入国际市场,跨国并购的开展具有一定的相对优势和物质基础。

同时,部分企业通过不断尝试,已经具备了一定的跨国并购和经营的经验。尤其是我国东部沿海地区,该地区企业经过 20 余年的改革开放,引进并消化了大量的国外先进生产技术、管理技术,并积极同国际接轨,在自身发展的同时,积累了相关的国际化运营经验。

三、中国企业跨国并购的障碍及对策

(一)中国企业跨国并购的障碍

1. 我国缺乏世界级企业,企业规模普遍较小,资金实力尚不充足。2000 年度进入世界 500 强的 12 家中国企业,其销售收入总和只及世界 500 强前两名埃克森美孚和沃尔玛销售收入的 2/3。中国四大国有商业银行销售收入的总和也只相当于花旗集团销售收入的 60%。规模偏小导致竞争力不强、抵御风险能力弱、资金实力有限,成为阻碍中国企业跨国并购发展的一大劣势。

2. 企业并购缺乏战略规划。我国企业海外并购缺乏清晰的国际化战略，对并购后企业长远发展规划不明确，而且往往缺乏合理的成本分析。如果高层决策人对本公司整个发展战略没有清晰的框架和冷静的思考，就容易产生出于有机会就抓住的机会主义心理；或者容易盲目跟风，准备不充分就匆匆卷入跨国并购浪潮。2003年，德隆花2 000万欧元收购德国支线飞机厂事件就是一个典型的缺乏成本概念的盲目行为。德隆只看到2 000万欧元的收购价不高，却没有通盘考虑被收购方的研发成本、债务、现金流量等其他因素，更致命的是对未来的市场销售没有实在的把握，最终导致企业整体陷入困境。

3. 目标企业方面非经济因素的干扰。在中国企业的跨国并购中，常常遭遇他国政府机构、社会团体等力量的阻挠，结果导致并购成本上升、并购成功率下降以及并购后整合难度的加大。美国、欧盟、日本等西方发达国家虽然对外资比较开放和自由，但往往通过对外商投资领域、出资比例规定和审批制度对外资进入进行规范和限制。在联想并购IBM的PC业务时，一些美国人士大谈并购将威胁到美国的国家安全，迫使联想做出重大让步与承诺之后，并购才得以顺利进行；在中海油竞购尤尼科一案中，美国一些官员和社会人士大肆宣扬"中国威胁论"，美国参众两院并通过了能源法案新增条款，从而基本上排除了中海油成功竞购的可能。这种非经济因素的干扰，成为中海油并购失败的主要原因。

4. 管理体制落后是跨国并购和并购后整合的重大障碍。有专家指出，我国企业跨国并购所面临的最大挑战不在外部环境，而在自身管理。目前，大多数企业还没有按照国际惯例建立起现代企业制度，企业在组织方式、管理方式、经营方式上都明显落后于发达国家，给跨国并购及并购后的整合带来极大的困扰。

同时，由于中国和被并购方之间在各方面都存在巨大差异，使得很多并购未能实现1+1＞2的协同效应，从而使并购后的企业不能有效整合。其中，企业文化的整合是在并购后整合过程中最困难的任务，尤其对于中国企业的跨国并购来说，任务更加艰巨。一方面，中国企业面临着应对东西方文化差异以及中国企业与西方企业在文化上差异的挑战。另一方面，由于这些被并购企业具有悠久的历史和十分成熟的企业环境，他们往往对自身文化的认同度高，而拒绝接受弱势品牌的文化。在这种情况下，中国企业往往将自身的文化强加给被并购企业，其结果通常是使得双方处于各执己见的对立状态，不利于文化整合的进行。文化整合不利将会使双方在业务及组织上的整合都受到阻碍，整合的难度大大增加。在TCL收购阿尔卡特手机业务的过程中，就出现了严重的整合问题。例如，TCL员工经常加班，阿尔卡特留下的员工却没有加班的传统;并购专门组建的合资企业成立之后,合资企业下属企业原先的很多职位被调整,一些主要职位也多由 TCL 人员来担任,原阿尔卡特手机的一些员工的职位事实上被下调了,管理人员尤其如此;在销售人员的薪酬上,阿尔卡特实行工资待遇相对稳定的政策,而 TCL 则采用相对较低的底薪加上较高的业绩提成的办法;TCL 的手机销售采取投入大量资金直接进行终端销售的方式,阿尔卡特主要是通过经销商来做,销售人员不直接做终端;TCL 派出的负责在法国子公司的管理人员形同虚设,整个子公司处于失控状态,等等。这些都导致 TCL 和接手的阿尔卡特手机业务部门之间出现了严重冲突。

(二)中国企业跨国并购的对策建议

1. 增强并购主体竞争力。从我国企业的实力和跨国并购的实践来看,我国企业跨国并购的主体应该是融资本、生产、技术为一体的实力雄厚的现代企业集团。因为这类企业规模较大,生产能力较强,实施跨国并购的基础扎实,相对于其他类型企业来说,起点也较高。另外,这类企业有着一定的从事跨国经营和跨国并购的经验,在国际化经营方面具备先发优势。因此,当前我国应选择具备以下条件的现代企业集团作为跨国并购的主体:第一,企业的国内资本结构比较健康,主营业务收入比较稳定,且在本行业内具备比较明显的竞争优势。第二,具有国际化视野,了解并购客体所在国(地区)的经济、法律环境。第三,具备高超的战略规划能力、管理能力、重组整合的先进理念及出色的并购技巧。

2. 拓宽企业融资渠道。企业只有具备充足的资本才有进行跨国并购的信心,才能把握有利的并购时机。但是,我国企业跨国并购融资渠道狭窄,在很大程度上制约了海外并购的发展。因此,应设法拓宽企业的融资渠道,可从以下三方面入手:

第一,积极促进银企联合。可以借鉴国际上一些著名银行(如花旗和汇丰银行等)参与跨国并购的经验,通过相互参股或签订合作协议,实现银企合作,为企业提供决策咨询和跨国并购融资业务。

第二,鼓励企业开拓国际化融资渠道。企业可以通过在国际金融市场上发行股票、债券或成立基金等方式直接筹集国际资本,扩大海外资金来源。

第三,争取获得我国跨国经营的金融机构在海外的分支机构的支持。可以利用中国银行、中国进出口银行等在海外具有较多网点的商业银行,直接在东道国为我国跨国并购企业提供资金,还可以通过开发当地融资市场或利用当地业务关系为企业争取当地资金。

3. 重视前期调研和计划,正确选择和评估目标市场和并购客体。并购交易之前,应当聘请有实力的国际咨询机构参与,进行充分的前期调研和计划。由于跨国并购风险的复杂性和突发性,应当充分调查和预估实际存在或者将要发生的风险,并对相应的措施进行模拟。例如,对目标企业的筛选,应当从并购对象的财务状况、产品和市场状况、管理能力、企业文化等方面进行评估,比较每个候选对象的实际运营情况、并购双方协同效应的程度、并购后任何潜在的重组问题以及并购双方不同企业文化的兼容性等。这种分析能为企业实施有效的并购操作提供科学的决策依据,可以增加并购方对潜在并购目标的了解,从而降低收购失败的风险。

4. 完善企业跨国并购方面的法律制度。在发达国家,跨国并购参与的行业范围,控股、参股比例都有明确规定,对并购流程、交易行为也都有法律条例予以约束和规范。这会确保企业跨国并购的顺利开展。对中国企业跨国并购来说,法律制度的完善至少应包括三个方面的内容:

一是尽快制定《企业并购法》,为中国企业开展并购制定明确的法律规范。涉及跨国并购方面的主要内容应当包括规范企业的并购行为、确保国家的经济安全、明确跨国并购的运作程序等。

二是简化跨国并购的决策审批手续,推动企业跨国并购顺利进行。对符合条件的跨国并购行为,有关部门应当尽快办理审批手续。除了加强监管外,各部门还应对企业的跨国并购行为进行指导,使企业的跨国并购行为能在最短的时间内以最合理的代价取得并购的成功。

三是放宽外汇管理,为中国企业开展跨国并购创造条件。在外汇管理方面,国家应当放宽对企业跨国并购的外汇管理,对符合条件的跨国并购应当采取鼓励的态度,实行差别对待,采取特事特批的办法,避免因为外汇的原因而失去跨国并购的机会。

本章小结

本章主要介绍了跨国并购理论、跨国并购的法律环境、跨国并购的风险及其控制、外国企业之间以及外国企业在我国的跨国并购和中国企业的海外并购。

跨国并购的内在动因有规模经济扩张需求、整合资源优势、降低交易费用、规避经济周期风险、寻求价值被低估的公司和获得财务协同效应;外在动因有经济全球化、科技进步、政策调整、资本市场自由化的推动和金融市场的波动。跨国并购对各国经济发展产生积极推动作用的同时,也会造成了一定的负面影响,需要对其进行全面的分析和评估。

跨国并购风险存在于整个并购过程,包括决策风险、交易执行风险和整合风险。为了规避和控制风险,企业在跨国并购的过程中应把握好以下几个方面:选择好目标企业,加强对目标企业的审查;选择有利的并购方式,防范融资风险;避免控制权的丧失;完善并购流程;加强并购后的整合管理。

我国企业的跨国并购起步较晚,还没有大规模地进入国际企业并购市场。与国家级大公司相比,地方性企业的跨国并购则体现出规模较小、数量较多的特点。目前,我国企业海外并购还存在很多障碍:缺乏世界级企业,企业规模普遍较小,资金实力尚不充足;企业并购缺乏战略规划;目标企业方面的政治和政策等非经济因素的干扰;等等。其中,管理体制落后是跨国并购和并购后整合的最大障碍。

复习思考题

1. 什么是跨国并购?分析当前跨国并购的动因和影响。
2. 东道国规制跨国并购的限制性措施和激励性措施有哪些?
3. 跨国并购各个阶段有哪些风险?结合自己的理解,谈谈如何对这些风险进行控制和管理。
4. 结合西方主要的五次并购浪潮,说明当前跨国并购浪潮的特点有哪些?
5. 外资企业在我国的并购有哪些特点?并请分析外资并购对我国经济产生的影响。
6. 简述我国企业海外并购的特点和现状,并结合案例,分析我国企业跨国并购面临的障碍有哪些?有何对策?

中国移动并购巴基斯坦 Paktel 公司

2006年11月,新兴市场电信运营商米雷康姆(Millicom)决定出售巴科泰尔(Paktel),退出巴基斯坦市场,先后曾有10家收购方有意接手 Paktel。米雷康姆当时表示,出售 Paktel 后,该公司将集中发展占有优势的16个地区市场。2007年1月22日,米雷康姆宣布,将把旗下巴基斯坦移动运营商——巴科泰尔有限公司(Paktel) 88.86%股份出售给中国移动通信集团,作价2.84亿美元,其中包括偿还内部债务。2007年2月14日中国移动宣布,已经成功完成收购米雷康姆所持有的 Paktel 的股份。至此,中国移动对 Paktel 的并购案正式完成。

对于此次跨国并购行动,中国移动采用了一系列措施来控制并购的财务风险,

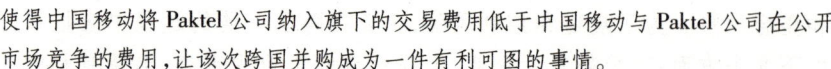

使得中国移动将 Paktel 公司纳入旗下的交易费用低于中国移动与 Paktel 公司在公开市场竞争的费用,让该次跨国并购成为一件有利可图的事情。

(1) 并购战略定位清晰,时机把握准确。中国移动为拓展新的业务增长空间,把其国际化的目标定位在具有高增长潜力、人口规模庞大的亚、非、拉等新兴市场国家,而此次并购的 Paktel,其控股公司 Millicom 也是一家定位在新兴市场开展业务的公司,Paktel 公司所在的巴基斯坦国家也符合这一要求,这与中国移动的战略定位相匹配。中国移动此前曾试图直接并购 Millicom,后来考虑到自身跨国运营经验的缺失,整合管理 Millicom 公司遍及全球的网络资产会给自身带来风险,以及高额支付价格带来的巨大财务风险,最终中国移动选择了放弃。尽管中国移动为此次并购筹备了很长时间,甚至其选择最终放弃并购的结果在国内招致许多人的责难,但由此也可看出中国移动在开展跨国并购行动上的小心、谨慎之处,并不盲目急于跟进。

(2) 现金流量充足,支付能力游刃有余。现金流充足为中国移动扩张海外市场奠定了物质基础,降低了融资风险。作为全球最大的移动运营商,在 2006 年财富 500 强排名表上,中国移动在全球 22 家上榜的电信企业中,市值排名第 1,利润排名第 5,收入排名第 11。对于营运盈利极强、一直寻找并购机会,努力开拓海外新兴市场的中国移动来说,2.84 亿美元的支付价格并不是沉重的财务负担,集团公司多年来的积累带来的强大支付能力,完全可以通过内部保留盈余来支付并购费用,避免了在资本市场上融资所带来的风险。

(3) 支付价格远低于 Paktel 公司估价。中国移动对于此次并购支付了 2.84 亿美元,远远低于对 Paktel 公司 4.6 亿美元的评估价值。尽管无法找到 Paktel 公司的财务数据,但有 Millicom 公司相关数据。包括 Paktel 在内的南亚地区,截至 2006 年 9 月底,全年除税、利息、折旧及摊销前盈利(EBIT)预计只有 1 240 万美元;有关地区的业务包括斯里兰卡,业务在 2006 年第 1 季开始转差,并在第 3 季转为亏损。从最终达成的交易价格来看,十分合理。

(4) 对目标企业采取分拆购买的方式——放弃并购整个 Millicom 公司。2006 年上半年,中国移动欲以 53 亿美元收购 Paktel 的控股公司 Millicom 公司,一举吞下 Millicom 公司旗下的十几家公司。在谈判进行了两个多月后,中国移动在最后一刻宣布终止与 Millicom 进行谈判,双方在价格上的分歧直接导致了此笔交易的破裂。中国移动难以接受 Millicom 公司开出的不合理价格,害怕并购后发生巨大的财务风险。虽然 Millicom 遍及全球的网络资产能为潜在收购者提供迅速获得进入十几个迅速成长中市场的机会,但也为潜在收购者整合和管理这些市场带来不小的挑战,这样的挑战,对于初次尝试跨国运营的中国移动来说,无疑风险巨大。中国移动转而将目标锁定为规模较小的 Paktel 公司。对于中国移动的放弃,无论是媒体还是资本市场,都给以积极的评价。

(5) 广泛调查,多渠道获取信息。中国移动在 2006 年底计划并购 Millicom 时,就曾对 Millicom 公司在乍得、萨尔瓦多等地的业务进行了广泛的考察。对于此次并购 Paktel 公司,中国移动在并购前的三个月多次组织团队赴巴基斯坦开展详尽的尽职调查,同时与国际知名投资银行合作,获取各方面的信息和建议。与此同时,在中国移动并购 Paktel 公司之前,包括中兴、华为在内的国内电信设备商都已经进驻了巴基斯坦市场。其中,中兴不仅为巴基斯坦提供了固网3G整体解决方案,同时还承接了巴基斯坦国家骨干传输网的建设;而华为也获得了巴基斯坦5亿美元全国移动通讯网项目,同时为阿联酋电信巴基斯坦子公司Ufone建设覆盖全国1 500个城市的GSM网络,后者是2005年中国移动参与竞购巴基斯坦电信(PTCL)26%股权的竞争获胜方。这一切对于中国移动并购成功后计划如何去整合运营相关资产,提供了有价值的信息和参考。从某种意义上可以说,中国移动的友商已经为中国移动进军巴方市场打下了良好的硬件基础。

(6)聘请经验丰富的国际知名公司担任财务顾问。在此次并购中,中国移动聘请了美林集团、中国国际金融有限公司和KASB担任本次收购的财务顾问。这几家公司并购经验十分丰富。美林集团作为全球最大的综合投资银行之一,在国际金融管理及咨询方面处于世界领先地位,在几十个国家设有分支机构,向全球广泛的客户提供投资、融资、咨询、保险和相关的产品及服务。中国国际金融有限公司是由国内外著名金融机构和公司基于战略合作关系共同投资组建的中国第一家中外合资投资银行。KASB银行是巴基斯坦著名的银行,对巴基斯坦本地业务非常熟悉。在这三大财务顾问的支持下,中国移动对Paktel公司的信息掌握得很全面,有效地控制和降低了财务风险。

根据相关统计资料,巴基斯坦电信市场是全球增长最快的市场之一,其每年高达8%以上的GDP增长率预示着这个市场具有无限的前景。巴基斯坦人口接近两亿,居世界第五,有6家移动运营商,在全球电信行业平均增长速度不到10%的情况下,巴基斯坦的电信业年增长率超过140%。但由于起点较低,移动渗透率低,有极大的发展空间。

中国移动为拓展新的增长空间,一直对包括巴基斯坦在内的新兴电信市场十分关注。尽管从用户数来看,Paktel的用户数量仅相当于中国移动集团一个业绩普通的市级市场,但是,把中国移动集团在中国的成功移植到其他新兴市场上,以及作为挑战者出现在巴基斯坦的移动通信市场上,对中国移动集团的发展战略意义重大。收购Paktel,为中国移动进一步国际化拓展搭建了良好的运营平台。对中国移动来说,自己有在中国市场上多年积累的经验,这对今后开拓新兴市场是一笔很宝贵的财富;把得来的经验复制到新兴市场中去,可以省去不少麻烦。巴基斯坦市场的快速增长还在继续,成长轨迹一如当初的中国和印度,相对而言也易于中国移动积累海外市场的经验。

Paktel在巴方的经营理念、运营模式和基本策略等与中国移动有多方面的相似之处,这为中国移动在并购后迅速打开巴方市场奠定了基础。多年来,Paktel在巴方市场的运作94.4%是采用预付费的方式进行,这一点与中国移动拥有较大比例的神州行预付费用户具有极大的相似性。与此同时,Paktel在推广业务时,主要是通过发展各种渠道快速地向用户推广具有明确品牌定位的移动运营业务,这一点也与中国移动的渠道运营政策极为相似。

(资料来源:吴茹月:《企业跨国并购战略中的财务风险控制研究》,《财经问题研究》2013年第5期。)

参考文献

[1] 王韬光,胡海峰. 企业兼并[M]. 上海:上海人民出版社,1995.
[2] 萨德沙纳姆. 兼并与收购[M]. 胡海峰,舒志军,译. 北京:中信出版社,1998.
[3] 刘文通. 公司兼并收购论[M]. 北京:北京大学出版社,1997.
[4] 殷醒民. 企业并购的金融经济学解释[M]. 上海:上海财经大学出版社,1999.
[5] 任淮秀. 兼并与收购[M]. 北京:中国人民大学出版社,2004.
[6] 干春晖. 并购实务[M]. 北京:清华大学出版社,2004.
[7] 干春晖. 并购经济学[M]. 北京:清华大学出版社,2004.
[8] 朱宝宪. 公司并购与重组[M]. 北京:清华大学出版社,2006.
[9] 周春生. 融资、并购与公司控制[M]. 北京:北京大学出版社,2005.
[10] 威斯通,等. 兼并、重组与公司控制[M]. 北京:经济科学出版社,1998.
[11] 蒋泽中. 企业收购与兼并[M]. 北京:中国人民大学出版社,2004.
[12] 梁彦. 企业兼并的理论与实务[M]. 北京:中国经济出版社,2004.
[13] 全球并购研究中心,全球工商联经济技术委员会. 并购手册[M]. 北京:中国时代经济出版社,2002.
[14] 张秋生,王东方. 企业兼并与收购[M]. 北京:北京交通大学出版社,2001.
[15] 杨洁. 企业并购整合研究[M]. 北京:经济管理出版社,2005.
[16] 李耀. 公司并购与重组导论[M]. 上海:上海财经大学出版社,2006.
[17] 陈珠明,赵永伟. 企业并购:成本收益与价值评估[M]. 北京:经济管理出版社,2003.
[18] 约翰逊. 合并与收购——正确管理决策的框架[M]. 韩红英,译. 北京:中国金融出版社,2003.
[19] 汪海粟. 企业价值评估[M]. 上海:复旦大学出版社,2005.